U0526304

本书为国家社会科学基金重点项目（批准号：15AYY004）的结项成果。

本书受到河南大学外语学院学术著作出版资助。

中国女性翻译家

刘泽权 ○ 著

中国社会科学出版社

图书在版编目（CIP）数据

中国女性翻译家 / 刘泽权著. —北京：中国社会科学出版社，2024.5
ISBN 978-7-5227-3169-8

Ⅰ.①中… Ⅱ.①刘… Ⅲ.①女性—翻译家—人物研究—中国—现代 Ⅳ.①K825.5

中国国家版本馆 CIP 数据核字（2024）第 044308 号

出 版 人	赵剑英
责任编辑	刘凯琳
责任校对	王佳玉
责任印制	王　超

出　　版	中国社会科学出版社
社　　址	北京鼓楼西大街甲 158 号
邮　　编	100720
网　　址	http://www.csspw.cn
发 行 部	010-84083685
门 市 部	010-84029450
经　　销	新华书店及其他书店

印　　刷	北京明恒达印务有限公司
装　　订	廊坊市广阳区广增装订厂
版　　次	2024 年 5 月第 1 版
印　　次	2024 年 5 月第 1 次印刷

开　　本	710×1000　1/16
印　　张	21.5
插　　页	2
字　　数	330 千字
定　　价	109.00 元

凡购买中国社会科学出版社图书，如有质量问题请与本社营销中心联系调换
电话：010-84083683
版权所有　侵权必究

前　言

　　翻译史是阐述翻译领域中已发生或被积极干预而未发生的翻译事件的一套话语系统，涉及翻译活动本身、翻译的主体、影响、理论以及与其直接或间接相关的诸多因素等方面（Pym，1998/2007：5）。也就是说，"翻译史所述说的，是文化间相互角力的故事"（张佩瑶，2012：4）。王克非（1997：2）更加直接地将翻译史研究与文化研究融会贯通，明确地提出了"翻译文化史"观，指出研究的任务重在研究翻译对于译入语文化的意义和影响，即"通过对历史上翻译活动的考察，研究不同文化接触中的种种现象，包括政治、经济、思想、社会、语言、文学的变化，并探究它们在思想文化发展上的意义"。

　　女性文学翻译史指记述以女性为主体译介文学作品的活动及其成因、目的、策略、影响等的专门史研究，是翻译史的重要组成部分。这里所指的文学，既包括本国文学也包括外国文学，所以涵盖译出和译入两个方向（路径），既包括普通文学，亦包括男性和女性作家书写的关于女性的文学。所以，本书所指的女性文学翻译家，并非局限于狭隘的仅仅翻译女性文学的实践主体。之所以这样界定，是因为本书不仅避免陷入所谓的"女性主义"的视域，而且还要考问该理论的适用性，或者更确切地说，考察近百年来的中国女性翻译家是否具有显著的女性主义意识或翻译观。

　　中国有文字记载的女性翻译活动可追溯至1898年（朱静，2007），第一个女性翻译的西洋文学文本为薛绍徽1900年所译凡尔纳（Jules Verne）的《八十日环游记》（郭延礼，2010），而女性文学翻译家以群体形式首次出现是20世纪前二十年（同上；罗列，2011；蒋林、潘雨晴，2013）。在 1919—1949 年的三十年里，我国译介外国文学作品多达 4499 部（王建开，2003），女性译者做出了重要的贡献，一个杰出的女性翻译家群体随之脱颖而出并产生了广泛的影响（蒋林、潘雨晴，2013）。改革开放开启了我国翻译史上的第四次翻译高潮，40 多年时间里涌现出了 128 位"资深女性翻译家"（同上；吴书芳，2013）。

在我国香港地区和台湾地区，女性翻译家在当代独具优势（穆雷、孔慧怡，2002）。在香港地区翻译界，张佩瑶（1953—2013）、孔慧怡、金圣华等女性翻译家最为耀眼（吴书芳，2013），均为理论研究和实践耕耘的双栖大家。在台湾地区译界，不仅活跃着钟梅音、崔文瑜、宋碧云、邓嘉宛、胡因梦等一大批集文学创作和翻译于一身的女性，更有胡品清、齐邦媛、林文月等文学创作、学术研究之树长青，著作与译作等身的女性。

从明末清初的寥若晨星到现当代的群星璀璨，中国女性翻译历经百年，成就和影响不容小觑。但纵观女性翻译研究，这一群体又显得沉寂无闻，对其翻译活动的记载是断续、孤立、片面的。本书旨在以《中国翻译家词典》（林辉，1988；以下简称《辞典》）所收录的 74 位现当代女性翻译家（包括内地/大陆 66 人、香港和台湾地区 8 人）条目为基本依据，辅之以其他重要的现当代中国翻译史研究成果，以及中国知识基础设施工程（CNKI，以下简称中国知网）、百度搜索引擎等网络资源，首先考证、发现女性翻译家共 92 人，其中内地/大陆 66 人，香港地区 8 人，台湾地区 18 人，其次钩沉、整理这些女性翻译家的名氏、家庭与成长路径、译介领域、译事成果等史料，再次初步分析、归纳其群体特征，再深入探索其译事活动的策略、动因和社会环境，最后评价这一群体的社会历史地位和当下价值。本书按照 Pym（1998/2007）的翻译史研究方法，回答"谁、何时、何地、以何方式、为谁、翻译了什么，产生了何结果"等一系列问题。

本书作为女性翻译史研究，遵循 Pym 提出的翻译史研究的核心问题，围绕以下三大目标展开考察：第一，考古、爬梳我国百年来女性文学翻译的历史脉络，确立内地/大陆、香港和台湾地区女性翻译家及其译事、译作的名录；第二，聚焦不同时期重要女性译家及其译作，考察其翻译动机、思想、策略以及结果和影响；第三，分析、论证不同时期女性翻译的传统和异同，阐释女性翻译在各自特定的社会历史文化中的作用及意义。

作为翻译课题，本书亦从理论与方法上进行了两方面探索：一方面，中国翻译家的翻译实践或研究在多大程度上呈现出女性主义的意识形态，或者女性主义理论视角是否适用于对她们的考察；另一方面，翻译风格或质量如何考察，或如何客观、可量化且可验证地对多译本进行对比考察。

本书取得了如下五个方面的成果。

第一，考古、确定我国近百年女性翻译家人数为92人；尤其重要的是，使得香港地区知名女性翻译家张佩瑶、黎翠珍、孔慧怡等6人与台湾地区著名女性翻译家林文月、齐邦媛等12人"浮出地表"。

第二，廓清了中国女性翻译的六个主要异同。（1）实践历程上，内地/大陆女性翻译家比香港和台湾（以下简称"港台"）地区早半个多世纪，港台地区的女性翻译家于20世纪70年代初期才开启文学翻译历程。（2）翻译主体上，内地/大陆男性女性翻译家不仅几乎同时登上文学翻译历史舞台，而且同台共舞，而港台地区女性翻译家则充当着翻译界的主力。（3）翻译领域上，内地/大陆女性翻译家的实践跨越各个领域，港台地区女性翻译家则多专注于文学本身。（4）翻译方向上，内地/大陆女性翻译家以译入为主、译出为辅，香港地区女性翻译家有计划、全面地译介中国文学，台湾地区则以译入为主，但个别女性翻译家挟持着所谓"台湾文学"译出。（5）译介脉络上，内地/大陆女性翻译家的外国文学译入呈现出融通世界、涵盖古今等各种文体的宏大叙事；香港女性翻译家的中国文学译出，从古代逐渐扩大至现当代，从港台文学到海外华文文学，显示出无比的远见和胸襟。台湾地区女性翻译家的文学翻译，呈现出译入、译出两条细小的脉络，逆向而行，不仅少有合作而且潜藏着人脉竞争。（6）从本质上看，内地/大陆和香港地区女性翻译家的文学译介服务和贡献于国家的总体翻译目标，而台湾地区女性翻译家的翻译属零散的个人自发行为。

第三，总结了中国女性翻译家的主要成就，分析论述了其历史地位。内地/大陆一代又一代女性翻译家，不辱使命，持续不断地为中国人民奉献着异域文化的精神食粮，同时将中国优秀文学作品译出海外；香港地区女性翻译家大量、系统的译介，增加了中国文学在英语世界的能见度。尤其值得一提的是，在理论方面，张佩瑶初步构建了中国传统翻译理论的话语体系。台湾地区的文学译出乏善可陈，更多的是政治意识形态的杂糅，缺乏厚重的历史和逻辑的关联。关于中国女性翻译家的地位方面，研究发现，学界对她们的关注严重不足，对其成果贡献研究十分匮乏，不仅没有形成系统、全面的理论成果，而且她们的史料亦残缺不全，致使她们的身影至今依然湮灭在历史的长河之中。

第四，关于"女性主义"理论，研究发现，前贤关于中国女性翻译家群体的"女性"意识或主体性等结论似乎难以成立。一方面，相关研究绝大多数对于这一理论如何应用缺乏设计、论证的合理性，多为套用或先入为主的伪命题，与中国女性翻译家投身翻译的家国情怀和事业观格格不入。另一方面，仅有的两例有关著名女性翻译家的访谈显示，二者关于女性及女性主义等问题的观点大相径庭。

第五，在翻译研究方法方面，本书在史料考证、文学风格考察和翻译质量评价方面，尝试以定性、定量以及两者相结合的方法，取得扎实的成果。首先，通过对涉及人数近百人、跨越时间近百年、几近湮灭的女性翻译家群体的考古，进一步明确了将定性的史料钩沉方法作为翻译史考察首要方法的合理性。其次，定量研究方面，本书构建、展示、验证了语料库量化考察方法在译者风格、文体风格、多译本评价三方面的考察框架、可行性与操作路径，并进行实例检验。一方面，课题设计了多维风格考察模型，并以美国作家海明威的小说《老人与海》原文及六十多年间六个代表性汉译本为例做了实证检验，分析了不同译本的异同得失，展现了原文的独特风格与多译本的异同得失，推翻了前人对个别名人译本的赞誉。另一方面，课题设计了名著重译质量评价框架与操作路径，并以《源氏物语》四个重译本与大陆、台湾地区两个首译本（即丰子恺、林文月译本）为例做实证检验，对比考察了六个译本之间的相似程度，发现林译风格独树一帜，四个重译均与丰译存在高度相似性，同时研究验证了重译质量考察框架的适用性，对未来相关研究乃至量化的翻译批评模式构建具有一定的启示。例如，本书以量化、可视化的方法分别考察了内地/大陆、港台地区代表性女性翻译家杨绛、林文月和张佩瑶的译、创、研成果之间的风格关联情况，探索了译者个人风格多变量考察的方法与路径。

　　本书包括五个部分。第一部分为绪论，论述了中国百年女性文学翻译史论构建的意义与方法。第二部分为翻译史考察，包括四章，分别为百年内地/大陆女性翻译家分期考察、内地/大陆现当代女性翻译家群像，香港地区当代女性翻译家群像，以及台湾当代女性翻译家群像。第三部分为女性翻译家个案研究，共三章，聚焦内地/大陆、我国港台地区三个重要的女性翻译家的译、创、研实践，具体为内地/大陆的杨绛、香港地区的张佩瑶和台湾地区的林文月。第四部分为翻译研究方法探索案例，共三章，包括多变量方法在文学风格考察中的应用、多变量方法在译本风格研究中的应用、多变量方法在名著重译质量评价中的应用。这些案例将女性翻译家的译作与男性翻译家的译作并置，从历时共时和定性定量的多种角度考察女性翻译家与男性翻译家在语言风格方面的异同以及重译本对前译本的继承与超越，不仅检视了西方女性主义翻译理论的适用性，探索了名著重译的意义价值，而且验证了数字人文时代翻译研究的路径方法。第五部分为结论，简要概括了本书的研究成果、不足及未来设想。

目　录

绪　论　中国百年女性文学翻译史论构建：意义与方法 ………… （1）

第一章　中国内地/大陆女性翻译家分期考察 ………… （33）
　　第一节　引言 ………… （33）
　　第二节　分时期女性翻译纵览 ………… （34）
　　第三节　小结 ………… （49）

第二章　中国内地/大陆现当代女性翻译家群像 ………… （51）
　　第一节　引言 ………… （51）
　　第二节　《辞典》之女性翻译家概貌 ………… （56）
　　第三节　各领域女性翻译家聚焦 ………… （64）
　　第四节　小结 ………… （79）

第三章　香港地区当代女性翻译家群像 ………… （81）
　　第一节　引言 ………… （81）
　　第二节　女性翻译家的浮出及其研究意义 ………… （83）
　　第三节　女性翻译家之群体概貌 ………… （87）
　　第四节　女性翻译家的创译研成果 ………… （89）
　　第五节　小结 ………… （99）

第四章　台湾地区当代女性翻译家群像 …………………………… (100)
  第一节　引言 ……………………………………………………… (100)
  第二节　日据殖民时期的荒芜之夜 ……………………………… (102)
  第三节　战后时期的过渡转型 …………………………………… (104)
  第四节　解严时期的蓬勃多元 …………………………………… (107)
  第五节　小结 ……………………………………………………… (111)

第五章　杨绛译创研究可视化分析 …………………………………… (113)
  第一节　引言 ……………………………………………………… (113)
  第二节　语料与研究设计 ………………………………………… (114)
  第三节　数据分析与讨论 ………………………………………… (117)
  第四节　杨绛创作、译作研究的可视化呈现 …………………… (122)
  第五节　初步发现 ………………………………………………… (129)
  第六节　小结 ……………………………………………………… (131)

第六章　张佩瑶翻译理论研究与翻译实践考述 …………………… (133)
  第一节　引言 ……………………………………………………… (133)
  第二节　文献综述 ………………………………………………… (135)
  第三节　张佩瑶：其人及译事 …………………………………… (141)
  第四节　张佩瑶：中国传统翻译话语体系构建 ………………… (147)
  第五节　译论与文学翻译实践 …………………………………… (155)
  第六节　张佩瑶译创成果的传播与接受 ………………………… (168)
  第七节　小结 ……………………………………………………… (174)

第七章　林文月散文与译文风格考察 ………………………………… (176)
  第一节　引言 ……………………………………………………… (176)
  第二节　文献回顾 ………………………………………………… (176)

第三节　语料与研究方法 …………………………………（180）
　　第四节　数据分析与讨论 …………………………………（182）
　　第五节　小结 ………………………………………………（196）

第八章　多变量方法在文学作品风格考察中的应用
　　　　——以 *The Old Man and the Sea* 文体风格多变量考察
　　　　为例 ………………………………………………（198）
　　第一节　引言 ………………………………………………（198）
　　第二节　文献综述 …………………………………………（200）
　　第三节　研究设计 …………………………………………（205）
　　第四节　总体语言考察 ……………………………………（208）
　　第五节　具体文本特征考察 ………………………………（213）
　　第六节　小结 ………………………………………………（221）

第九章　多变量方法在译本风格研究中的应用
　　　　——以《老人与海》六译本多维度考察为例 ………（222）
　　第一节　引言 ………………………………………………（222）
　　第二节　文献回顾 …………………………………………（223）
　　第三节　语料及研究方法 …………………………………（225）
　　第四节　原文风格考察 ……………………………………（227）
　　第五节　译文风格对比 ……………………………………（235）
　　第六节　发现与讨论 ………………………………………（245）
　　第七节　小结 ………………………………………………（248）

第十章　多变量方法在名著重译质量评价中的应用
　　　　——以《源氏物语》六译本相似性对比考察为例 …（250）
　　第一节　引言 ………………………………………………（250）

第二节　问题缘起 …………………………………………（251）
第三节　语料与研究设计 …………………………………（254）
第四节　分析与讨论 ………………………………………（260）
第五节　小结 ………………………………………………（281）

结　论 …………………………………………………………（283）

参考文献 ………………………………………………………（299）

绪 论

中国百年女性文学翻译史论构建：
意义与方法

一 引言

翻译史（translation history）是阐述翻译领域已经发生或被积极阻止的事件所导致的变化的一套话语，涉及造成得以发生（或未发生）的翻译行为及其主体、影响、理论以及与其相关的诸多因素（Pym，1998/2007：5）[①]。翻译史研究的中心对象和重点当是以人为本（柯飞，2002：31），即译者，因为"只有人才能担当起征用社会因果关系之大任"（Pym，1998/2007：xxiii – xxiv）[②]。

人是社会的人，一定隶属某一社会及其文化，因此具有社会历史属性。同时，翻译必然涉及两个（种）语言，而语言又是文化的载体。从这一意义上讲，"翻译史所述说的，是文化间相互角力的故事"（张佩瑶，2012：4）。王克非（1997：2）更加直接地将翻译史与文化史熔

---

① Pym 的原文为：Translation history ("historiography" is a less pretty term for the same thing) is a set discourses predicating the changes in the field of translation. Its field includes actions and agents leading to translations (or nontranslations), the effects of translations (or nontranslations), theories about translation, and a long etcetera of causally related phomena.

② Pym 的原文为：The central object should be the human translator, since only humans have the kind of responsibility appropriate to social causation. Only through translators and their social entourage (clients, patrons, readers) can we try to understand why translations were produced in a particular historical time and place. To understand why translations happened, we have to look at the people involved. True, a focus on people should not condemn us to random anecdotes and details [...T]he ultimate focus of attention must remain human rather than textual, almost in spite of the constraints of method.

2 中国女性翻译家

于一炉,明确地提出了"翻译文化史"观,强调其任务重在研究翻译对于译入语文化的意义和影响。他指出:

> 文化及其交流是翻译发生的本源,翻译是文化交流的产生,翻译活动离不开文化。翻译文化史主要就是从历史发展上研究这两者的关系。它不同于一般文化史,这是很显然的。它研究的是,经过了翻译这样的沟通工作之后文化发生的变化。它也不同于翻译史,因为它的重点不是翻译人物、翻译活动、翻译机构、翻译流派等等。翻译文化史重在研究翻译对文化(尤其是译入语文化)的意义和影响,它在文化史上的作用,以及文化对于翻译的制约,特别是在通过翻译摄取外域文化精华时,翻译起到什么样的作用,达到什么样的目的,发生什么样的变异。翻译文化史研究实质上是翻译史与思想史、文化史的结合,通过对历史上翻译活动的考察,研究不同文化接触中的种种现象,包括政治、经济、思想、社会、语言、文学的变化,并探究它们在思想文化发展上的意义。(王克非,1997:2-3)

女性文学翻译史指记述以女性为主体译介文学作品的活动及其成因、目的、策略、影响等的专门史,是翻译史的重要组成部分。这里所指的文学,既包括本国文学也包括外国文学,所以涵盖译出和译入两个方向(路径),既包括普通文学,亦包括男性和女性作家书写的文学。所以,本书所指女性文学翻译家,并非局限于狭隘的仅仅翻译女性文学的实践主体。之所以这样界定,是因为本书不仅避免陷入所谓的"女性主义"的视域,而且还要考问女性主义理论的适用性,或者更确切地说,考察近百年来的中国女性翻译家是否具有显著的女性主义意识或翻译观。

中国有文字记载的女性翻译活动可追溯至 1898 年[①](朱静,

---

① 关于这一说法,根据郭延礼(1996:102-103)的考证,似乎不合"翻译"的名实: 1898 年(光绪二十四年),出现了希腊的《伊索寓言》中文白话本翻译,名为《海国妙喻》,连载于《无锡白话报》,自 5 月 11 日至 11 月 6 日[即光绪二十四年闰三月二十一日〔转下页〕

2007），第一个女性翻译的西洋文学文本为薛绍徽（1866—1911）1900年所译凡尔纳的《八十日环游记》①（郭延礼，2010）。而女性文学翻译家以群体形式首次出现是 20 世纪前二十年（同上；蒋林、潘雨晴，2013；罗列，2011），在 1898—1922 年，"可以确定身份"的女性翻译者达到 45 人之多（朱静，2007：61），形成了"中国文学史和中国翻译史上破天荒的文学现象"（郭延礼，2010：49）②。就当代而论，在过去的三四十年里，内地/大陆涌现出了杨乐云、易丽君、傅莹、章含之等 128 位"资深女性翻译家"（蒋林、潘雨晴，2013：20 - 21；吴书芳，2013：113）。在中国台湾地区③，女性翻译家在当代独具优势（穆

（接上页）到八月一日］，译者署名"梅侣女士"。同年，商务印书馆将它印成单行本发行，收寓言 25 则。1901 年，北京出版的《京话报》再次连载此译文。该"梅侣女士"系近代提倡白话文的著名人物裘廷梁的从侄女裘毓芳（1871—1902），字梅侣，别署梅侣女士，江苏无锡人，是我国第一个女报人（张天星，2008）。她曾与裘廷梁联合创办《无锡白话报》（第五期起改名《中国官音白话报》）。因《海国妙喻》为白话译文，颇受学界重视。郭延礼将此译文与 1888 年出版的张赤山编的《海国妙喻》中的多篇寓言的文字对照，发现"梅侣女士并不是自希腊文或英文译出，而是将张赤山《海国妙喻》中的文言改成白话"。

① 此译不仅是我国女性翻译西洋文学的首创，而且"是中国翻译儒勒·凡尔纳科幻小说的第一部"。（郭延礼，2010：39）它属于"林译式"模式，是由薛绍徽丈夫陈寿彭（1855—？，其兄为陈季同）口译、自己笔录下完成的（同上）。需要说明的是，该译文并非依据法语原文翻译，而是根据桃儿（M. Towel）和邓浮士（N. D. Anvers）的英译转译。（同上）

② 郭延礼（2010）认为当时涌现的女性翻译家为 20 人左右。这是因为朱静和郭延礼对于这一时期的女性翻译家的身份归属有别，所以数字悬殊。朱静的群体分为"本土译者群"和"包含西方传教士在内的《女铎》译者群"（朱静，2007）。遗憾的是，朱文并未一一列明这 45 位女性翻译家，只是指出：《女铎》报的译者群体有 19 名女性译者，由西方来华新教女传教士及其所在教会学校的中国女生组成（同上：61），本土群体有 26 名女性译者。至于本土的具体女性翻译家，朱文只是点明了薛绍徽、裘毓芳、凤仙女史，以及"积极参加革命活动的秋瑾、张默君、陈鸿璧、吴弱男等妇女活动家"。相对来说，郭延礼更明确地列出了其 20 位女性翻译家中的 13 位，包括薛绍徽、陈鸿璧（1884—1966）、黄翠凝、黄静英、杨季威、凤仙女史、汤红绂、刘韵琴、毛秀英、薛琪瑛、吴弱男（1886—1973）、郑申华、曾兰（1875—1917）。

③ "澳门文学"的概念于 20 世纪 80 年代提出（廖子馨，1994）。阎纯德（2012：46）认为，我国澳门地区"是中国一个曾经特殊、现在依然有些特殊的地域［……］她的文学历史则有近于元曲的中华文化作为'脐带'所连接。澳门女性文学的星火肇始于民初，历经 20 世纪五六十年代的缓慢发展，至 80 年代才借内地/大陆文学之春风欣欣向荣［。］"朱文华（1999）将澳门文学比喻为"失踪少女"，认为"澳门文学的整体水准稍逊于台、港"。就翻译而言，学界似普遍认可澳门自 17 世纪由葡萄牙人统治之后，"从耶稣会士传播西方先进的科学技术而翻译译著，到澳门圣若瑟修院和华务司技术学校对翻译员开班培训"，长期发挥着中西交流的"桥梁"作用（李长森，2008）。但是，由于"民族对抗心理"，澳门一（转下页）

雷、孔慧怡，2002）。在香港地区，张佩瑶（Martha Cheung，1953—2013）、孔慧怡（Eva Hung）、金圣华等最为耀眼（吴书芳，2013），乃理论研究和文学外译的双栖大家。在台湾地区，不仅有钟梅音、崔文瑜、宋碧云、邓嘉宛、胡因梦等一大批集创作和翻译于一身的女性，更活跃着胡品清、齐邦媛、林文月等作品等身并永葆著、创、译青春的女性。

王克非（2010）指出，译者们所进行的翻译活动就是翻译文化，它实际存在两种语言文化的交互部分；相对于以往的翻译史研究，翻译文化史论关注那些"在语言文化间周旋"的翻译主体及其翻译活动所受制的社会文化语境。在我国历史上，翻译对于引进外域知识、达到文化上的飞跃发展和重大革新起到过重要的作用。始于公元2世纪中叶而大盛于公元4—8世纪的佛经翻译运动与清末民初至"五四"运动期间对"西学"的大举译介，掀起了两次重大的翻译高潮，对我国社会每一个层面都产生了深远的影响。作为翻译学科的一个重要组成部分，我国翻译史研究在过去三十多年里取得了迅猛的发展，在1978—2007年累计出版专著达70部之多（吴书芳，2013），大有"成汗牛充栋之势"（邹振环，2012：3）。然而，长期以来，我国女性翻译文学专题研究几乎无人问津，女性翻译文学家也鲜有人提及，港台地区的女性翻译家们更是"湮灭"在历史的长河里（李永红，2009；郭延礼，2010；吴书芳，2013）。这与内地/大陆、港台地区女性翻译家对我国文学翻译事业百余年的贡献显然是极不相称的，与我国女性文学史研究的逾500种专著成果（陈飞，2002）对比更是相形见绌、不可同日而语。本书将在

（接上页）直所扮演的接受文学"过客"的角色（廖子馨，1994：85），加之葡萄牙统治者对华语的轻视，"中葡两国之间或这两种语言之间没有多少真正的文化交流［，］至少在书籍这一主要文化载体的翻译层面上可以这样说。这一状况直到二十九年前［即澳门回归前后］才有所改观"。（张美芳、王克非，2006：39）虽然澳门"一直坚持定期出版的文化及学术刊物达数十种之多"（同上：43），但尚未见有关文学译介（包括女性文学翻译）的刊物或著作的报道。另据作者考察发现，以早期传教士利玛窦（Matteo Ricci，1552 - 1610）的名字命名的澳门民间学术团体"澳门利氏学社"（Macao Ricci Institute，1999年创立）于2004年创刊了《神州交流》（Chinese Cross Currents）期刊，尝试以中英双语刊载澳门文化与文学研究成果，遗憾的是该刊于2012年12月停刊。综上，本书暂不考虑澳门地区的女性文学翻译。

全面钩沉我国女性文学翻译家史料、梳理相关学术史研究现状的基础上，论证补苴该领域研究缺失、构建女性翻译研究史论的意义与方法，以便学界从尘封的历史中发现这一失落的群体（郭延礼，2010），廓清她们的群像，考察其译事活动发生、发展和演变的原因、轨迹、成果以及在特定时空的作用（王克非，1997；杨承淑，2013），丰富和完善我国翻译史研究。

二 女性翻译史研究现状

世纪之初，翻译史还属于翻译研究领域的冷门（柯飞，2002），但到了21世纪前十年，翻译史研究已成为翻译研究的三大主流之一（穆雷、蓝红军，2011）。张汨、文军（2014）运用语料库方法对国内16家外语核心期刊1980—2013年所发表的467篇关于内地/大陆翻译家研究的论文进行了量性结合、宏观微观结合、共历时结合的对比分析。他们发现，近十年来学界对翻译家高度关注，研究迅猛增加，发文达到256篇。遗憾的是，不仅关注度最高的前10名翻译家（即严复、鲁迅、傅雷、王佐良、林语堂、杨宪益、朱生豪、钱锺书、胡适、林纾）中没有女性，而且女性视角的翻译家研究唯有四篇。

为了进一步聚焦近二十年来（2000—2019年）的国内外翻译家研究的状况，我们首先以 CiteSpace 为工具，通过对中国知网和 Web of Science（以下简称"知网"和 WoS）的1541和5384篇分别以"翻译家"和"translator"为主题的中英文核心期刊文章的可视化分析，然后再以定性的方法窥探国内相关研究的具体图景。需要说明的是，国内研究的对象并非限于中国翻译家，而是放眼世界范围的译家译事介绍、译作分析等。

检索发现，近二十年来，翻译家研究在国内外核心期刊发文共计6925篇，其中，国内1541篇，国外5384篇，其年度发文趋势如图0-1所示。

国内方面，2014年发文146篇，既是研究的鼎盛期，也是分水岭。2014年以前，研究数量呈螺旋式上升趋势，而之后的年度发文则呈现下降趋势。2019年，研究似有回暖迹象。国外方面，二十年来，研究

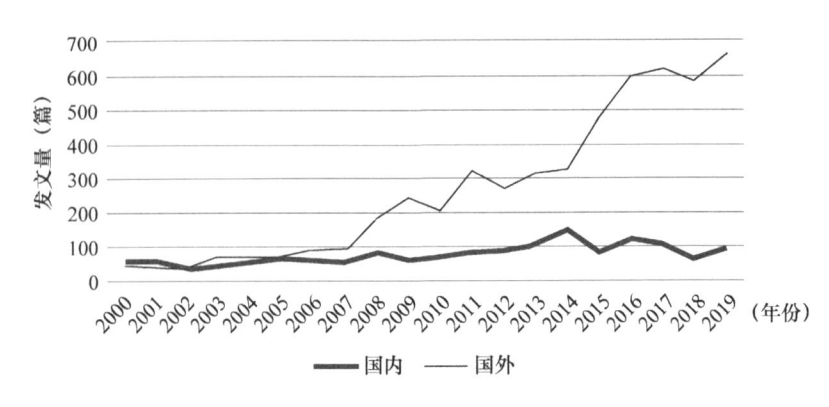

图 0-1 国内外翻译家研究趋势

基本呈高速增长趋势，年均增长率高达 13%，2019 年达到顶峰，发文 664 篇。

就翻译家的分布来讲，统计发现，国内研究涉及翻译家 257 位，其性别、国家和语种情况见表 0-1。

表 0-1　　　　　国内研究翻译家研究分布统计

性别	男性（240）；女性（17）
国家	中国（199）、美国（12）、英国（9）、俄罗斯（7）、法国（6）、德国（6）、日本（3）、澳大利亚（2）、奥地利（2）、捷克（2）、阿根廷（1）、埃及（1）、爱尔兰（1）、保加利亚（1）、菲律宾（1）、韩国（1）、加拿大（1）、罗马（1）、斯洛伐克（1）
语种	英语（154）、俄语（36）、德语（18）、法语（17）、日语（13）、梵语（8）、西班牙语（3）、阿拉伯语（3）、捷克语（2）、希腊语（2）、拉丁语（1）、希伯来语（1）、保加利亚语（1）、斯洛伐克语（1）、韩语（1）、朝鲜语（1）、藏语（7）、蒙语（4）、维语（2）、彝族语（1）、满语（1）、壮语（1）
10 位高被研究者	鲁迅（38）、葛浩文（31）、傅雷（25）、郭沫若（16）、严复（15）、许渊冲（12）、林纾（12）、杨宪益（10）、杨绛（10）、林语堂（9）

表 0-1 显示，国内过去二十年的译家研究，涉及国内外 257 位翻译家，男性 240 位，女性仅有 17 位，占比只有 7%。这些翻译家来自 19 个国家，77% 为本土的，其余的来自美、英、俄、法、德等国家。

他们的译作涉及除汉语之外的 16 种外语、6 种民族语文，民族语译家占比仅 6%，英语译家占比 55%。在所有翻译家中，鲁迅、葛浩文受到的关注最高，均多于 30 篇，傅雷、许渊冲、郭沫若、严复等翻译家的研究亦不在少数。

国外方面，将 5384 篇成果导入 CisteSpace，生成 743 个关键词，在这些关键词中，仅有本雅明（Walter Benjamin）、庞德（Ezra Pound）和伟烈亚力（Alexander Wylie）三位翻译家的名字在列。本雅明（1892—1940）是德国犹太裔学者，其对翻译研究的最大贡献当数其著作《翻译的任务》。庞德（1885—1972）为美国诗人，翻译过中国、日本、希腊、意大利等多种语言的文学作品，中文译作主要包括古诗和《论语》《中庸》等经典，主要由日译本转译而成，他对我国唐代诗人寒山作品的译介功不可没。伟烈亚力（1815—1887）是著名的英国汉学家，不仅致力于四书五经的英译，而且与中国学者李善兰、华蘅芳、徐寿、徐建寅等人合作，翻译了大量西方科学著作。

就主要的研究领域与主题来看，图 0-2 和图 0-3 是运用 CiteSpace 软件绘制的知识图谱，图中的结点和字体大小与研究内容的多少呈正相关关系，即结点和字体越大，相应的研究内容越多。

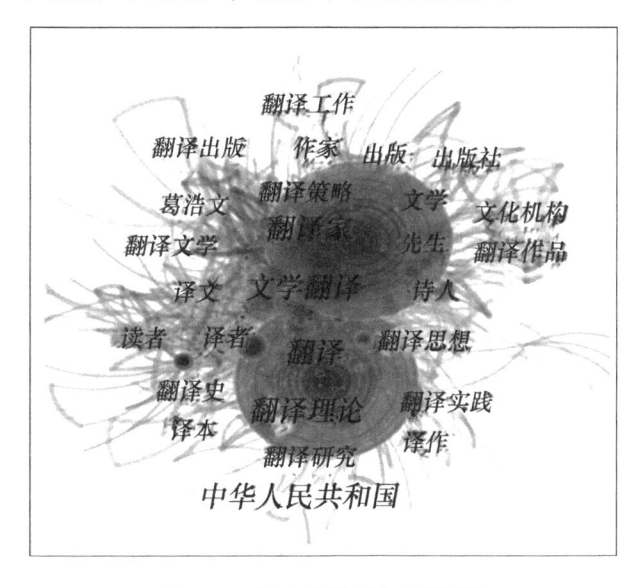

图 0-2　国内翻译研究主题图谱

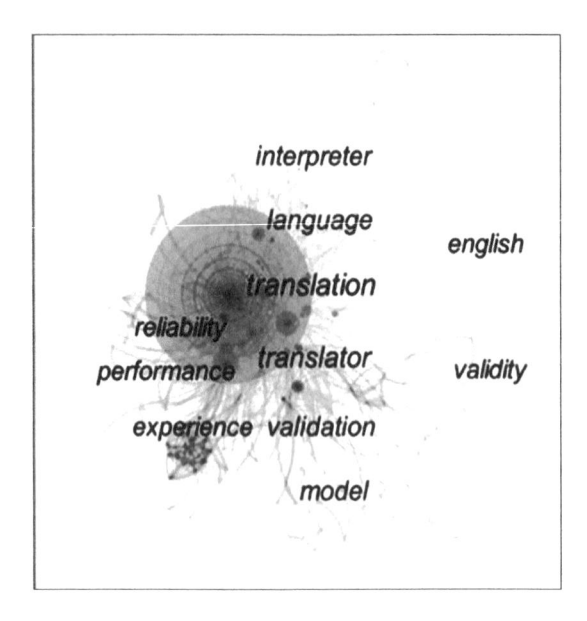

图 0-3　国外翻译家研究主题图谱

国内方面，由图 0-2 可知，研究领域主要集中在文学翻译，研究主题主要包括翻译理论、翻译思想、翻译策略等。文献追溯发现，理论层面，郭小华（2016）对鲁迅文学翻译论中的意识形态操控理论进行了探析，覃江华、许钧（2017）对许渊冲译论的运思特征、致思倾向及其哲学基础、时代背景进行了梳理与分析。思想层面，胡庚申（2009）从生态翻译学视角探讨了傅雷的翻译思想和翻译成就，卢丙华（2013）考察了郭沫若的风韵译思想及其历史意义。策略层面，胡安江（2010）以葛浩文为例，探析了中国文学"走出去"的译者模式和翻译策略，冯全功（2017）以葛浩文翻译的莫言五部小说中的 500 个意象话语为对象，探讨其翻译策略的历时演变，发现异化策略一直占主导地位，意象保留法都在 50% 以上。

国外方面，如图 0-3 所示，出现频率最高的关键词为 translation，频次为 725，第二高频词 translator，出现 160 次，仅占第一高频词的 22%，说明国外翻译主体研究的稀缺，这也解释了关键词列表只有三位译家的原因。其他高频词包括 language、validation、design、English、 literary translation、translation training 等，也就是说，研究主要集中在对英语文学作品翻译和译者培训的实证考察。在为数不多的翻译家专题研究中，Kim（2014）考察了庞德的诗歌翻译对于本雅明所说译者任务的反映，探讨了其遵循文化翻译伦理对不同文化进行调节的做法。Zikpi（2018）通过对庞德英译《诗经》的分析，发现其译诗引起了当代关于颂诗如何翻译的大讨论，其翻译对当时的学术风格既有顺应也有反叛。Xu（2005）研究发现，伟烈亚力和李善兰合译《几何原本》的底本是 Henry Billingsley 于 1570 年英译的 *Euclid's Elements*。

综观现有的女性文学翻译研究，大致呈现如下状况。

(一) 女性翻译史论空白

女性翻译史书写处于空白状态，女性翻译家的成就尚待发掘。翻译对于文学的发展至关重要，是比较文学不可缺少的组成部分。在 20 世纪二三十年代，我国就有学者在最早出版的中国新文学史论中专门探讨翻译文学，如陈子展（1929）的《中国近代文学之变迁》（pp. 132 - 163）和王哲甫（1933）的《中国新文学运动史》（pp. 259 - 279），但在罗列（2014）的《性别视角下的译者规范——20 世纪初叶中国首个本土女性译者群体研究》问世之前，尚无专门的中国女翻译史专著，更无涵盖港台地区的女性翻译史论。这正契合了张佩瑶（2012：10）的发现："尽管西方女性主义翻译研究在新世纪之初传入我国，促使中国学者借鉴西方研究方法开展女性翻译研究，[但] 我国还没有女性翻译史。"这种状况直接导致"大量的女性译者被湮没在历史的长河里"（李永红，2009：116），其译事、成就、历史地位和宝贵经验濒于失传。事实上，女性翻译家不仅为我国翻译文学留下了众多脍炙人口的经典译品，如内地/大陆女性翻译家冰心所译的泰戈尔文集、文洁若"破译"的"天书"《尤利西斯》（吴志菲，2013）、杨必的《名利场》等。香港地区当代女性翻译家黎翠珍，于 1978—1993 年翻译英语剧本共计 18 本，其中主要是莎士比亚剧本，将翻译与舞台表演相结合，"尝试将广东方言用于戏剧翻译并且取得巨大成功者"，而且"在世界范围内可能只有她一人"，但是"对她的这些翻译进行系统研究的人却甚少，这不能不说是一大遗憾！"（张旭，2019：211）。再如，台湾地区女性翻译家黄友玲的《茶花女》、胡品清的《包法利夫人》、宋碧云的《百年孤独》、林文月的《源氏物语》及《枕草子》等。更为重要的是，她们"为后来的女性翻译文学的发展探明了路向、奠定了基础"，翻译史不应该忘记她们（郭延礼，2010：49）。王宏志（2001：99）曾指出，"没有晚清翻译，何来现代中国"，百年女性翻译史的重要性从中是否可见一斑呢？

（二）历史断代与空间失联

以断代和内地/大陆早期女译者为对象，忽略了内地/大陆、港台地区百年女性翻译时间空间上的连续性及整体脉动。由于历史的原因，内地/大陆与港澳台地区的文学在 20 世纪 80 年代之前出现了疏隔，但 80 年代之后港澳台地区文学被重新"发现"（刘登翰，2001：42）并形成研究热点，女性文学更是成为焦点。然而，目前的女性翻译研究，如罗列（2008、2011、2014 等）、郭延礼（2010）、孙晓蓉（2013）、朱静（2007）等，大多以 20 世纪初至二三十年代的内地/大陆女性翻译家为着眼点，忽略了港台地区女性文学翻译的存在。殊不知，香港的张佩瑶、孔慧怡、黎翠珍（Jane Lai）等长期致力于中国文学的对外译介，不仅长期主持 1973 年创刊的中国文学期刊 *Renditions*（《译丛》）的编辑事务，而且编译了 *An Oxford Anthology of Contemporary Chinese Drama*（《牛津中国当代戏剧选》，1997）、*An Anthology of 20th Century Hong Kong Literature*（《20 世纪香港文学选集》，2008）及其他大量文学作品进入英美世界。台湾地区的女性翻译家们不仅成为译入日、英、法等国文学的中坚力量，更是中国文学走出去的主力。一方面，齐邦媛作为台湾地区文学外译的"推手"，于 1972 年创办了 *The Taipei Chinese Pen*（《当代台湾文学英译》）刊物（张淑英，2011），还主编了《中华现代文学大系：台湾 1970—1989》《中英对照读台湾小说》《二十世纪后半叶的中文文学》等。另一方面，一批女性翻译家（如殷张兰熙、陈谭韵、白珍、奚密、陈懿贞、黄英姿、杜南馨、吴敏嘉、汤丽明等）四十年来一直辛勤地为 *The Taipei Chinese Pen* 译耘不止，默默地支撑着台湾地区文学走出去的半壁江山。时至今日，若依然忽视对她们的关照，将导致我国女性翻译史研究的断裂，无法考察女性翻译对本土文学、翻译和文化的历时影响，以及与我国整体翻译历史的互动关联，实乃憾事（许钧、朱玉彬，2007：454）。

（三）与社会文化脱离

割裂译者译事与其社会文化语境的联系，对翻译现象背后的深层和复杂原因简而化之。在宏观的"史"的研究方面，我国以"翻译史"为名义的专著不在少数，但大多未能将翻译活动联系到中国当时的社会、文化、文学及政治等层面（王宏志，2007：72），以单纯罗列历史事件为史，既缺乏重点，又缺少对事件产生原因的深入探讨（李德超，2007：viii）。就女性翻译史而言，一些研究仅通过对译者及其译作的某一细微侧面的观照，便简单地将翻译事件发生的原因归于目标语文化的种种因素、译者的目的或翻译委托人（同上：xii），如译者的主体性作用（罗列，2008；张卓亚、田德蓓，2014）、译作署名的"重男轻女""夫为妻纲"（吴书芳，2013；周彦，2007）现象，等等。

举例来说，个别研究通过对薛绍徽所译《八十日环游记》中女主人公阿黛的叙事方式改变与形象重构的分析，声称译者"张扬了女性人物情感的跌宕""赋予了她言说自己的权利""突出了女性的主体存在""让女性主体在文中得以显形"，从而让"女性翻译家的创造性叛逆在20世纪初叶中国男性主导的女权话语里［显身］"（罗列，2008：262）。有的研究以女性翻译家译本中个别词语、句法等的翻译处理为例，对译者及其译作的动机或定位做出大而全的盖定。张卓亚、田德蓓（2014：85–86）在论证杨苡1955年所译《呼啸山庄》在中国的经典化时，以如下译例"论证"了译者如何"通过精炼、地道的词语来引起中文语境读者的阅读反应"：

> 比如第三章希剌克厉夫发现洛克伍德闯入他的"禁区"——凯瑟琳·恩肖的房间时的描写：…"And who showed you up into this room?" he continued, crushing his nails into his palms, and grinding his teeth to subdue the maxillary convulsions… 杨苡译为：……"谁把你带进这间屋子里来的？"他接着说，并把指甲掐进他的手心，磨着牙齿，为的是制止颚骨的颤动……

阅读反应通常在读者带着本人生活阅历能动的阅读文本过程中产生。"掐手心""磨牙""制止……颤动"这一系列动作往往会表现在被触及隐私，压抑愤怒时的反应中，因而读者在阅读过程中便会随着这一系列动词的使用产生真实的阅读体验，并主动建构希刺克厉夫和凯瑟琳可能存在的关系、填补文中未曾明确交代的地方，进一步根据小说中设置的悬念展开猜想，产生阅读期待。

但是，人的命运总是与时代和社会相连的。"特殊的年代产生特殊的人物，这是历来公认的真理。"（张旭，2019：1）翻译家亦然。张旭指出："对于身处特殊环境中的人们来说，身体遭受奴役并不可怕，可怕的是思想和文化上受奴役，这种奴役又常常是从语言文化着手的。而抗拒这种奴役最行之有效的办法就是从教育入手，同时保持自身文化的高度自觉意识。"（同上）严复曾译书救国，鲁迅不仅弃医从文，而且译介大量文学以改良我们的旧文化。香港地区女性翻译家黎翠珍是一位"曾长期生活在英国对香港实行殖民统治的时期的香港人"，她"抵制英国思想奴役的一种有效办法"，就是将广东方言用于戏剧翻译，从而彰显她对中华传统文化的特殊感情（同上：211）。

（四）女性主义理论当先

强加研究者的意识形态，主观地把女性翻译与女性主义联系起来。一些研究以女性主义的直接介入、干预策略为淹没于历史浪潮的女性译者重新定位（张佩瑶，2012：10）。有的研究忽视我国女性翻译活动不同于西方女性主义翻译的历史因素，不仅声称民国时期女性译者"对传统的价值观念提出挑战，激发了中国社会新女性和新性别秩序的想象"（孙晓蓉，2013：161），甚至将女性主义理论的价值无限夸大：

[……] 女性主义翻译观揭示了传统翻译研究将翻译女性化和边缘化的过程，否认"绝对的、单一的权威以及权利中心"的存在，认为忠实不再是翻译绝对的标准和终极的目的，原文也不再是至高无上的权威，指出译者不再是翻译过程中的隐形人，而是能够对原

文作出改写的主体。(孙晓蓉,2013:161)

还有的研究,甚至直接将女性主义理论为征用御典,却仅拿女性翻译家译作中的个别例子来佐证。如下例中的例子及相关"论证":

矜持得像大家闺秀,这是她。热情奔放得像外国电影里的野丫头,也是她。(王安忆,1993:81)
译文:To act with perfect decorum as befitted a real lady, that was her. To act impassioned and uncontrollable, like a wild wench in foreign films, that was her, too. (孔慧怡,1992:46)

在原文本中,我们可以发现,女主人既矜持有热情。正是这截然不同的个性极其具有个人魅力。翻译过程中,孔慧怡用两个不定式短语"to act",形成一个并列结构,读之强劲有力。故事里女主人的个性魅力也深入人心。译者巧妙地运用句法发挥了主观能动性,融合了女性主义观,充分展示了女主人公的独特魅力。(张冲,2009:152)

个别研究甚至希望借女性翻译史的研究来"消除翻译史上一直存在的'重男轻女'现象"(吴书芳,2013:115)。例如下文这一研究,为达此目的,明确提出,首先要从女性主义的意识形态着眼,然后才是社会历史文化,最后才是译作本身:

女性翻译史的研究主体包括译者研究和译作研究两个视域。[……]对于译者而言,应同时着眼于宏观和微观两个层面。宏观研究的目的在于考察近百年来中国女性译者所处的意识形态和历史背景,并尝试解读主要女性译者的翻译模式、翻译思想以及部分重要译者的翻译路线。而这需要通过研究诸多外部因素(如意识形态、文化背景、文学传统等)对女性翻译活动显性或隐性权利话语的操控状况来加以阐释。微观层面,重点评介部分重要女性翻译家的译作,系统比较不同女性译者的翻译风格,梳理分析有较大影响的代表性译学流派的翻译理念、主要女性译家的翻译观点及其相互间的继承与发展轨迹。同时，要特别关注女性译者的译者身份、个人素养、知识结构、翻译动机、文化价值观以及译者所针对的读者对象与译者翻译之间的关系。（吴书芳，2013：114）

诚然，诸如女性主义这种后殖民主义的"自下而上"研究方法有助于洞察翻译中的"权力和他者的关系"，但却有陷入"新霸权"的危险（Woodsworth，2012：xv）。加拿大女性主义翻译理论先驱 Flotow 承认，feminist（"女权/性主义"）一词本身带有强烈的政治色彩（罗列，2014：298），她自己在多数情况下所从事的翻译多都不是女权主义翻译（马会娟，2014：133）。她坦言，译者有时会流露一些语言特征，如词语选择方面的阳性或阴性气质，但仅此而已（Alvira，2010：285）。香港翻译家兼理论家孔慧怡明确指出，她的翻译语言通常比较中性，她翻译女性作家的作品，并不是出于女性主义的考量，而"女性经验是非常重要成分"（穆雷、孔慧怡，2002：110）。她甚至强调，是选择男性还是女性作家的作品来翻译，更重要的还是要看"自己的素质是否可以和原作配合"（同上）：

> 我觉得翻译的语言通常比较中性，可是有时也可以看出译者的性别，主要是看译者本人的素质。比如我认识一些年轻的翻译家，有两三位澳洲人，他们具有阴性的气质，译作很能表达阴柔的一面。我发现西方 30 岁上下的年轻人在性别的分别上不一定很明显。不过，因为一般人在使用语言时，不论语域、词汇和节奏各方面都会有一定的限制，没有人是全能的，所以译者选择原作的时候，面对这种种局限，会先研究自己的素质是否可以和原作配合。（穆雷、孔慧怡，2002：110）

（五）语言表层的定性为上

以定性的纯语言特征分析为归宿，忽视了翻译的共性、时代特征及其在特定社会文化中的普遍意义。近十多年渐兴的语料库研究，特别是基于双语语料库的翻译考察，在语言层面上扩大双语考察的体量的同时，拓展了翻译研究的层面和视角（王克非，2014：53）。但现有的翻译史研究仍停留在通过对译本及其原文在语汇、结构层面的比对以定性译者的翻译策略、质量甚至"忠实"程度等。上文的例子中，我们看到有的研究通过列举杨苡所译《呼啸山庄》（1955）中的些许语汇，如 crushing his nails into his palm（"掐手心"），grinding his teeth（"磨牙"）等，来"表现译者为主导的原作—译作—读者的对话和互动"，借以"论证"翻译文学的"经典化"（张卓亚、田德蓓，2014：84-85）。这种以个别词、孤立的例子，或以既有理论（结论）为圭臬而作循环论证的例子可谓数不胜数。

同在上文的研究中，我们发现，作者在探讨杨苡"对原作的继承和互动"时，分别以一个短句（詈骂语）和一个状语结构短语的翻译处理为例，花了近两页的篇幅，试图展示"［女性翻译家杨苡］最终创造出能从形式、内容、情感等方面延续原作的野性与神秘，与原作灵魂相契合的译作"。（张卓亚、田德蓓，2014：84）这里仅节录第一段中的中最核心的部分以窥豹一斑。

> ［…］比如开篇希刺克厉夫出场的第一个画面：
> The "walk in" was uttered with closed teeth and expressed the sentiment, "Go to the Deuce!" Even the gate over which he leant manifested no sympathizing movement to the word, and I think that circumstance determinded me to accept the invitation［.］杨苡是这样翻译的：这一声"进来"是咬着牙说出来的，表示了这样一种情绪："见鬼！"甚至他靠着的那扇大门也没有对这句许诺表现出同情而移动；我想情况决定我接受这样的邀请［。］
>
> 小说中希刺克厉夫暴躁古怪的形象正是固执、坚韧、不为世人所理解的勃朗特性格的写照。杨苡将"Go to the Deuce"译为"见鬼"，直截了当地展现了一个脾气暴躁的希刺克厉夫的形象，且"见鬼"也是西方人在懊恼、不耐烦时常用的口头表达方式。其次，杨苡在译文"那扇大门也没有对这句许诺表现出同情而移动"中通过将大门拟人化来再现原作中 sympathizing 的效果，这样既生

动形象地体现出希刺克厉夫不讨人喜欢,又象征了整个呼啸山庄是一个没有人情味的地方。在最后一句话中,杨苡用"怪癖……颇感兴趣"恰好承接了上文"见鬼"给人的感受,让读者跟随洛克伍德的目光确认希刺克厉夫的暴躁怪异,开始饶有兴致地探究呼啸山庄。(张卓亚、田德蓓,2014:84)

还有的研究通过对比男女译者对于同一原作在翻译语言运用上的差异,来考察男性和女性在心理性别和社会性别上的差异,"探察女性译者如何通过词汇选择获取自己的身份认同,体现自身的存在价值"(刘霞敏,2007:91)。例如,该研究者(同上)分别以女性翻译家黄淑仁(1995)和男性译者徐希法(1994)所译《简·爱》第33章(p.381)两句对话的翻译为例:

"Any ill news" I demanded. "Has anything happened?"
"No. How very easily alarmed you are!" he answered, removing his cloak and hanging it up against the door.

黄淑仁译文:
"有什么坏消息么?"我忙问,"出了什么事?"
"没事儿。你可真容易受惊吓!"他边说边脱掉斗蓬挂到门上……

徐希法译文:
"有什么坏消息?"我问道,"出什么事啦?"
"没有,你真是胆小如鼠!"他边回答边脱掉披风,挂在门上……

在该例后面,该研究者做了两大段近千字(词)的阐述,试图论证男性译者对 alarmed 的翻译用词"透出了社会群体中男性对女性的鄙夷和不屑之意",而女性译者的用词"表明了女性译者在翻译过程中希望证明与男性平等的地位"(刘霞敏,2007:92)。细究其思辨过程,可见研究定性的强烈、主观意味:

实际上，英语单词"alarmed"是一个中性词，而女性译者的汉语译文是"受惊吓"。这一词组也是中性词，毫无贬损之意。从心理上看，女性译者有意或无意地通过译文进行自我认同。她未必希望改变父权社会强加给女性的"低劣种群"的地位，但出于自我尊重、自我保护的本能，她的用词既起到了社会性别认同的效果，又起到了忠实于原文的效果，达到了纠正性别偏见、避免使用带有性别偏见的汉语的效果，使自己的性别身份得到了保护。"受惊吓"这一译法表明了女性译者在翻译过程中希望证明与男性平等的地位。然而"胆小如鼠"这一译词难免带有贬损之意。在汉语中，"鼠"通常是一种令人厌恶的动物，此处"胆小如鼠"的使用虽未必是男性译者对女性的有意贬损，但却从潜意识中透出了社会群体中男性对女性的鄙夷和不屑之意。毫无疑问，男性译者的这种译法把社会的习俗融入了翻译中。其意不言自明，读者能清楚地理解他的用意：男性处于社会的主导地位。（刘霞敏，2007：92）

诸如此类现象，王宏志（2004：82）曾指出，问题的症结在于研究者把翻译看成一项纯粹的文字活动，一种以原著为中心的文本转译活动，同时把翻译活动抽离于实际的操作环境以及文化状态，脱离译文文化，甚至脱离读者的阅读期待和阅读模式等。其实，就港台地区女性翻译而言，如何借由对特定时期特定译者身份及其角色功能的考察，深入探讨殖民统治下以及殖民统治后时期的译者（尤其是译者群体）形象、译事活动的属性、性质与影响，对于翻译史研究具有更重要的意义（杨承淑，2013）。

三 构建女性文学翻译史论的意义

从上述的梳理可见，我国译学界对于百年来中国女性文学翻译的研究不仅呈孤立、断代的形式，对于女性译者的翻译实践及历史地位的分析和评价更缺乏客观、全面的历史考察。尤其是一些研究对于西方女性主义翻译理论的应用，存在着"拿来主义"、断章取义甚至绝对化的倾向，割裂了我国女性翻译家投身翻译实践伊始便将自己的命运与国家和民族的解放紧密相扣,并与男性译者"共舞"的历史和文化脉络。因此,在中国女性翻译历经百年走向繁荣和成熟的今天,有必要彻底爬梳女性翻译家们所走过的历程,站在历史的新起点上回望她们的身影,以便为我国的翻译理论研究和中华文化"走出去"提供宝贵的借鉴。具体说来,该项工作的意义主要体现在四个方面。

(一) 构建中国女性翻译史

廓清我国女性翻译史,填补翻译史空白。中国女性翻译群体自20世纪初在文学翻译史上"破天荒"地出现(郭延礼,2010:49),到当代与男性平分秋色,她们见证并书写了百年历史长河,但她们的成就却长期淹没其中。尤其是港台地区的女性译者,虽然她们也是中国文学外译的中坚,却更是少人问津。这不仅是对百年女性翻译家们的不敬,也是对包括港台地区在内的文学翻译史的割裂,更是对文化史的漠视。对于翻译史研究,穆雷(2000)曾呼吁加快翻译家研究的步伐、抢救翻译史料,尤其是第一手口述史料的紧迫性:

> 要加快译史研究的步伐,尽可能多地抢救翻译史料。例如翻译家的研究。近一两年,著名翻译前辈叶君健、董乐山、钱钟书、萧乾、赵瑞蕻和冰心等老人相继离世,而我们对他们的翻译学术活动的研究才刚刚开始。许钧教授在《译林》杂志上主持访谈著名翻译家的《翻译漫谈》专栏,有些已永远无法把样刊送到这些翻译家手中,有些甚至刚刚列出访谈提纲,便永远无法与之访谈,成为永恒的遗憾。对于已故翻译家的研究,只能依赖留存在世的译著译论和其他文字材料,如能抢在他们过世之前,与活生生的翻译家对话,则能更加深刻而生动地了解他们的翻译思想和心理状态,使翻译家研究更具权威性。(穆雷,2000:48)

因此,编纂一部完整的女性翻译家历史,将她们的实践载入史册,还她们在翻译史中应有的地位,既是我国翻译史不可或缺的要义(谭载喜,2005:21),更是将翻译文学从"弃儿"提升到"国别文学"地位(谢天振,1994)的必然选择。

（二）服务翻译学科建设与人才培养

总结百年女性翻译成果，完善我国译学理论体系建设和人才培养方式。伯曼（Bernman, 1992: 12）指出，翻译史的建设是真正现代意义上翻译理论建设的最迫切任务。我国两千多年的翻译历史面对西方翻译理论的引入时却出现了"失语症"和"身份认同危机"（张佩瑶，2012: 33），研究百年女性翻译历程，比较、评价内地/大陆、港台地区百年女性文学译介的路径、策略、成就及异同，总结其在文化交流史上的贡献和地位，特别是像张佩瑶、孔慧怡、林文月、齐邦媛等身兼创、译、研于一身的女性翻译家们对于我国传统译学理论的反思与中国文化"走出去"的经验，不仅能丰富完善我国的译论理论建设，而且能借她们的聪慧和才华激励后代译者，特别是我国高校以女生占绝大多数的外语和翻译人才，解决当前翻译人才"青黄不接"的现象。

尤其重要的是，这些女性译者是 Pym（1998/2007）所强调的"译者们"，"是有血肉之躯的活生生的人"（people, with bodies, people with flesh-and-blood），他们是"复指"（plural），不是"抽象的单指"（abstract, singular），不是那种理想中的单一职业的译者（the ideal "momo-professionalism" of translators）（同上: 161）[1]。用王克非的话说，这样的译者，"要谋生，要为自己为家庭为后代着想，会趋利避害，游走于城市之间，不同文化之间，正是这些译者们的活动同翻译史密切相关"。（柯飞，2002: 31）。香港和台湾地区的女性翻译家群体，她们身兼作家或教师等多重身份，在译介本土文学作品中曾先后与众多国际知

---

[1] Pym 的完整定义和诠释为：This means translators who have bodies must be concerned with getting paid not just for one translation but for providing services throughout their lives, for the continued feeding and care of their bodies, usually by doing more than one translation and very often by doing a lot more than translating. Translators with bodies might also be expected to avoid physical hardship, prison and torture, be it for themselves or for their family and future generations. And translators with bodies tend to be more mobile than any norm, purpose or system. They can get up and go from town to town, culture to culture; if they eat and exercise, they can survive from period to period. Elemental things. None of these aspects are very important from the perspective of the abstract translator, singular. Yet they are all extremely pertinent to the way translators can help shape translation history. That's why, when I talk about 'translators', plural, I refer to people with flesh-and-blood bodies. If you prick them, they bleed。

名翻译大家合作,如汉学家葛浩文(Howard Goldblatt)、闵福德(John Minford)、陶忘机(John Balcom)、卜立德(David Pollard)、鲍端磊(Daniel Bauer)、康士林(Nicholas Koss)、施铁民(David Steelman)、米乐山(Lucien Miller)、范德培(David van der Peet)、杜博妮(Bonnie McDougall)、霍布恩(Brian Holton)等,以及美国华裔文学家白先勇、刘绍铭、夏志清、王德威等,这些阅历和经验弥足珍贵,值得内地/大陆学界,尤其是致力于中华文化外译的同行研究和借鉴。此外,借由此研究所建立的女性翻译家译作与其原文及多种平行译本的可比语料资源(数据库),将为翻译教学和实践训练提供宝贵的平台和资源,有助于缓解当前的师资和教学资源不足的状况。

以香港地区女性翻译家黎翠珍为例,从她自身的翻译研究、翻译教学,到她自己学习中外语言,"再到操刀翻译,同时也参加剧团演出[自己翻译作品]""五结合"(张旭,2019:210)的丰富经验,对我国的翻译理论建设和人才培养均具有多方面的意义。在译学理论方面,她在中国文学尤其是戏剧英译的成功案例表明:"只要条件成熟,中国文化是可以而且应该从昔日外国译家担当主体的'他译'转到中国人扮演主角的'自译'上来,从而彻底改变中国文化长期作为一个'他者'的身份而存在的格局[,以此作为]消解西方帝国主义话语霸权最行之有效的途径。"(同上:17)在翻译实践方面,她的大量的英译汉成果,特别是"尝试将广东方言用于戏剧翻译并且取得巨大成功"的经验,"是否可以为我辈所借鉴和效仿,以及这些翻译方法是否可以传承给自己的学生等等"(同上:211–212),都值得译界进行深入探讨。

黎翠珍身上所体现出的更重要和更宝贵的应该在于教书育人与文化传承方面。张旭(2019:13)指出,"她懂得学生心理,懂得循循善诱,更知道如何因材施教。她实施的是全人教育(whole-person education),这点对学生影响甚大"。黎翠珍先后在香港大学和香港浸会大学栽培过一大批翻译专业的学生,"吸引了一批优秀的中青年学子前来攻读博士学位"(同上:13),其中"优秀者"包括张佩瑶、陈德宏、张南峰(同上:210)、张美芳、穆雷、邱伟平、王剑凡、张旭、王辉、邵璐、陆志国等(同上:13)。这些学者"而今正活跃在[香港和内地]教学、科研、政府、商业、贸易、法律、金融、经济、资讯传媒等领域，并以其提供的优质翻译服务赢得了社会的赞誉"。（同上：13）时至今日，这些毕业生说起"恩师黎老师"的人品、学品及其她"好玩"时，似是历历在目、如数家珍。例如，张美芳这样回忆道：

> 黎老师是把英语名著翻译成粤语演出的高手［……］黎老师不仅是我学业上的导师，而且她的人生智慧、处事风格也无时无刻不影响着我，指引我在学术道路上不断求新、在人生道路上不断完善自我。［……］她也像很多人一样，有自己的偶像。她的偶像是周恩来总理和诗人香港浸会大学校长谢志伟博士。她崇拜有才、有德、有颜值的人（跟现在的年轻人没什么两样）！（张美芳，2019：ix – xi）

（三）探索我国女性翻译研究理论与方法

反思西方翻译理论的适用性，探索我国女性翻译理论和实践的路径。对于不以翻译为生的"活生生的"译者来说，翻译动机是翻译肇始和产生影响的原动力，因此应该成为翻译史研究的重点之一。台湾地区的林文月殚精竭虑五年半之久，译出洋洋百万言、长达1500余页的《源氏物语》而分文译酬未取（单德兴，2013：49），齐邦媛将她自己编译《中国现代文学选集》的初衷与梁启超的"译书救国"相比拟（同上：44）。她们的动机好像单纯如薄纸，用齐邦媛的话说——"就是做了"（同上）！

随着西方女性主义思潮的涌入，"女性文学"自20世纪90年代成为中国文学界、学术界的类型化话题和课题（王侃，1998：1），"女性"或"妇女"从意识形态和理论上被抽象出来，成为与男性对立的"质的规定性"与存在的坚定性（同上：6），在文学创作、文学批评和翻译实践中，都出现了套用西方女性主义理论、凸显女性意识、刻意使用"隐私性语言"和"女性专属语篇形式"（Flotow，1997：12）的论调和做派，导致"西方阴影下的中国女性主义"走上了"批评与创作的歧途"（赵稀方，2003）。但是，夹杂着明确的西方女性意识形态和政治诉求的女性主义翻译理论（罗列，2014：298），"自引进之日起就面临着如何与中国本土的批评实践相结合的问题"（乔以钢，2004：15），希望能通过此课题的考证得以深入探讨。例如，台湾地区女性翻译家赖明珠（1949— ）几乎翻译了日本作家村上春树的所有作品，有村上春树"御用翻译"之称，这一"专一翻译"属性只有内地/大陆男性翻译家林少华（1952— ）教授可以与之媲美。那么，二人的翻译风格有何异同，在语言使用上是否存在所谓的"性别"差异，完全可以通过对二人翻译的十余部同一源语的作品的量化比较得到回答。

（四）探索翻译史研究新路径

加强翻译史研究，探讨研究与书写方法。译界前辈董秋斯早在1951年就提出建立翻译学，并呼吁我国学界要写成两部大书："一是中国翻译史，二是中国翻译学，因为这对于翻译学科地位的确立以及整合翻译研究中的不同流派有重要的作用。"（董秋斯，2009：608）第一部翻译史专著《中国翻译简史——"五四"以前部分》（马祖毅，1984）写到1919年，近三十多年来的翻译史研究虽然"基本上涵盖了译史研究的方方面面"（穆雷，2000：47），但是不仅女性翻译史研究依然空白，而且现有研究的"内容深度和广度还不够"，尤其是缺乏注重"有史有论"和"与文化史和思想史的研究相结合"的"大器之作"（同上：47-48）。孔慧怡（2005：13）更是深刻地指出，有些史"似乎称之为大事和人物纪要和资料汇编更为恰当"。

四 女性文学翻译史论研究的内容与方法

（一）研究目标与内容

Pym（1998/2007：5）指出，翻译史研究需要回答"谁、何时、何地、以何方式、为谁、翻译了什么，产生了何结果"等一系列复杂的问题，这与我国学者王克非在更早前为翻译文化史研究所明确的任务异曲同工。王克非（1997：8）指出：

> 翻译文化史或翻译文化学考察两种（或多种）文化如何发生交流，这种交流产生的因素、过程和影响。与单纯的翻译史相比，

翻译文化史注重对种种翻译现象、事件作文化传播意义上的分析与解释，而不仅仅是翻译史实的叙述和钩沉，即不仅是描述性的。

遵循 Pym 和王克非关于翻译文化史研究的根本问题，本书所设定的核心目标为：一是廓清中国百年女性文学翻译的历史脉络，建立内地/大陆和港台地区女性翻译家及其译事、译作的目录；二是考察内地/大陆和港台地区不同时期代表性的女性翻译家及其主要译作，分析其翻译动机、思想、策略以及所产生的结果和影响；三是对比、归纳三地不同时期女性翻译的传统和异同，阐释女性翻译在特定的社会文化中的作用及现实意义。

除了上述女性翻译家的"史学"考察核心议题外，本书还有两个重要研究问题，均涉及翻译研究本身。一是关于女性翻译家研究的理论或方法、视角，即我国女性翻译家们的翻译实践抑或理论研究是否如当下诸多研究所"发现"的，是出于女性的主体性或女性主义视角？二是更高一个层次的，有关翻译文本包括平行译本，尤其是名著重译本的比较，或者更确切地说，质量评价问题：名著重译的质量究竟如何考察，定量的方法是否可行？如何设计？

本书研究的内容可分为直接和间接内容两个方面。研究的直接对象包括内地/大陆和港台地区所有女性翻译家的生平、译作、序跋、著述及相关访谈、评论、研究等史料，间接对象包括其译作的原文及其他译本、译作同时代的原创文本，以及译事发生时的社会文化语境及其对译者和译事的影响等文献。

（二）研究方法

如何克服目前的翻译史著述的痼疾，建立一种"立足史料、着眼翻译、依托文化"的翻译史研究模式，达到史料描述与历史文化叙述之间的平衡（孔慧怡，2005：13），王克非（1997）的《翻译文化史论》为我们提供了一种"纵横捭阖"的翻译史论研究方法（俞佳乐、许钧，2004：41）。它"从纵向考察中国翻译文化史，并注重从横向展开翻译文化比较，分析翻译活动在英国、俄罗斯民族文学兴起中起到的功用，以及它在欧洲文艺复兴时期和日本明治时代所担负的文化使命［,］充分证明了全世界各个主要文化系统的发展与翻译活动的密切关联",增强了史论的说服力(同上)。本书在借鉴王克非史论方法的基础上,考虑综合运用如下主要方法。

1. 文献法

文献是史料爬梳和译史研究的前提和基础。一般来说,掌握了翔实、充分的文献,似乎就可以不受时空的限制,进行时间漫长和费用低廉的"史学"研究,尤其是从感性和判断出发的描述性研究。但是,如果缺乏逻辑分析和横向历史比较,单纯的文献法会陷入简单的文献整理和归纳,至多也只能罗列出孔慧怡(2005:13)所称的"大事和人物纪要或资料汇编",因此必须借助其他方法的支持。

2. 口述史或访谈法

口述史亦称访谈法,是指"通过录音或录像的访谈采集具有历史意义的记忆与个人评论"的史学研究方法(Ritchie,2003:19)[①]。口述史采集简单易行,只要访谈者或史料采集者对访谈问题做好了充分准备,带上录音或录像设备,去与访谈对象访谈就行了(同上)[②]。对于传统文献史料所不足以支撑的女性翻译家,正是口述史可以发挥其自身价值的地方,口述史料经过转写、总结、索引之后,可以收录到图书馆或档案馆永久收藏,继而用于研究、出版、音像纪录片、博物展品、编剧及其他公共展示(同上)[③]。王祥兵、穆雷(2013)将这两种方法分别提出,本书将其合二为一。该方法的优势,不仅在于能在短时期内更快捷地收集宝贵的女性翻译家的资料,尤其是"抢救"那些人虽健在、但资料严重匮乏的当代女性翻译家的第一手"史料",从而拓宽史料的来源和研究视野。更重要的是,它能够最大限度地赋予口述者阐释自身

[①] Richie(2003:19)的定义原文为:"Simply put, oral history collects memories and personal commentaries of historical significance through recorded interviews."

[②] Richie(2003:19)的原文为:"An oral history interview generally consists of a well-prepared interviewer questioning an interviewee and recording their exchange in audio or video format."

[③] Richie(2003:19)的原文为:"Recordings of the interview are transcribed, summarized, or indexed and then placed in a library or archives. These interviews may be used for research or excerpted in a publication, radio or video documentary, museum exhibition, dramatization or other form of public presentation."

经历的表达自由，特别是调动其对于译事的心路历程和感悟的抒发，从而提高研究者的洞察力和史论的说服力。当然，访谈法或口述史在丰富文献史料、突破宏观论证中的微观调研以及量性研究中的质性分析等局限的同时，也存在核实与辨伪的挑战。内地/大陆最早将该方法运用于当代女性翻译家研究者为穆雷。她（穆雷，1999、2002、2003）曾就翻译与女性文学、女性翻译的特质等问题分别专访过女性翻译家金圣华、孔慧怡及朱虹。台湾地区方面，单德兴（2013）对齐邦媛所作的"翻译面面观"长篇访谈亦为不可多得的先例。近年，读者（观众）还欣见林文月（2014）做客"方所创作者现场"，作"林文月：从《源氏物语》的翻译谈起"的视频访谈并与现场观众互动，访谈持续一小时有余，耄耋之年的林文月举手投足之间尽显优雅，资料弥足珍贵。香港地区女性翻译家方面，张旭（2008，2012，2013，2014，2018，2019）、穆雷（1999，2003a）等曾做过一系列的译家译本细读分析和译家访谈，都是不可多得的史料。例如，穆雷（2019）在回忆其博士导师黎翠珍治学育人时的情景，言语虽然直白，却道出了黎翠珍对学生的真与善，读来感人至深，黎翠珍和蔼、可亲、可敬的形象蓦然浮现在眼前：

[……]"好玩"的黎教授和翻译教学研究强烈地吸引了我，让我下决心去香港浸会大学读书。[……]毕业前夕，由于连日奋战，压力很大，我口腔感染，高烧不退，亲爱的导师在家里请钟点工为我煮了苹果水，用保温桶拎到办公室，看着我喝下。这个民间秘方还真管用，高烧终于退了。当时，华南仍有"SARS"（非典）病毒，导师担心参加答辩的评委会有所顾虑，以为我高烧是感染了"SARS"病毒，开始想请评委们戴口罩参加答辩会，后来又觉得此举不妥，就让我戴着口罩答辩。（穆雷，2019：xv）

3. 文本细读与历史比较法的结合

文本细读是新批评思想的重要理论方法，不仅在文学研究与文学欣赏中有着突出的意义，在文学史研究中更是不可或缺。文本细读"在充分尊重社会历史以及语言等各种相关因素的前提下"，对文本特别关注，

"它要考虑的是文学的各种外围因素对文本本身的真正价值和意义"（刘军，2012：99）。

张旭较早运用此方法，分别对香港地区女性翻译家黎翠珍和张佩瑶翻译研究与中国文学实践进行评述和赏析，形成了系列成果，不仅有单篇的"素描"，还有综述性的"扫描"、论文集，甚至纪念专辑。其中，尤以对黎翠珍译作的细读分析与译路历程探讨用心用情至深，成果包括五篇"素描"（见张旭，2013、2015a、2015b、2018a、2018b）和最新文集《心田的音乐：翻译家黎翠珍的英语世界》（张旭，2019）。值得指出的是，张旭对张佩瑶译学研究和中国文学外译成果的关注、国内引介和推广。早在 2008 年，在张佩瑶编著的 *An Anthology of Chinese Discourse on Translation（Volume 1）*［《中国翻译话语英译选集》（上册）］（Cheung，2014）由国际知名出版社 St. Jerome 出版不久，张旭（2008）便在国内外语类重要期刊刊文《失语到对话——兼评张佩瑶等编译〈中国翻译话语英译选集〉》，从意识形态、话语策略、翻译选材与方法等方面评述该书的特色及价值。也许正是这一评介，促成了《中国翻译话语英译选集》在国内的能见度和重视——上海外语教育出版社于 2010 年引进了该专著，使得国内译学界能够以最快的速度和低廉的价格获得并研读，从而实现了张佩瑶的夙愿："希望译本能在源语文化同样发挥影响，鼓励中国读者阅读（重读）传统译论。"[①]（张佩瑶，2012：139）不仅如此，张旭还促成湖南人民出版社出版《通天塔丛书》系列，使得国内读者能够于《传统与现实之间：中国译学研究新途径》（张佩瑶，2012）一个专集中饱览张佩瑶的中国译学思想体系之大成。

[①] 张佩瑶（2012：138 - 139）指出，她编纂《中国翻译话语英译选集》"有对外和对内两大目的。对外的目的，是把传统译论翻译为英文，介绍（传往，transmit）到西方，让传统译论进入西方翻译理论的话语系统，并以此产生互动，促进国际译学发展"。上述为其对内的目的。这两个目的，最早出现于张佩瑶 2008 年的文章之中，具体为："笔者的意思是说，如果我们对自己的翻译传统，尤其是西方学者极感陌生的传统译论有所认识，便能以此为话题，展开对话，促进交流；更能立足传统译论，放眼世界，对别的翻译话语，特别是那些以偏概全、带西方中心主义的论点，提出诘问，又或者是采取主动介入、居中调停的手法，参与并推动视野较广的翻译研究。"（张佩瑶，2008：6）

比较法就是将不同时代、不同地域、不同译者翻译的具有可比性的译作进行各种比较，以期发现比较对象的异同得失，揭示翻译的共通性和特殊性。历史比较法则是将要比较考察的译者、译作或翻译现象等置入具体的历史、文化背景中进行历时的考察，从而揭示译家、译事产生的历史根源，发生与变化的过程及其结果、影响等。

文本细读和历史比较法这两种范式，都是翻译史研究的"语境化"（夏天，2012），前者是小语境，后者是大语境。Pym（1998/2007：xxiv）指出，既然翻译史研究要"以人为本"，就必须围绕译者"工作和生活"的社会环境展开，即译者所处的"多种文化的交汇之处"（the intersections or overlaps of cultures）或"交互文化"（interculture）。王克非（2010）指出：只有这样，才能"把翻译研究放到'更广泛的语境、历史和常规背景中'"，才能"关注译者的主体性、翻译活动的赞助人和翻译活动所受制的特定社会文化背景，而不仅仅是在语言层面考察翻译"，"在原文和译文之间不厌其烦地进行比较"。

对于中国百年女性文学翻译的考察，历史比较法不仅重要而且切实可行。王宏志（2007，2011）曾通过对第一次鸦片战争中的中方译者和英方译者的横向对比，"展示了晚清社会横断面的结构特征，从军事翻译的角度揭示了中国在鸦片战争中失败的最深层社会原因"（王祥兵、穆雷，2013：88）。内地/大陆、港台地区由于历史、文化的血肉渊源，其文学翻译自然存在着无法割断的联系和往来，在日益全球化的今天，致力于将中华文化推广到世界已经成为内地/大陆、港台地区学界的共识和要务。该方法有助于将内地/大陆、港台地区不同时期女性翻译家的译作与另一时空的平行译本进行横向对比，将一些重大的翻译活动或事件进行纵向或横向比较，从而动态和多视角地考察翻译活动、事件的发展轨迹和变迁规律，做到"史论结合"。

例如，作为我国成功译介的第一部西方文学作品，林纾（1899）改译的《巴黎茶花女遗事》可以从语言选择、情节取舍、改写或意识形态操控等视角，与台湾地区女性翻译家林文月20世纪60年代改译的儿童文学译本《茶花女》）进行历时对比。同样，台湾地区女性翻译家黄友玲（1999）翻译的《茶花女》与大陆八十年来的近二十个译本作历时和多层次、多视角的量化比较，从而探究大陆、台湾地区的社会文化对于翻译策略与接受以及语言运用等多方面影响。表0-2列举了当代台湾地区几位重要女性翻译家的译作及其可资历时比较的平行译本。

表0-2 台湾地区当代女性翻译家部分译作及其历时平行译本对照表

女译者译本			平行译本	
姓名	原文名称/年代	译本名称/年代	译本名称	译者/年代
林文月（1933—2023）	げんじものがたり/1001—08年间	源氏物语/1978	源氏物语	丰子恺/1980，殷志俊/1996，夏元清/2002，梁春/2002，郑民钦/2006，姚继中/2006，王烜/2010等
	まくらのそう/10世纪初	枕草子/1989	枕草子	周作人/2001，于雷/2005
	Le Comte de Monte-Cristo/1846	基督山恩仇记/1994	基督山恩仇记/基督山伯爵	陈慧玲（女）/2000，蒋学模/1978，周克希、韩沪麟/1991，王学文、李玉民/1993，龙雯、龙序/1994，钟德明/1997，郑克鲁/1998，孙桂荣/1998，沈培德、于君文/1999，谢志国等/2004，汪洋/2009，高临/2009，杨君/2009，南宫雨/2012
	La dame aux Camélias/1848	茶花女（编译）/1960—1966	巴黎茶花女遗事	林纾（王寿昌口述）/1895
黄友玲（1964— ）	La dame aux Camélias/1848	茶花女/1999	茶花女	夏康农/1929，齐放/1955，王振孙/1980，陈林、文光/1979，郑克鲁/1993，胡小跃等/1993，杨光慈/1994，李登福/1995，王南方/1997，李雨/1999，柳建营/2000，马冲/2002，李玉民/2008，黄甲年/2011等

续表

姓名	女译者译本 原文名称/年代	女译者译本 译本名称/年代	平行译本 译本名称	平行译本 译者/年代
胡品清 (1921—2006)	*Madame Bovary*/1958	波法利夫人/1978	包法利夫人	李健吾/1948，阿卜都拉木·阿巴斯/1985，谭玉培/1988，张道真/1989，罗国林/1991，许渊冲/1992，傅辛/1994，仪文/1994，冯寿农/1997，高德利/1999，周克希/1998，钱治安/2002，可延涛/2004，王亿琳/2007，朱华平/2007，冯铁/2007，朱文军/2008，王凡/2009，孙文正/2010，周国强/2011 等
	唐诗三百首	*Trois Cents Poèmes des Tang* /2006	*Trois Poèmes chinois classiques*	许渊冲/1999
赖明珠 (1949—)	ノルウェイの森/1987	挪威的森林/1994	挪威的森林	刘惠祯等/1989，叶惠（女）/1991，林少华 1989，钟宏杰、马述祯/1990，张斌/2001
	1973年のピンボール/1980	1973年的弹珠玩具/1992	一九七三年的弹子球	林少华/2001
	海辺のカフカ/2003	海边的卡夫卡/2003	海边的卡夫卡	林少华/2003
	風の歌を聴け/1979	听风的歌/1988	且听风吟	林少华/2001
	100%の女の子/1983	遇见100%的女孩/1986	遇到百分之百的女孩	柳又村/2001，林少华/2002
	1Q84/2009	1Q84/2009	1Q84	施小炜/2011
	走ることについて語るときに僕の語ること/2007	关于跑步，我说的其实是……/2008	当我谈跑步时我谈些什么	施小炜/2009

续表

女译者译本			平行译本	
姓名	原文名称/年代	译本名称/年代	译本名称	译者/年代
邱瑞銮（19?? — ）	le Deuxième sexe/1949	第二性/2013	第二性	陶铁柱/1998，郑克鲁/2011

4. 语料库与定量研究的方法

"从源语和目标语的文本比较来讨论翻译，是自始至终的课题。"（王克非，2014：53）但是，正如仅靠几个孤立译本的分析难以构建翻译史一样（Pym，1998/2007：39），仅凭孤立的几个译本是不能写出翻译史的（李德超，2007：x）。必须将女性译者的译作与其原文做语际对比、与同一原文的其他平行译本乃至同时期汉语原创文本做语内对比，然后将量性分析的结果与质性分析相结合，方能以历史的、客观的视野看待不同时期、不同地区女性译者的"选择性摄取"（王克非，1997）及其背后深层次的原因，探寻特定译者群体及其译事活动在社会文化中的普遍意义（杨承淑，2013），以便消除研究结论的主观性或偏见，为"史论"提供理据支撑。

需要指出的是，"文学作为文化的象征和形象载体，在潜隐的层次上寓蕴着文化变迁的内容和轨迹。因此，文学的发展也和文化一样，不是单一的、线性的、递进和替代的，而是如植物的分蘖那样扇面地、多元地展开"。（刘登翰，2001：43）。港台地区的文学，虽然与中华文化和中国文学的"脐带"相连，但是，由于其不完全相同于内地/大陆社会的另一种文学生成与发展环境，各自所遭受的以殖民文化为代表的异质文化的冲击，以及其在世界各地频繁流动的作家的多重文化身份和视野等因素，必然呈现出不同于内地/大陆的发展轨迹和形态。同理，港台地区的文学翻译活动发起者和主体虽然为两地的女性翻译家们，但她们中的大多数，尤其是老一辈者，长期遭受殖民文化的影响。同时，她们的一些团体成员或合作者，本身就是英美人士。这些因素，都有可能给港台地区的翻译活动造成或显或隐的影响。因此，研究和总结港台地区的翻译实践，将为我国整体的翻译研究提供宝贵的参照，扩大我们的视野，丰富我们的翻译经验，这当属翻译文化史研究的题中应有之义。从翻译普遍性考察的目的来讲，对于中国女性翻译家的重要译作及其源语文本和（多种）平行译本开展基于语料库的量化研究，亦可为史论提供确凿的数据支撑。

五 小结

"女性文学"这一概念首次出现于谭正璧（1901—1991）20 世纪 30 年代所写的《中国女性文学史话》一书（刘思谦，2005：2）。我国学界将女性文学定义为"诞生于一定历史条件下的以'五四'新文化运动为开端的具有现代人文精神内涵的以女性为言说主体、经验主体、思维主体、审美主体的文学"（同上：4）。这一定义，"把五四新文化运动中诞生的以人的发现、女性的发现为精神血脉的五四女性作家群的出现，作为我国女性文学的开端，而把这之前由晚明开始直到晚清和民国初期具有朦胧的人文主义觉醒的女诗人们的创作作为中国女性文学的一个长长的序幕"（同上：1）。由此可见，我国女性文学的诞生恰与我国第一批女性翻译家群体的出现不谋而合。正如郭延礼（2009：5）所指出的，"20 世纪第一个二十年，就拉开了这一光辉的序幕，其突出表现就是诞生了女性文学四大作家群体"，即女性小说家群、女性翻译文学家群、女性政论文学家群和南社女性作家群。

另外，港台地区文学是源于中国文学这一母体而分别在香港、台湾地区的土地上发出的"新枝"，"不论这新枝后来得到了什么异于主干的营养而长成什么样子，[她们] 与母体的渊源和关系是不容否定的"（杨若萍，2004：213）。就女性文学来说，内地/大陆、港台地区只有一个太阳，她们"本来即是一对胞妹"，"由于历史老人的无法理喻的安排，她们在各自不同的时空 [和] 文化环境中成长起来 [，] 也自然带有各自独特的风采"。（杨若萍，2004：32）

新时期以来，关于港台地区女性文学研究不仅逐渐成为中国女性文学研究的重要组成部分，而且研究深度和广度不断拓展，取得了日益丰硕的成果。研究不仅涵盖了内地/大陆和港台地区不同时期重要的女性作家，甚至包括聂华苓、於梨华、陈若曦、李黎等旅居欧美的当代女性作家（李娜，1999）。有些研究还从文化史的高度考察了20世纪我国社会文化结构的变迁与女性文学发展的因应关系以及其与欧美女性文学的历史差异。例如，有研究发现，20世纪中国女性作家群体的家世和教育背景在整体上体现为"向下延伸"的发展轨迹，从而确立"这一现象与社会结构的重大调整、文学观念的急剧嬗变的密切关系"（沈红芳，2014：128）。以"五四"时期崛起的女性作家群体（如林徽因、石评梅、冰心、萧红、杨绛以及张爱玲等）为例，她们显赫的出身与留学的阅历，"决定了20世纪中国女性文学是在一个高起点上开始的，这与英美女性文学草创时那些迫于生计而大量创作的浪漫小说有着本质的区别"（同上：129）。正如研究者所指出的，这种从政治、经济、历史、民族、阶层等多重社会语境综合考察女性话语的尝试，有助于扩展女性文学研究的空间，揭示女性话语的多重性和复杂性（同上：128）。本书期待能对中国百年女性的文学翻译研究起到些许抛砖引玉的作用。

第一章

中国内地/大陆女性翻译家分期考察

第一节 引言

从1984年我国第一本翻译史研究专著出版至今，翻译史研究在译界迅速发展，目前已成为翻译研究的主流之一（穆雷、蓝红军，2011）。现有的文献著作既有翻译通史，也有断代史、专门史以及翻译理论史等。丰富的翻译史料为翻译学科系统方法论的构建提供了支撑，同时对我们的翻译实践发挥着举足轻重的作用。可纵观这些专著和文章便不难发现，男性翻译家是其中绝对的主角、主要的研究对象，如号称"并世译才"的严复和林纾，被赞为"莎士比亚翻译第一人"的朱生豪，有"翻译了整个中国"之美誉的杨宪益等。而有关女性翻译家的资料，仅见于《中国翻译家辞典》（林辉，1988）条目的寥寥数笔和郭延礼（2010）等学者的少数文章。在罗列（2014）的《性别视角下的译者规范——20世纪初叶中国首个本土女性译者群体研究》问世之前，尚无专门介绍内地/大陆女性译者的专著（刘泽权，2016）。

翻译文学是"以本国、本民族文字翻译的域外文学"，中国翻译文学又可分为"中译外国文学和外译中国文学两种"（孟昭毅、李载道，2005：2）。事实上，女性在翻译文学史上的贡献不可忽视。1900年薛绍徽所译凡尔纳的《八十日环游记》标志着女性正式进入翻译文学领域，20世纪初则见证了女性翻译家首次以群体形式出现（郭延礼，

2010），直至今日女性翻译活动已历经百余年。她们中的许多优秀代表数十年如一日默默耕耘，为后人留下了众多经典译作，如冰心的《泰戈尔文集》、杨必的《名利场》、杨绛的《堂吉诃德》等。然而由于学界的冷落，女性翻译家们百年来的译作、译事大多濒临淹没于历史的长河。针对此现象，有学者指出亟须"考古"整理相关文献，建立女性翻译家译作与其原文及多种平行译本的可比语料资源，通过对女性翻译家译事、译作的挖掘、梳理，后人才有机会系统地学习鉴赏这批宝贵的财富，同时帮助我们从历史的角度客观、深入认识和评价女性翻译活动（刘泽权，2016）。

基于上述"考古"目的，本书尝试初步厘清以下问题：百年来中国内地/大陆涌现了哪些著名的女性译者？她们所处的社会环境是怎样的？她们选择了哪些作品进行译介？她们的译作产生了怎样的影响？只有解答了上述问题，才能进一步开展基于语料库的女性翻译文学史论研究。

第二节　分时期女性翻译纵览

翻译活动不是孤立、静止的，而是在不同历史阶段及社会条件下，不断变化、发展的。内地/大陆女性翻译文学作为中国翻译史的一部分，在翻译百年历史中经历了产生、曲折中前进、停滞和繁荣发展的过程，这与历史、社会背景和翻译文学的整体发展趋势密切相关。参考《中国翻译家辞典》（林辉，1988）、《中国翻译通史》（马祖毅，2006）及前人相关研究（如蒋林、潘雨晴，2013；郭延礼，2010；谭芳，2007），目前有据可考的主要从事文学翻译的女性翻译家约有 80 位，其中有我们熟知的吴弱男、冰心、杨绛、杨苡、文洁若等，也有对翻译贡献卓著却鲜为人知的薛琪瑛、赵萝蕤、陆凡、资中筠等。依照蒋林、潘雨晴（2013）的梳理，以百年来国家重大事件与两次翻译高潮作为节点，大致可将内地/大陆女性翻译家的翻译活动分为四个阶段。

一 20世纪初至五四运动前

清朝末年，西方的坚船利炮彻底击碎了中国人的文化优越感，清政府意识到向西方学习的必要性，认为亟须兴办语言学校，培养精通双语的本土译员，引进西方书籍以开民智。随着对外交流的增加，西方女性观也输入中国，这极大地冲击了"女子无才便是德"的封建观念。先进知识分子呼吁"男女平权"，女性被赋予了救亡图存的重任（罗列，2014）。一部分女性史无前例地获得了学习外语甚至出国深造的机会，中国第一个女性译者群体应运而生，共有13人（如表1-1所示）。从家庭背景来看，她们大多来自当时的开明商人、官宦世家或启蒙知识分子家庭，如薛琪瑛（生卒年不详）之父为无锡有名富商，陈鸿璧（1884—1966）之父官至轮船招商局总办。优越的家庭条件使她们有机会接受系统、良好的中西教育。从教育背景看，她们大多求学于教会女学、中国新式女学或是有留学海外的经历。

表1-1　20世纪初至五四运动前重要女性译者、译作总览

	姓名	体裁			源语国家			
		小说	戏剧	其他①	法	英美	日	挪威
1	薛绍徽	3		1	1	2		
2	陈鸿璧	9		3	1	8		
3	黄静英	6			1	1		
4	黄翠凝	2					1	
5	汤红绂	3					2	
6	凤仙女史	2			1		1	
7	刘韵琴	2						
8	薛琪瑛	3	2	2	1	5		
9	吴弱男		1					1
10	郑申华		7					
11	张默君	4		1		5		
12	罗季芳	1				1		

① 其他文学体裁包括：人物传记、教育类散文、历史故事等。

续表

	姓名	体裁			源语国家			
		小说	戏剧	其他	法	英美	日	挪威
13	毛秀英	3				1		
	总计	38	10	7	5	24	5	1

首批女性译者翻译的作品以小说最多，戏剧次之，符合当时翻译文学的整体趋势。小说翻译风行与男性知识分子的推动不无关系。梁启超是极力推崇小说翻译的代表，1898年，他在《译印政治小说序》一文中指出："彼美、英、德、法、奥、意、日本各国政略之日进，则政治小说为功最高焉"，政治小说的推出能使"全国之议论为之一变"，并呼吁"采外国名儒所撰述，而有关切于今日中国时局者，次第译之"（梁启超，1898）。除林纾（1852—1924）等男性译者外，部分女性译者亦响应号召，译介了一些政治小说，如凤仙女史（生卒年不详）的《美人手》（《新民丛报》，1903—1906连载）、陈鸿璧的《苏格兰独立记》（小说林社，1906），体现了女性译者冲破"女子不干政"的传统束缚，开始关注、参与政治书写。随后，侦探类、科幻类小说取代政治小说，以其悬念迭起、新奇刺激的情节吸引了大批读者，从而成为翻译热点，女性的代表译作有罗季芳（生卒年不详）的《三玻璃眼》（月月小说，1906—1908）、陈鸿璧的《第一百十三案》（广智书局，1909）等。

从作品选择来看，当时女译者大多是根据读者市场和个人喜好来译介作品的，故译作中的名家名篇不多，具有代表性的包括薛绍徽（1866—1911）翻译的《八十日环游记》、薛琪瑛译英国唯美主义剧作家王尔德的《意中人》（即《理想的丈夫》，青年杂志，1915）、黄静英（生卒年不详）译法国小说家都德的爱国主义小说《最后之授课》（即《最后一课》，礼拜六，1915）和吴弱男（1886—1973）译挪威著名剧作家易卜生的《小友爱夫》（新青年，1918）。《八十日环游记》翻译用语"洗练流畅""几乎是无暇可寻"（郭延礼，2010），作品在出版后数年内三次再版，可见其读者群和影响力之广；这不仅是凡尔纳科学小说的第一部中译本,也是第一部西方科学小说的中译本,由此开创了20世纪初科学小说的翻译热潮(罗列,2008)。《意中人》体现了薛琪瑛对婚姻家庭及两性关系的关注,译文在宣传新思想的《新青年》杂志上连载五期,产生了一定的社会影响(查明建、谢天振,2007)。同时,这是中国首次译介王尔德的戏剧作品,也是《新青年》白话翻译剧本的开端,为日后白话文运动的兴起奠定了良好的基础。《最后一课》最早于1912年由胡适译入中国,胡译本虽被收入《白话文范》《国语教科书》等多本影响广泛的教材(韩一宇,2003),但对原文有多处删改,且用词欠准确。相比之下,黄静英的译本自然流畅、毫无删减,尤其值得称道的是她把胡适译为"静动词"的语法术语 participle 准确地译为"分词",女性翻译家双语水平之高可见一斑(郭延礼,2008)。吴弱男是最早译介易卜生戏剧的译者之一,译作《小友爱夫》发表在《新青年》的"易卜生专号"上,为易卜生戏剧热潮做出了贡献。

从翻译的源语国家来看,这一时期译自英美的作品占绝大多数,其后依次为法、俄、日、德。这与当时的历史社会背景紧密相关。首先,英国在鸦片战争中的胜利破除了中华民族在文化上唯我独尊的心态,也激发了译者大量引进、学习英国作品。其次,清末女学教育机构的外语教学均以英语为主,法、德、俄、日为辅,故早期女性翻译家精通的语种有限,其译介的不少他国作品也由英语转译的。

1899年,林纾与王昌寿合译的《巴黎茶花女遗事》标志着中国近代翻译文学的兴起(查明建、谢天振,2007)。而始于1900年的女性文学翻译与中国近代翻译文学的开端不谋而合,女性译者与男性译者同时登上译坛,成为中国翻译史上一道亮丽的风景。虽然本时期的女性翻译实践从规模上、影响上都不及当时的男性翻译活动,但女性译者凭借自己出众的才华在解放思想、传播西学的历史进程中留下了意义非凡的一笔。

二 五四运动后至新中国的建立

五四运动是我国近代史的分水岭,随之而来的新文化运动彻底打破了封建旧文化的束缚，对妇女解放运动产生了深远影响，也掀起了中国历史上第三次翻译高潮。新文化运动伊始就明确打出"女权"旗号，陈独秀、胡适等撰写大量文章揭露传统礼教"三从四德""夫为妻纲"对妇女的压迫，并号召妇女们从封建束缚中解脱出来，恢复独立人格。而教育平权是谋求"女权"的基础，女子上大学、男女同校成为社会新风尚，与此同时，女子平民教育逐渐兴起，"平民女校""女子工读互助团""女子夜校"等组织纷纷出现，这为出身寒门的女性提供了提升文化水平和思想觉悟的平台（杜学元，1995）。随着抗日战争的爆发，越来越多的女性将自身的命运与民族解放联系在一起，冲破家庭的狭小天地，学习外语、西学，投身于抗争救国事业。这一时期知名的女性翻译家共计约 14 人，杰出代表有彭慧（1907—1968）、黄衣青（1914—2013）、朱微明（1915—1996）、赵洵（1917—1988）等（如表1-2所示）。这一时期的女性译者不仅人数有所增长，且家庭、教育背景更为多元。有来自先进知识分子、书香世家的袁昌英（1894—1973）、杨苡（1919—2023），也有出身封建家庭的陈敬容（1917—1989）、朱微明；有留学海外并取得高级学位的陈学昭（1906—1991）、罗玉君（1907—1988），也有就读于国内新式大学的姜桂侬（1914— ）、黄衣青，这从一个侧面反映了女性解放事业的发展。

本时期的译介体裁仍以小说、戏剧为主，且总量数倍于"五四"运动前。从作品的选择来看，小说翻译的"文学性"价值取向越发明显，名家名著意识增强，如赵洵翻译的奥斯特洛夫斯基的《钢铁是怎样炼成的》（延安韬奋书店，1945）、陈敬容翻译的雨果的《巴黎圣母院》（上海骆驼书店，1948）、罗玉君翻译的司汤达的《红与黑》（上海平明出版社，1954）①、杨苡翻译的艾米丽·勃朗特的《呼啸山庄》（平明出版社，1956）等。这些作品运用了现实主义、浪漫主义、象征主义等多种艺术手法，不仅受到读者喜爱，还与本土小说创作形成互动，催生了

---

① 翻译家的翻译活动是延续性的，部分女性翻译家的翻译生涯长达半个世纪之久，译者晚年所译作品成为经典的情况极为常见，故有些代表译作的出版时期会与译者所划入的时代有出入。我们认为以经典译作为标准划分女性翻译家所处时代不够客观，顾在划分时主要参考了其生卒年代及其译作出版高峰期。

中国本土问题小说、抒情小说的热潮。

值得注意的是，同期儿童文学取代政治、科幻小说，成为译介的热点。黄衣青（1914—2013）一人就翻译了包括《猎熊的孩子》（中华书局，1951）等十多部儿童文学书籍，还著有《黄衣青童话》等童话集；陈敬容（1917—1989）翻译了丹麦著名童话作家安徒生的《丑小鸭》（上海三联书店，1946）等童话故事。儿童文学翻译的兴起大大缓解了当时"少年可读之书[……]中国绝少"的情况（鲁迅，1981：357）。

戏剧方面，沈性仁（1895—1943）翻译的王尔德的《遗扇记》于1918—1919年在《新青年》杂志上连载，这是在中国发表的外国话剧最早的白话语体翻译剧本之一，也是中国白话文运动的源头。正是在这一探索性成果的基础上，才产生了波澜壮阔的白话文运动和新文学运动。除了英国、挪威的戏剧，女性译者开始把目光投向其他经典剧作，如袁昌英（1894—1973）翻译的美国著名剧作家尤金·奥尼尔的《绳子》（1934）、石璞（1907—2008）翻译的《希腊三大悲剧》（1934）、蓝馥心（1917—1984）翻译的苏联话剧《曙光照耀着莫斯科》（1952）等。

从这一时期开始，女性译者翻译的苏俄文学作品超越英美文学成为文学译介的重心，占同期女性翻译文学总和的一半。产生这种变化的原因，主要是俄国十月革命的胜利建立了世界上第一个无产阶级领导的社会主义国家，这极大地鼓舞了中华民族的解放运动，革命青年以俄为榜样，积极探索救国真理，推动了苏俄文学的译介。据粗略统计，本时期苏俄文学作品译著约有300种。重要的女性译者译作包括陈学昭（1906—1991）翻译的《阿细雅》（上海商务印书馆，1929）、赵洵（1917—1988）与人合译的《静静的顿河》（上海光明书店，1936）、《米嘉之恋》，彭慧（1907—1968）翻译的《哥萨克》（文通书局，1948）、《列宁格勒日记》（1949）等。

法国文学翻译和英美文学翻译在20世纪前30年仍占据主要地位，随着抗日战争爆发及时代语境的变化逐渐退居译介的次席。除了主流西方国家，女性译者们还响应新文化运动号召，积极译介"被损害"民族的文学作品，以寄托屈辱的民族情感，唤起独立自强的斗志，如朱微明（1915—1996）与人合译的匈牙利小说《奇婚记》（上海文艺出版社，1959）、陈敬容翻译的捷克纪实文学作品《绞刑架下的报告》（人民文学出版社，1952）和与人合译的巴基斯坦诗歌《伊克巴尔诗选》（人民文学出版社，1952）等。

表1-2　　五四运动后至新中国成立重要女性译者、译作总览

	姓名	体裁				源语国家					
		小说	戏剧	诗歌	其他①	俄	法	英美	德奥	丹麦	其他
1	沈性仁	3	9	1	2	4	1	8			挪威
2	陈学昭	3			2	2	3				
3	彭 慧	4			2	6					
4	袁昌英	2	5				4	2			
5	黄衣青	13				9		4			
6	陈敬容	9		3	2	2	2			3	加纳、巴基斯坦
7	赵 洵	6		2		8					
8	杨 苡	4		3	2	2		7	1		
9	姜桂侬	2						2			
10	罗玉君	11	1				14				
11	石 璞	2	3		2			2			
12	齐 香	4					6				
13	蓝馥心		5		1	2		2	1		南斯拉夫
14	朱微明	3				1					罗马尼亚、匈牙利
	总计	66	23	9	15	36	30	27	4	3	6

这一时期的女性翻译家的另一特征是译、论、著并行。她们在译介域外优秀作品的实践中反思总结翻译心得，并以"论"的形式提炼升华：译事之论有陈学昭的《对翻译的一点想法》（1982）、陈敬容的《浅尝甘苦话译事》（1982）、杨苡的《一枚酸果：漫谈四十年译事》

---

① 其他文学体裁包括文学理论、散文、报告文学、传记等。

(1983)，文学之论有石璞（1907—2008）的《欧美文学史》（四川人民出版社，1980）和《西方文论史纲》（四川大学出版社，1992）、罗玉君（1907—1988）的《论雨果》（出版信息不详）和《论司汤达的〈红与黑〉》（出版信息不详）、梁珮贞（1905—？）的《漫谈比较文学》（1983）和《法国二十世纪诗谈》（1987）。还有一些女性译者在翻译的过程中汲取国外作品的艺术手法与独特风格，服务于自己的文学创作，如彭慧所著歌颂革命者英勇不屈、前赴后继精神的《不尽长江滚滚来》（人民文学出版社，1980）、黄衣青创作的想象力丰富、充满童趣的《小公鸡学吹喇叭》（少年儿童出版社，1984）等系列童话。

三 新中国成立初期至"文化大革命"结束

从新中国成立初期至"文化大革命"结束的27年中，文学翻译几度起伏，经历了繁荣、萧条、缓慢复苏三个阶段，女性翻译家的译作、译事也被打上了时代的烙印。

1949年，新中国成立揭开了翻译文学的新篇章：1951年召开了"第一届翻译工作会议"，翻译被提升至政治高度，得到了党和政府前所未有的重视；1954年召开的"全国文学翻译工作会议"反思了翻译工作中存在的质量、人才培养等问题，提出"艺术创造性的翻译"口号（孟昭毅、李载道，2005）。这两次会议为文学翻译工作指明了方向、确定了目标，极大地激励了翻译工作者。女性译者群体在良好的社会环境和政策支持下增长至约23人（如表1-3所示）。这一时期的译文质量有了普遍提高，涌现出一批名作名译，如杨必（1922—1968）翻译的萨克雷的《名利场》（人民文学出版社，1957）、杨绛（1911—2016）翻译的塞万提斯的《堂吉诃德》（人民文学出版社，1978）、谢素台（1925—2010）与人合译的《安娜·卡列尼娜》（人民文学出版社，1956）等。然而，60年代随着"文化大革命"的爆发，外国文学被列入"封资修"之列，许多翻译家被迫辍笔，有的甚至遭到批判打击。从1966年5月到1971年11月，五年多来竟没有一部外国文学译作问世（孟昭毅、李载道，2005）。1972年，在周恩来总理等人的努力下才有限地恢复了外国文学翻译的发行出版。在这期间，女性翻译家经受了极大的挫折和苦难：冰心曾被关进"牛棚"进行改造；文洁若被划为"右派分子"，译稿被焚毁；戴乃迭（1919—1999）①因"英国间谍案"与丈夫杨宪益一起被捕入狱。然而，磨难不能消减她们对翻译的热情，这一时期反而见证了女性翻译家的众多突破与贡献，如：丰一吟（1929—2021）与其父丰子恺从俄文转译了达木丁苏伦的《蒙古短篇小说集》（1953，文化生活出版社），扩展了我国翻译文学译介的版图；冰心（1900—1999）所译纪伯伦的散文诗《先知》（人民文学出版社，1957）、《沙与沫》进一步打开了中国读者了解黎巴嫩文学的窗扉，冰心本人也荣获了黎巴嫩共和国总统签署授予的国家级雪松勋章；杨绛首次抛开英文转译本，完整地翻译了西班牙语原版的《堂吉诃德》，其生动流畅的文字和简繁适度的注释深受读者喜爱，成为畅销书；文洁若（1927— ）译介了三岛由纪夫、芥川龙之介等众多日本优秀作家的作品，成为翻译日文作品最多的人，同时还与丈夫萧乾开始"破译"意识流文学的鸿篇巨制《尤利西斯》（吴志菲，2013）。

综观本时期翻译文学的体裁，小说作品仍受女性译者偏爱，译作独占鳌头。虽遭遇"文化大革命"打击数年，但其数量却两倍于新中国成立前，达百余部之多，可见五六十年代译界之繁荣。尤其引人注目的是，诗歌体裁译作异军突起，超越戏剧成为译介的次重点。冰心、赵萝蕤（1912—1998）、石素真（1918—2009）等为诗歌翻译做出了突出贡献。冰心拓宽了诗歌作品译介的国别范围，将第三世界国家的文学精品呈现给中国读者，她先后翻译了印度文豪泰戈尔的《吉檀迦利》（人民文学出版社，1955）、《园丁集》（人民文学出版社，1961）、《泰戈尔诗选》（人民文学出版社，1980），加纳的以色列·卡甫·侯的《无题》（上海文艺出版社，1993），朝鲜元镇宽的《夜车的汽笛》（上海文艺出版社，1993），马耳他总统布蒂吉格的《燃灯者》（人民文学出版社，1981），合译的尼泊尔马亨德拉的《马亨德拉诗抄》（作家出版社，1965）。赵萝蕤翻译了艾略特艰深晦涩、旁征博引的现代诗《荒原》

---

① 戴乃迭虽为英国国籍，但她出生于北京，且自40年代起就与丈夫杨宪益定居中国，她为中国翻译文学事业和对外文化交流立下了汗马功劳，故本文认为，戴乃迭应被包括在内地/大陆女性翻译家的研究范围内。

(《外国文艺》，1980）并撰写评述论文，开启了把西方现代派文学译介到我国的先河，推动了中国新诗的发展。石素真则精通孟加拉语，是我国直接从孟加拉原文翻译泰戈尔及其他孟加拉作家作品的第一人。同期的戏剧正处于革新阶段，有"红色公主"美誉的孙维世（1921—1968）导演了13部外国戏剧，翻译了《一仆二主》（作家出版社，1956）、《星星之火》（人民文学出版社，1953）等多部戏剧和一部戏剧理论作品，成为新中国戏剧事业的重要奠基人。

比较这一时期翻译文学作品的国别，不难发现女性翻译的苏联文学作品仍一枝独秀，远多于其他国家的作品，这是与新中国成立初期"政治标准第一，艺术标准第二"的文艺观分不开的（查明建、谢天振，2007）。据统计，在新中国成立初期的十年中，我国翻译出版的苏俄文艺作品达到3526种，占外国文学译本总数的74.4%（马祖毅，2006）。许磊然（1918—2009）、萧珊（1921—1972）、王金陵（1927—2016）、谢素台、申葆青（1927—2009）等翻译了大量俄国古典文学和社会主义现实题材作品，其中的代表译作有法捷耶夫的《毁灭》（人民文学出版社，1978）、瓦西里耶夫的《这里的黎明静悄悄》（湖南人民出版社，1980）、托尔斯泰的《童年·少年·青年》（人民文学出版社，1984）等。从翻译方向来看，首批以中译外工作为主的女性翻译家群体在本时期出现，包括戴乃迭（1919—1999）、刘梦莲（1922—?）、齐宗华（1929—?）、沙安之（1929—?）、杨蕴华（1934—?）等。她们大多出生于国外，有着良好的高等教育背景，致力于向海外传播中国领导人的著作和中国优秀的现代、古典文学作品，可谓是引领中国文化"走出去"的巾帼英雄。其中，杨蕴华参与了《毛泽东选集》《周恩来选集》《建设有中国特色的社会主义》等多部重要文献的俄语翻译、定稿工作，被授予"资深翻译家"称号；戴乃迭与丈夫杨宪益合译了古典文学四大名著之首的《红楼梦》（外文出版社，1978），受到英语读者广泛好评，产生了重要影响；苏琦长期从事对日文化交流、翻译和研究工作，除了翻译领导人著作外，还为北京人艺剧院等艺术团体翻译了老舍的剧本《茶馆》、经典歌舞剧《东方红》的歌词及解说词等，在日上演后取得了广泛关注。此外，拥有扎实多外语、多文化背景的女性译者也投身于新中国的外交事业中，如生于英国、长在巴黎的齐宗华曾长期为毛泽东、周恩来、刘少奇等中央同志担任各种重要国际会议的口译员，还著有《论口译》（1983）等论文，总结了多年口译工作的体会经验；王效贤自1953年开始多次随重要代表团和国家领导人访日，1972年中日友好条约的谈判中全程参与谈判口译等（马祖毅，2006）。

表1-3 新中国成立初至"文化大革命"结束重要女性译者、译作总览①

	姓名	体裁				源语国家						
		小说	诗歌	戏剧	其他②	俄	日	英美	印度	法	中	其他
1	杨 必	2						2				
2	杨 绛	3			2			2		1		西班牙×2
3	冰 心	2	6	1	1			6				黎巴嫩×2、尼泊尔、马耳他、朝鲜
4	赵萝蕤	5	6		3			14				
5	石素真	5	4	1				9				孟加拉
6	徐磊然	15		1	2	16						土耳其×2
7	萧 珊	7				7						
8	杨静远	4			6	2		7				罗马尼亚、德国×2
9	谢素台	14				6		8				
10	文洁若	26	1		3	3	15	7			1	
11	孙维世			5		2						意大利×3
12	汪淑钧	2			1			2			1	
13	李孟安	7			1					5		
14	申葆青	1		1	3	3		1				
15	王金陵	6		5	1	10						捷克×2
16	沙安之	2	4		1						7	
17	齐宗华	3			2			1		3	1	

① 由于篇幅限制，本表中体现的是从事过文学翻译或文学理论翻译的女性译者，不包括专门从事口译、科技翻译等的女性译者。
② 其他文学体裁包括童话、人物传记、散文、文论、报告文学、科普类读物等。

续表

	姓名	体裁				源语国家					
		小说	诗歌	戏剧	其他	俄	日	英美	印度	法	中	其他
18	梁珮贞	1	2	2							5	
19	戴乃迭	12	3	4	4						23	
20	刘梦莲	1		2	4						7	
21	杨蕴华			1	6						8	
22	丰一吟	4			6	8						蒙古、朝鲜
23	苏琦	3	1	1	4		1				8	
	总计	125	27	24	50	57	16	44	15	9	61	20

总结起来，本时期复杂的历史文化语境造就了一批多才多艺的女性翻译家。她们在译路孜孜耕耘的同时，还致力于外国文学教育、文学编辑出版、外国文学研究等。至此，女性译者群体之壮大、译作数量之丰富、译作贡献之重要，可以说是史无前例的，她们取得的成就值得我们铭记。

四 改革开放以来

随着党的十一届三中全会的召开，中国内地/大陆进入改革开放时期，制约外国文学译介的"极左"意识形态与文学观念逐渐消退，广大翻译工作者怀着极大的热情，努力为广大读者译新书、译好书，第四次波澜壮阔的翻译高潮徐徐拉开帷幕。此时期女性译者的队伍迅速扩大，生于1940年之前的有27人（如表1-4所示）。从教育背景来看，她们多毕业于国内高校的外语院系，这体现了当时的外语教学水平已相当之高级；从语种结构来看，日语、韩语、西班牙语翻译人才明显增多，少数民族语种的翻译人才开始涌现，弥补了长期以来"小语种"翻译人才的空缺；从职业来看，她们多任职于国家部委、高校研究所、出版社报社、广播电台、电影制片或专业技术领域等各行各业，对翻译的贡献形式更加多样，影响力大于以往任何时期。

表1-4　　改革开放以来重要女性译者、译作总览

	姓名	体裁				语言					
		小说	戏剧/影视	文论	其他①	英美	法	俄	捷克	日	其他
1	资中筠	6			2	5	3				
2	黄建人	7			2	8					意大利
3	杨乐云	9	3		1				14		
4	陆凡	2		7		8		2			
5	桂裕芳	30		4	2		45				
6	祝庆英	7			1	6	1				西班牙
7	屠珍	20	7			26	3				阿尔巴尼亚×2
8	易丽君	9	1	1							波兰×17
9	文美惠	15	1	6		19	1				西班牙×2
10	蒋承俊	5			1			1	6		
11	裘因	17		2	1	13	5				意大利
12	刘星灿	16		1	4	1			23		
13	唐月梅	24		2	6					33	
14	张玲	11				11					
15	徐丽红	12									韩语×12
16	曹苏玲	20			1	6		14			玻利维亚
17	姜丽	1	5	1	3				1		波兰
18	韩维	1				4	1		4		
19	叶明珍	4	1	2							保加利亚×8
20	施燕华	2				2	4				
21	喻璠琴	7									中→英×7
22	朱虹	4			2	3					中→英×3
23	潘耀华		26			11	1	1			13②
24	王汶	8			13		2	19			
25	陶洁	8		1		9					
26	高慧勤	6	1							7	

①　其他文学体裁包括回忆录、人物传记、散文、民间故事集、书信集等。
②　包括南斯拉夫影片6部，朝鲜影片2部，罗马尼亚、印度、西班牙、墨西哥、巴基斯坦影片各1部。

续表

	姓名	体裁				语言				
		小说	戏剧/影视	文论	其他	英美	法	俄	捷克	日	其他
27	潘丽珍	6			4		10				
	总计	257	45	27	50	131	65	47	44	40	69

本时期女性翻译的小说呈现井喷式增长。新中国成立初的17年中，文学翻译选材主要侧重于那些来自苏联及其他社会主义国家、揭露资本主义罪恶及弘扬革命精神的作品。而由于意识形态控制的放宽，很多过去被视为反动、颓废的"毒草"作品逐渐被翻译过来，引起了广泛关注，如桂裕芳（1930—?）翻译了纪德的宣扬满足人性、追求个人主义的《背德者》（中国书籍出版社，2006），黄建人（1951—?）翻译了同期男性译者拒绝翻译、被指责为"肮脏""令人作呕"（李宁，2014）的小说《洛丽塔》（漓江出版社，1989），裘因（1935—?）与人合译了菲茨杰拉德展示"迷惘的一代"生活状态的代表作《爵士时代的故事》（上海译文出版社，2010），文美惠（1931—?）翻译了D. H. 劳伦斯描写扭曲的恋母情结的《美妇人》（解放军文艺出版社，1999）等。这些小说虽然遭到当时部分批评家的质疑，但其对人性的深刻探讨、对现代社会的客观剖析，都闪烁着不朽的文学价值。敢于选择这些与主流文学观"相左"的作品，可见女性翻译家译介的开放性和先锋性。除了"非主流"小说的译介，本时期的小说翻译的另一特点是名家名篇的复译现象，不同译者的解读为名著注入了新的生命力。蒋承俊（1933—2007）从捷克语原文直接翻译了伏契克的《绞刑架下的报告》（人民文学出版社，1997），该作品由陈敬容在1952年首次翻译出版。由于陈敬容不通捷克语，当年的译本是根据法译本转译，同时参照了俄译本及英译本，并由冯至根据德文译本作过校订。虽说参考甚多，译文的忠实程度难免受人质疑，可见复译的必要性。张玲（1936—2022）与张扬重译了艾米丽·勃朗特的传世经典《呼啸山庄》（人民文学出版社，1999）。此书此前已有梁实秋、杨苡等多个译本，张译版在老版的基础上修正了误译，且巧妙使用归化策略，使可读性大大增加，并入选英国

企鹅经典文库译丛（杜姗姗，2011）。随着市场经济的发展，为了满足不同读者的欣赏需求，通俗小说的翻译也盛行起来。徐丽红翻译了包括《大长今》（人民文学出版社，2005）、《韩国小姐金娜娜》（浙江人民出版社，2005）等韩国当代励志读物，取得了良好的口碑和市场效益；曹苏玲（1930—2014）则是风靡全球的哈利·波特系列小说的汉译第一人，她翻译了《哈利·波特与魔法石》（人民文学出版社，2000）的前半部，以流畅传神的笔触奠定了整套系列中文译本的基调（王谦，2014）。

　　女性译者在翻译文学作品的同时，还把译介范围扩展到了外国文学研究和外国文学作品改编的优秀电影上，该领域影响较大的译者约有十人。陆凡（1920—？）译介了伊哈布·哈桑的《当代美国文学》（山东人民出版社，1980）、《福克纳评论集》（中国社会科学出版社，1979）中的《普通人——自耕农、佃农和穷白人》与《乡下人福克纳》《文学理论、文学批评和文学史》（1982），开创了女性翻译家译介外国文学研究著作的先河。潘耀华（1927—？）[1] 长期从事电影译制工作，翻译了《蝴蝶梦》（1979）、《大卫·科波菲尔》（1983）、《乱世佳人》（1983）等"20多个国家的50余部影视片"（林辉，1988：453），在丰富人民的文化生活、增加国际文化交流的进程中功不可没。

　　与"文化大革命"时期不同，苏俄文学在改革开放以后逐渐退居边缘地带，而被有意识地隔离数十年的英、法、美等西方国家的作品"翻译爆发"，一跃至译介中心。主要从事欧美作品译介的女性翻译家有屠珍（1934—2022）、文美惠、裘因、张玲、桂裕芳等20位左右，她们把欧美意识流文学、新小说、存在主义文学、后现代主义文学的翻译作品介绍给中国作家和读者，为新时期作家提供了宝贵的启迪与借鉴素材，同时填补了欧美文学译介十余年的空白。本时期的女性翻译家中还涌现出一些"小语种"译介、研究大家。波兰文学翻译泰斗易丽君（1934—2022）翻译了《米沃什诗抄》（1981）、《波兰民间故事》（湖

---

[1] 由于可考资料有限，笔者只搜集到潘耀华所译部分影片的片名、产地等，故仅在表1-4中呈现已知的具体信息。

南少年儿童出版社，1989)、《火与剑》(译林出版社，2002)等十余部波兰文艺作品，撰有《波兰战后文学史》及《波兰文学》等专著，并于 1984 年、1997 年分别获波兰人民共和国、波兰共和国文化功勋奖章，2000 年获波兰总统颁发的波兰共和国十字骑士勋章。叶明珍 (1931—)不仅为我国与保加利亚的外交事业做出了突出贡献，还致力于译介保加利亚文学作品，先后翻译了《第一次打击》(中国戏剧出版社，1959)、《轭下》(人民文学出版社，1982)、《夜驰白马》(中国社会科学出版社，1984)等多部小说和戏剧作品。刘星灿 (1937—2021)翻译的《好兵帅克历险记》(外国文学出版社，1983)是第一部从捷克语直译的汉语全译本，1990 年获捷克斯洛伐克涅兹凡尔奖。她还著有《雅·哈谢克》(人民文学出版社，2010)一书，全方位介绍了这位能与塞万提斯比肩的捷克伟大作家。

据不完全统计，在 2001—2010 年受到中国翻译协会表彰的资深女性翻译家约 400 人。可以说，女性译者已经成为中国翻译事业强大的生力军。

第三节　小结

在中国翻译文学之林，女性翻译的文学是一株独具风姿的奇葩，从 19 世纪末诞生至今，历经百年，愈加芬芳。在文化交流更加便利，人们精神需求日益凸显的现代中国社会，女性翻译的文学定会在其深厚的积淀上蓬勃发展，书写出新的美丽篇章。

而女性翻译的文学研究也应该以史为鉴，面向未来，探索新的研究方法和路径。以翔实的史料、文献、访谈为基础，我们不仅可以从微观上对比男女不同性别译者不同译本的传播、影响，考察女性翻译家翻译的过程、策略等，还可以站在宏观的立场上进行深层次的探讨，如分析众多女性翻译译本中是否普遍存在女性主义倾向，反思西方翻译理论的适用性；研读女性译者的译论、译著的序、跋等，倾听她们的心路历程，透过庞杂的史料靠近历史真实，从而探索我国女性翻译理论和实践的路向；建立港台地区女性翻译家语料库，横向对比内地/大陆、港台地区重大翻译活动、事件的发展规律，研究社会环境和意识形态对翻译话语的影响等。

本章描摹了百年中国女性翻译家的群像，而这只是建立女性翻译史论的第一步。我们应加快步伐，廓清女性翻译史料、总结百年女性翻译成果，这样才能重新认识女性在中国翻译史上的地位，用历史昭示未来。

第二章

中国内地/大陆现当代女性翻译家群像

第一节 引言

20世纪70年代以来，翻译研究不断向描述性和文化研究的取向深化，翻译家作为翻译研究的主体被"发现"并成为新的课题（穆雷、诗怡，2003），国内译界开始将研究的重点转向译家及其译事活动的社会历史考察。在1978—2007年的三十年间，先后出版的翻译史著作达70部（吴书芳，2013），其中更以翻译家词典和翻译文学史两类对翻译家的关注最为集中。前者以《中国翻译家词典》（林辉，1988；以下简称《辞典》）为代表。它不仅"填补了我国辞书领域的一个空白"（张万方，1991：43），更成为古今中外翻译家"云集"之"圣坛"：其所收入物条目"上溯古代，迄于当今［，以］起自五四前后至当今的现当代翻译家和优秀翻译工作者为主"（林辉，1988：iii），共1123人（林煌天，1991：5），包括"对繁荣我国的科学文化事业作出过贡献的古代僧人和西方传教士"（林辉，1988：iii）80多人（张万方，1991：43）。后者以《中国翻译文学史稿》（陈玉刚，1989）及其修订本（孟昭毅、李载道，2005）为代表，力图避免我国外国文学史教材名曰《外国文学史》、实为"以外国的文学史实及作家作品为描述对象"的翻译文学"所遇到的矛盾和尴尬"（王向远，2007：003），不仅"填补了我国翻译文学史研究的空白"(同上:004),而且"把翻译文学研究提高到了一个新的高度"(孟昭毅、李载道,2005:644),同时为1897—2003 年的约 200 位翻译家"树碑立传"(穆雷、诗怡,2003:13)。

另外,20 世纪 80 年代以后,随着西方女性主义文学批评和性别理论"叩响翻译研究的大门"(刘军平,2004:3),女性译者的主体性亦逐渐成为我国译界研究的热点。朱静(2007)、郭延礼(2010)、罗列(2011,2014)、蒋林与潘雨晴(2013)、孙晓蓉(2013)、吴书芳(2013)等发现,不仅我国第一位女性翻译家薛绍徽(1866—1911)所翻译的法国科幻小说家儒勒·凡尔纳的《八十日环游记》仅比林纾1899 年翻译的《巴黎茶花女遗事》晚一年。更重要的是,清末民初的22 年间(1898—1922)"可以确定身份"的女性译者达到 45 人之多(朱静,2007:61),成为"中国文学史和中国翻译文学史上破天荒的文学现象[,]开创了中国女性参与文学活动的先河"(郭延礼,2010:49)。

但是,研究者同时发现,不仅五四以前的女性翻译家长期"湮灭"在历史的长河中(李永红,2009;郭延礼,2010;吴书芳,2013),甚至五四以后的绝大多数女性翻译家亦"形成了一个被遗忘的群体"(吴书芳,2013:112),"几乎无人问津,连少数有代表性的女性翻译家也鲜有人提起,更不必说研究了!"(郭延礼,2010:49)仍以我国翻译家词典和翻译文学史中最早和较有影响的《辞典》与《中国翻译文学史》为例,前者收录的 1123 位翻译家中,仅有现当代女性翻译家 74 人[1],包括内地/大陆 66 人[2]、港台地

---

[1] 除沈国芬外,《辞典》对所收录的女性翻译家进行了性别标注,本书依据其标注的条目并经网络搜索、核对,确定最终的女性翻译家名单。

[2] 本书统计、确认的内地/大陆 66 位女性翻译家,包括《辞典》未明确性别的沈国芬。谭芳(2007:70)指出,其依据《辞典》统计出内地/大陆女性翻译家 64 人,但由于该文未列出女性翻译家的具体姓名,故无从核对。"沈国芬"一条,不仅从其名,从其释义"毕业于北平贝满女中"(林辉,1988:489-490)亦可疑为女性。通过中国翻译协会与沈国芬曾任职的中国对外翻译出版公司官方网站查询确认,其为中国翻译协会 2006 年表彰的 302 位"资深翻译家"之一,所翻译语种及工作单位、职务等信息与《辞典》所释一致,只是出生年份非《辞典》所载的"1926",而是 1924。

区8人①，不仅"遗忘"了"为五四后女性翻译文学的发展探明了方向、奠定了基础"的第一个女性翻译家群体（郭延礼，2010：49），而且遗漏了翻译福克纳的小说《圣殿》等名著的陶洁（孟绍毅、李载道，2005：415）、"50年代到60年代活跃于译坛"的日本文学翻译家萧萧（又名鲍秀兰，1919—1986）（张万方，1991：43），以及当代唯一一位长期致力于中国文学外译的英裔女性戴乃迭。后者旨在"重新定位"（孟绍毅、李载道，2005：644）历史上的翻译家，虽然"盖棺定论"（穆雷、诗怡，2003：13）了200余位翻译家，但对于女性翻译家却是惜墨如金，甚至语焉不详。该书不仅只是蜻蜓点水式地提及了女性翻译家陈鸿碧、黄翠凝、沈性仁、陈学昭、赵洵、陶洁及台湾地区的宋碧云等，而且也只着重介绍了杨绛（pp. 343 – 346）、赵萝蕤（pp. 380 – 383）、罗玉君（pp. 466 – 67）、文洁若（pp. 551 – 555）以及来自港台地区的金圣华、林文月、沉樱和张爱玲等几位女性翻译家。更为遗憾的是，该教材在重点介绍现当代印度文学翻译时，只字未提冰心和石素真这两位更早译介泰戈尔作品的知名女性翻译家。在对待重要的"夫妻档"翻译家时，将杨宪益（pp. 346 – 350）的夫人戴乃迭、萧乾（pp. 442 – 445）的夫人文洁若和叶渭渠的夫人唐月梅（pp. 524 – 537）一语带过，将赵瑞蕻（pp. 465 – 466）的夫人杨苡"尘封"。

针对女性翻译家研究不足的现象，诸多学者做出了积极的反应。郭延礼（2010：49）指出了这批女性翻译家作为群体出现的重要历史意义，并提醒我们不应忘记她们：

---

① 《辞典》所收录的翻译家，不仅包括香港地区翻译家24位、台湾地区翻译家42位，而且还包括由内地/大陆赴美的王际真（1899—2001）、叶维廉（1937— ）、赵元任（1892—1982）等8位。但是，香港方面，仅收录了金圣华（1940— ）和林太乙["生年不详"（《辞典》p. 382）（实为1926—2003）]两位，遗漏了长期致力于中国文学外译和翻译理论研究的黎翠珍、孔慧怡和张佩瑶（1953—2013）等知名女性翻译家。台湾地区女性翻译家仅收有沉樱（1907—1988）、丁贞婉（1936—?）、胡品清（1921—2006）、聂华苓（1925—?）、裴缚言（1921— ）、殷张兰溪（1920—2017）6位，遗漏了集创、译、研于一身且永葆青春的林文月（1933—2023）和齐邦媛（1924— ）两位最重要的女性翻译家。

第一，20世纪初所出现的这一女性翻译文学家群体，是中国文学史和中国翻译文学史上破天荒的文学现象；它开创了中国女性参与翻译文学活动的先河，刷新了中国翻译文学史无女性介入的记录；第二，这一群体的出现及其成就再次证明了中国女性的聪慧及其多方面的文学才华，她们不仅在中国文学史，而且在中国翻译文学史上也占有不可或缺的地位。她们从尘封的历史中被发现，使20世纪中国翻译文学史必将重新改写；第三，[她们的]翻译成果显示了女性翻译文学的实绩，为"五四"后女性翻译文学的发展探明了路向、奠定了基础。但是长期以来，这时段的女性翻译文学几乎无人问津，连少数有成就、有代表性的女翻译文学家［……］也少有人提起，更不必说研究了。但正如古希腊女诗人萨福所预言的："我想将来总有一天/会有人记起我们［……］。"是的，我们不应该忘记20世纪初的这批女性翻译家。

朱静（2007：68）指出："清末民初涌现出的这些女译者形成了当时文坛上一道独特的风景线，但是一直以来在翻译研究和女性文学研究中，学术界对此却鲜有探讨，这一现象值得研究者的思考。"李永红（2009：116）发出了"寻找'失落'的群体"的追问："女性在翻译史中的地位是什么？我国应该有女性翻译史吗？"王祥兵、穆雷（2013）发出了"抢救"这些翻译家的史料的呼吁，吴书芳（2013：115）期望通过"补苴"她们的翻译史来"丰富、完善"我国的翻译史研究：

> 从更广泛的意义上讲，我们完全有可能通过对中国女性翻译传统的梳理而得到一部系统的女性翻译史，并最终将会反过来推动我国的性别与翻译研究。同时也可能因为女性翻译史研究的补苴工作而从一个局部丰富、完善我国的翻译史研究。

本章所涉及的女性翻译家仅为收录于《辞典》的、翻译活动发生在五四至 1985 年①间的内地/大陆现当代女性翻译家。依据《辞典》所收录的 66 位现当代女性翻译家条目，本章通过对各条目"卷宗"的细读，发掘和整理她们的译介领域、译事成果、家庭与成长路径等史料，初步归纳、分析其群体特征，为深入探索其译事活动的策略、动因和社会环境，评价这一群体的社会历史地位和当下价值提供借鉴。按照 Pym（1998/2007：5）的翻译史研究方法，本书属于"翻译考古"（translation archaeology）前期准备，旨在回答"谁、译了什么？"的基本问题，具体包括：我国现当代有哪些女性翻译家，她们是谁，翻译了什么，以便为回答"谁、何时、何地、用何方式、为谁、翻译了什么、结果如何"的"复杂"问题②发掘史料。

本书研究的意义首先在于，由于《辞典》出版至今已三十余年，当初"风华正茂"的翻译家很多已经弃世，亟待完善她们的存殁、生平与成果等信息。仅在 2016 年 5 月，就有两位跨世纪的女性翻译家先后离我们而去，一位是"新中国同声传译事业的拓荒者"唐笙（1922 年至 2016 年 5 月 1 日），另一位是"著名作家、文学翻译家和外国文学研究家杨绛先生"（1911 年至 2016 年 5 月 25 日）（中国翻译协会网）。更重要的是，这一群体，历经了五四新文化运动、抗日战争、共和国成立到"文化大革命"前夕 17 年间的翻译文学的迅速发展，再从"文化大革命"带来的十年"极度凋零"（赵稀方，2010：56）到改革开放新时期翻译文学"如雨后春笋般地蓬勃发展"（孟绍毅、李载道，2005：402），她们的命运和事业也与国家的命运一同跌宕起伏，其心路历程、

---

① 此时间的推算依据发表于《外语教学》1984 年第二期（p.72）的短文"就《中国翻译家辞典》的撰写工作答读者问"。该文不仅明确表明《辞典》的编纂至少于 1983 年已经开始，而且界定了条目的收录标准、撰写原则和释义长度，以及"来稿地址、联系人"等重要事项，可视作"征稿启事"。虽然"答问"未明确收稿截止时间，但以《辞典》1988 年 7 月出版这一时间倒推，考虑到《辞典》的组稿、编辑、修改、定稿、排版、校对、印刷等环节及其所需时间，将《辞典》对翻译家的信息收录的最后时间推定为 1985 年亦不为早。

② Pym（1998/2007：5）认为，翻译史研究可以按照传统的方法细分为至少三个领域，即"考古""批评"与其所"权且"称谓的"阐释"（Thus conventionalized, translation history can be subdivided into at least three areas: 'archaeology', 'criticism', and something that, for want of a better word, I shall call 'explanation'），而"翻译考古"则为"a set of discourses concerned with answering all or a part of the complex question 'who translated what, how, where, when, for whom and with what effect?'"。

译作得失、历史定位等，都需要以更翔实、客观的史料去考证和评价。因此，为了"补苴"（吴书芳，2013）《辞典》的信息，本书亦结合百度搜索引擎对相关女性翻译家生平信息的搜索结果，以及中国知识基础设施工程（CNKI）网络平台（简称"中国知网"）有关女性翻译家及其译著、研究等的检索结果，尽可能全面、客观地廓清66位女性翻译家的群像，为全面、深入地"寻找"和"发现"女性翻译家主体提供借鉴。

第二节 《辞典》之女性翻译家概貌

一 女性翻译家群体特征

《辞典》由林辉（林煌天）主编、中国翻译工作者协会"中国翻译家辞典"编写组编写，正文768页，翻译家的条目释文包括翻译家的简历、突出事迹、译事活动和主要译著，在有些条目下还"酌加"了翻译家的翻译理论、主张及其译著特点的评述（张万方，1991：43）。例如，《辞典》的"唐笙"条目释义：

唐笙（1922— ）

祖籍上海，生于北京。女。1942年毕业于上海圣约翰大学经济系。翌年到重庆美国新闻处附属机构从事翻译打字工作。1945年赴英留学，入剑桥大学纽楠学院专攻经济学，获经济学士学位。在英期间，曾参加留英中国同学会，并任口译。1947年考取纽约联合国同声传译处任同声传译员，历时4年。1951年回国在国际新闻局特稿科任编辑，翌年转外文出版社专事翻译。1957年调中国文学社先后任英文组组长、编委。1979年派往联合国总部口译处担任中文科科长。1983年回国后，任中国文学社副总编辑兼任中国翻译工作者协会理事等职务。

自50年代初期起，唐笙一直从事对外文化的翻译介绍工作，为沟通中外文化，作出了可喜的贡献。同时，她从本世纪40年代末开始,即致力于联合国和北京召开的一系列国际性会议的传译工作。自70年代末起,又为培养我国的同声传译人员的事业倾注了巨大的心血。(林辉,1988:527-528)

依唐笙当时的阅历,纵观全《辞典》所收录译家之众,对唐笙先生的释义有两段、12行、347字,占了近半页的篇幅,实属较为详尽。相较之下,时任英国大使的男性翻译家冀朝铸,虽年龄比她稍小,但工作性质、成就等均具有可比性,其在《辞典》中的释义虽也是两段,但仅有230字:

冀朝铸(1929—)

美国哈佛大学肄业。1950年回国后就读于清华大学。1952年4月赴朝鲜开城任停战代表团英文翻译。1954年在外交部供职,曾任英文翻译、国际司副司长、美大司副司长、中国驻美使馆公使衔参赞,驻斐济大使,现任驻英国大使。

三十多年来,冀朝铸一直从事外事翻译工作。曾随同周恩来总理参加1955年万隆会议、1954年和1961年两次日内瓦会议。1962年随同周总理出访亚非14国。1979年随同邓小平同志访美。1971年参加了基辛格、尼克松访华的接待工作。他的口译准确、流畅,受到周总理的好评,对我国的外事翻译事业作出了较大贡献。(林辉,1988:296)

作为对千余位翻译家"盖棺定论"的第一部大型专业辞书,其权威性可从当时的一些评价窥豹一斑:张万方(同上)认为它"资料丰富,趣味盎然",叶君健(1988:ix)赞扬它"除了是一本很有用的参考书外,也是一本很值得我们不时翻阅的读物"。《辞典》权威性的另一体现是,其许多条目成为十年后出版的"中国翻译及翻译研究的集大成者"《中国翻译词典》的来源(王向远,2004:31)。谭芳(2007:70)发现,2004年,中国翻译工作者协会表彰的首批36位"资深翻译家"名单即依据《辞典》收录的当时"仍健在的"翻译家。《辞典》

所收66位内地/大陆女性翻译家的群体信息可综合见表2-1。

表2-1　　　　《辞典》所收内地/大陆女性翻译家总览

出生年代/数量		出生地域/数量		留学国别/数量		终身职业/数量		翻译方向/数量		翻译领域/数量	
1900—1910	6	江（沪）浙闽	24	苏、东欧	10	教授	23	俄/东欧—中	27	文学及理论	37
1911—1920	19	鄂湘皖粤	11	日本	5	编译	16	英—中	18	马列/选集	11
1921—1930	31	京津及东北	11	英/美	5	研究员	3	日—中	5	影视戏剧	12
1931—1937	10	云贵川桂	8	法/德	4	影视译/播	5	法/德/西—中	11	社会/历史	6
		晋冀鲁豫	6	印/孟	2	外交—教研	9	印/孟—中	2	科技/军事	3
		境外	6			其他	10	中—俄/日/法	6		

捧读《辞典》中各位女性翻译家的释义，再对照网络和学界对她们的"补苴"，一幅幅趣味盎然的女性翻译家的画像犹如"空谷幽兰"展现在眼前（郭著章，1998：49）。从年龄上来看，76%的女性翻译家出生于20世纪的二三十年代，是80年代前我国女性翻译家的主力。连同世纪初出生的六位女性翻译家，这一群体至《辞典》编纂时虽然多已"步入老境"（张万方，1991：43），但正值翻译事业的黄金时期。2004年首批受表彰的"资深翻译家"中，女性翻译家就有10位，即桂裕芳、文洁若、文美惠、谢素台、许磊然、杨绛、杨静远、易丽君、俞虹、资中筠（《中国翻译》，2005：4）。事实上，这一群体中的一些"世纪老人"和"跨世纪老人"，如冰心（1900—1999）、石璞（1907—2008）、杨绛（1911—2016）、杨苡（1919—2023）、许磊然（1918—2009）、汪淑钧（1920—2015）、文洁若（1927—　）等，永葆着文学创作和翻译的青春，不仅给世人留下众多脍炙人口的经典作品，更闪耀着灿烂的人生光辉。

20世纪前半叶,我国社会形势动荡、变动不居,现当代女性翻译家群体在家庭出身、留学教育经历、所执守的职业与翻译领域及方向等方面,均与"五四"前登上翻译舞台的女性翻译家有较大的不同。

首先,出身背景更为广泛。清末民初的女性翻译家,亦如同期崛起的女性作家群体,籍贯多为江(含上海)、浙、闽、粤、湘等开放和接触西方文化较早、经济发达的诸省(郭延礼,2010:46),大多是官宦人家出身(沈红芳,2014:128-129)。现当代的女性翻译家,仅有约半数出生于上述省份,另一半则出生于其他省份甚至海外,如莫斯科的沙安之(1929—2022年健在)和曹苏玲(1930—2014)、哥本哈根的刘梦莲(1922—)、伯明翰的齐宗华(1929—2001)等。她们除了少部分出身官宦和书香门第外,更多的是来自革命乃至贫苦的家庭背景。

其次,教育经历更加多元。早期的女性翻译家赶上了女学方兴未艾、维新变法改良思想和近代小说兴盛的潮流,大多有出国留学的人生经历(同上)。但五四后的女性翻译家,多数为国内大学和专科学校培养,仅40%有留学的经历,且多为国家"公派"。

再次,留学和翻译的国别及语种紧贴国内、国际形势与国家政治文化需要。早期的女性翻译家由于受西学东渐思潮和梁启超"译书救国"号召的影响,首选留学国多为日本,译事所涉及的语言以日语、英语、法语居多,通过日语翻译和转译亦屡见不鲜(朱静,2007)。这一现象,正如郭沫若(1928)所指出的那样:"中国文坛大半是日本留学生建筑的。"但是,现当代女性翻译家,出生和成长于战火纷飞的年代,历经共和国的诞生和国家百废待兴的建设热潮,她们的青春与奋斗均深深地打上了时代的烙印。因此,这一群体所掌握的外语半数以上为俄语,有留学经历的,大多受组织的指派到苏联与东欧国家,她们所奉献的译事多半与这些国家的政治、文学、电影等文体和作品相关。

最后,职业和译事选择多变。早期的女性翻译家,并未将译事作为"职业",绝大多数为独立的翻译主体,有些为亦译亦作的"双栖"(郭延礼,2010:47-48),翻译的范围涉及外国长短篇小说(科幻小说、侦探小说)、戏剧和童话。而现当代的女性翻译家们,无论是从业"岗位"还是译事性质及范围均多受国家的安排。这一群体中,不仅多数人经历了从革命战争年代与新中国成立初期所从事的工作岗位到"终身"事业的华丽转身,而且有半数以上是在完成教学或编辑出版之余孜孜译耕,译事的范围也不再囿于文学,而涵盖政治哲学、军事、科技等革命和建设所需的领域,以及旨在为亿万人民群众提供另一种精神食粮的电影、戏曲领域。这些人,正是Pym(1998/2007)和王克非(2002)所说的"有血有肉的人"!

二 女性翻译家及其"爱人"

"爱人"这一名词,用于称谓自己的配偶或钟情者,很可能归功于翻译这一媒介。据考察,它最早见于20世纪20年代初郭沫若写的诗剧《湘累》(江中水,2004:46),其中有诗云:"九嶷山的白云哟,有聚有消;洞庭湖的流水哟,有汐有潮。我的爱人哟,你什么时候回来哟。"该诗在随后的文学作品中频繁出现,至30年代末40年代初,解放区受新文化运动熏陶的知识分子开始在日常使用。新中国成立后,它由于顺应了男女平等的号召而被广泛采用(百度知道)。本书借用这一与现当代女性翻译家"同呼吸、共命运"的舶来品,旨在聚焦那些女性翻译家可考的"爱人们"。不管是在战火纷飞的革命年代,抑或随后如火如荼的建设岁月里,女性翻译家们的丈夫,无论是由组织上安排,还是由她们自己寻觅,大都是志同道合的"爱人"。那么,这些"爱人"是谁,做什么,有没有与女性翻译家携手共译并给我们留下不朽的作品?

前贤的研究发现,我国女性不仅与男性同时登上外国文学翻译的舞台,而且不乏与伴侣并肩合作的先例。绪论中已经指出,我国第一部由女性翻译的文学作品为1898年出版、署名"梅侣女士"的白话本《海国妙喻》25则,即今译之《伊索寓言》(郭延礼,1996,2010;朱静,2007)。"梅侣女士"实为近代提倡白话文的著名无锡人物裘廷梁的侄女裘毓芳(1871—1904),该译作与林纾翻译的《巴黎茶花女遗事》"几乎同时发表"(朱静,2007:62)。巧合的是,翌年出现的第一部由女性翻译的西洋小说《八十日环游记》亦为"林译式",由福建文学家和诗人薛绍徽(1866—1911)在丈夫陈寿彭(1855—?)的口授下完成(郭延礼,2010:38-39)。

遗憾的是，本书仅初步考察到现当代 66 位女性翻译家中 24 位的"爱人"的情况，其中有 6 位翻译家、11 位文学家或诗人兼翻译家（见表二），另外 7 位分别为：罗玉君的丈夫、我国天文事业的奠基人李珩（1898—1989），孙家琇的丈夫、经济学家巫宝山（1905—1999），陈学昭的丈夫、医学家何穆（1905—1990），朱微明的丈夫、作家和党的高级干部彭伯山（1910—1968），孙维世的丈夫、著名演员金山（1911—1982），汪淑钧的丈夫、被誉为"我国 MPA 之父"的夏书章（1919— ），冰心的丈夫、我国现代社会学、民族学的开拓者、研究家、教育家及翻译家吴文藻（1901—1985）（林辉，1988：591）等。这一发现印证了邹国统（1993）与穆雷、诗怡（2003）的论断：许多名译家都是各领域的专家，在我国现代文学史上，很多翻译家身兼文学创作与翻译，不仅男性翻译家如此，女性翻译家亦是如此，她们的"爱人"们更是如此。

表 2-2　　　　　　　　女性翻译家的"爱人"简况

译者	生卒年份	"爱人"			
^	^	姓名	身份	生卒年份	主要成就
蔡文萦	1915—1994①	张其春	教授、翻译家、辞书编纂家	1913—1967	著《翻译之艺术》，合编《简明英汉词典》
崔妙因	1925—	王以铸	编审、翻译家	1925—2019	合译古罗马《塔西佗：编年史》等古希腊、罗马史
姜桂侬	1914—	方钜成	编审、翻译家	1914—1992	合著、译《周恩来传略》
唐月梅	1931—2023	叶渭渠	教授、翻译家	1929—2010	合著《日本文学史》，合译川端康成系列作品及《源氏物语》
文洁若	1927—	萧乾	文学家、翻译家	1910—1999	翻译英语节译本《好兵帅克》，合译《尤利西斯》

---

① 本书力图从《辞典》、百度和中国知网查询所有女性翻译家的相关信息，但所得甚微，甚至是关于一些女性翻译家及其丈夫以及他们的存殁等基本情况也无从得知。因此，书中只能将那些无法确定的存世时间以"—"表示。由此更可见"考古"现当代女性翻译家史料的重要性与紧迫感。

续表

译者	生卒年份	配偶简况			
^	^	姓名	身份	生卒年份	主要成就
杨苡	1919—2023	赵瑞蕻	教授、文学家、翻译家	1915—1999	翻译《红与黑》等
赵洵	1917—1988	黄一然	翻译家	1908—1979	合译《静静的顿河》
屠珍	1934—2022	梅绍武	作家、翻译家	1928—2005	翻译《萨拉姆的女巫》等，合译《瘦子》
石素真	1918—2009	吴晓铃	古典文学家	1914—1995	开《金瓶梅》研究先河，译梵文剧本《龙喜记》等
文美惠	1931—	林洪亮	波兰文学家	1935—	著《波兰戏剧简史》等，译《十字军骑士》等
萧珊	1921—1972	巴金	作家、翻译家	1904—2005	著、译丰硕
杨绛	1911—2016	钱钟书	作家、文学家	1910—1998	著《围城》等，英译《毛泽东诗词》等
刘星灿	1937—2021	劳白（本名白崇礼）	诗人、画家	1931—2018	合译捷克作家赫拉巴尔集
赵萝蕤	1912—1998	陈梦家	古文字家、考古学家、诗人	1911—1966	新月派四大诗人之一及其后期代表，著甲骨文研究巨著《殷墟卜辞综述》
彭慧	1907—1968	穆木天	教授、诗人、翻译家	1900—1971	创造社的发起人之一，象征派诗歌理论的奠基者，诗集、译著等颇丰
齐香	1911—2006	罗大冈	教授、翻译家、法国文学家	1909—1998	著《论罗曼·罗兰》、法译《唐人绝句百首》、汉译小说《母与子》（上、中、下三册）等
唐笙	1922—2016	唐建文	翻译家	1919—2000	外交翻译，合译《权利的尽头》

从表2-2可见，我国当代女性翻译家的"爱人"这一群体具有重

要的研究价值。且不说巴金、钱钟书、萧乾等几位文学巨匠及其脍炙人口的文学作品,仅张其春、叶渭渠、吴晓玲及林洪亮等呕血之翻译理论和文学史著作,亦是他们留给我们的宝贵财富。从纯翻译的视角看,萧乾、叶渭渠、黄一然、赵瑞蕻、林洪亮、劳白等伉俪并肩攻克的外国文学名著,亦作为开山或扛鼎之译作载入翻译文学史册,如被称为"天书"的爱尔兰作家乔伊斯的《尤利西斯》(吴志菲,2013)、古罗马历史学家塔西佗的《编年史》等。翻译史既"不应该忘记"她们(郭延礼,2010:49),更不应该忘记"他们"。

但是,目前的翻译家研究,能够兼顾到女性翻译家的已经屈指可数,能够观照到翻译家"爱人"的实乃凤毛麟角。袁锦翔(1990)是较早进行翻译家研究的,其《名家翻译研究与赏析》仅仅关注到了杨宪益、戴乃迭夫妇。郭著章(1999)的《翻译名家研究》涉及16位翻译家,遗憾的是无一女性或夫妇。许钧(1998,2010)的《翻译思考录》及其增订本,对20多位著名的老翻译家进行了"抢救性的整理和研究"(谢天振等,2001:66),仅关注到萧乾、文洁若夫妇,关注到赵瑞蕻但忽视了其妻杨苡。

作为本节的补充,我们可以设想,如果将这些女性翻译家伉俪携手从事翻译工作乃至她们一两代人传承翻译痴情的感人故事汇编成册,相信不仅会成为宝贵的翻译史料,而且可以作为引人入胜的翻译逸事,鼓励甚至感召当下的青年女性翻译爱好者和翻译专业在校生,更加积极投身翻译事业。

比如,我们在梳理女性翻译家及其爱人的信息时,发现除了上述的夫妻伴侣之外,还欣喜地看到更多翻译家父子父女、兄弟姊妹,如知名翻译家曹靖华与女儿曹苏玲及儿子曹彭龄、丰子恺与女儿丰一吟及儿子丰华瞻(林辉,1988:209)、林语堂与女儿林太乙(同上:382)、杨绛与妹妹杨必(同上:629)、杨宪益与妹妹杨苡(同上:642)、张谷若与女儿张玲等。这些重要信息,《辞典》有时给予了明确的提示,但更多时候只字未提,哪怕是作为条目排在同一页或相邻页码的关联翻译家。例如,唐笙的"爱人"唐建文(1919—2000)的条目及其释义与"唐笙"同现与《辞典》第527页,二者一前一后,紧密相连,但从字里行间看不出二者有任何关系。只有在网络搜索"翻译家唐建文"时，出现《悼念唐建文同志》（王效伯，2001）的一文，文章的前两段才会告知读者唐建文与唐笙的关系：

> 中国共产党优秀党员、中国人民对外友好协会理事、中国联合国协会前副总干事、资深翻译家唐建文同志，因病医治无效，于2000年11月5日在北京逝世，享年81岁。
>
> 他悄悄地走了，甚至未惊动守护在邻室、相濡以沫50多年的老伴唐笙。几天前，她还能起床，与家人一起进餐，享受天伦之乐。噩耗传来，亲友与同事无不感到震惊与悲痛。（王效伯，2001：27）

《辞典》中收录的类似夫妻、父子父女和兄弟姊妹等翻译家的条目还有不少，但是像这样未能把相互有关联的翻译家的身世加以简单介绍的情况很普遍。这可能是《辞典》受时代所限造成的，但正如前文所指出的，三十余年过去了，前两代的翻译家早已驾鹤西去，亟须及时发掘、综合并补苴他们的信息等史料。

第三节　各领域女性翻译家聚焦

一　马克思主义的女性翻译家

晚清以来，中国知识分子为寻求变革救国之路纷纷赴海外留学，把西方的社会思想大量引入中国，马克思主义在中国的传播与接受是西学东渐过程的有机组成和延续。1917年俄国十月革命的胜利和1920年陈望道翻译的《共产党宣言》，使马克思主义理论在我国得到"前所未有的信赖和重视"（方红、王克非，2011：108），我国从此进入了历史的新篇章。翻译对于中国革命的贡献，原国家主席杨尚昆（1983）有过高度的评价："马克思主义传到中国来，就是通过翻译介绍的。'十月革命一声炮响，给我们送来了马克思列宁主义。'"毛泽东1936年7月对美国记者埃德加·斯诺说:"有三本书特别深地铭刻在我心中,建立起我对马克思主义的信仰,这三本书是:《共产党宣言》陈望道译,这是用中文出版的第一本马克思主义的书[……]。"(陆茂清,2011)

毛泽东对马克思主义理论的翻译极为重视,自延安时期开始,他不止一次谈到翻译工作的重要性以及如何做好这一工作(张立波,2007:25)。据考察,在党的七大的闭幕式上,毛泽东曾指出:"没有翻译就没有共产党。"(林煌天,1997:1069)。自1920年至改革开放前,为了顺应国内革命和建设以及对外交往的需要,马克思、恩格斯、列宁、斯大林(以下简称"马恩列斯")的选集及社会主义理论著作源源不断地译介到我国。即使在抗战和解放战争的硝烟弥漫中和敌人的严密封锁下,我党也成立了翻译和出版机构。新中国成立之后,马克思主义经典著作的翻译上升为国家行为,先后成立了中共中央编译局、外文出版社、中央广播事业局对外部等专门机构,负责马列著作、领袖选集、党的会议等重要文献的编译、研究、出版乃至广播。成果方面,"到全国解放前,翻译出版的外国文学作品、马列著作和各种军事作战著作就有500余种",其中"绝大多数是马列著作和军事作战著作"(孟昭毅、李载道,2005:248)。至1985年,《马克思恩格斯全集》中文第一版共50卷出齐;第二版的编译计划于1986年开始(张立波,2007:25),"拟编60卷左右","预定90年代初开始出书,全部出齐约需20余年"(中共中央编译局马恩室,1990:136-137)。由此可见,该领域的翻译家规模及其成果数量不可小觑,从表2-3的统计即可管中窥豹。

表2-3　　　　　　　　　　马克思主义的女性翻译家简况

译者	生卒	职业	其他身份	主要成就
樊以楠	1921—	编译	外交翻译	译(俄)《马恩全集》(第1卷)、《斯大林文选》等,审定《马恩全集》及《列宁全集》等多卷
杨启潾	1929—	编译	无	参加《学习译丛》《和平社会主义》杂志的编、译、校,斯大林、列宁著作的译、校,世界和平大会口译及苏联党代会文件笔译等
吴达琼	1929—	编译	无	译(俄)《简明哲学辞典》《辩证唯物主义》《哲学史》等,校订《哲学笔记》《唯物主义和经验批判主义》《马恩全集》等

续表

译者	生卒	职业	其他身份	主要成就
汪淑钧	1920—2015	教授	无	译（俄）《资产阶级民主的剖视》《列宁斯大林为马克思主义政党的理论基础而斗争（1908—1912）》《1917—1920美国争夺世界霸权计划的失败》等政哲著作，以及《科技英语翻译入门》《英美谚语选编》等
杨静远	1923—2015	编译	无	合译（德）《马克思恩格斯传》（第1、2卷）、《马克思传》等，译（俄）《莱蒙托夫》、（美）《美国黑奴的起义》《勃朗特姐妹研究》《夏洛特·勃朗特书信》等
沙安之	1929—	教授	外语播音	俄译《毛泽东传》、毛泽东诗词、老舍《柳家大院》、冯雪峰《朝霞》等，编、译、审《华俄词典》《俄汉成语词典》等
杨蕴华	1934—	翻译	教师	俄译《东林党及其主要人物》《太平天国文献》，俄译、订毛泽东、刘少奇、周恩来、邓小平等领袖选集等重要文献
刘梦莲	1922—	编译	外交翻译	德译《周恩来选集》《邓小平文选》及电影《青春之歌》《乡音》等
苏琦	1928—	教授	外语播音 外交同传	日译《毛泽东选集》《毛泽东诗词》《茶馆》《鲁迅的故事》及电影《东方红》等，驻日本使馆
沈国芬	1924—	编译	无	英译《毛泽东选集》，译《苏联文化革命》《美国工会运动史》等英、俄语史著
齐宗华	1929—2001	教授	外交同传	法译《毛泽东选集》，译法语文学，联合国大会顾问、副代表

综观这11位马克思主义女性翻译家，可以发现四个特点。第一，群体数量可观。她们的比例占现当代女性翻译家总数的17%，是除文学翻译外的第二大专业群体，这从另一个层面反映出政治理论文献翻译在当时的历史地位。第二，译入译出兼备。特殊的时代造就了66位女性翻译家，她们中半数以上掌握两种或两种以上外语，而且由于中苏关

系的原因，绝大多数为俄语，另加英、法、德等一种外语。但是，无论是译界俗称的"译坛四老"中的两位女性翻译家（文洁若和唐笙），还是精通三门外语的陈敬容、崔妙因、文美惠等，都未曾系统对外译介我国的著作，唯这一群体中有六位翻译家兼顾对内和对外翻译两个方向。她们大多长期供职于国家编译和出版机构，在专注于我党领导人的文选对外翻译之余，还译介大量的文学作品。举例来说，沙安之"翻译、著述和审定的俄文书稿达1500多万字"（谢春年，2007），除了毛泽东传记、诗词与若干部词典外，还有老舍的《且说屋里》和《柳家大院》、冯雪峰的《朝霞》及《革命诗抄》等（林辉，1988：484）。苏琦不仅将《毛泽东选集》翻译成日语，而且还参与了《毛主席诗词》、老舍的《茶馆》、蒋子龙的《锅碗瓢盆交响曲》及电影《东方红》等的日译（同上：507）。

第三，俄语翻译一枝独秀。这11人中，专注或主要涉猎俄汉两种语言的有六人，英俄兼顾者二人，德、法、日语各一人。众所周知，马克思和恩格斯的著作为德语和英语，但《马克思恩格斯全集》第一、第二版的原文均为俄语（中共中央编译局马恩室，1990：135），列宁和斯大林的著作为俄语。陈望道翻译的《共产党宣言》的底本目前似乎尚有存疑：一说为日文（张立波，2007：28），二说为英文与日文兼备（方红、王克非，2011：110）。这一"悬疑"印证了19世纪中叶后的中外关系史与翻译史渊源。1842年的鸦片战争后，我国译自英语的作品占大多数，1895年甲午战争后，翻译日文或日文转译的作品逐渐增多，直至1919年日本加强对中国的侵略（朱静，2007：67-68）。《共产党宣言》的发表，"唤醒了中国的先进知识分子，为中国共产党的诞生做了理论上的准备"。（袁锦翔，1990）我党成立后，出于密切与共产国际的关系和学习苏联革命经验的需要，开始阅读苏联的马克思主义著作，而且选派领导人到苏联学习，马恩列斯著作的翻译提上了日益重要的日程。

另外，为了加强中苏交往，用俄文译介我党领导人的选集和党的文件自然也是题中之义。这种"学习"与译介还体现在大批苏俄文学的翻译与造就了中国"俄语一代"的事实上。20世纪前半期，不仅"俄国文学是我们的导师和朋友"（鲁迅，1981：459），俄苏马克思列宁主义更亦如此。至1954年中央编译局开始翻译《马克思恩格斯全集》时，不仅编译人员大都只懂俄文，就连所采用的底本亦为俄文版。这一现象不仅凸显出对于苏联老大哥及其俄文版本"充分的信赖"，也折射出"对翻译的历史性和政治性缺乏必要的认识"（张立波，2007：28 - 29）。在这种情况下，精通俄文的女性翻译家群体脱颖而出也就不足为奇了。

第四，女性翻译家多才多艺、身兼多职。如果说笔译是文、口译是武的话，这些女性翻译家可谓"文武双全"。与同时代其他女性翻译家不同的是，这批特殊的女性，在共和国的艰难时期，毅然担当起翻译、审校乃至同传、播音等大任，活跃于编译、外交和宣传的舞台之上，成为现当代女性翻译家的翘楚。这11位女性翻译家，除主要从事马克思主义理论领域的翻译、审定外，有五人曾承担过我党和苏共等重要会议的同声传译和会议文件的翻译，两人直接参与对外广播的节目编译、播音，还有两人作为共和国的代表出使他国，为对外传播党和国家的声音和形象做出了巨大的贡献。唐笙不仅长期致力于联合国等一系列国际性会议的传译和同声传译人员的培养（林辉，1988：527），而且为译介中国古典、当代、现代文学作品做出很大贡献（中国翻译协会网）。樊以南曾参加世界工联妇联理事会亚洲会议、党的八大、世界共产党等会议的文件翻译、审定（同上：200），齐宗华曾多次担任亚洲及太平洋区域和平会议、党和国家领导人的会谈及出访的英、法、中同声传译，并先后作为顾问和副代表出席联合国大会（同上：462）；沙安之不仅翻译、修改、审定汉俄、英俄、法俄"全部广播稿件"和节目，而且亲自播音，培养俄语播音员（同上：484），苏琦担任过对日广播与周恩来等领导人和重要会议的同声传译，还曾在驻日本大使馆工作（同上：507）。

二 文学翻译的女性翻译家

《辞典》收录的女性翻译家中，有34人主要致力于文学翻译，包括文学作品、文学史及文学评论等，有些女性翻译家甚至从事外国文学研究与文学史的编撰。表 2-4 为该领域女性翻译家的概貌。

表 2-4　　　　　　　　　女性文学翻译家统计

译者	生卒年份	留学国	职业	主要成就
磊　然	1918—2009		编译	译法捷耶夫的《毁灭》等众多俄语文学
彭　慧	1907—1968	苏	教授	译《列宁格勒日记》等俄语文学
王金陵	1927—	美	教授	译《这里的黎明静悄悄》等俄语文学及戏剧
萧　珊	1921—1972		编译	译普希金《别尔金小说集》、屠格涅夫《阿细亚》等俄语文学
赵　洵	1917—1988	苏	研究员	译《静静的顿河》《钢铁是怎样炼成的》等俄语文学
丰一吟	1929—2021		研究员	译巴巴耶夫斯基《人世间》等俄语文学
韩　维	1934—		研究员	译俄语社会学、传记文学等
刘星灿	1937—	捷克	教授	译《好兵帅克历险记》《紫罗兰》等捷克文学及文学史
叶明珍	1931—2010	保加利亚	研究员	译保加利亚文学
易丽君	1934—	波兰	教授	编《波兰战后文学史》，译《十字军骑士》等波兰文学
冰　心	1900—1999	美、日	作家	译《飞鸟集》《吉檀迦利》等泰戈尔英文作品
石素真	1918—2009	印	研究员	译泰戈尔孟加拉语作品，编译《中国诗选》等
申葆青	1927—2009		教授	译《罗马假日》（电影）《高尔基文集》等英语文学
姜桂侬	1914—	印、英	编译	译英语影片解说词及文学，合著《周恩来传略》（英文）
杨　必	1922—1968		教授	译《名利场》《剥削世家》等英语文学
杨　苡	1919—2023	德	教授	译《呼啸山庄》《永远不会落的太阳》英语文学多部
赵萝蕤	1912—1998	美	教授	译艾略特《荒原》、惠特曼《草叶集》等，合编《欧洲文学史》

续表

译者	生卒年份	留学国	职业	主要成就
陆　凡	1920—		教授	译《当代美国文学史》等英美文学史、文学批评著作
罗玉君	1907—1988	法	教授	译《红与黑》、大仲马《红屋骑士》等法语文学
齐　香	1911—	法、瑞士	教授	译《萝丝·法郎士》《水仙花》等法语文学
陈秋帆	1909—1984	日	教授	译日语文艺学、民俗学、民间文学等30、40篇（部）
文洁若	1927—	日	编译	编《日本文学史》，译《尤利西斯》等英、日语文学
陈学昭	1906—1991	法	教授	译屠格涅夫《阿细雅》、巴尔扎克《优德昂》等俄、法语文学
李孟安	1922—		编译	译都德《达达兰三部曲》等俄、法文学
曹苏玲	1930—2014	苏	编译	译《白比姆黑耳朵》《哈利波特与魔法石》等俄、英语文学
黄懿青	1914—2013	日	编译	译《大卫·考伯菲德》等俄、英语文学
裘　因	1935—		教授	译《教堂钟声》《劝导》俄、英语文学
谢素台	1925—2010		编译	译《安娜·卡列尼娜》《蝴蝶梦》等俄、英语文学
陈敬容	1917—1989		编译	译《安徒生童话》《巴黎圣母院》《绞刑架下的报告》等俄、英、法语文学
崔妙因	1925—		教授	译《哥特战争史》等俄、英、法语历史著作
桂裕芳	1930—2022		教授	译《追忆似水年华》《爱的荒漠》等英、法语文学
文美惠	1931—		研究员	译《狐》等英、法、西班牙语文学及文学批评
杨　绛	1911—2016	英、法	研究员	译《堂吉诃德》《吉尔·布拉斯》等西班牙语、法语文学
王　汶	1922—2010	日	编译	译《罪与罚》等俄、日语文学与科普著作及教材

与其他领域女性翻译家一样，这一群体既带有时代的烙印，也呈现出自己的特征。时代的烙印主要表现在她们所译介的作品的国别上。一方面，俄苏及第三世界文学翻译成为主流。34位女性翻译家中，专门译介俄苏文学的有七位，加上以俄语为第一翻译语言、英法日为第二外语者九位，以及翻译捷克、保加利亚、波兰和孟加拉语等"被损害民族文学"的五位，她们的总数达到了21位。这一现象，不仅"与20世纪前半叶时代因素和人们的精神需求相关"（郭延礼，2002：127），而且与当时的翻译人才匮乏、语种单一的现实也有关。这一现象有目共睹，学界已经给予过深入的研究，但对于女性翻译家在这一时期和领域的群体成就和历史地位却鲜有触及。另一方面，法国、英国、美国文学作品的翻译开始"活跃"（孟绍毅、李载道，2005：233）。女性翻译家中，有六人主要翻译英美文学，罗玉君、齐香二人专门译介法国文学，杨绛、文美惠兼顾法语和西班牙语文学，陈秋帆一人专注日本文艺学、民间文学的翻译。与西欧其他国家相比，这段时期内德国文学的译介荒芜寂寥，"中国的德国文学译者，只能把手边仅有的一点由英文或日文转译的材料翻译出来"（孟绍毅、李载道，2005：233）。

该领域的女性翻译家们与其他领域的女性翻译家们的差异主要表现在如下五个方面。

第一，海外留学比例高、外国语言与文学功底深厚。据《辞典》释义，她们中多达20人有国外学习和生活经历，除了曹苏玲和文洁若为少时在境外生活外，其他均为求学或随先生游学，除个别为国家派出外，绝大多数为自我选择。尤其值得指出的是，她们中有11人获得了语言与文学学位，其中三人为博士学位，即陈学昭、罗玉君、赵萝蕤。此外，她们大多在海外学习、生活三年以上，有七人在六年以上，齐香和赵萝蕤甚至有十三四年之久。可以说，长期的语言文化熏陶和明确的语言文学专攻，奠定了这些女性未来丰硕和成功的翻译基础。

第二，她们的职业和专业领域比较固定。与前述马克思主义的女性翻译家不同，该领域的女性翻译家们在共和国解放和安定之后，长期固定地工作在一个领域和单位，其中16人为高校教师，9位为研究或出版机构的编译，7位为研究机构的研究人员。这种稳定性很大程度上保障了文学翻译的连续性，促进了翻译事业的繁荣。

　　第三，才女辈出，译出了众多脍炙人口的外国文学作品，创造了一座座文学翻译的丰碑。亦如前述的女性翻译家，这批女性翻译家也是多才多艺，集多种身份于一身，文坛与译坛双栖。众所周知，冰心为诗人、作家、翻译家、儿童文学作家、散文家及社会活动家（百度百科：冰心），文洁若为翻译家、作家（百度百科：文洁若），黄懿青为"现代著名文学翻译家、童话作家"（林辉，1988：290），杨绛为"优秀戏剧家、散文家、文评家、文学翻译家"（同上：633），等等。她们创造了现当代女性翻译家乃至整个翻译家队伍的众多"第一"。冰心不仅是我国新文学女性第一人，她1946年受聘日本东京大学教授时，亦为外籍女性第一人（百度百科：冰心）。文洁若更是"破译"爱尔兰意识流作家詹姆斯·乔伊斯的"天书"《尤利西斯》的第一人（吴志菲，2013）。石素真是"直接从孟加拉语原文翻译泰戈尔及其他孟加拉作家作品的第一位翻译家"（林辉，1988：500）。杨绛翻译的塞万提斯的《堂吉诃德》，成为"我国第一次从西班牙语全文翻译这部享誉世界的名著"（孟绍毅、李载道，2005：344）。赵萝蕤1937年翻译、出版美国现代主义诗人艾略特的经典诗作《荒原》，"附有详细注释及其他评论家有关文章目录"（林辉，1988：714），被林语堂称为"我国翻译界的'荒原'上的奇葩"，使整个中国文学界有机会目睹这位文学巨擘的"庐山真面目"（董洪川，2006：114）。事实上，赵萝蕤对《荒原》的译介，正如她1991年对惠特曼《草叶集》的译介，都"证明她不仅是一位译者，还是一位细致的研究者"（孟绍毅、李载道，2005：382）。赵洵在抗战前后翻译的苏联小说《静静的顿河》和《钢铁是怎样炼成的》，"给战斗中的解放区军民以极大的鼓舞，激励他们英勇杀敌，去争取最后的胜利"（同上：252）。杨必翻译的《名利场》经受了时间的考验，"已经镌铭中国翻译文学史"（同上：345）。

　　值得一提的是，女性翻译家罗玉君及其翻译的法国作家司汤达的《红与黑》译本，在20世纪末的那场"《红与黑》事件"（赵稀方，2010）中，曾经引发对事件的后续发展、"历史定位"等问题的关注（王东风，2011）。简要梳理和回顾这一"事件"的来龙去脉，不仅有利于我们了解杰出的女性翻译家及其成果和地位,还有助于我们重视名著重译的质量问题,尤其是对构建名著重译的质量评价方法和路径的重要性和紧迫性的思考。本书下编部分的案例研究,即是在这方面所作的一些尝试。

罗玉君为新中国成立后翻译《红与黑》的第一人(孟绍毅、李载道,2005:466;赵稀方,2010:33),译作在读者中有很高的知名度。但是,当重译本增多时,围绕它们开始出现不同的评论。据赵稀方(同上)统计,截至1995年,《红与黑》先后有近十个重译本面世,其中不乏知名译家的重译,如郝运译本(上海译文,1986)、闻家驷译本(人民文学,1988)、郭宏安译本(译林,1993)、许渊冲译本(湖南文艺,1993)、罗新璋译本(浙江文艺,1994)、臧伯松译本(海南,1994)、赵琪译本(青海人民,1995)、亦青译本(长春,1995)。赵稀方(同上)指出,"早在1982年,作为《红与黑》第一个译本的译者赵瑞蕻(1947)就写出了《译书曼忆——关于〈红与黑〉的翻译及其他一文》","主要批评了罗玉君的第二个译本":

> 赵[琪]文说:"我从头到尾就原著仔细地校对了罗译本(1957年上海新文艺版),发现错误实在惊人,甚至一页竟会有二三个误译。后来1979年,上海译文出版社出了一个新版;1982年,又说'重版时曾作了一些修改'。但我再次校对时,仍然看到许多错误并未一一订正。"赵[琪]文颇不客气地认为"这是一种极不负责任的态度",特别是考虑到罗译本销路极大,至1982年已经印了一百多万册,错误这么多,这怎样能说得过去呢?(赵稀方,2010:33)

但是,王子野却在1991年撰文反驳,并声称闻家驷的译本为罗译的改译本,且"闻译本改正了一部分罗译本的错误,但留下很多没有改正,最不应该的是闻译将罗译本中正确的部分改错了"。此文也引起了不同的看法,施康强(1991)和孙迁(1992)认为,两种译本"各有所长","体现了两种不同的翻译风格"(赵稀方,2010:33-34):

施康强指出:"罗译善发挥,往往添字增句,译文有灵动之势,但是有时稍嫌词费,司汤达似没有这般罗嗦。闻译比较贴近原文句型,但处理不尽妥当,有些句子太长,显得板滞,司汤达本人好象也没有这个毛病。"孙迁在文章中则明确指出:"笔者的感觉是,罗译偏重意译,闻译则多用直译。"(赵稀方,2010:33-34)

后来,知名翻译家许渊冲加入到这一讨论中,成为《红与黑》"事件"乃至"冲突"的"直接"因素(赵稀方,2010:34):

直接的冲突是由北大知名翻译家许渊冲先生引起的。许渊冲于1993年重新翻译出版了《红与黑》,并写了一个"译者前言"。在这个"译者前言"中,他通过对比他的译本与此前译本的差异,申述了自己偏于"意译"的翻译思想。他的主要翻译思想是:"文学翻译的最高目标是成为翻译文学,也就是说,翻译作品本身要是文学作品"[。]简单地说,他认为翻译要成为一种"文学翻译",而不是"文字翻译"[。]许渊冲从《红与黑》中挑出了几段,将自己的译本与罗玉君、闻家驷、郝运几种译本(赵瑞蕻译本则因为没有看到而付之阙如)进行了比较,说明自己译文的高明之处。

对这些观点,施康强(1995)和韩沪麟以"南北夹击之势"对许渊冲进行批评,并且"获得了《红与黑》第一个译者赵瑞蕻的支持"(赵稀方,2010:34)。争论持续中,"许渊冲显得孤立",幸得《红与黑》的另一译者罗新璋的"赞成"(同上)。就在两派意见"互相冲突、相持不下"时,"作为主要评论阵地的上海《文汇读书周报》和南京大学西语系翻译研究中心联合起来,做了一个问卷,即《〈红与黑〉汉译读者意见征询》,发表于1995年4月29日的《文汇读书周报》。问卷还列出了7段《红与黑》的译文,明确标出'等值'和'再创造'两类,前者选取的是郭宏安和郝运的译文,后者选取的是罗新璋和许渊冲的译文,征求读者的看法"。(同上:34-35)

调查结果显示，78.3%的读者支持"等值派"，仅21.7%的读者支持"再创造"类的翻译（赵稀方，2010：36）。对于这一结果，赵稀方（同上）认为是"必然的"，因为从根本上讲，"读者的回答只是被问卷带入了预定的问题，然后被这一问题的先在的传统话语规定了答案"。这即是说，首先，问卷是受了"二元对立式的提问方法的误导"。（同上）其次，也是最根本的，就在于赵稀方对于这次"事件"的定性。他（同上：37）指出："这场争论一开始就是一场误会。"

> 有关"直译"和"意译"的问题自汉译佛经以来一直有人议论，但始终没有什么结果。到了20世纪90年代中期，居然又出现了这样一次大规模的争议，其中折射出的根本问题是中国翻译研究的落后。（赵稀方，2010：37）

但是，王东风（2011：17）却对此"事件"持不同的定性。他指出，虽然这一事件从观念的表面看当时似乎落后于国际译学的发展状况，但从当时中国翻译研究水平而言，"这一调查背后的理论观念以及建立在这个调查基础上的研究，在很多方面其实已经体现了当时国际译学的前沿水平，因此，在中国当代翻译理论史上，这是个具有重大意义的事件"。

三　影视与戏曲的女性翻译家

影视与戏剧翻译研究，似乎是一个被冷落的角落，理论研究尤甚（岳峰，2002；周亚莉，2013）。我国电影引进与译制肇始于1948年，第一部影片为东北电影制片厂译制的苏联影片《普通一兵》（周亚莉，2013：188）。据统计，1949—1965年，我国的上海、长春和八一等三大电影译制厂共译制50多个国家的近2000部电影，1979—1984年，共200余部；1984年后，外国电视系列片进入我国，中央电视台等一批影视制作和播出机构加入外国影视的引进和译制领域，促使我国在短短的五年内从30多个国家购进400余部影视剧（周亚莉，2013：188）。

国外影视的译介，不仅"拓宽了国人的视野，也促进了中国影视业的发展"（周亚莉，2013：188），同时造就了一大批影视翻译家。岳峰（2002）考察《辞典》《中国翻译词典》《译学大辞典》和《中国科技翻译家辞典》的条目及其释义发现，我国影坛译介外国电影文学与理论著作且可以被冠以"翻译家"之称的学者达43人次。女性加入影视文学及理论等作品的翻译，当首推1949年冬"上海译制工作小组"出品的1946年苏联影片《团的儿子》（Сын полка）的翻译陈涓。《词典》对陈涓的释义如下：

陈涓（1917— ）

浙江宁波人，出生于上海。女。在上海读完初中二年级后，即于1933年到哈尔滨跟随姜椿芳及俄国人学习俄语。1937年返回上海，在永安公司当店员，旋即到上海中法戏剧学校读书，毕业后，又进民治新闻专科学校学习。1947年入上海《时代日报》文艺版任职，1949年调上海电影制片厂翻译片组（即上海电影译制厂前身）专事于俄文翻译，1972年秋季离休。

在上海电影制片厂工作的20多年间，陈涓共译过50多部电影剧本（包括与人合译10部），其中主要的有：《乡村女教师》《米邱林》等。《词典》（1988：150-151）

《辞典》收录的该领域的女性翻译家为12位（见表2-5），岳峰（2002）统计的为8位，包括主要从事毛泽东选集与诗词以及《茶馆》等日译的苏琦，但不包括姜丽、屠珍、孙家琇、孙维世和朱微明5位。综合相关资料可见，由12位女性翻译家翻译且可以明确的作品约500部，表2-5可见其概况。

表2-5　　　　　　　　影视女性翻译家统计

译者	生卒年份	职业	主要成就
孙家琇	1915—2001	教授	翻译俄、英语戏剧理论，主编《莎士比亚辞典》等
朱微明	1915—1996	编译	翻译《基辅姑娘》《奇婚记》等俄、匈等国电影70余部及文学作品若干

续表

译者	生卒年份	职业	主要成就
王慧敏	1915—	编译	翻译英语摄影理论与技术著作20余部
陈涓	1917—	翻译	翻译《团的儿子》《乡村女教师》《米邱林》等俄文电影50余部
蓝馥心	1917—1984	翻译导演	翻译《达尔文》、导演《百万英镑》等英、俄影视剧作
孙维世	1921—1968	导演	翻译意大利《一仆二主》《女店主》等剧作，执导《保尔·柯察金》《钦差大臣》等俄、意电影，被称为"新中国戏剧奠基人""新中国三大导演之一"
傅佩珩	1923—2011	翻译	翻译《复活》《神秘的黄玫瑰》等多国电影文学剧本50余部，编写《俄语谚语、俗语及普遍适用成语辞典成语词典》等
江韵辉	1925—2018	演员教授	扮演《樱》中森下光子的日本母亲、《苗苗》中的校长、《沙鸥》中沙鸥的母亲等角色，翻译《苏联戏剧大师论演员艺术》等戏剧、电影艺术论著多部
潘耀华	1927—	翻译	翻译《蝴蝶梦》《摩登时代》《桥》《前夜》等20多国的影视片50余部
姜丽	1930—	教授	翻译《巴甫洛夫的故事》《斯坦尼斯拉夫斯基全集》等俄语戏剧与戏剧艺术理论
何鸣雁	1933—	翻译	翻译朝鲜《卖花姑娘》等20余部电影文学剧本及200多篇小说、诗歌等
屠珍	1934—2022	教授	主要译介外国女性作家及英语戏剧，如《如愿以偿》、《重返呼啸山庄》《鸳梦重温》等英、法戏剧及小说

与现当代整个女性翻译家群体一样，这12位女性翻译家所翻译的作品以俄文居多，仅陈涓、傅佩珩、朱微明三人翻译的电影就达170余部，且不包括姜丽、江韵辉译介的俄文戏剧理论作品，王慧敏译介的俄语摄影艺术理论作品，以及孙维世、蓝馥心等翻译并导演的若干影片。而据岳峰（2002）统计，同期我国译介的英、日、朝、法、德等语种的影片不到200部。这一趋势与同时期的俄语文学和马克思主义著作翻译趋势一致，不仅体现出当时密切的中苏关系（岳峰，2002：43），更

凸显国家对外国电影作为大众精神食粮审查与引进的价值与意识形态取向（周亚莉，2013：188）。

另外，影视艺术的女性翻译家们也呈现出其领域特性。首先，鲜有留学阅历。12人中，唯二位孙氏分别留学美苏：孙家琇于1935年至1938年留学美国，修读英国文学和戏剧，先后获得学士和硕士学位（林辉，1988：511）；孙维世受组织选派于1939—1946年"相继进莫斯科东方大学和莫斯科国立戏剧学院攻读戏剧及文学"（同上：515）。除她们外，其余均为国内高校培养，大多专修英语、俄语、法语甚至朝鲜语。例如，蓝馥心专修电影广播教育（同上：323），陈涓兼修戏剧（同上：150），唯傅佩珩专攻生物学（同上：222）。其次，译、演、导经验与理论素养俱深。影视翻译不同于一般的文学翻译，尤其是涉及制片时的配音与口型匹配，更是挑战译者心智的专业绝活。难得的是，孙家琇、陈涓、孙维世等修读过戏剧艺术，蓝馥心、江韵辉、潘耀华具备演员经历，而蓝馥心、孙维世更亲自执导译制影片。周亚莉（2013：188）指出，影视翻译家们，"以自己杰出的翻译实践为我国电影译制的实践与理论发展做出了积极的贡献［。］他们的许多代表作，我们都耳熟能详：如潘耀华翻译的《舞台生涯》《蝴蝶梦》《摩登时代》《鲁滨逊漂流记》《汤姆·索亚历险记》《大卫·科波菲尔》"。

再者，译有专攻，硕果累累。如前文所述，陈涓、傅佩珩、朱微明三人的电影译品占该群体所译影片的三分之一。孙家琇、孙维世、江韵辉、姜丽等作为影视专业高等学府或剧院的教师，不仅译介了大批的戏剧文学和理论著作，而且还留下了不朽的艺术创作成果。孙家琇创作了抗日独幕剧《富士山的云》、五幕历史剧《复国》等作品，而且"对莎士比亚的戏剧研究用力尤深"，发表了《莎士比亚概说》《马克思恩格斯和莎士比亚戏剧》等学术论著（林辉，1988：512），被推选为我国莎士比亚研究会副会长（百度百科：孙家琇）。孙维世"是一位优秀的导演和戏剧理论家，曾导演过不少国内外戏剧，如《汾水流长》《保尔·柯察金》《钦差大臣》等"（同上：515），成为"我党培养的第一位戏剧专家［、］新中国成立后第一位女导演［，］与焦菊隐、黄佐临并称为新中国三大戏剧导演"（百度百科：孙维世）。江韵辉"是一位著名的电影演员，也是一位外国戏剧、电影艺术理论翻译家"，分别扮演过《樱》中森下光子的日本母亲、《苗苗》中的校长、《沙鸥》中沙鸥的母亲等角色（林辉，1988：300）。何鸣雁则成为影视界唯一的朝鲜语翻译家，双向翻译电影和戏剧作品近20部，小说、诗歌、民间故事200余篇（同上：264）。12位女性翻译家中，王慧敏未曾翻译外国影片，但专注英美摄影艺术与理论著作的翻译，译作达20余部。

第四节 小结

本章"挖掘"了《辞典》中66位内地/大陆现当代女性翻译家的基本史料，初步尝试回答了"她们是谁""翻译了什么"的问题。通过对所挖掘到的史料的梳理，我们发现该群体数量之大、著译成果之丰，无论在我国还是世界翻译史上都是绝无仅有的。尤其重要的是，这些女性翻译家，与20世纪初首批登上翻译舞台的女性翻译家一样，与男性翻译家共舞，将自己的命运与国家的命运融为一体，无论是翻译马克思主义理论，还是为年轻的共和国传播外交声音，都成功地展现了女性的坚毅和聪明才智，成为我国翻译史上亮丽的风景，翻译史不应该忘记她们（郭延礼，2010：49）。

但是，我们在"考古"搜寻中也发现，有关这一群体的史料大多寥若晨星，有些只在《中国翻译家辞典》中有断代的记载，有些仅在个别的研究文献中提及，有的甚至付诸阙如，而关于这个群体的完备信息就连中国知网、百度百科等互联网媒体都难觅踪迹。这不能不说是莫大的缺憾，与这个美丽的群体对于我国的翻译事业所做出的巨大贡献是不相称的。这种情况，不仅不便于女性翻译史研究，更羞于告慰她们为翻译事业所付出的青春与热情。

王德威（1996）曾提出："没有晚清，何来五四？"王宏志（2001：99）也曾提出，"没有晚清翻译，何来现代中国？"百年女性翻译的重要性从中可否管窥一斑呢？从另一个意义上讲，这些女性正是Pym

(1998/2007:161)所强调的"译者们","是有血肉之躯的活生生的人",不是单数的、抽象的职业译者,"正是这些译者们的活动同翻译史密切相关"。(转引自柯飞,2002:31)。翻译史不仅应该"发现"她们,更应该为她们"重新定位"(张佩瑶,2012:10)。

第三章

香港地区当代女性翻译家群像

第一节 引言

翻译史是翻译研究的重要组成部分，翻译活动的主体即翻译家，对他们的研究应居翻译史书写的重要地位。然而，我国翻译家研究，尤其现当代翻译家研究仍很薄弱（穆雷，2000：34），方法上呈现出"内容零散、史料堆砌、重译本而轻过程"等不足（张汨、文军，2014：2）；对象上，对女性翻译家的关注严重不足，该群体直到21世纪初才逐渐进入研究视野，如朱静（2007）、郭延礼（2010）、罗列（2011，2014）、蒋林与潘雨晴（2013）、吴书芳（2013）、刘泽权（2016，2017）、屈璟峰（2018）。除屈璟峰（2018）之外，相关研究大多以20世纪初至二三十年代内地/大陆女性翻译家为着眼点，忽略了港台地区女性翻译家的存在（刘泽权，2016：27），香港地区当代女性翻译家群体的研究更显稀缺。仅以《辞典》为例，其于1988年出版时，仅收录了金圣华、林太乙二人，既未能顾及出生较晚的钟玲、黎翠珍、张佩瑶、孔慧怡等后起之秀，也未能收录曾先后在香港大学求学（1942）和香港美国新闻处工作（1952）的张爱玲（1920—1995）（百度百科）。在"金圣华"的条目下，《辞典》给出了较长的两段释义，约600字（见林辉，1988：313—314）①。但在"林太乙"条目下，仅有短短的170字释义②，甚至未能给出其生卒年份（1926—2003）（百度百科）：

林太乙

　　祖籍福建龙溪。系林语堂之女。生卒不详。1965年香港《读者文摘》成立后，即出任该社总编辑，成绩斐然。

　　该刊物目前月销30万册，估计读者达120之众。

　　林太乙英文著作共有九种，其中五种为长篇小说，在欧洲若干国家已有译本。《丁香遍野》及《金盘街》两书中文版，尤为脍炙人口。她除从事文学创作之外，又将我国清代李汝珍的《镜花缘》这部长篇小说译成英文，在英美各国发行。

---

　　① "金圣华"条目的释义前半部分约330字，篇幅与"林语堂"条目的相关部分相等（见下文注释），可谓详细。作为参照，这里照录如下，有关其翻译业绩的释义从略，下文详细探讨。"金圣华（1940—　）//浙江上虞人。女。笔名思灵。香港崇基学院（中文大学前身）英语系毕业后，曾相继留学美国、法国，分别获华盛顿大学硕士及巴黎大学博士学位。1965年任教于香港中文大学，长期从事翻译教学，除教授翻译概论外，并指导文学、新闻、哲学、历史、艺术、企业管理等各科学生之专题翻译。1974年曾参加加拿大温哥华英属哥伦比亚大学布迈格教授主持的翻译研究室研究工作。1976年起曾历任香港中文大学新亚翻译系主任、翻译组组长等职。1980—1985年相继参加在巴黎举行的中国抗战时期文学研讨会，法国文学国际研究协会第三十四届大会，巴黎大学举办的东方文学研讨会、翻译研讨会，以及巴尔扎克国际研讨会议等。现任香港中文大学翻译系系主任、高级讲师，兼香港翻译学会副会长，中国译协理事，法国巴尔扎克学会《巴尔扎克年刊》通信员。"（林辉，1988：313）

　　② "林语堂"条目的释义共三段，1000余字（林辉，1988：383-384），前半部分在《辞典》中与"林太乙"条目"面面相视"。作为与"金圣华"生平释义的对照，亦作为"林太乙"条目释义的生平欠缺的简介补充，这里将林语堂释义的生平段落照录如下，有关其译著成就和翻译思想及成就的释义从略。"林语堂（1895—1976）//福建龙溪人。原名林和乐、林玉堂，笔名有毛驴、宰予、萨天师等。1916年在上海圣约翰大学毕业，任教于清华大学。1919年赴美国哈佛大学留学，后至德国莱比锡大学研究语言学，获哲学博士学位。1922年归国，先后在北京大学、北京师范大学任教。1924年参加语丝社。1926年先后在北京女子师范大学、厦门大学执教。1927年在南京政府外交部任外交秘书，1930年任中央研究院外国语编辑。30年代初期，曾创办、编辑《论语》《人间世》《宇宙风》等刊物，提倡'闲适幽默'的文学，成为'论语派'的主要代表。鲁迅曾撰文对'论语派'进行批判。1936年，与鲁迅、郭沫若、茅盾等一道在《文艺界同人为团结御侮与言论自由宣言》上签名。抗日战争爆发后，长期住在欧美从事教学、写作与翻译。1954年任新加坡南洋大学校长。1966年回台湾。1976年在香港病逝。"（林辉，1988：383）

林太乙现兼任香港法医学会荣誉会士等多种职务。（林辉，1988：382）

由于独特的历史遭际与得天独厚的地理优势，当今地区香港不仅是"重要的国际金融经贸中心"（张佩瑶，2012：85），也是"国际译学研究一大重要的桥头堡"（张旭，2012：11）。这些条件催生了一大批女性翻译家。她们处于基本靠英、汉双语运作的社会，大多都有留学经历，精通英语、汉语以及以粤语为主体的方言，熟稔中西文化。因此，较内地女性翻译家来说，她们在翻译事业中更具优势（穆雷、孔慧怡，2002：109），在创作、翻译与研究中成功脱颖。但是，她们的成就，尤其是翻译实践成果，似乎并未引起足够的重视（张美芳，2019：ix；张旭，2019：211），香港地区女性翻译家这一群体几近湮没。本部分旨在扫描这些女性翻译家的群体特征，分类呈现其创译研成果，以便为深入考察她们的创作目的、翻译策略、翻译思想及其与她们所处的社会历史文化之间的关系，论述她们的地位及贡献提供借鉴。

需要说明的是，这里的描述只是对香港地区女性翻译家群体的整体呈现，有关她们其中几位最重要的翻译家的深入研究，可分别参考穆雷（1999，2003）对金圣华和朱虹的访谈，张旭（2008，2012，2013，2014，2018）等对张佩瑶、黎翠珍的翻译研究及其译本的深度考察，特别是张旭（2019）对黎翠珍译路历程及其成果的全面论述。下文第六章将围绕张佩瑶对中国传统翻译话语的体系构建研究做进一步探讨。

第二节　女性翻译家的浮出及其研究意义

19世纪中期以来，香港地区翻译家的角色一直由马儒翰（John Robert Morrison）、郭士立（Karl Gützlaff）、理雅各（James Legge）等西方传教士与一些努力跻身上层社会的华人译员（如伍廷芳、伍亚光、韦亚光等）扮演（张佩瑶，2012：71–79）。20世纪上半叶，香港教会由华人自理，香港的翻译工作开始由选取于皇仁书院（Queen's College）

的译员担任,翻译过程由懂中文的英籍官员监管(同上:79)。其间,翻译活动只是殖民地政府的统治工具,华人译员地位低下,数量鲜少且几乎均为男性。20 世纪中期,中华人民共和国成立、朝鲜战争、"文化大革命"等一系列国内外与社会重大事件,使得香港地区语文政策发生改变。1974 年《法定语文条例》的颁布,标志着汉语同英语一样,成为香港的法定语言,翻译的重要性也日渐提升。80 年代以来,随着祖国内地的改革开放,香港经济飞速发展,翻译人才需求激增,翻译行业渐趋专业化(同上:82 - 83)。至 20 世纪末,香港脱胎换骨,成为"除司法以外基本上是双语运作"的重要的国际金融经贸中心(同上:85)。

这些得天独厚的条件,使得香港地区当代女性翻译工作者占尽优势(穆雷、孔慧怡,2002:109),一大批精通双语、熟稔西方文化的女性翻译家,如金圣华、黎翠珍、张佩瑶、孔慧怡等脱颖而出。她们创作、翻译与研究兼顾,不仅书写了包含多种体裁的文章、书籍,还翻译了大量中外经典,不仅将国外优秀作品译介到中国,还将中国优秀文化译入西方世界,促进了中外文化交流,推动了中国文化"走出去"的进程。更难能可贵的是,她们还潜心思考,将自己以及香港的翻译经验付诸理论阐发,形成了一批厚重的研究成果。遗憾的是,受复杂的政治与意识形态的影响,香港地区文学与内地文学在 20 世纪 80 年代之前一直处于割裂的状态,香港文学直到 80 年代才被"重新发现"(刘登翰,2001:42)并引起重视,"女性文学更是成为焦点"(刘泽权,2016:27),女性翻译家研究随之受到关注。但是,目前学界对于她们的研究还很有限,主要表现在以下几个方面。

首先,从研究范围看,学界聚焦于个别女性翻译家的重复性研究,如林太乙《镜花缘》英译本的反复考察,缺乏对这一群体的整体研究。

其次,从成果看,研究多散见于零星文章,尚无专著对其作系统、全面的梳理,这与她们对翻译事业的贡献"极不相称"(刘泽权,2016:26)。

再次,从内容看,研究过度关注女性译家的创作成就,少数译作研究也只是套用国外翻译理论对某个译家某一翻译作品的简单分析,如曾凤凰（2010，2011）与雷冠群、曾凡贵（2012）分别以关联理论、目的论与杂合理论对林氏《镜花缘》译本的探讨，缺少对译家翻译与创作活动、著作与译作之间关系的挖掘，缺少对翻译背后的社会因素的探讨，"割裂了译者译事与其社会文化语境的联系"（刘泽权，2016：27）。

最后，从视角来看，部分研究将女性主义理论乃至意识形态强加到女性翻译家身上，把女性翻译与女性主义主观地联系起来（同上）。例如，张冲（2009）运用女性主义翻译观，论断孔慧怡翻译的《荒山之恋》具有鲜明的女性意识和女性立场。但这似乎并不符合孔慧怡的翻译理念，因为孔慧怡曾明确指出，她翻译女性作家的作品并不是受女性主义支配，而是出于女性经验的考量（穆雷、孔慧怡，2002：110）。综上，有必要结合新史料，对香港女性译家群体进行系统全面的研究，其意义如下。

第一，彰显香港地区女性翻译家的贡献，确立其作为文化创造者与传播者的身份和地位。当代香港女性翻译家作为"中国文学外译的中坚"（刘泽权，2016：28），大多创、译、研、教结合，不仅从事文学实践，创作了多种体裁、数量可观的作品，而且致力于中西文学翻译，尤其是将大量优秀中国文学作品译介到西方，促进了中外文化的对话交流，对于中国文化"走出去"功不可没。更重要的事，她们还将自动的实践经验、思想积淀形成厚重、独创性的学术成果呈现出来，形成中国译学话语。

第二，拓展翻译史研究的疆域，深化研究的内涵。翻译家研究对于翻译史的书写至关重要。香港女性翻译家作为我国翻译家群体的重要组成部分，对于她们的研究是书写香港翻译史的重要史料，更是我国女性翻译史不可或缺的部分。因此，香港女性翻译家研究，可以有效梳理香港女性翻译的发展脉络与翻译传统，推动我国的性别与翻译研究（刘立、何克勇，2017：10），将被割裂的香港与内地翻译史连接起来，丰富和完善我国翻译史研究（刘泽权，2016：26）。

第三，推动我国翻译理论研究，建立和完善中国翻译理论体系。一直以来，我国的翻译领域多借用西方理论研究中国问题。殊不知，这样研究只能隔靴搔痒,因为"'理论'('theory')这个概念虽然已经通过翻译进入中国,但其实并没有在翻译理论的实际发展上反映出来"(张佩瑶,2004:6),更"未能像西方那样发展出一套严密、系统的翻译理论体系"(张旭,2012:12)。初步考察发现,尽管有些香港女性翻译家的翻译观为一些散论,但却是她们对于翻译实践的独到见解。例如,张佩瑶(2012:3-22)提出的"推手"路径及其构建的中国传统翻译话语体系,可能成为推动我国译论与西方译论平等对话的法宝。

第四,建立香港女性翻译家名录,补苴我国翻译家词典信息。20世纪80年代末,中国最早也是最权威的翻译家词典《中国翻译家词典》(林辉,1988)出版。此后,一系列翻译家词典陆续出现,如《翻译家词典》(1989)、《中国科技翻译家词典》(1991)、《中国当代翻译工作者大辞典》(2001)等。但是,一方面,这些词典收录的对象多为男性译者,女性译者鲜少收录,香港女性翻译家尤少(刘泽权,2017:25,31)。另一方面,有些词典已经出版多年,许多翻译家已经辞世,亟待完善其信息(同上:26)。因此,对于香港女性翻译家的史料,特别是其译路历程、翻译思想的钩沉梳理,可以有效增补词典信息,对于翻译家词典的编撰、修订大有裨益。

第五,凸显香港乃至我国女性翻译家对西方女性主义理论的有力回应,医治当下我国译学话语的"失语症"。香港女性翻译家在这方面的具体贡献,主要体现在两个方面。理论上,以张佩瑶为代表的女性翻译理论家,对中国传统翻译思想的考古发掘、系统梳理与对外译介,成功地打破了国际上长期存在的中国译学"无理论可说"错误和偏见。实践上,以黎翠珍、孔慧怡等为代表的女性翻译实践者,对包括香港、台湾在内的中国文学的对外译介,成功地破除了中国文学"走出去"是依靠外国人还是依靠我们自己的无谓争执,实现了具有民族主体意识的本土双语翻译家的自然担当。80年代以来,随着国内对于西方女性主义思潮的译介,国内的女性主义研究逐步从评介走向应用(赵稀方,2001:75)。但是,这一理论在给我们带来观察我国女性文学和女性翻译的崭新视角的同时,由于罔顾我国与西方国家的历史及现代民族国家发展过程的差异,"盲目地将西方特定历史阶段的女性主义理论普遍化",不仅"很容易陷入殖民主义的陷阱"(同上:76),而且"陷入了西方中心主义的泥坑之中"(同上:77)。事实上,后殖民理论已经发现,不仅西方的东方主义对于东方进行了歪曲,而且现代东方自身也参与了"东方化"的过程,"后者这种以西方话语阉割自己历史的现象才是真正可怕的。在这里,中国女性构成了一个足资分析的文本"。(同上,2001:76)

在这种语境下,张佩瑶和黎翠珍等香港女性翻译家以高度的文化自觉意识,以翻译为手段,致力于建构自己的文化身份和民族话语,从而达至消解西方帝国主义的话语霸权。仅以张佩瑶为例,她翻译出版的中国传统翻译理论选集,不仅向西方世界"展现了中国传统译论的精华所在"。更重要的是,这些理论"多具有核心文化观念的性质,为中国传统人文领域所共享",所以,其影响"足以扩散到文化史、思想史、翻译文学和比较文学等方面的研究,同时可看成是医治当下中国文化所患'失语症'的一剂良药"。(张旭,2019:200—201)

第三节 女性翻译家之群体概貌

依据史料的梳理结果(见刘泽权,2017),本章着重围绕林太乙、金圣华、黎翠珍、孔慧怡、张佩瑶、邝文美、钟玲七位重要女性翻译家,综览其译事译著成果,总结呈现其群体概貌。经初步考察,我们发现香港女性翻译家群体具备如下显著特征。

第一,学历高,多数具有海外名校的博士学位。金圣华拥有巴黎大学博士学位,孔慧怡拥有伦敦大学翻译学博士学位,钟玲获得美国威斯康星大学比较文学博士学位,张佩瑶获得英国肯特大学英美文学博士学位。

第二,身兼多职而胜任有余。这些女性翻译家大多在香港高等院校任职,同时活跃于文坛和译坛的多个领域。金圣华不仅从事翻译实践、翻译理论研究和翻译教学,她还是一位翻译的推广者,数年如一日地奔波于推动两岸翻译交流的旅途中。其对香港翻译工作贡献良多,因而获得 O.B.E.(英帝国官佐)勋衔。她曾矢志说:

"身为翻译的推广者,我愿意到处讲,不停讲,直至有一天,人人都知道翻译之道虽苦犹甘,似易实难,不但与外语的畅顺,主要与中文的纯净息息相关为止。"(金圣华,2014:3)

黎翠珍先后任教于香港大学和香港浸会大学;孔慧怡曾出任香港中文大学翻译研究中心主任,2003荣任香港浸会大学讲座教授、文学院院长;张佩瑶曾担任香港浸会大学副校长、翻译学课程主任、翻译学研究中心主任等职。

第三,大都关注女性文学。孔慧怡的中译英翻译实践中,香港女性作家的作品占大多数。她指出,这不仅是出于语言的原因,"女性经验是非常重要的成分"(穆雷、孔慧怡,2002:109)。她认为,"女译者更能体会和把握女作者的思想,因为这是一种特殊的经历而非浮面的描写"。(同上:109)她曾坦言:在翻译女性作家的作品时,"有一种每一个细胞都投入的感觉,也就是说,作品无论在知性、感性和直觉等方面,都完全牵引着我,这是我翻译男性作品时很少有的感觉。"(同上:110)不仅如此,她在1987—2007年担任香港的中国文学英译期刊《译丛》(*Renditions*,1973年创刊至今)的主编时,重点推介女性文学,对那些"女性情感和婚姻题材的小说翻译尤为偏爱,对作品中女主人公独立、奋进与开放的品格颇为赞许"(葛文峰,2016:100)。

第四,中国文学"走出去"的中坚。她们积极推动中国文学由"他译"走向"自译"的转变,不仅为此事业付出了大量艰辛的劳动,其汉英翻译的数量和质量均属上乘,译作在英语世界收到了良好的反响和接受。尤其是孔慧怡,其担任《译丛》主编长达二十年,创造了许多辉煌的成就。再如张佩瑶,怀着对中国文学和传统文化的深厚感情,秉持上下求索的治学态度,在翻译领域成功脱颖,"成为翻译研究领域国际主要学者之一"(张佩瑶纪念网站)。自1991年以来,她一边翻译中国文学作品,一边致力于找寻独到的切入点来研究翻译,提出并构建了我国翻译话语的体系、内容,在国内外发表了多篇推介中国传统译论的论述,为中国知识体系的重建和译介做出了不容忽视的努力(刘泽权,2019:105)。关于她的贡献,后面将另辟专章具体梳理。

第四节　女性翻译家的创译研成果

上文已指出，香港当代女性翻译家多为是集创、译、研于一身的"三栖"大家，下文分别从文学创作、翻译实践和翻译理论研究三个方面，对七位翻译家的成果进行归类分析。

一　文学创作

也许是缘于其修读的文学课程的积淀，香港女性翻译家们不仅具有良好的文学修养，而且积极从事文学创作；不仅作品数量众多，而且体裁丰富，涵盖诗歌、戏剧、散文、小说、文学评论、人物传记。其中，金圣华、钟玲、林太乙三人最具代表性。具体作品统计见表 3-1。

表 3-1　　　　香港女性翻译家的文学创作总览

作者	作品	体裁
邝文美	与张爱玲、宋淇合著《张爱玲私语录》	语录
林太乙	与姊妹合著 Our Family 与 Dawn Over Chungking；War Tide；The Golden Coin；The Eavesdropper；The Lilacs Overgrow；Kampoon Street《丁香遍野》与《金盘街》（由英文改写），《春雷春雨》《林语堂传》《林家次女》《明月几时有》《好度有度》《萧邦，你好》《语堂文选》《语堂幽默文选》《女王与我》	小说、传记、散文
	与丈夫黎明合编《最新林语堂汉英词典》	辞书
金圣华	《春来第一燕》《笑语千山外》《荣誉的造像》《一道清流》《傅雷与他的世界》《江声浩荡话傅雷》《友缘·有缘》《英语新辞辞汇》	文集、自传、辞书
钟　玲	《赤足在草地上》《山中传奇》《山客集》（与胡金铨合著），《群山呼唤我》《美丽的错误》《黑原》《大轮回》《墓碑》《过山》《轮回》《钟玲极短篇》《芬芳的海》《生死冤家》《日月同行》《大地春雨》《雾在登山》《天眼红尘》	小说、散文、评论、诗歌、随笔
	《爱玉的人》《如玉：爱玉的故事》《玉缘——古玉与好缘》	古玉研究

续表

作者	作品	体裁
孔慧怡	*City Women：Contemporary Taiwan Women Writers*；*To Pierce the Material Screen：An Anthology of 20th-Century Hong Kong Literature*《妇解现代版才子佳人》《讲文化：英语世界的点点滴滴》	小说、故事集

林太乙，原名林玉如，1926年生于北京，是文学大师林语堂次女，也是三个姐妹中唯一继承林语堂衣钵者。她十岁时随家人迁居美国，在家接受父亲的中文教育。因此，她熟稔中英两种语言，成为中英双语作家。1962年迁回香港，1965—1988年担任香港《读者文摘》中文版总编辑。她用英文创作了多部作品，如 *The Golden Coin*（《金币》）、*The Lilacs Overgrow*（《丁香遍野》）、*Kampoon Street*（《金盘街》）等，其中《金盘街》被译成多种文字出版。这些作品"皆以中国和中国人的命运为主题，表达对家园文化的深厚情感和强烈的民族意识"，其中"写中有译"的文化翻译策略与方法使得其英文创作具有典型的"异语书写"的特质（王琴玲、黄勤，2018：81）。她的中文作品，多为人物传记，如《林语堂传》《林家次女》《我与女王》，以及其短篇小说集《好度有度》和长篇小说《萧邦，你好》。

金圣华（1940— ），被称为Lady Translation（淑女翻译）（穆雷，1999：36）。她祖籍浙江上虞，生于上海，后随家迁居香港，进入崇基学院（香港中文大学前身）主修英语，之后负笈美、法，分别获得华盛顿大学硕士与巴黎大学博士学位。她中文造诣极高，在从事翻译实践、研究、教学、推广工作的同时，创作了数量可观、质量上乘的文学作品。其创作以散文见长，著有《荣誉的造像》《一道清流》和《笑语千山外》等优秀作品。在推广、弘扬本民族优秀文化方面，她尽其所能。她出任香港中文大学文学院副院长期间，精心组织了"首届新纪元全球华文青年文学奖"。为此，她曾殚精竭虑，事必躬亲，大赛过后还将获奖作品结集成册，编撰了作品集《春来第一燕》。该赛事于2002年推出第二届、2005年推出第三届，在全球华语文学界影响深远。

钟玲（1945— ），生于重庆，原籍广州。她深谙中英语言和文化，具备深厚的文学功底。她曾留学于美国威斯康星大学比较文学系，先后获得硕士和博士学位。其文学创作体裁丰富，包括诗歌、小说、散文、文学评论，著有诗歌集《芬芳的海》、小说《黑原》和《大轮回》等，散文集《赤足在草地上》，以及文学评论《现代中国缪司：台湾女诗人作品评析》。她从20世纪60年代末开始诗歌创作，作品多以经典神话传说或历史女性为题材，"对神话传说进行了现代联想，用现代人的心理来重构神话传说中的女性"（吴君，2007：33）。她常用第一人称的独白和典型戏剧场景的对白形式，来表现诗歌中的人物，体现了她诗歌创作的戏剧性（同上）。在小说创作上，她擅长对原型故事进行改编，但这种改编并未体现在情节、人物命运或故事结局，而在沿着原型故事发展脉络的基础上，"有意识地展开细节描写，以女性第一人称叙述充分展现女性情欲的觉醒和感受，并吸收和转化西方精神分析理论中的某些符码：梦境、潜意识、意象等"。（王艳芳，2008：192）

二 翻译实践

香港女性翻译家为中国译界奉献了大量优质的翻译作品，体裁非常丰富，包括小说、诗歌、散文、戏剧、语录和中国翻译话语。需要指出的是，香港地区属于典型的双语社区，香港地区女性翻译家们深谙中英两种语言和文化，她们不仅英译中，还将多种体裁的优秀中文作品英译到国外，成功助推了中国文学"走出去"的进程。

（一）英译汉

英译中方面，金圣华以小说翻译为主，代表作有 Joseph Conrad 的《海隅逐客》（*An Outcast of the Islands*）、Michael Bullock 的《石与影》（*Stone and Shadow*）和 Carson McCullers 的《小酒馆的悲歌》（*The Ballad of the Sad Cafe*）。她秉持精益求精、追求卓越的精神，在英汉翻译上倾注了大量心血，仅《海隅逐客》就花费了两年时间，并且译成之后一再修改，这与"有些出版社抢译、赶译，有些译者不顾质量、粗制滥造"的做法截然不同（孙致礼，1999：2）。同时，金圣华还是傅雷研究专家，翻译了许多傅雷的英法文书信，为我国译界研究、传承傅雷的翻译思想提供了宝贵的文献。

邝文美（1919—2007），笔名"芳馨""章明"。她毕业于美国圣约翰大学文学系，曾在美国新闻处香港办事处工作，主要从事美国文学中译及编辑审校工作。其翻译以英译汉为主，包括《黛丝·密勒》(*Daisy Miller*) 和《无奇不有》(*Anything Can Happen*)。她还翻译了《欧文小说选》(*The Best of Washington Irving*)，其中收录有《李伯大梦》(*Rip Van Winkle*) 等四个短篇。值得注意的是，她的美国文学中译活动具有典型的时代特色，属于20世纪50代开始的香港美新处资助下的"绿背翻译"的组成部分（李波，2013：13）。

黎翠珍的译事活动包括英译中和中译英两个方向，体裁包含小说、诗歌与戏剧。她将大量英文戏剧作品译成中文，仅1978—1993年，她用粤语翻译了包括尤金·奥尼尔的《长路漫漫入深夜》(*Long Day's Journey into Night*)、艾尔比的《动物园的故事》(*The Zoo Story*)、米勒的《长桥远望》(*A View from the Bridge*)、莎士比亚的《李尔王》(*The King Lear*) 等18部剧作，其中15部被搬上舞台，其数量之多，"在同期的香港译家中首屈一指"（张旭，2013：45）。对于黎翠珍将戏剧翻译和舞台表演相结合的成功实践，尤其是其运用广东方言粤语这一举措的独特价值和深远意义，张旭（2013，2019等）给予了充分而独到的评价。张旭（2019：210）指出：

> 反观汉语界的戏剧翻译界，多年来推出的莎剧译本数量不在少数，但除了早年由曹禺翻译的《柔密欧与幽丽叶》外，其他真正能够直接用于表演的寥寥无几。作为一位地地道道的香港人，黎老师有着深厚的中英两种文化修养，同时对中国传统文化有着特殊的感情，尤其是对广东话情有独钟。对于一位曾长期生活在英国对香港实行殖民统治时期的香港人，此举也是抵御英国思想奴役的一种有效方法。[……] 而尝试将广东方言用于戏剧翻译并且取得巨大成功者，目前，在世界范围内可能只有她一人。

钟玲的翻译实践亦包含两个方向，英译汉的成果有史论、小说与诗歌。她将周策纵的英文作品 *The May Fourth Movement：Intellectual*

Revolution in Modern China（《五四运动史》）译为中文，与陈丽珠等合译了小说《偷窥》。此外，她的四首中文译诗《一个女士的画像》《春日寡妇怨》等收入中国对外翻译出版社出版的《现代英美诗一百首》(*A Hundred Modern English Poems*)。

（二）汉译英

文学翻译的主流一般都是以外语译成母语（金圣华，2014：23），而香港地区女性翻译家在中国文学为"走出去"的事业中做出了不可磨灭的贡献，成功地践行了中华文化从昔日的由外国译家"他者"担当主体转向由中国人自己扮演主角的"自译"的华丽转变，朝向消解西方译者的话语霸权迈出了坚实的一步，为新时期中外文化平等交流与对话提供了宝贵的经验（张旭，2019：206）。她们之中，孔慧怡、黎翠珍和张佩瑶等尤为突出（见表3-2）。

表3-2　　　　　　　　香港地区女性翻译家译作总览

译者	译作名称	体裁	方向
邝文美	《无奇不有》《黛丝·密勒》；与秦羽合译《碧庐冤孽》；与张爱玲、汤新楣合译《欧文小说选》《无头骑士》；与张爱玲合译《睡谷故事》《李伯大梦》	小说	英译中
林太乙	《镜花缘》《私奔》	小说	中译英
金圣华	《海隅逐客》《黑娃的故事》《石与影》《梦彩世界》《小酒馆的悲歌》《约翰·厄戴克小说选集》	小说	英、法译中
	傅雷英法文书信	书信	
钟玲	与 Kenneth Rexroth 合译《兰船：中国女诗人》《李清照诗词》	诗歌	中译英
	《五四运动史》《一个女士的画像》《春日寡妇怨》《春天以及一切》《爱召唤我们》；与陈丽珠等合译《偷窥》	史论、小说、诗歌	英译中
黎翠珍	《香港礼宾府》《满江红》《鸟人》《原野》《香片》《一把酒壶》《矫情》《霸王别姬》《巴金文集（第三卷）》；与张佩瑶编译《牛津当代中国戏剧选集》《牛津少年儿童百科全书》《拼贴香港：当代小说与散文》《禅宗语录一百则》《中药图解》六部	戏剧、工具书、小说、散文、语录、诗歌等	中译英

续表

译者	译作名称	体裁	方向
黎翠珍	《黎翠珍翻译剧本系列（粤语演出本）》《灸檐之上》《李尔王》《难得糊涂》《长路漫漫入夜深》《伊狄帕斯王》《大团圆》《长桥远望》《动物园的故事》《边个怕维珍尼亚伍尔夫?》《当年》《真相》《生杀之权》《罗生门》	戏剧	英译中、英译粤
张佩瑶	《归去来》《蓝天绿地及其他》《食事地域志》《钱纳利绘画濠江渔女》《柏林的鬼屋》《拆建中的摩啰街》《洋葱》《第一天》《香港的故事》《兰桂坊的忧郁》《九龙城寨：我们的空间》《抽屉里的硬果壳》《龙虾——跨物种的盛世恋》《杂作店老人》《列女传》《新党十九日祭》《木》《失城》；与黎翠珍编译《牛津当代中国戏剧选集》《牛津少年儿童百科全书》《拼贴香港：当代小说与散文》《带一枚苦瓜去旅行》《禅宗语录一百则》《中药图解》六部	小说、诗歌、戏剧、散文、工具书、语录等	中译英
孔慧怡	《我城：香港故事》《浮城志异》《盐角儿·亳社观梅》《荒山之恋》《小城之恋》《当代女性作家：香港与台湾》；与张爱玲合译《海上花列传》	小说、诗歌	中译英

孔慧怡可谓中国文学外译的先锋人物，她学贯中西，于香港大学毕业后，游学英伦，获得伦敦大学翻译学博士学位。她曾任《译丛》主编长达二十年（1987—2007），其间，刊物"以其上乘的文学译作确立了国际影响力，诸多译作被选为国外大学教材，被誉为'了解中国文学的窗口'"（林煌天，1997：838）；该期刊也成为中国文学对外交流的一个重镇，"被认可为国际性的权威英文刊物"（王润华，1989：4-11）。更重要的是，《译丛》加入了"美国大学出版社协会"，同时获得了华盛顿大学出版社和哥伦比亚大学出版社的发行权，该杂志及其系列丛书，即"《译丛》丛书"（*Renditions Books*）（1976—　）和"《译丛》文库"（*Renditions Paperbacks*）（1986—　），因而顺利进入美国图书市场。作为一位多产的翻译家，她本人对《译丛》的翻译实践贡献也数量惊人，收录在内的独译作品有45种、主译九种，翻译了《译丛》丛书一部、《译丛》文库十部（葛文峰，2016：100）。除张爱玲的小说外，孔慧怡还翻译了香港女性作家西西的小说《我城：香港故事》和

《浮城志异》、王安忆的《荒山之恋》和《小城之恋》等。

　　黎翠珍的汉英翻译也颇有造诣，成就斐然，尤其是诗歌翻译。在选材上，她翻译的几乎都是当代香港诗人的作品。张旭（2018：111）指出，黎翠珍此举是她"近二十年来努力提升香港文学、建构香港文化身份的表现；同时也是她在香港思想和文化领域面临严重后殖民威胁之际，通过彰显本土意识来抗拒后殖民的一种体现"。她的译诗不仅数量众多，而且由于其对英汉两种语言高超的驾驭能力，其译诗往往"诗味浓厚，即便放在英语世界里都堪称上佳之作"（同上：120）。黎翠珍的小说翻译也值得称道，她翻译的崔八娃的《一把酒壶》（*A Wine Pot*），成功地保留了原作的乡土风格（张旭，2015：96）。尤为重要的是，她与张佩瑶合作，将最具中国文化内涵的作品译介到西方。她们合作编译的《牛津当代中国戏剧选集》（*An Oxford Anthology of Contemporary Chinese Drama*），全面而简洁地介绍了中国的戏剧作品，填补了20世纪戏剧研究的空白（Leung，1999）。她们合译的《禅宗语录一百则》（*100 Excerpts from Zen Buddhist Texts*），也成功走向英文世界。

　　张佩瑶（1953—2013），于香港大学之后，赴英国攻读英美文学博士学位。她最为突出的贡献在于创造性地爬梳了中国传统翻译话语，编译了《中国传统译论选集》（*An Anthology of Chinese Discourse on Translation*）第一、二卷，首次将中国译论系统地呈现给国际译界。她还与黎翠珍合作编译了《拼贴香港：当代小说与散文》（*Hong Kong Collage: Contemporary Stories and Writing*）。Timothy（1998）介绍该书时指出：它是对"香港没有自己的故事"谬论的驳斥，让更多国内外读者了解了真实的香港。此外，张佩瑶还英译了诸多中国文学作品，包括小说、戏剧、诗歌、散文，小说如韩少功的《归去来》《蓝盖子》等，刘索拉的《蓝天绿地及其他》，梁秉钧的《第一天》等，戏剧如赖声川的《暗恋桃花源》，诗歌如梁秉钧的《食事地域志》《钱纳利绘画濠江渔女》《带一枚苦瓜去旅行》等，散文如梁秉钧的《香港的故事》。

　　除了上述三位翻译家，钟玲和林太乙的翻译活动中也涉及汉英翻译。林太乙将清代作家李汝珍的《镜花缘》（*Flowers in the Mirror*）翻译成英文。钟玲与王红公（Kenneth Rexroth）合作翻译了《李清照诗词全集》(Li Ch'ing-chao:Complete Poems),使其"流传至世界的五大洲,成为中国诗歌在海外流传过程中的一部经典之作"(葛文峰,2016:74)。

三 翻译研究

香港地区当代女性翻译家在翻译理论研究上也做出了突出贡献,尤以金圣华、张佩瑶、孔慧怡和钟玲为然(见表3-3)。金圣华发表了大量有关翻译的深刻洞见及感悟,她的翻译思想集中体现在其专著《桥畔译谈新编》中。该书主要由其探讨有关翻译问题的80篇散文组成,论及译者的艰辛与努力,翻译中常见的文体,尤其是滥用"被""其中""分享"等沾染"译文体"恶习的弊病,专题如人名、地名、书名的翻译,文学翻译的一些基本问题等。在这本学术著作中,不仅作者高屋建瓴、视野广阔的论述给人学术上的启迪,其散文化的语言亦给读者以文学的美感和享受。金圣华在《桥畔译谈新编》的第一篇,即《一座长桥》(金圣华,2014:48)一文中即谈道:

> 翻译就像一座桥,桥两端,气候悬殊,风光迥异。两端之间,原隔着险峻的山谷,湍急的溪流。两旁的人,各忙各的,世代相传,分别发展出一套不同的习俗风尚以及语言文化来。有一天,这不同文化习俗的人,忽然想起要跟对岸打个招呼。

作者关于翻译中的一些问题的看法使人受益匪浅,例如,本书中有关于叫人"防不胜防"(金圣华,2014:8)的日常词汇的翻译,有关于应对不同类型材料的"理论与原则"(同上:111),还有关于人名、书名、公共告示等方面的翻译见解(同上:112-126)。

张佩瑶在理论研究方面的贡献,主要体现在她提出了翻译史研究的"推手"路径,并提倡建立中国"翻译话语系统"。她的理论研究专著有《传统与现代之间:中国译学研究新途径》和《学术翻译环境亟待改善》。她将中国传统翻译话语钩沉梳理、分门别类,尝试构成一个系统,其翻译话语译作 An Anthology of Chinese Discourse on Translation (Volume One):From Earliest Times to the Buddhist Project 自出版以来,就受到了国内外的关注。

表3-3　　　　香港地区女性翻译家的理论研究著作总览

作 者	著作名称
金圣华	《齐向译道行》《打开一扇门》《桥畔间眺》《桥畔译谈》《因难见巧 名家翻译经验谈》（与黄国彬合编），《英译中：英汉翻译概论》（与孙述宇合著）
钟 玲	《文学评论集》《美国诗与中国梦：美国现代诗里的中国文化模式》《美国诗人史耐德与亚洲文化——西方吸纳东方传统的范例》《史耐德与中国文化》《中国禅与美国文学》《中国禅与美国文学》《我心所属——动人的理想主义》
黎翠珍	《风筝不断线——张佩瑶教授译学研究纪念集》（与张旭合编），《福克纳在中国：福克纳国际研讨会论文选集》《翻译评赏》《谈西方戏剧汉语演出本的翻译》《改编莎剧方面引出的有趣的问题》《弦外之音，剧本翻译的几个问题》；英文文章：《我们为何将舞台放在中心？》《中国舞台上的莎士比亚——以〈李尔王〉为例》
孔慧怡	《重写翻译史》《翻译研究论丛》，与朱国藩合编《各师各法谈翻译》，与杨承淑合编《亚洲翻译传统与现代动向》《译学英华：宋淇翻译研究论文奖1999—2004文集（第一卷）》；*Translation and Cultural Change*；与Judy Wakabayashi 合编*Asian Translation Traditions*；*Teaching Translation and Interpreting: Building Bridges*；中文文章有《翻译研究在亚洲》《谈中诗英译与翻译批评》《中国翻译研究的几个问题》等；英文文章："The Role of the Foreign Translator in the Chinese Translation Tradition, 2nd to 19th Century"; "Translation and English in twentieth-century China"; "When They See Red: One Approach to Translation Criticism" 等
张佩瑶	《传统与现代之间：中国译学研究新途径》《学术翻译环境亟待改善》"Translation and power: A Hong Kong case study"; "'To translate' means 'to exchange'? A new interpretation of the earliest Chinese attempts to define translation ('fanyi')"; "Introduction—Chinese discourses on translation"; "Reconceptualizing translation—Some Chinese endeavours"; "The (un) importance of flagging Chineseness"; "The mediated nature of knowledge and the pushing-hands approach to research on translation history"

孔慧怡在翻译史研究领域有着突出的贡献。她认为，现有的中国翻译史著作的研究方法和角度不甚科学，"不少似乎称之为大事和人物纪要和资料汇编更为恰当"。（孔慧怡，2005：13）她撰写了《重写翻译史》一书，意在"以新的眼光，重看中国有史以来的翻译活动，找寻

前人没有看出的意义，显示前人未曾察觉的架构，借以加强我们对于翻译活动与中国文化发展相互关系的理解"。（同上：10）该书是孔慧怡十多年搜集资料、近五年潜心思考的结晶，主要特色为"凭史料说话，借文化分析"（耿强，2006：40），很好地将研究史料、翻译事实和背景文化三者结合起来，而且作者打破对间接史料的依赖，立足于第一手史料，让人钦佩。

钟玲是典型的学者型翻译家，长期致力于美国诗歌与中国文化研究，先后发表数十篇研究论文以及多部学术专著。其中，《中国禅与美国文学》一书更是开创性地填补了中国禅与美国文学关系实证研究的空白（耿纪永，2010：136）。此外，钟玲的学术研究还包括诗歌评论，出版了《现代中国缪司：台湾女诗人作品评析》（1989）。这部著作是"第一部由女性撰写的台湾现代女性诗歌批评专著，而且在整个华文文学的女性批评中，也具有先行的意义"（王列耀，1991：124），"不仅为台湾女性诗歌的发展与研究注入了活力，也为世界华文中的女性文学创作与研究，注入了活力并提供了经验"。（同上：132）

可以看出，"中学西渐"是钟玲在学术研究上的鲜明特征。在东西方文化交流过程中，"西学东渐"是广为人知的概念，而钟玲的学术研究则开创性地聚焦于"东学西渐"，即西方文学，尤其是美国现当代诗歌如何接受中国文化特别是禅宗文化的影响。这便是她对中国传统文化的深入思考："中国悠久的文化传统至今仍鲜活地呈现在中国的文学文本和社会文化的现实中，也存在于一些西方的文本和文化现实中，我们不应该只着眼于西方对中国的单向影响。"（刘岩、王晓路、钟玲，2012：60）更重要的，是她念兹在兹的民族文化情愫。她强调，"做学问要倾听自己心灵的声音"：

> 我本人的研究源于自己对所生活时代的体验和思考，我关注那些真正触动内心的东西，因为我的民族情怀，我热爱中国的传统文化，也因为我想要发现自己同西方在深层有哪些关系，发现中国文化同西方的文化的互动影响。（刘岩、王晓路、钟玲，2012：61）

第五节　小结

　　香港地区的女性翻译家们创、译、研相结合，她们不仅创作、翻译了大量脍炙人口的优秀文学作品，在学术研究界亦成就斐然。如果说晚清时期出现的第一批女性翻译家是"中国翻译家队伍中一道独特的风景线"（蒋林、潘雨晴，2013：19），香港地区的女性翻译家们则是一道学历、智慧与知性并存的"亮丽风景线"，七位女性翻译家中有四位攻读了海外名校的博士学位。她们满怀柔情，在翻译活动中表现出对女性作家的特殊关怀；她们满腔热情，具有高度的民族责任感，成为助力"中国文化走出去"的重要力量，在自己的人生旅途以及国家发展的进程中书写出华美的篇章，留下了浓墨重彩的一笔。她们不应该被遗忘，更不应该被翻译史所遗忘。

第四章

台湾地区当代女性翻译家群像

第一节　引言

  中国历史上早期较有规模的译事活动始于东汉，历经三次翻译高潮：延续千年的佛经翻译、明末清初的科技翻译和五四前后的西学翻译。这三次译事高潮的翻译主体皆为男性。到 20 世纪初叶，中国知识女性逐渐开始崭露头角，女性文学翻译家在 20 世纪前 20 年里以群体形式登上翻译的历史舞台（罗列，2011）。自 20 世纪初至今的百年间，女性翻译家的队伍不断壮大，在文学翻译中做出了不可磨灭的贡献，尤其在港台地区，女性翻译家大有独占鳌头之势（穆雷，2002：109）。然而，长期以来，我们的翻译史研究的对象，男性始终占据着统治地位，女性处于被边缘化的地位，大量的女性译者被淹没在历史的长河中（李永红，2009：116），以至于时至今日，对女性翻译家的研究依然很薄弱。随着 20 世纪 80 年代女性主义翻译理论成果传入中国，学界才开始关注女性翻译家群体，涌现出一定的研究成果（吴书芳，2013）。在台湾地区，百年间不仅涌现出如钟梅音、崔文瑜、宋碧云、邓嘉宛、胡因梦等大批创作与翻译并驾齐驱的知识女性，更有胡品清、林文月、齐邦媛等成果显著的著名女性翻译家、文学家乃至研究家。这一群体所译语种广泛，体裁丰富，翻译风格多样。尽管台湾地区存在着这样一批优秀的女性翻译家，这一群体所受的关注却不能和她们的成就同日而语。中国大陆翻译界对这一群体的整体研究基本处于空白状态。

然而，对译事主体的研究一直应该是译界关注的焦点之一。出版于1987年的《中国翻译家辞典》虽然涵盖了港台地区翻译家群体，但是太过挂一漏万，比如林文月、宋碧云、齐邦媛等这样成果卓越的女性翻译家都未能收录其中，并且80年代以后的新生代翻译家亟待加以补充。本章以近百年间台湾地区著名女性翻译家群体作为研究对象，从台湾日据时期开始爬梳这一群体各种史料，描摹她们在不同历史时期的概貌，并分析主要译作译事的成因与属性。

由于翻译体裁涉及文本文类宽泛，本章所讨论的"女性翻译家"需要进一步界定。与前文的定义稍有不同的是，对台湾地区女性翻译家的定义稍嫌宽泛一些，它首先是指以女性为主体译介文学作品且知名度高、影响较大的台湾地区女性译者。其次，这里对女性翻译家归属地的界定主要遵循曾经在台湾地区出生、生活或工作的原则，包括大陆前来的，如殷张兰熙、林文月、齐邦媛等，亦包括后来离开台湾地区的，如钟玲、聂华苓等。前文已经指出，《辞典》收录了六位老一代台湾地区女性翻译家，包括沉樱、丁贞婉、胡品清、聂华苓、裴缚言和殷张兰熙。《辞典》1988年出版，台湾地区1987年"解禁"，《辞典》在编纂时台湾地区和大陆基本没有正式的联系。从这一意义上讲，《辞典》能够想方设法获得并收录台湾地区翻译家的信息及其"近况"实属不易。当然，可能由于渠道有限，对这些翻译家的释义，除沉樱（林辉，1988：136-137）外，一般比较简略，有的只有区区三五行二百余字，如裴缚言（同上：457）和殷张兰熙（林辉，1988：660）：

裴缚言（1921— ）

山东诸城人。女。在"国立"女子师范学院毕业后，历任台湾大学助教、讲师、教授，私立东吴大学教授等职。

裴缚言学识渊博，对诗词及古典文学均有深邃的研究，并从事翻译工作。除发表有许多学术论著外，又译有：[印度]泰戈尔《横渡集》，泰戈尔《园丁集》《泰戈尔小说戏剧集》等。（林辉，1988：457）

殷张兰熙（1920— ）

祖籍湖北；出生于北平。女。抗战期间毕业于华西大学外国文学系。曾任东吴大学副教授，台湾省笔会执行委员会委员，《中国笔会季刊》英文版总编辑等职务。

殷张兰熙精通英、法语文。在主编《中国笔会季刊》期间，曾将我国当代作家的许多作品译成英文，遍传世界，有的被欧美各大学采用为参考教材；此外，她又将陈若曦的小说《尹县长》译成英文，由美国印地安纳大学出版社出版，备受西方重要报刊及书评家的赞扬。

下面对于这些女性翻译家的梳理、考察，涉及她们的生平、代表性译著、主要译事活动的成因和属性等主要内容。鉴于翻译文学隶属文学大框架之内，下文按照台湾地区学者陈芳明对台湾地区文学史的分期方法把台湾地区翻译文学大致分为三个历史阶段：日据时期（1921—1945）、战后时期（1945—1987）、解严时期（1987年至今）（陈芳明，2011：30）。需要说明的是，有关林文月的内容，这里仅作为台湾女性翻译家群体的组成部分来简要呈现，下文第七章将另辟专章对其创作、译事、译作做更深入探讨。

第二节　日据殖民时期的荒芜之夜

1895年，中日甲午战争清政府惨败，被迫将台湾割让给日本，台湾由此走上了半个世纪苦难愈加深重的被殖民历史，即1895—1945年黑暗的日据时期。这一时期充满日本帝国主义殖民政策导向及活动形态，也是"附属于政治运动的关键时期"（陈芳明，2011：30）。台湾在日据殖民（"皇民"）时期被迫实现了政治、经济、文化相当程度的现代化，台湾知识分子大多也只得接受日式的现代教育，第一代知识分子群体大约于20世纪10年代宣告诞生。但他们毕竟是中国的知识分子，受过传统文化的滋养与熏陶，而且经过累代师承，自然塑造出了中国知识分子独特的精神面貌，形成了稳定的性格与风范。也正是在这一饱受屈辱的时期，台湾知识分子利用文学作为政治武器参与抗日政治运动。在此时期，台湾译者译介外国文学、大陆文学到台湾，形式不拘一格，有欧文汉译、日文中译、中文日译等。其中大部分的翻译文学作品具有睁眼看世界、巧妙表达台湾民众对日本殖民侵略者的反抗意识、开启民智、讽喻当时黑暗社会现实的启蒙作用（李诠林，2011）。

1906年，李汉如等台湾文化人创办了"新学会"，"汇罗东西学者之演著，择其精华，译其原意，分科立派，作一绍介物"。① 这样，来自祖国大陆和异邦的文学作品便逐渐随着新学引介进入台湾。然而，这样的文学翻译活动中，男性占据着绝对的"霸权"地位，探究日据时期女性翻译家的活动，结果不免令人失望。当然，这一结果也是可以理解的。因为在日本的"皇民"政策统治下，广大台湾同胞无论在争取民族独立，还是在教育、生存等方面所付出的努力甚至牺牲都是巨大的，此时，男性冲锋在前不仅是必要的，亦是中华传统文化价值观的必然要求。

但是，我们不得不承认半个多世纪的日据时期，是台湾女性文学、女性翻译文学的荒芜之夜。其背后的原因，除了上述的主因外，自然便是封建社会残存的男尊女卑流弊思想限制、阻碍了女性创作空间和进程。叶陶、杨千鹤和辜颜碧霞是目前有记载的台湾日据时期女性文学的拓荒者。据1930年《台湾民报》介绍，那时除极少数当医生、教员、记者为女性外，女性可从事的职业不外乎电话员、服务生、助产士，以及采茶、编帽、织袜、制草纸、烟草等行业的女工而已。虽有一部分台湾女子前往国外留学，她们中极少人能到欧美，日本成为便捷首选。据统计，在1922—1941年20年间，台湾留日女生共计4644人（黄新宪，2010）。一般女子，接受完中等教育后，就业面很窄，不少人选择嫁给有一定社会地位的男子。可想而知，留学女子一般必须具备家庭优越的

---

① 见李汉如《新学丛志叙》、[日] 伊藤政重《新学丛志发刊词》，转引自黄美娥《文学现代性的移植与传播：日治时代台湾传统文人对世界文学的接受、翻译与摹写》，《正典的生成——台湾文学国际学术研讨会》论文集，"中央研究院"中国文哲研究所、哥伦比亚大学蒋经国基金会中国文化及制度史研究中心主办，2004年，第3页。

经济条件才能成行，她们大都出身名门贵族。此外，台湾当地就学人数的不断激增和"入学难"现象，也导致日据殖民时期女子受教育资源贫乏。这些因素，综合作用，使得日据时期台湾女性译者寥寥无几，译作也乏善可陈，目前尚未发现任何相关文字记载。

值得指出的是，日本殖民当局推行的"皇民化"进程中的语言殖民政策，使得台湾地区语言文化教育和翻译实践雪上加霜。日文教育和使用的强制推行，在促使许多受过教育的台湾民众可直接阅读日本书刊及文学作品的同时，导致正式的日文翻译需求和必要性几近丧失。因此，在日据殖民时期的五十年间，基本上没有什么可以查考的日本文学翻译，女性译者的翻译作品更是寥若晨星。可以说，这是当时的政治大环境滋生的畸像，是日本殖民者提升军国主义、推行"皇民文学"运动和强势的语言殖民政策，导致了台湾本土语言传统的断裂，给台湾文学界与译界带来的严重创伤。

第三节 战后时期的过渡转型

第二次世界大战之后的1945—1949年，属于重大的历史转型阶段，国民政府接管政权，开始了政治、经济、社会、文化各方面的改造。它带给台湾文学界最大的考验，便是如何从殖民地大和民族主义的思考，迅速调整为中华民族主义的思考。当然，全新的语言政策给学界也带来了很大的困惑和冲击。1946年，国民政府宣布废止使用日文，文人有的封笔，有的逃亡，台湾新文学传统遭逢又一次断裂（陈芳明，2011：34）。毋庸赘言，这一时期，翻译文学亦未见有任何起色的迹象。

1949—1960年期间，在内战中失利的蒋介石及南京国民党当局逃到台湾，随即在那里实施以戒严为基础的反共运动，对知识分子展开全面肃清，台湾文学痛苦地又一次听命于政治权力的摆布甚至蹂躏。20世纪50年代，台湾地区的文学翻译开始发足，从50年代到70年代三十年间呈现出逐年递增的趋势，70年代以后开始形成较大规模，并且在原本选择及译文风格上与大陆区别开来。

台湾地区战后第一批浮出地表的女性翻译家大多为从大陆迁入台湾地区的"外省人"，她们多出身名门望族，有良好的教育背景和留学海外的经历。这一群体的经历决定了她们对原本选择的高起点，也解释了台湾地区战后前三十年的译著基本上都是对文学经典的翻译。沉樱（1907—1988），曾与"我国现代文学史上一位集诗人、理论家、批评家、翻译家于一身的罕见人才"梁宗岱（1903—1983）（百度百科）有短暂婚姻关系，于1949年赴台（林辉，1988：136），主要致力于翻译欧美名家的小说和散文，包括"英国、美国、奥地利、俄国、意大利、法国、德国、西班牙、匈牙利、希腊等国著名作家及犹太著名作家的优秀作品20多部，凡数百万言"（同上：137）。因此，《辞典》誉其为"台湾翻译界著名翻译家"（同上），对其的释义连续两页，为所收录台湾女性翻译家之最。她翻译的奥地利著名作家茨威格的小说集《一个陌生女子的来信》出版后引起强烈的反响，几乎成为这部名作的中文"定本"，一直畅销台岛内外。

林文月（1933—2023）是台湾大学教授、著名学者、作家、翻译家，出版《澄辉集》《山水与古典》等中国文学研究专著和《京都一年》《读中文系的人》等十余部散文集，翻译《源氏物语》《枕草子》等多部日本和英法文学作品，深受海峡两岸大批读者喜爱。她历时逾五载翻译的日本古典文学代表作《源氏物语》被称为"目前华语翻译《源氏物语》的最优秀版本"（单德兴，2013：49）。

林文月出生于上海日租界，被迫接受日语作为"母语"。用她的话说，"这种复杂的背景，让我变成一个天生的翻译家"。（林文月，2012）她翻译用心用情至深，在翻译日本古典文学名著《源氏物语》时，不仅参考了吉泽义则（1904）的古文注释本作为底本，而且纵横考证、参阅了谷崎一郎、冈地文子和谢野晶子的现代日语译本以及Arthur Waley 和 Edward G. Seidensticker 的英文译本（林文月，2011a：64）。不仅如此，对于书中795首和歌，她殚精竭虑，放弃采用中国传统诗歌形式翻译，创造性地仿拟楚歌体，自创七、七、八22字的三行诗形式，"句首和句尾押韵，以收声律和谐之美的效果，用'兮'字以

求缠绵之趣旨"。(林文月，2011b：67)

胡品清(1921—2006)曾入教会学校就读，英文、法文俱佳，后又在法国巴黎大学研究文学，还先后担任过国民政府"中央通讯社"英文部编辑、驻法国大使馆新闻处译员，1962年由法国返回台湾地区(林辉，1988：274)。她翻译了法国19世纪现实主义文学大师福楼拜的成名作和代表作《波法利夫人》，被《辞典》誉为"我国现代女诗人、作家、文学翻译家、文学研究家"（同上）。台湾地区翻译界"女才子"宋碧云翻译了经典名篇《一百年的孤独》与《老人与海》，其译作因"达""雅"而且忠"信"于原文，获得林语堂的认可，得以将林氏的英语传记《苏东坡传》与《武则天传》翻译成汉语。

战后台湾地区的知识女性是五四运动后成长起来的新一代，"平等""自由"等民主思想的广泛传播，使她们获得了平等的教育权，西方高等教育的熏陶又使得这一时期的知识女性获得了译者应该具备的文化素养和坚实的语言功底。她们许多人身兼作家、教授、翻译家、评论家，这些多重身份的译者充分印证了Pym(1998/2007)和柯飞(2002)的观点：译者应当是"有血肉之躯的活生生的人"，她们"游走于城市之间，不同文化之间"(柯飞，2002：31)。女性翻译家多领域的"游走"推动了文学翻译实践与理论的齐头并进。前文提到的沉樱便是一位集翻译与创作于一身的女性翻译家，曾创作《喜筵之后》《夜阑》《一个女性作家》等多部短篇小说集以及《春的声音》等散文集(林辉，1988：136)。齐邦媛教授不仅选编中国文学进入英语世界，在文学创作方面也笔耕不辍，作品包括《千年之泪》《雾渐渐散的时候》《一生中的一天》《巨流河》等。

胡品清能熟练运用中、英、法三种语言，身兼诗人、作家、文学翻译家、文学研究家。林文月精通日语、法语、捷克语，也是一位集创作、翻译与研究于一身的大学教授。她的散文作品常被选入初、高中的语文课本，台湾地区文化界更是将她与周作人、林语堂等相提并论。岭月(1934—1998)，本名丁淑卿，创作与翻译并驱，著有《且听我说》及《和年轻妈妈聊天儿》等多本杂文集。集创、译、著于一身的女性翻译家还有殷张兰熙(1920—2017)、钟梅音(1922—1984)、邱瑞銮、刘慕沙（1935—2017）、朱佩兰（1935— ）、崔文瑜（1936—1989）、胡因梦（1953— ）、黄友玲（1964— ）等，她们的才华和成就不断激励着后人反思外国文学翻译和中华文化外译的理论与实践。

这些台湾地区女性翻译家的多重身份与才干使她们能够承载起中国文化对外译介的重任。齐邦媛不仅引介西方文学入台湾地区，更是以一己之力推动台湾地区的中国文学外译。她主编了《中华现代文学大系：台湾 1970—1989》《中英对照读台湾小说》以及《二十世纪后半叶的中文文学》，还于 1972 年创办了《当代台湾文学英译》（*The Taipei Chinese Pen*）刊物，成为译介台湾地区文学的"推手"（张淑英，2010：50）。她和殷张兰熙合译的林海音的代表作《城南旧事》，成为台湾本土文学英译的典范。胡品清更是把《政战概论》《孔学今义》《上古史》以及《战国学术》等中国传统文化典籍翻译成法文在欧洲大陆传播。此外，诸如白珍、奚密、陈懿贞、黄英姿、杜南馨、吴敏嘉、汤丽明等数位当代女性翻译家四十余年来不辞劳苦地为台湾地区本土文学对外译介事业而默默耕耘着。她们为中外文化交流和沟通架起了桥梁，她们在翻译实践中的"在场"，有力体现了台湾地区现当代女性翻译家的美丽和担当。

第四节　解严时期的蓬勃多元

20 世纪 80 年代以后的台湾地区社会文化与文学迎来了一个全新的转折点。经济迅速增长，社会政治环境日益宽松，特别是 1987 年解严之后，"台湾社会开始经历有史以来最为开放的生活"（陈芳明，2011：38），台湾逐渐摆脱了国民党当局高压统治的阴影，走出全球冷战的架构，政治和大众文化倾向更加西化，文学界的创作热情高涨，翻译文学也进入多元发展时期。台湾译界的眼光也随着"开放的生活"放眼全球，翻译选题的全面化、翻译出版的丛书化与系列化等，都突出地展示了文学翻译出版事业的繁荣盛况。特别是进入 90 年代，纯文学、文学名著译丛、大众通俗文学以及儿童文学等都进入了译界视野。台湾地区女性翻译家也开始跳出译介经典文学的传统，着眼于各种文类的译介，其成就呈现如下几个特点。

首先，日本文学翻译一枝独秀。由于历史上台湾地区与日本语言文化的特殊联系，许多台湾人在日据时期被迫学习而且通晓了日语，台湾地区有不少人有在日本留学与生活的经历，这些都有意或无意之中为日本文学的翻译储备了人才。因此，台湾地区逐渐形成了阵容较为强大的日本文学译者队伍。这支队伍中活跃着许多优秀的女性翻译家，她们大多接受过高等教育，在翻译原本的选择和选题上呈现多元化的态势，作品涉及古典文学、现当代文学、诗歌、小说和儿童文学。在日本古典文学的翻译方面，贡献卓越的是林文月。她1933年出生于上海日租界，接受日语教育直至1946年，精通日语、法语、捷克语。她历时逾五年翻译的《源氏物语》，被称为中文翻译《源氏物语》的最优秀版本，成为日本文学翻译的丰碑之作，她翻译的平安时代妇女日记文学的代表作之一《和泉式部日记》和"歌物语"的代表作《伊势物语》等，都是日本古典文学译介的典范之作。在日本近现代文学翻译方面，1935年出生于台湾的朱佩兰，主要翻译了三浦绫子的《绵羊山》和《冰点》。从事日本文学翻译工作近三十年的刘慕沙，翻译了吉本芭娜娜的《无情·厄运》《甘露》，大江健三郎的《换取的孩子》《忧容童子》，川端康成的《女身》，井上靖的《冰层下》，夏树静子的《床上陌生人》等。日本小说家村上春树的著名翻译者赖明珠（1949—　），是引介村上春树作品进入台湾地区出版界的早期推手。她业已翻译村上作品超过15部，包括《1973年的弹珠玩具》《失落的弹珠玩具》《遇见100%的女孩》《挪威的森林》《1Q84》《关于跑步，我说的其实是……》，另译有谷崎润一郎的作品《盲目物语》《春琴抄》。赵慧瑾主要翻译夏目漱石的作品，如《心镜》《我是猫》等；台湾地区旅日女性作家刘黎儿（1956—　）曾翻译日本作家下田治美的作品《求爱的人》；何黎莉和丁小艾合译《德川家康全传》；黄玉燕（1964—　）出版了《川端康成短篇小说集》《三岛由纪夫短篇小说集》、大江健三郎的《性的人间》、远藤周作的《婚姻的艺术》等二十余部译著。值得一提的是用中文写作的日本奇女子茂吕美耶，她生于台湾高雄，初中毕业后返日，译有梦枕貘《阴阳师》、冈本绮堂《半七捕物帐》小说系列及夏目漱石《虞美人草》等成为作家傅月庵、导演吴念真感慨力荐的日本文化达人。此外，岭月女士也曾致力于翻译日本文学，特别是儿童文学作品，译有《巧克力的战争》《小女超人》《少年侦探》《点子老师》等三十多部。

战后台湾地区成长起来的这一日本文学女性翻译群体不容忽视，她们打破了台湾地区译界长期以来男性译者称霸的格局，成为台湾地区日本文学翻译的中流砥柱，得到岛内外各界的赞许。林文月因翻译《源氏物语》获得台湾地区第十九届文艺奖翻译成就奖。岭月的译作与专栏深受读者喜爱，曾因在儿童文学翻译方面的卓越成就获台湾地区文艺协会文学翻译奖、儿童文学学会金龙奖、亚洲儿童文学研讨会追赠台湾文学翻译奖等奖项。赖明珠被推崇为村上春树作品的首席译者，日本奇女子茂吕美耶是梦枕貘大师最信赖的中文代言人。

其次，儿童文学翻译独占鳌头。早在台湾地区日据时期，一些留学日本和暂居大陆的台籍青年，就创办了《神童》和《少年台湾》两本杂志，专供岛内儿童阅读（张文彦，1999）。1945 年 12 月，以推广儿童语文教育和出版儿童读物为宗旨的"东方出版社"创立，正式揭开了台湾地区出版儿童读物的序幕（同上）。台湾地区老一代知名作家林海音、林文月都曾为东方出版社和《国语日报》撰稿、译介儿童文学作品。迄今，台湾地区儿童文学的发展已有七十余年，女性翻译家以女性独有的母性天性和女性经验，在儿童文学译介领域一枝独秀。除了译介三十余部日本文学作品的岭月外，资深儿童文学作家方素珍（1957— ）长期从事童诗、童话及绘本故事的创作和翻译，共出版童话、童诗、图画书、翻译改写等作品八十余部。她的译本主要来自意大利语，代表性译作有《爱的教育》《花婆婆》《是谁嗯嗯在我的头上》《米莉的帽子变变变》《巫婆的孩子》等儿童文学作品。另一位儿童文学评论家兼翻译家柯倩华，翻译儿童图画书及青少年小说数十本，如《大脚丫跳芭蕾》《先左脚，再右脚》《打瞌睡的房子》《苏菲的杰作：一只蜘蛛的故事》《生气的亚瑟》等，多次荣获最佳翻译童书奖。台湾地区实践大学英文系儿童文学讲师李紫蓉（1964— ），从事儿歌童书创作的同时也进行英、德文书籍的翻译,其代表译作有英文儿童文学作品《阿罗的童话国》《最奇妙的蛋》,德文青少年小说《苦涩巧克力》《当幸福来临时》《快跑!男孩》,德文幼教书籍《我快气炸了》《我要,我就是要》等。此外,洪翠娥、麦倩宜、余治莹、谢瑶玲、刘恩惠等一大批致力于儿童文学翻译的女性翻译家,也都不遗余力地推动台湾地区儿童文学的发展。

台湾地区当代女性翻译家特别青睐译介儿童文学,一方面,是缘于自身所处的社会、家庭环境。她们除工作之外,都扮演着妻子、母亲的角色,加之现代人对儿童早期教育的重视,促使知识女性对儿童文学关注和反思。另一方面,台湾地区和美国、日本联系比较紧密,而英国、美国、日本在儿童文学出版的水平与数量上,似乎是世界首屈一指的(刘文云,2009)。绘本阅读能够使儿童跨越语言文字能力的限制,弥补儿童对于阅读文字的经验不足,给他们带去文字之外的阅读乐趣。因此,在速食的读图时代,台湾地区的家长与小读者群对绘本图书产生高度的兴趣和需求。这也进一步解释了儿童"绘本热"现象背后的成因。从事教授儿童文学的林真美,一直致力于将日本、欧洲儿童绘本文学译介入台湾地区,先后翻译了《爱花的牛》《窗外》《奥勒冈之旅》《全身小说家》《约瑟夫的院子》《六个男人》《我最讨厌你了》《安静的故事》《风到哪里去了》《莎莉,离水远一点》《黎明》《兔子先生,帮帮忙好吗?》《妈妈爸爸不住一起了》《在森林里》《和我玩好吗?》《祖父的祖父的祖父的祖父》等儿童文学绘本,并策划《没大没小》《大手拉小手》系列绘本,成为推广绘本文学阅读的中坚,同时也掀起了台湾地区和大陆绘本出版和阅读的风潮。

最后,文学翻译与出版的商业化反过来吸引着越来越多的女性翻译家投身译海。台湾地区亲西方的文化氛围,使出版界的外国文学翻译越来越显露商业化的特征。近十年来,台湾地区图书市场上最畅销的通俗读物,当属奇幻文学和悬疑惊悚文学,一时间,奇幻、惊悚图书的出版呈现了"百家争鸣"的局面。台湾地区译界也捕捉到这一商业契机,顺应潮流,关注起这类文学的翻译,许多女性翻译家纷纷加入这支翻译大军,交出了傲人的答卷。从事文学与基督教神学翻译工作二十余年的邓嘉宛（1962— ）翻译的《魔戒》《精灵宝钻》《胡林的子女》畅销一时，彭倩文翻译了《哈利波特》以及纳尼亚系列。翻译悬疑惊悚文学的张国祯，主要翻译阿嘉莎·克莉丝蒂的作品，包括《万灵节之死》《七钟面之谜》《古屋疑云》等。跨性别作家洪凌（1971— ）也翻译了多部悬疑小说，主要有《窃贼日记》《天谴者的女王》《时钟的眼睛》《意外的旅程》《银翼杀手》《黑暗的左手》《少年吸血鬼阿曼德》等。

即使是综览台湾地区的近现代文学译介情况，也可以发现台湾地区战后对日本文学的翻译越来越呈现出商业化特征。这种情况，突出表现在对原本选择上紧随日本文学的潮流，对热点作家、作品反应敏锐、译介迅速。特别是进入 20 世纪 90 年代以来，台湾地区的"日本情结"在台湾当局"亲日"倾向的影响下得以强化（王向远，2001），日本文化在台湾地区市场大行其道。这种社会大氛围，反过来又在很大程度上拓展了日本翻译文学的读者空间。事实上，从 80 年代开始，台湾地区译者对川端康成、夏目漱石、大江健三郎、村上春树等热点作家的作品"竞译""抢译"成风，也造成了翻译家原本选题主动性的丧失，为人诟病。

第五节　小结

上述梳理可见，作为文学不可或缺的组成部分，翻译文学在台湾地区文学史上占有举足轻重的地位。台湾地区女性翻译家群体以她们独有的情感体悟与独特的女性书写，撑起了台湾地区文学翻译的半壁江山。爬梳台湾地区文学翻译的发展史，我们还可以清楚地勾画出台湾地区女性翻译家群体从衰草连天到繁花似锦的发展历程。无论是 20 世纪四五十年代来台的老一代女性翻译家沉樱、齐邦媛、胡品清、林文月，还是出生于台湾本土的女性翻译家刘慕沙、朱佩兰、黄友玲，抑或 80 年代以降的新世代女性翻译家邓嘉宛、彭倩文、苏有薇，她们共同打造着台湾地区女性文学翻译的精彩世界，为中外文化交流和沟通架起了一道彩虹之桥。

通过在全国图书书目资讯网（NBINet）搜寻台湾地区世界文学作品翻译成中文的图书数量，观察其翻译文学的出版年代，可以得出如下圆饼图。从该圆饼图中，我们看出台湾地区翻译文学出版量与本书所分析的女性翻译家在这三个时期的成长态势相吻合，翻译家的生产力与翻译文学出版量呈正比增长。具体说来，日据时期至1950年以前，翻译文学基本处于荒芜状态，因此也没有女性翻译家的出现。战后过渡转型期50—90年代，翻译文学逐渐复苏，到1987年的解严之后迅猛发展，此时其内，女性翻译家犹如雨后春笋般浮现。到了90年代以后，文学翻译的呈多元发展之势，这种势头与日益西化的台湾地区多媒体传播方式及时代大众文化的推波助澜不无关系。

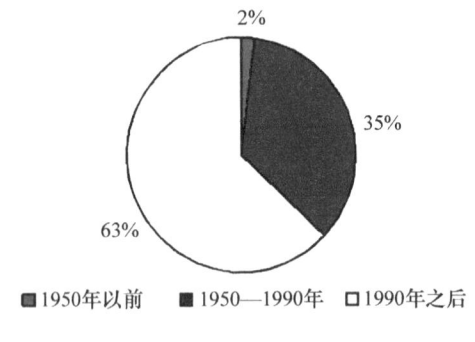

■ 1950年以前　■ 1950—1990年　□ 1990年之后

图 4-1　台湾地区翻译文学出版年代圆饼图

　　文学翻译的发展态势与社会历史、政治、经济、文化息息相关。译者主体性的研究更应该在社会文化语境内考察。王宏志认为，翻译研究者不应该"把翻译看成一项纯粹的文字活动，一种以原著为中心的文本转译活动"，而应该把翻译活动置于"实际的操作环境以及文化状态"中考量（王宏志，2004：82）。观照台湾地区女性翻译家群体有助于我们填补我国女性翻译史断裂之沟壑，探寻和勾勒我国整体翻译历史的联系互动关系，为创建百年中国女性翻译家译作与其原文及多种平行译本的可比语料库做好铺垫。但是，本书因获取台湾地区资料渠道不畅等限制，未能探究到百年来台湾地区女性翻译家群体的方方面面或深层次问题，势必存在诸多遗漏，也未能囊括从事其他文体翻译的女性翻译家。

第五章

杨绛译创研究可视化分析

第一节　引言

杨绛（1911年7月17日—2016年5月25日），原名杨季康，是中国当代女性作家、文学翻译家和外国文学研究家的杰出代表，通晓英语、法语、西班牙语。1933年发表第一篇散文《收脚印》，自此登上文坛，此后笔耕不辍，作品涉及小说、散文、戏剧、文论等多方面，成为新时期"老生代作家"（陈亚丽，2006）的佼佼者。由她翻译的《堂吉诃德》是我国首部直接从西班牙原文翻译的中文本，译本忠实流畅、神形兼具，不仅受到我国读者的广泛欢迎，而且还得到西班牙方面的高度赞誉，杨绛也因此而获得西班牙国王颁发的骑士勋章。2014年，人民文学出版社对杨绛作品进行全面、系统整理，出版了《杨绛全集：全九卷》，分为小说卷、散文卷、戏剧文论卷以及译文卷四部分，其中囊括杨绛长篇小说《洗澡》、短篇小说《洗澡之后》，散文如《干校六记》《将饮茶》《杂忆与杂写》等，戏剧如《称心如意》《弄假成真》等，文论如《菲尔丁关于小说的理论》《论萨克雷〈名利场〉》等，译作《小赖子》《堂吉诃德》《吉尔·布拉斯》和《斐多》，以及此前从未发表的6首古体诗作。

本章以中国知网1981—2017年关于杨绛创作与翻译作品研究的文献等为语料，采用文献计量学方法，借助CiteSpace分析工具，对这些研究成果进行归纳、整理和考察，进而做出定量和定性的分析、评价，总结相关研究的分布特点、发现与不足，并提出未来研究展望，为进一步研究杨绛的著译提供借鉴。

第二节 语料与研究设计

一 数据检索与统计分类

自20世纪90年代以来，学界对杨绛的研究可谓汗牛充栋，从其与丈夫钱锺书二人之间的爱情、杨绛本人的人生哲学及其百年人生智慧和人生境界等角度，探讨了杨绛如何在躁动的世界建造温润的生活，在繁杂的世事中锻造超然心境（田梦，2015），展示了为何"杨绛先生的生命是这样清爽而有尊严"（铁凝，2016：115）。近年来，有关杨绛作品的研究更是层出不穷，对杨绛创作、译作及其他方面进行了较为丰富的考察，产出了大量著作、期刊、博士硕士论文、会议报告和报纸等文摘，为后学深入了解杨绛本人及其创作译作提供了丰富的参考文献。调查发现，相关专著在总体研究文献中仅占少数，且大多尚未电子化；相较于期刊论文发表周期短、研究点集中等特点而言，相关专著发表周期较长，且专注点稍显宽泛，研究点不够突出，因此对其分析考察不便。基于以上原因，本章分析仅集中于期刊论文等研究点较为突出的文献。

本章所用文献均来自中国知网。我们在检索时，首先，设定"杨绛"为数据检索主题，对知网全部文献进行检索（检索时间为2017年6月19日），得到1874条结果，根据年度发表情况，可得出有关杨绛研究发表量总体趋势分布图（如图5-1）。其次，对这些文献进行进一步筛选，去除"会议通知""新闻报道""目录推荐"等与检索主题不相关文献。再次，将所剩文献按下载量进行排序，选取下载量为1以上（包含1）且内容有关杨绛创作、译作的文献，最终获得对杨绛创作、译作研究的文献为347篇。由于所选取的347篇论文中第一篇发表于1981年，最后一篇截至2017年6月，因此，本章研究语料的时间区间为1981—2017年。最后，将347篇文献信息以Refworks格式导出另存，为 CiteSpace 分析做准备。

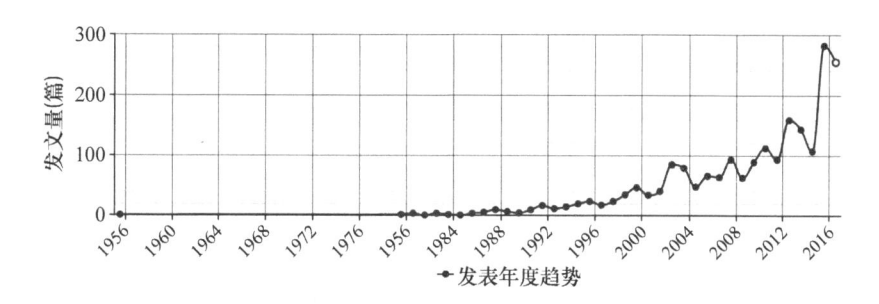

图 5-1　中国知网中以"杨绛"为主题的文献数量统计曲线图

由于本书所考察的文献时间跨度近 40 年，内容涉及对杨绛创作、译作所进行的各方面研究，所以在进行具体量化考察前尚需做另外两个预处理工作。一方面，将所有文献按发表年份进行统计，分析其总体趋势走向，同时关注其中具有重要意义的转折点或关键点。另一方面，根据文献的研究主题，将筛选到的 347 篇文献分成三大类：杨绛创作研究、杨绛译作研究、有关杨绛的其他研究。其中，第一大类又分为三小类，即小说类研究、散文类研究，以及戏剧、文论和翻译理论研究，以便从不同角度对有关杨绛作品的研究现状做出宏观和微观兼具的描述和总结。

二　研究方法与分析工具

本书以文献计量学为研究方法，使用可视化软件 CiteSpace 5.1. R0SE（64-bit）版本为分析工具，从多元、分时、动态的视角对所收集文献进行信息挖掘。文献计量学以引文数据库或其他数据源作为数据基础，从主题词统计、共词分析、网络中心度等指标出发进行学科分析，描述学科的内部结构，或反映相关学科科技文献各个层面的信息（周红英、李德俊 2016：34），结合 CiteSpace 所生成的引文历史年环（Tree Ring History）视图、聚类（Cluster）视图、时区（Timezone）视图和时间线（Timeline）视图，以及相关视图所得出的聚类节点信息表（Network Summary table）中主要数据和信息节点，进行深度的挖掘考察，试图呈现出目前有关杨绛作品研究的基本情况，廓清其研究热点及方法的分布，揭示热点、重点研究领域、新兴研究领域和研究的动态发展，探测该领域未来研究趋势。

CiteSpace 科学图谱分析的主要步骤为：导入相应格式的文献数据资料后，确定文献的时间阈值（Time Slicing）为 1981—2017，以一年为一个时间分区（time lice），选定节点类型（Node Types）为主题词（Keywords）和术语（Term），采用寻径算法（path finder），对每个切片的网络进行裁剪（Purning sliced networks），默认可视化视图结果为聚类视图—静态（Cluster View-Static）。上述基本参数设置完毕后，即可进入可视化分析。

引文历史年环视图由节点（Node）和节点间的连线组成。节点代表该主题词或标题，其整体大小反映了节点被引或者出现的次数，节点的年轮圈代表不同年份发表论文的数量，某个年份的年轮越宽，则代表在相应的年份上被引用或者出现的频次越大（李杰、陈超美 2016：107 - 108）。年轮的整体大小反映论文被引用的次数高低，引文年轮的颜色代表相应的引文时间。一个年轮厚度和响应时间分区内，引文数量成正比（同上：90）。标题分析的结果是对文献中名词性术语的提取，主要从文献的标题、摘要、关键词和索引词位置提取；主题词主要是对作者的原始关键词的提取。标题和主题词常常用来对文本主题进行共词（co-words）的挖掘分析（同上：75 - 76）。

聚类视图中 Cluster ID 为聚类后的编号，编号在图中显示为：0#，1#…，聚类的规模越大（即聚类中包含的成员数量越大），则编号越小（李杰、陈超美，2016：98）。时间线视图"是先把整个网络划分为几个聚类，然后按时间顺序排列出各个聚类中的文献，这样可以观察到很多现象。该状态下的选项主要是显示聚类的标签，以及节点的特征等"（陈悦，2014：149 - 150）。时间线图"侧重于勾画聚类之间的关系和某个聚类中文献的历史跨度"（同上：76），"更便于看出某个研究主题研究基础的时间跨度"（同上：41）。时区视图中，节点间的连线表示的节点是节点间第一次被共引出现的年份。时区视图"侧重于从时间维度上来表示知识演进，可以清晰地展示出文献的更新和相互影响"（同上：76），更着重于描绘各研究主题随时间的演变趋势和相互影响（同上：41）。"通过各时间段之间的连线关系，可以看出个时间段之间的传承关系。"（同上：77）

第三节　数据分析与讨论

一　总体趋势与特点

为了观察过去四十年间有关杨绛著译作品研究的总体趋势，我们首先统计出347篇有关杨绛创作、译作研究文献的发表年份，进而整理出年发文量总体趋势，所得结果如图5-2所示。

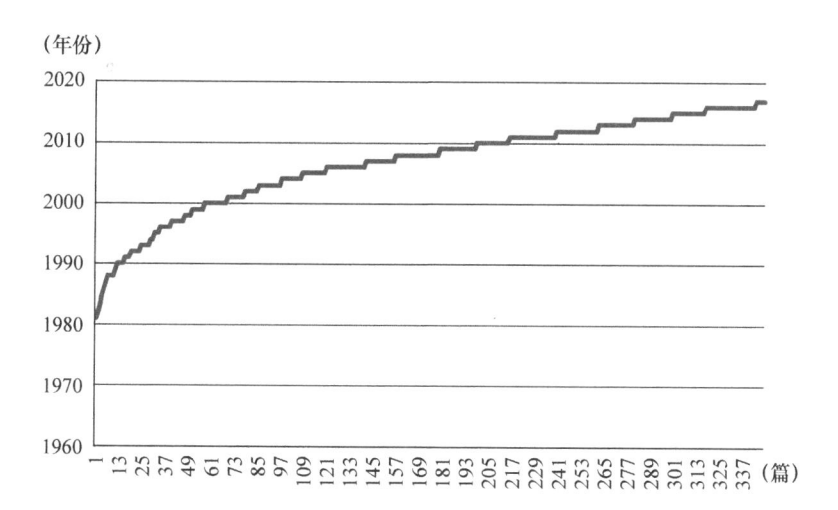

图5-2　中国知网有关杨绛作品研究发文量趋势折线图

根据图5-2，我们可以看出当代有关杨绛作品的研究总体呈上升趋势，尤其是进入21世纪以来，更呈现蓬勃发展的态势。图中显示，早期关于杨绛作品的研究文献较少，前20年间发文总量不足65篇，年均不足3篇；而2000—2017年的18年间发文量高达280多篇，年均近16篇，某些年份甚至出现发文量激增现象。

上述现象的出现，大抵是出于以下考量：第一，杨绛是一位世纪老人，其百余年人生阅历练就的人生哲学在新世纪迸发出思想的光彩，于当代人而言无不是一种宝贵的智慧凝练,值得深入研究。第二,杨绛与钱锺书之间伉俪情深,其作品在一定程度上互相影响,因此,对钱锺书研究的同时固然无法避免对杨绛的探讨。第三,近年来,随着杨绛传记的出版,人们对杨绛这位"老生代"作家代表的了解也逐渐加深,其人其事其作跨越两个世纪,成为中国近现代历史的活化石,对于我们了解中国历史具有重要的参考价值(刘珊珊,2013)。第四,杨绛是位"多面手"作家,无论其创作还是其译作都是优秀作品,在我国现当代文学史上留下浓墨重彩的一笔。其创作涉及小说、散文、戏剧等多方面,自成风格特色,译作《堂吉诃德》更是我国翻译史上的瑰宝,其翻译理论对其他领域的翻译具有重要指导作用,如对科技翻译的启示(吴琪,2016)。基于以上几点,有关杨绛著译的研究引起众多学者的兴趣,实乃情理和历史的必然。

二 文献发表时间

为了深入观察所查文献在具体年份的发表量及变化趋势,我们按年发表量进行了柱状统计,所得结果如图5-3所示。

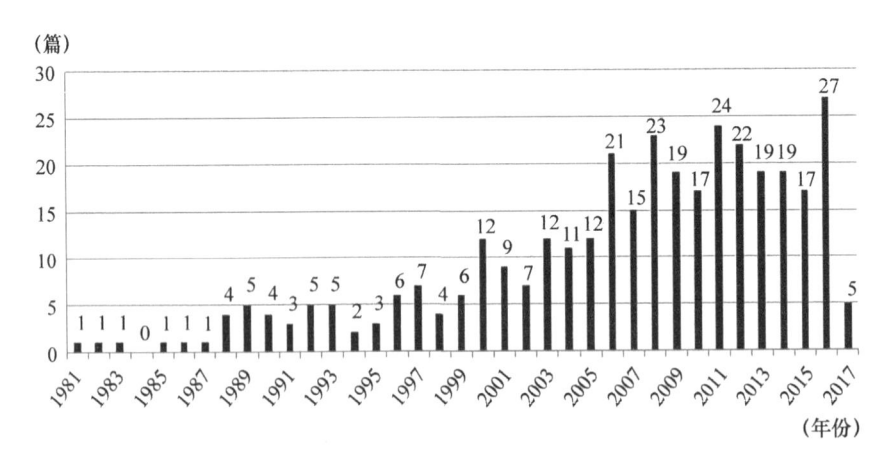

图5-3 杨绛著译作品研究文献发表时间分布图

图5-3清晰地呈现出相关文献年发表量的逐年变化情况。如上文所发现,2000年开始进入明显增长期,且2006年激增,2016年达到最

高峰。回顾这两个时间点可以发现,"2003 年度中华文学人物"评选上,杨绛"以她博大的坚韧和涵养,唤醒越来越多粗糙的灵魂"(佚名,2004:5),因而获得"文学女士"的桂冠;2006 年,杨绛译作《斐多》出版,该译本以"老到流畅"的语言翻译"通俗的天书"(舒展,2000:24),获广大读者的一致好评。2011 年,杨绛发表百岁感言:"我心静如水,我该平和地迎接每一天、过好每一天,准备回家。"(杨绛,2014:355)此言一出,引发热评,一度掀起人们对杨绛讨论、研究的热潮。2016 年 5 月 25 日,杨绛因病溘然长逝,人们随后发出"中国最后一位'女先生'"(文峰,2016)离开的叹惋,社会上再次掀起一番"杨绛热"。此外,近年来,女性主义研究重新返回学者的视野,在这种大的学术趋势影响下,研究的着眼点逐渐转向杨绛等少数文坛女性"常青藤",通过对其创作和译作的研究来分析其女性观点或文质。

三 文献主题

为了进一步窥探相关研究与杨氏作品及其内容的深层关联,我们对论文的研究主题进行统计分类,得到各类具体数量分布图(如图 5-4)。

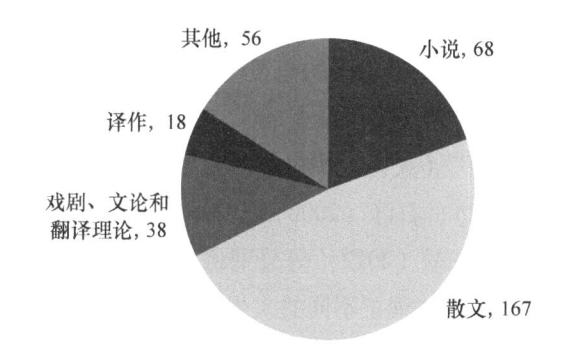

图 5-4 有关杨绛作品研究的主题分布图(单位:篇)

(一)有关杨绛创作的研究

散文是杨绛作品的主体,相关研究自然成为学者们探讨的主要内容，研究所占比重最大，达167篇，占48%，主要涉及《干校六记》《老王》《我们仨》《隐身衣》等。就研究视角而言，该类研究的切入点较为丰富，包括女性意识、性格特征、艺术风格等。就研究发现而言，邹慧萍、张继业（2016：40）通过对杨绛散文进行分析，指出杨绛"兼具女性的柔美、安静、优雅、细腻和学者的博学、大爱、深刻、理性"，"给予现代知识女性永恒的人性美和人格美启示"。王学莉、丁邦勇（2006：40）通过对《干校六记》中的语言使用、叙述模式以及叙述视角等的分析，指出该作品"用自然平淡、含蓄冷静的语调，超然于世的态度"，"滤去了许多历史的重量，显示出人的从容气度"，"构成了杨绛达观诙谐的边缘人风格"。杨小燕（2007：24）通过对散文《我们仨》的艺术风格、结构形式、语言特色、写作手法等分析，指出杨绛作品"平淡中见神奇［、］清简里寄深意［、］无声处见悲喜"的艺术魅力。

在杨绛创作研究中占第二大比例的是对其小说的研究，共68篇，占比20%。这些研究主要集中于对其长篇小说《洗澡》的分析上，研究视角大致有三个层面：1. 修辞层面。金永平和陈青（2008）、陈家生（1995）、徐姗姗（2007）从比喻的角度对《洗澡》详细分析，指出小说通过一系列比喻将主人公的"情感起伏变化表现多姿多彩"，"把人物的性格特点勾勒得鲜明突出"（金永平、陈青，2008：225）。火源（2004）和邹黎（2005）从反讽的角度分析小说中的言语反讽、情境（景）反讽现象，认为杨氏将反讽变成"引人深思的法门，可以有效地接触深层的生活真相"（火源，2004：33）。2. 与钱锺书作品的互文性层面。张志平（2002）、石静（2006，2011）、金琼（1992）、周倩倩和黄德志（2010）、黄志军（2012）等分别将杨绛和钱锺书的作品进行对比，指出两人的作品虽体现了不同的人生智慧和处世哲学，但在"情感脉络和社会人生批判方面"依旧"具有异曲同工之妙"（张志平，2002：78）。3. 人物形象塑造。唐璇玉（2013）、吴学峰（2011a、2011b、2012、2014）、钟丽美（2015）分别对小说中的男性形象、女性形象、女性第三者形象等进行全方位分析，总结出其中典型的人物形象，如浪漫多情型、贤妻良母型、工于心计型、沉静智慧型等，并在此基础上"充分地了解杨绛对社会的理解和她小说的丰富内涵"(吴学峰,2012:67)。

杨绛的戏剧、文论以及翻译理论在全部作品中所占比例虽并不明显,但杨绛在这些方面较高的艺术成就还是引起较多学者的兴趣,相关研究共有38篇,占比11%。黄树红、翟大炳(2001:23)通过对杨绛两部描写世态人情的喜剧《称心如意》和《弄假成真》的文本分析,指出"作者冷眼地以镜子的方式照出世间的丑人丑事,可充针砭,可当鞭挞,很有警戒作用"。夏慧兰(1998)对上述两作品在环境设置、剧作内容、剧本结构、剧本语言、情节处理和人物塑造等方面进行分析,并结合当时的社会环境、人物关系以及杨绛本人对喜剧的理解,对杨绛喜剧成就给予高度评价。关峰(2013:50)从两部喜剧入手,探讨了杨绛的戏剧模式,展示了杨绛戏剧作品中人物的"闯入"形象,进而指出"杨绛以闯入者的身份构建了中国现代戏剧的秩序,与她自己作品的模式不谋而合"。还有一些学者分析了杨绛的风俗喜剧风格和民族风格,如刘薇(2006)、庄浩然(1986)。另外,有学者以杨绛戏剧为出发点,对比分析与杨绛同时代的其他作家的戏剧创作,探讨杨绛对我国戏剧发展的贡献,如杨婷(2013)、刘云云(2010)、张婷婷和程小强(2017)等。朱江(2009:80-82)从杨绛《失败的经验》谈起,从杨绛"关于翻译的定义与标准""翻译的过程"以及"翻译度"三个角度出发,论证了"杨绛的翻译秘诀就在平实二字"。

(二)有关杨绛译作的研究

现阶段对于杨绛翻译作品的研究视角颇为丰富,如同一原文不同译文之间的对比分析、杨译本翻译策略的讨论等,共有18研究文章,约占5%。这些研究从译作角度分析,如"杨绛先生让更多的人听到苏格拉底的声音"(张洪,2001:79),指出杨绛译作所体现出的翻译原则,总结杨绛的翻译艺术和翻译成就。张联(2000:155)评价杨绛《斐多》的译文"原作风味,译笔文体,和谐共生,水到渠成",并称其译文将"哲学上的思索,艺术中的愉悦,于畅快淋漓的对话过程和盘托出,毫无保留"。王小巧(2008:85-87)将杨绛和绿原二人对英国诗人兰德的《生与死》的译文进行对比，发现二人的译文"好的各自不同，各有千秋"，相较而言，杨绛译文"从字面上似乎更与原诗贴近"，"在译法上是对原文的再创造，加入了作者独特的精神气质和人格"。孙晓彤（2013：61）以小说《堂吉诃德》的第一段为例，从译文的精准度、流畅性和文化背景方面对各译本进行比较，指出杨绛"巧妙[地]在把很长的句子通过自己的理解翻译成短句，以使人读起来不那么晦涩难懂"，但认为杨绛"译本中自己的发挥多了一点，就译文的精准度而言的确不如后来者"。高歌（2013：ix）以杨绛译著《吉尔·布拉斯》为例，分析了译文与原文在意义、文体、形式等多方面所达到的对等，赞扬杨绛在翻译过程中对文化差异下对等翻译的处理方式。田申（2012）以"信、达、雅"为标准，对杨绛等三位译者不同风格的译本进行比较，总结出其对西汉翻译的感悟和经验。

（三）综合性的杨绛作品研究

其他角度对杨绛作品的研究共56篇，占所分析文献的16%，主要包括综述、创作和译作综合对比分析、译作和创作的语言、修辞和人文精神以及女性特色等。于慈江（2011）在对前人研究总结的基础上，进行了"拾遗补缺，撮其大要"，从杨绛的"现代作家"和"当代作家"身份以及"杨绛综合研究"三个角度对文献进行整理归纳，指出相关学术研究过少，有关杨绛作品仍有待深入多方面研究。黄志军（2006：49）将杨绛的译作《斐多》和其创作《我们仨》做对比分析，展示了两者之间的内在关系，指出"《我们仨》的思想内容体现了杨绛对《斐多》思想的认知"。黄进一步总结道：杨绛"对灵魂不灭、灵魂归宿及灵魂的归途进行了一次智性的探讨，并表达了一种积极的生死观"。（同上）王燕（2010：51）分析了杨绛作品的谋篇布局和修辞技巧使用，指出杨绛智性写作的艺术魅力以及其"从灵动华美到含蓄幽默再到朴素蕴藉"的人格魅力和艺术造诣。

第四节　杨绛创作、译作研究的可视化呈现

基于上述对现阶段有关杨绛创作、译作研究文献的分类概括，我们

以 CiteSpace 生成的几种图表对研究的主题词、聚类、演变、凸显词等做进一步的可视化分析。

一 引文历史年环视图

首先，运行 CiteSpace 获得当前有关杨绛著译作品研究的引文历史年环（见图5-5）。

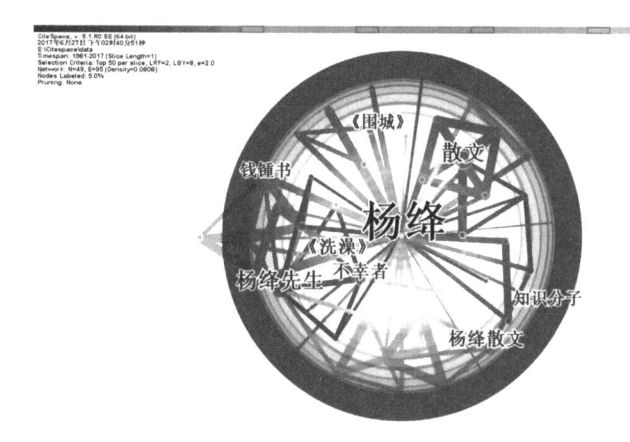

图5-5 当前对杨绛作品研究历史引文年环

图5-5显示了相关文献中的若干主题词或标题，图中以主题词为中心的连线表明与此主题词相关文献的数量，连线越粗表明文献数量越大。由图示可知，与"散文"相关的文献在所有主题词相关文献中的比例最大，这与图5-3中所体现的杨绛散文成为当前研究的重点这一发现一致。由引文年轮的颜色变化可以看出，现阶段有关杨绛散文的研究依然是热点。另外，有关其作品的研究逐渐从以"《洗澡》""不幸者"等主题词向"知识分子""钱锺书"等延伸，这也说明人们对杨绛的研究重心并非一成不变，而是有所转移和拓展。

二 聚类视图

在 CiteSpace 软件中对相关文献进行主题词聚类，可获得当前对杨绛作品研究的主题词或标题共被引聚类（如图5-6）。再将全部所引文献分为7个聚类并以表格形式统计后，可获得聚类信息总结表

（summary of cluster）（如表 5-1）。

表 5-1　当前学者对杨绛作品研究的聚类统计

从图 5-6 和表 5-1 中我们发现，规模最大的聚类为"#0 弄假成真"，相关标题有"喜剧心态""管锥篇""创作论"等，而"#2 散文"则位于第三位聚类中。这一聚类结果似乎与图 4 和图 5 所反映的"散文作为杨绛作品研究的主要部分"这一发现不一致，因此，有必要对该聚类结果进行时间线视图（见图 5-7）和时区视图（见图 5-8）分析。

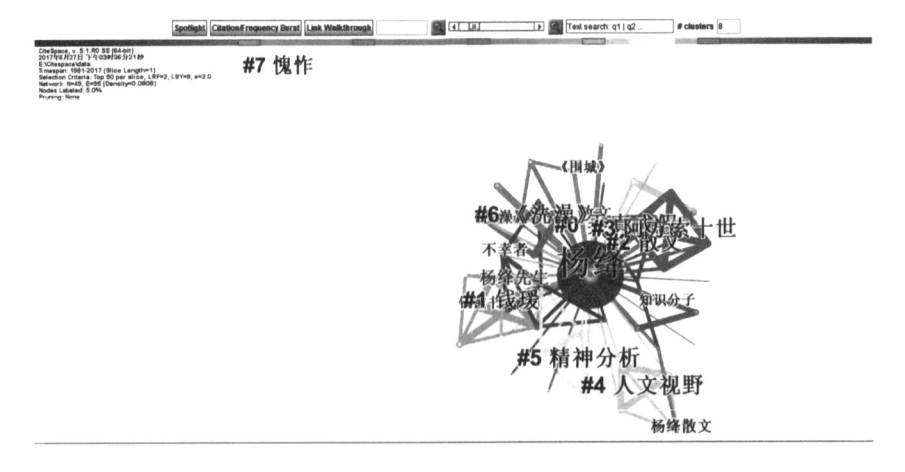

图 5-6　当前对杨绛作品研究主题词或标题共被引聚类

从时间线视图中发现，平行横线的颜色由上到下逐渐从暖色向冷色转变，即聚类文献发表年份由上往下越来越晚，也就是说第一大聚类的

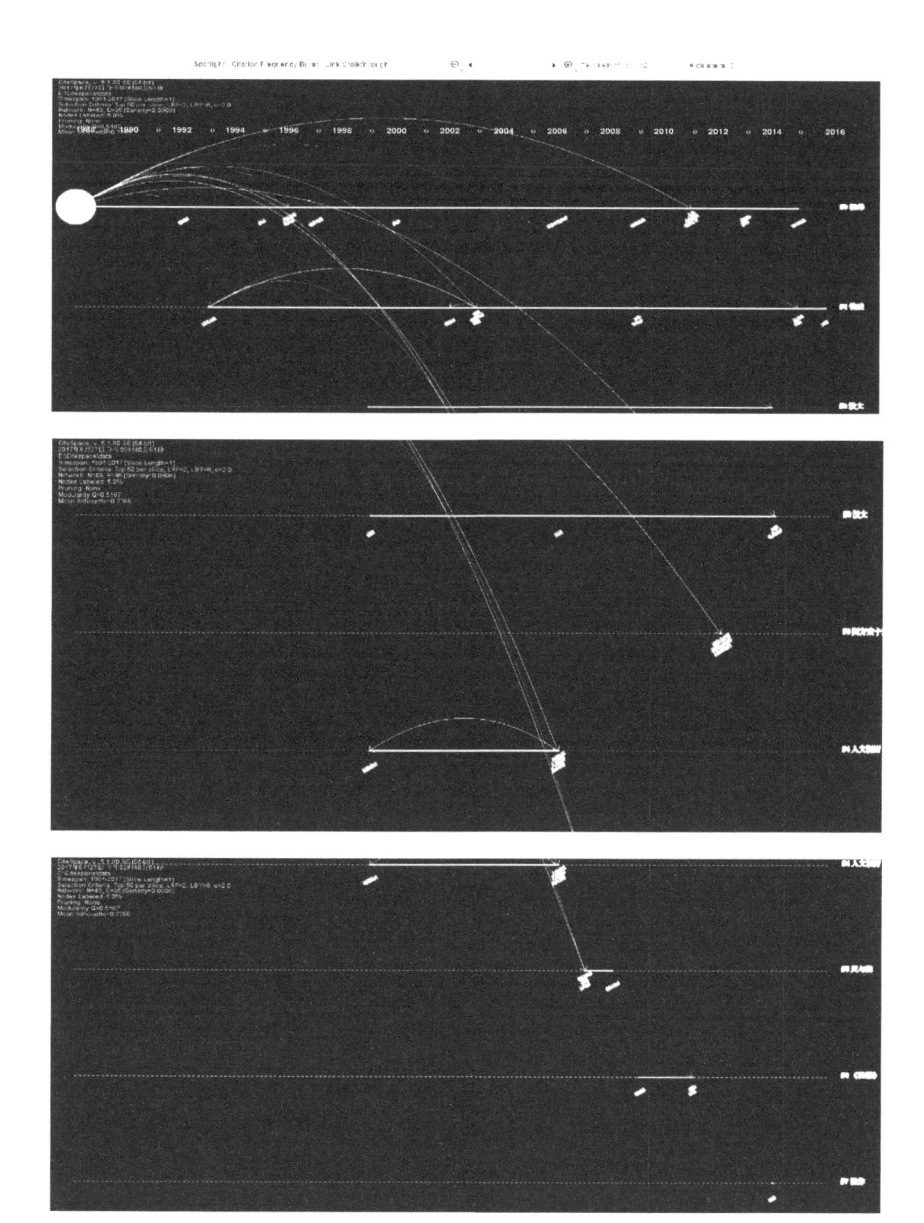

图 5-7　当前学者对杨绛作品研究的时间线视图

"#0 弄假成真"是最早发表文献的聚类,位于最下方的"#愧怍"是最晚发表文献的聚类。七大聚类中所显示的主题词,如"人情世态""人物形象""翻译实践""艺术风格"等,仅反映了近几年有关杨绛作品

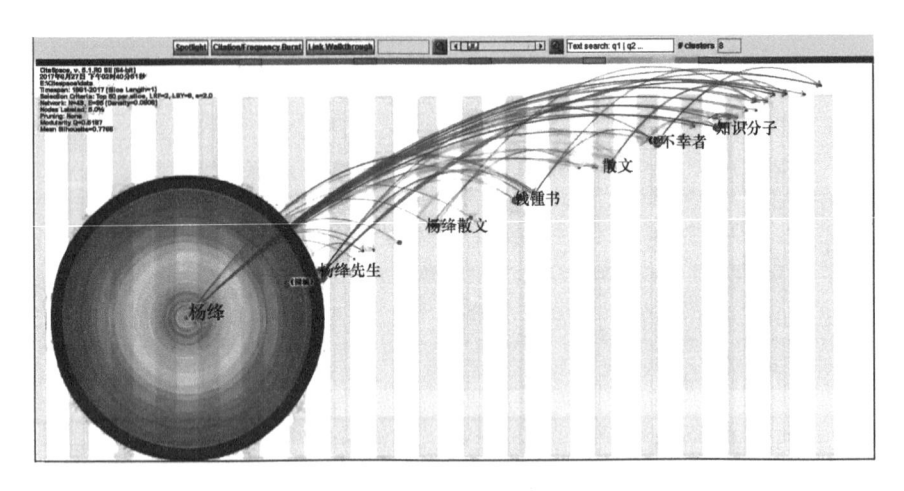

图5-8 当前学者对杨绛作品研究的时区视图

研究的主要切入点，并非与图5-3所反映的散文作为研究重点的结论相悖。时区视图中展示了宏观时间范围上研究重点随时间变化的情况：随着时间的推进，学者们对杨绛作品的研究逐渐从"《围城》""杨绛散文""钱锺书"等具体客观研究对象，转变到对"不幸者""知识分子"等作品人物形象的深入分析。结合时间线视图和时区视图可见，学界对杨绛作品的研究范围逐渐扩大、焦点逐渐变小，该结论也解释了图5-3中为何近年来有关杨绛译创研究逐渐增多。

表5-1中的"mean"（mean year）表示所聚类文献的平均出版年代。该表显示，七大聚类中聚类1和聚类4的文献平均出版年代分别为2002年和2004年，在七大聚类中平均年份较早，反映了两大聚类下相关标题，如"弄假成真""喜剧心态""人文视野""人文情怀"的研究在近年逐渐减少。而聚类3和聚类7的文献平均出版年代则较晚，其相关标题，如"阿方索十世""外国文学研究""善意""愧怍""品质"等，成为现阶段杨绛著译作品研究的增长点。

三 聚类节点信息表

对CiteSpace图像分析之后，导出聚类节点信息表（见表5-2），以便进一步探究其中隐藏的信息。

表 5 – 2　　有关杨绛作品研究的 Network summary table 视图

聚类节点信息表中的凸显词（Burst），指使用频率突然出现明显变化的主题词。与一般高频词、关键词相比，突变专业术语的动态变化特征能更准确地反映某一学科的研究前沿（李红满，2014：25）。从表 5 – 2 可见，"《洗澡》"一词的突发性探测值最为突出，达到 3.96，说明该词在某一特定时间内的关注度变化最明显。为探究其深层原因，我们呈现出"《洗澡》"的引用历史发展可视化结果（见图 5 – 9）。

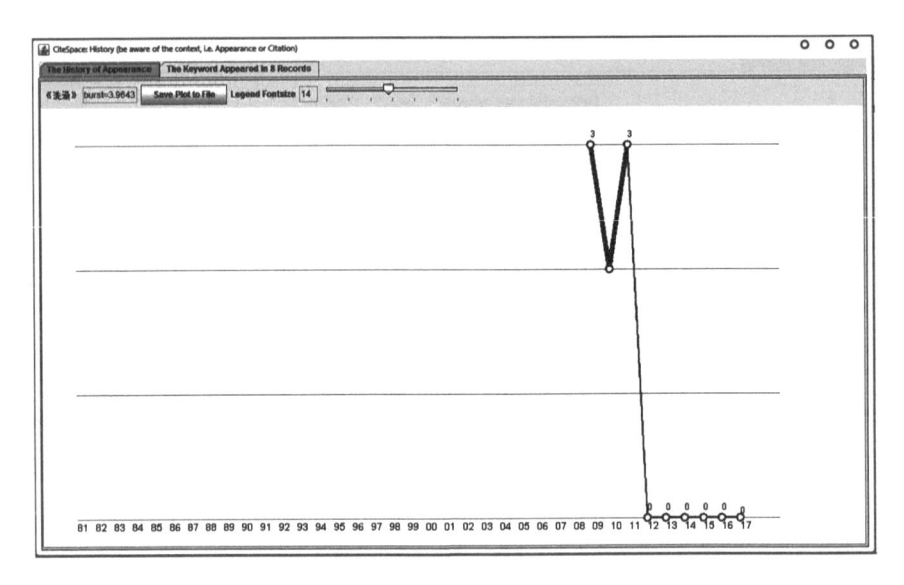

图 5-9 "《洗澡》"一词的引用历史发展可视图

由图 5-9 可以看出,"《洗澡》"一词在 2009 年、2010 年、2011 年三年中被引情况较为明显,但此后被引指数始终为 0。图 5-10 为杨绛作品研究最大主题词突变统计,其中也显示该词引用强度最大的时间段为 2009—2011 年。两幅图共同反映了"《洗澡》"的受关注度在近几年明显下降。

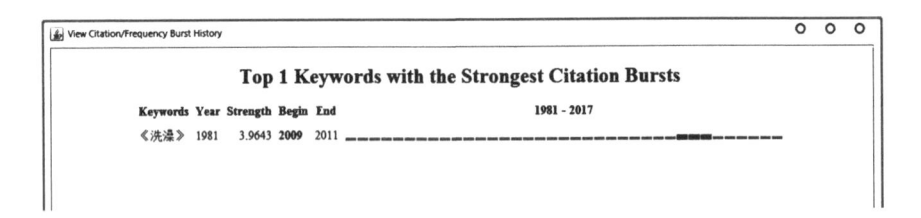

图 5-10 当前学者对杨绛作品研究 top 1 最大主题词突变统计

Citespace 中用半衰期(HalfLife)指标来描述文献的衰老速度,文献的半衰期越长,代表文献越经典(李杰、陈超美,2016:102)。表 5-2 中,文献半衰期值较高的五项主题词为"杨绛"(20)、"幽默"(15)、"杨绛先生"(14)、"钱媛"(12)、"杨绛散文"(11),但"翻译""翻译实践""外国文学研究""艺术风格"等主题词的半衰期均为0。这说明与前五项主题词相关的研究所占比例较大,而与后者相关的文献为数不多。这一发现与前文分析不谋而合,说明对杨绛翻译、文体风格等方面的研究存在较大空间。

第五节　初步发现

通过以上分析,我们发现,1981—2017年,有关杨绛译创的研究总体上呈逐渐繁荣的发展趋势,不仅研究数量逐年递增,质量上也有较大飞跃,从杨绛具体作品的表面分析研究,逐渐深入其作品的语言、风格、人物形象等内在品质。同时,研究热点逐渐由杨绛的创作延伸到其译作,对杨绛在译坛地位的提升与稳固具有一定的推动作用。然而,当前有关杨绛译创的研究还存在以下不足。

第一,研究对象分布不均衡。当下的绝大多数研究集中在其创作部分。一方面,围绕杨绛创作的研究虽构成研究的主流,但具体文章分布不均,散文成为研究的主体,而有关其文论和翻译理论的研究屈指可数。另一方面,杨绛译作历历可数,但相关研究仅占7%,这表明杨绛先生作为一名资深和重要翻译家的地位与贡献似乎尚未得到应有的重视。杨绛的译作不仅向读者展示了西方优秀的文学作品,而且也蕴含了译者在翻译选材、策略取舍、语言运用等方面的思考和成就,对此展开研究有助于对杨绛的译创风格和理念做出全面整体的认知。

第二,研究领域狭窄,研究视角有待扩大。当下有关杨绛译创的探讨主要以文学性研究为主,这虽与杨绛本人作品的文学性息息相关,但其作品是中国70多年历史的真实写照,从中"仿佛看到色彩斑斓的历史画面,触及社会的本质"(王地山,2001:26)。如《干校六记》,从作者的视角出发,详细而真实地展示了其眼中的历史。同样,杨绛作为一名译者,且与多位著名翻译家,如葛浩文、莫宜佳等,往来甚多,因此其在翻译界乃至跨文化交流方面的地位也不容小觑。另外,杨绛作为一名女性译者兼作者的世纪老人,其女性身份在家庭生活、社会交往、国家巨变过程中产生了潜移默化的影响,值得深入挖掘和历史地探讨,但相关研究微乎其微。

第三,交叉性研究有待进一步加强。作者在进行不同类别、主题的创作时,会较大程度地表现其本人的写作风格或描述方式,因此杨绛作为文学创作的"多面手",其多题材、多文类作品以及其译作与创作之间,应当有某种内在联系。综观当下有关杨绛创作、译作的研究可见,鲜有类似的交叉研究。同时,杨绛与钱锺书伉俪二人在中国文坛、译坛上均有着举足轻重的地位,因此钱锺书在杨绛创作及翻译过程中的影响研究也不可小视。

第四,启示类研究有限,拓展性研究前景广泛。一方面,在当今"文学世界主义"的潮流中,杨绛作品的外译受到世界读者的喜爱,如莫宜佳德译的《我们仨》,章楚、白杰明、葛浩文英译的《干校六记》,以及《译丛》刊登的《称心如意》和《走到人生边上》英译本和美国哥伦比亚大学出版社出版的《写在人生边上》英译本等。这些译本在选材、翻译策略和手法上有何异同,其"走出去"和"走进去"的动因、过程和成功秘诀,对于我国的文学外译有着一定的参考价值。另一方面,在杨绛译入外国作品以及其本人作品译出的过程中,译者和作者之间都有一定程度的沟通,那么,她们交流了哪些问题,对她们的翻译产生了何种影响,体现了怎样的译者—作者关系,等等,似乎都是值得探究的翻译问题。更重要的是,杨绛作为一名女性译者兼作者的杰出代表,无论是从历史上还是从文学上看,都以独立的"人"的形象耸立在每位读者的心中,其丰富的译创作品是其独特品性、人格魅力的外在体现,对后世读者有着潜移默化的影响,这些影响亦值得深入挖掘。

第五,研究工具和方法有待进一步完善。目前有关杨绛译创的研究仍以文学赏析和主观评论为主,缺乏客观、科学的考察方法和评价理论。例如,对其作品的艺术风格、表现手法、质性特征和人生境界等方面的分析,虽有一定的作品实例对作者的观点进行论证支撑,但一方面具体实例的列举毕竟数量有限,代表性仍待商榷,另一方面,定性居多，定量较少，且多停留于文本层面的浅层分析，鲜有涉及她的整体风格、谋篇策略等多维度、纵横捭阖的深入论证，所得结论亦大同小异，有的甚至如隔靴搔痒，缺乏说服力和横向可验证性。

第六节　小结

通过对学者有关杨绛译作、创作研究的现状、不足和问题的梳理，我们对未来相关研究提出以下几点展望。

第一，丰富研究对象，拓宽研究视角。在研究其译创作品的同时，关注其文学创作理论与翻译理论，发掘其理论感悟，总结论证其译创结合、相互促进、共同升华之所在。同时，探究其文论译论与其他作者译者之间的关联，以及其在他人作品或研究中的体现。事实上，杨绛译作可圈可点之处不胜枚举，对这些优秀作品的分析可以从作品内容、研究层面、理论框架等多视角进行全面剖析，一方面能从中发现杨绛译创之间交相辉映的线索，另一方面，能以点带线、以线带面地为翻译或赏析其他译本提供参照。

第二，深入文本内涵，升华研究主题。杨绛的散文创作"是怀着强烈的社会责任感与历史使命感来写作的"（王地山，2001：22），对于我们了解中国现当代历史具有重要参考价值。因此，对其作品的研究"不仅能看到当代历史的轨迹，对知识分子的心路历程也颇具价值"（同上）。历史方面，研究者可选择以杨绛的作品为出发点，发掘真实历史中易为人忽略的细节。另外，对于同类型的历史性创作，国内外大批作者产出大量优质作品，如我国的伤痕文学，西方垮掉的一代和迷惘的一代类作者的作品等，它们在时间和空间上可进行广度和深度的分析，以发现国内外作者对相同主题文学作品态度的异同。另外，杨绛女性译者兼作者的身份在女性文学和翻译史上留下光辉足迹。因此，对其女性身份的研究不仅顺应了当前女性主义文学研究的潮流，还将透过其作品窥探杨绛的人格魅力，客观、全面地塑造其在读者心中的形象，挖掘其对读者乃至人生的启示。

第三，扩大交叉研究范围，增强研究互文性。首先，开展多主题、多文类的综合研究。译者和作者合二为一时，其译作和创作之间必然有某种不容忽视的联系，如文体风格方面译作与创作是否一致，以及结果如何体现等问题，都值得进行深入研究。体裁相同层面上，如小说，杨绛在创作和译作过程中所体现的作者译者不同身份转换，因此就同一题材作品可进行人物、情节和环境的同比分析，以发现两种作品之间的异同。其次，杨绛与钱锺书伉俪二人在文学创作和翻译上相扶相携，两人的作品在语言、风格等各方面相互关联，因此对两人的交叉性研究前景可观。最后，杨绛的译入作品及其作品的外译，看似两个不大相关的过程，对于我国当前倡导的文学外译在选材、方法、策略等方面有何启示，似乎也值得探讨。

第四，新的研究工具与研究方法的运用。针对当下的文学研究普遍存在的主观定性、浅尝辄止、结论雷同的共性，未来研究可积极寻求客观量化的路径，采用统计分析工具，如本章所采用的 CiteSpace 可视化数据分析软件，针对杨绛的所有作品，展开数据驱动的开放式研究，力戒先入为主的循环论证，以发现杨绛作品巨大而又深邃的价值所在。

第六章

张佩瑶翻译理论研究与翻译实践考述

第一节 引言

一 研究背景

20世纪末期,香港地区开始推行"两文三语"政策,大量政府文件需要做成双语文本,于是翻译人才需求量激增,香港翻译事业突飞猛进,成为"国际译学研究一大重要的桥头堡"(张旭,2012:11)。一批优秀的女性翻译工作者应运而生,张佩瑶便是其中之一。

张佩瑶,英文名字 Martha P. Y. Cheung(1953.7.17—2013.9.10)成长于具有独特历史文化背景与优渥地理位置条件的香港,曾留学海外,兼受中西文化熏陶,精通中英双语,熟稔西方翻译理念,转战翻译领域不久便脱颖而出,"成为翻译研究领域国际主要学者之一"(张佩瑶纪念网站)。作为一名具有双语背景、译研教兼顾的学者,她冲破经验思维方式的樊篱,对中国传统译论进行深入反思和现代诠释,在国内外发表了多篇推介中国传统译论的论述,提出了翻译史研究的"推手"路径,编译了中国第一部传统译论英译选集,翻译了诸多中国文学作品,对中国文化的翻译策略与表达方式进行创新、统一和"正名",为中国翻译话语体系的构建及中国知识体系的重建和译介做出了积极和富有成效的努力。

张佩瑶的著译成果引起了学界的关注,不少学者对其进行了研究。

但是，他们的文章多是对其翻译论述与翻译话语英译的评述，鲜少涉及她的文学翻译实践，更忽略了其在中国传统翻译话语的系统化构建和对外译介方面的卓越成就。因此，本章专门以张佩瑶的译著与译作以及学界关于她的研究性文章为史料，对其译路历程、翻译理论的精髓、翻译实践的概貌、著译的传播与接受情况进行四位一体的全面考察，以期铭记张佩瑶构建中国翻译理论体系、传播中国传统文化的贡献，唤起学界参与中国翻译理论建构与文化外译的热忱，完成其未竟之业。

二 研究目的与意义

本章的研究目的包括以下四个方面：第一，系统梳理并总结张佩瑶的翻译言论与著述，深入挖掘其翻译思想及价值。第二，深入研究张佩瑶对于中国传统译论与翻译话语的翻译，考察其对于构建中国翻译理论体系做出的努力，确立其作为文化创造者与传播者的身份和地位。第三，通过具体的翻译话语与文学翻译案例，探索张佩瑶的翻译策略与她对于自己翻译观的践行情况。第四，总结张佩瑶的译学研究成就，反思其翻译经验对于内地翻译事业的反哺作用。

本研究的意义在于：第一，张佩瑶的个案研究可以为对其本人的研究、译者主体研究以及翻译史研究提供借鉴。第二，张佩瑶的许多译论均是她对翻译研究的独到见解，对其翻译观的总结有利于推动我国的翻译理论研究，有利于建立和完善我国翻译理论体系。第三，张佩瑶的翻译论著与翻译实践，尤其她在翻译过程中采取的翻译策略，是现今译者与翻译学习者可资借鉴的翻译经验，对它进行及时、全面的梳理、总结，有助于翻译人才的培养与译者队伍的壮大。第四，对于张佩瑶的研究，有助于引起学界对女性翻译家的关注，确立并巩固她们在译坛的地位（Flotow，1997：35）。第五，张佩瑶的个案研究对于翻译家及其译作目录的建立、翻译家词典的补苴大有裨益。

三 研究问题

本章主要围绕以下四个问题展开考察。一是张佩瑶中国传统翻译话语构建的理论基础是什么，其话语体系的框架呈何样态，包含哪些具体内容？二是张佩瑶的翻译实践在语言与风格上呈何样态，在何种程度上体现了其翻译思想？三是张佩瑶的翻译思想及其所构建中国传统话语体系目前在海内外的传播、接受情况如何，有何积极影响和不足之处？四是张佩瑶对于我国传统翻译话语的自信源于何处，她的译学实践对当下的翻译理论体系建设和文化"走出去"实践有何借鉴价值？

四　研究方法与路径

本章采用的研究方法主要有以下三种：一是文献法。把张佩瑶的作品及关于她的研究性文章，尽可能搜集齐全，作为文本阅读与分析的基础。二是系统分类法与比较研究法。本章在第四、五节运用系统分类法，将张佩瑶的译作按照文体类别进行分类，并对其翻译策略进行比较。三是语料库法。本章将对张佩瑶的主要译作的高频关键词、文化专有词语等做语料库检索，采用的工具主要有 SATI、SPSS、Xmind 等。

第二节　文献综述

一　翻译家研究

20 世纪 70 年代以来，描述翻译学兴起，文化取向的翻译研究盛行，翻译家在翻译过程中的主体性作用逐渐凸显（穆雷、诗怡，2003：12），成为国内译界的研究对象，一系列研究译家的文章、传记、辞书等如雨后春笋般涌现，如《林纾的翻译》（1981）、《傅雷传》（1993）、《翻译家周作人》（2001）以及多本翻译家辞典等。为了对我国翻译家的研究现状有一个清晰直观的了解，本章利用 SATI 3.2 软件对知网中以"翻译家"为主题词检索到的 1792 篇核心期刊论文的关键词进行统计，将得到的前 30 位高频主题词导入 SPSS 软件进行多维尺度分析，所得结果如图 6-1 所示。

如图所示，当前国内翻译家研究的主要内容包括文学翻译、翻译理论、翻译思想、翻译实践、翻译策略与翻译批评等。文学翻译层面，赵静（2018）评述了著名翻译家许渊冲的《文学与翻译》一书，指出该

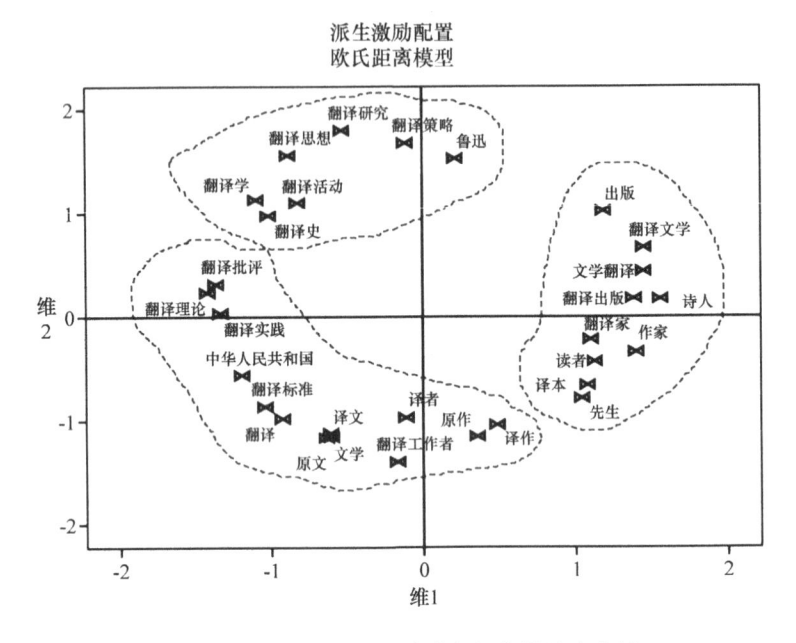

图 6-1　国内翻译家研究高频词多维尺度分析

书是理论与实践密切联系地谈论文学翻译的经典作品，是文学翻译的必读书籍。李宏顺（2014）对国内外儿童文学翻译研究进行了述评和总结，指出进入 21 世纪以来，西方儿童文学翻译研究发展十分迅速，而中国翻译学界还没有对此领域给予应有的重视，仍有大量的空白有待填补。翻译理论层面，覃江华、许钧（2018）探讨了许渊冲的翻译理论特征，指出其翻译理论体系建立在深厚的哲学基础之上，其理论思考充分运用了对立统一、一分为三的思维方法。桂乾元、郭歌（2017）提出了包括结合点、句重点、切入点、关联点、收放点、创造点、特色点、平衡点和高视点在内的"翻译九点论"。翻译思想层面，金其斌（2017）考察了港台地区当代翻译家群体翻译思想中的语文情结，发现该群体的翻译思想语文情结浓厚，主要表现在译文中的文白结合、对当今语文退化的忧思、对译文体的口诛笔伐、重实践与轻理论的翻译主张等多个方面。吴迪龙、胡健（2017）梳理、分析了施燕华的外交翻译文献和外交翻译文本，指出其外交翻译思想核心可总结为译者要求保持政治敏感性与译文要求措辞精确和对外解释两大方面。翻译实践层面，任东升（2015）以国家翻译实践为视角，探讨了沙博理翻译研究的三重价值：沙博理之文化翻译模式、译本语料中的"中国英语"价值、《大中华文库》选录沙译《水浒传》的传播价值。马士奎、徐丽莎（2017）考察了费孝通的翻译实践，发现它体现了其作为翻译家胸怀天下的责任感与使命感。

翻译策略层面，毕冉（2016）以翻译家葛浩文为例，探讨了中国文学"走出去"的翻译策略与方法，指出寻找契机撮合国外汉学家与中国本土译者精诚合作、优势互补，同时在"异"与"译"的辩证关系中寻找语言转换的最佳结合点，是中国文学"走出去"必须认真思考和着力解决的关键问题。刘聪（2016）以鲁迅翻译的《死魂灵》为文本，考察了鲁迅的翻译策略，发现其译文的序言、正文与注释采用了三种洋化与白话程度不同的文体。翻译批评层面，廖七一（2013）对战时重庆翻译批评话语的形成与发展进行了梳理与研究，指出翻译批评不仅是主流政治话语、主流文艺话语的组成部分，而且为抗战救国的宏大叙述做出了积极贡献，也为我们认识翻译批评、认识翻译活动与主流意识形态之间的关系提供了新的研究视角。

二 张佩瑶研究

张佩瑶在短暂的生命里为我国翻译事业做出了卓越的贡献，尤其她提出的"推手"路径与构建我国翻译话语系统的倡议及成果，对于我国译学发展影响深远，值得译界关注。为了客观、全面地考察学界对于张佩瑶的研究现状，本章借助国内外系列数据库（如中国知网、Web of Science 等）与搜索引擎（如百度学术、读秀等），检索到 52 篇研究文章，具体分类见图 6-2。

如图 6-2 所示，国内外对于张佩瑶的翻译研究主要分为个人翻译之路简介（15 篇）与书评（37 篇）两大类。这些文章在张旭、黎翠珍（2014）编著的《风筝不断线——张佩瑶教授译学研究纪念集》中多有收录。关于张佩瑶的生平与译路历程的介绍主要体现为 John Blair Corbett（2014）、单德兴（2014）、朱志瑜（2014）以及张旭（2014）

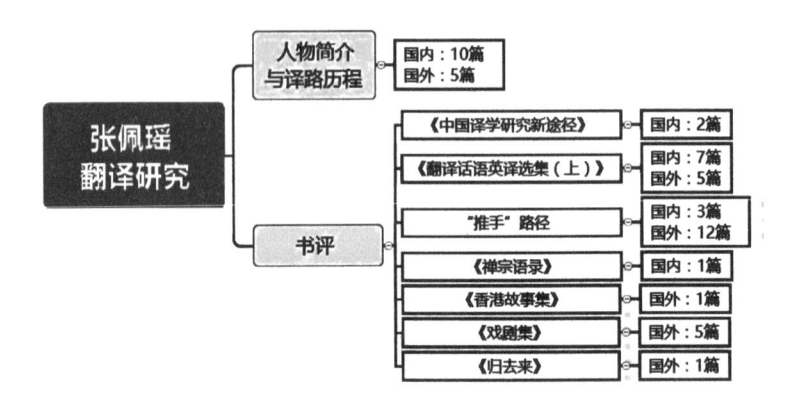

图 6-2 张佩瑶翻译研究现状

各自为该书所作的序言与张佩瑶纪念网站上 Henry Cheung、Jane C. C. Lai 发表的纪念文章。书评则集中体现在其译论著作《传统与现代之间：中国译学研究新途径》（张佩瑶，2012）（以下简称《新途径》）、提出的"推手"路径以及翻译作品《中国翻译话语英译选集（上册）》（张佩瑶，2010）［以下简称《话语选集（上）》］、*An Oxford Anthology of Contemporary Chinese Drama*（Cheung & Lai，1997）（以下简称 *Chinese Drama*）、*Hong Kong Collage: Contemporary Stories and Writing*（Cheung，1998）（以下简称 *Hong Kong Collage*）、《归去来：韩少功短篇小说代表作》（以下简称《归去来》）、《禅宗语录一百则》（江蓝生、黎翠珍、张佩瑶，1997/2008）上。

个人简介与译路历程方面，澳门大学教授 Corbett（2014）在张佩瑶纪念集的序言中简单回顾了张佩瑶的翻译成就，称赞其为深谙翻译过程与翻译政治历史的理论家。单德兴（2014）的序言简明扼要地介绍了她的翻译历程，高度评价了其敬业态度与翻译成就，称其为世界的翻译史与翻译论补充了欠缺已久的重要拼图。朱志瑜（2014：011）在序言中称赞其译笔研究英文流畅，她发展的"密集翻译"［即丰厚翻译］概念和中国传统翻译话语研究在国际上独树一帜。张旭（2014）对其生平、翻译历程以及译著译作进行了比较详细的介绍。在张佩瑶纪念网站（张佩瑶纪念网站）上，Henry Cheung 与 Jane C. C. Lai 在各自追忆张佩瑶的文章中都表达了对其学术、教学与翻译热情的赞叹。

作品评述方面，对于其译论著作《新途径》一书，杨全红（2013）盛赞了该书对多种翻译问题如翻译与文化关系、传统译论的英译、小说翻译理论等的叩问与思考，"推手"路径、选材、翻译和软实力关系的视角等一系列创新之处，丰实厚重的内涵如丰富的学识、术语、注释、描写等以及该书探赜索隐、钩深致远的境界。同时也指出了该书存在了一些问题，如对于钱锺书《林纾的翻译》一文中"化境"含义的引用存在少许失实。蓝红军（2013）简单介绍了《新途径》一书的主要内容，肯定了该书进一步认识和挖掘传统译论价值的作用。书中提出的"推手"路径也引起了学界的广泛关注，尤其值得一提的是国际翻译理论家 Robinson（2016）还组织编写专题文集探讨对"推手"路径的思考与运用。庄柔玉（2014）从张佩瑶撰写的《从二元对立到相反相济：谈翻译史研究的关键问题与太极推手的翻译史研究路向》一文，梳理了文章的脉络，解读了推手如何与翻译史扣上关系的过程。胡安江（2014）与陆志国（2014）介绍了"推手"路径的内涵与张佩瑶对其所作的诠释，同时高度评价了这条翻译史研究路径，称其为中国学者在世界发出自己声音的途径。

对于张佩瑶的代表性译作《话语选集（上）》，学界也着墨颇多。Minford（2014）简单介绍了该选集的选材、结构编排与价值意义，称其提供了大量的用中国方式探讨翻译实践与翻译哲学的范例。同时他还针对选集编写提出了一些建议，如选集应给出译文的中文文本，以便读者参考原文。De Meyer（2010：158）除了介绍选集的框架，还指出了选集存在的一些问题，如道家思想学派的创始人和创建时间的问题、选材问题：以佛道之争为主题的选材多为信奉佛教之人所著，少有道家作品呈现。Guo（2014）详细探讨了选集的选材、结构安排、内容表达、"丰厚翻译"策略使用以及"文"等具体翻译概念的英译等许多方面。Reynolds（2008：149）把该选集与 Weissbort & Eysteinssonh（2006）合著的 *Translation: Theory and Practice: A Historical Reader* 在编译范围、翻译策略、价值与影响等方面做了对照评述，指出"两本著作都为翻译思想筑起了漫步的新领地"。Benn（2009）简单介绍了选集的取材范围与结构框架，指出了其存在的细微疏忽与不到之处，如某些印度语名词拼写错误。

张旭（2008）指出，选集是一部翻译理论思想史，选材展现了中国传统译论的精华部分，不仅有史实的翻译，还有现代语境下的学术关照，同时运用现代西方学术理念，对中国传统译论中的许多观念进行了重释。王辉（2008）指出，选集采用"深度翻译"策略，译词精准、评论精辟。白立平（2010）探讨了选集对于"话语"的阐释，分析了选集使用的选、译、评、主原则，讨论了选集发掘与发展中国传统翻译话语的过程。李红满（2008）指出，选集从"理论"到"话语"的定位、"厚翻译"的翻译策略以及直接与间接结合的翻译话语模式独创周到，融合中西、贯通古今，是张佩瑶建构中国翻译话语系统实际行动的体现。

张佩瑶翻译的戏剧在国内尚未受到充分关注，对其编译的选集 Chinese Drama 的评介多散见于国外期刊、文丛。Hegel（1998）指出，戏剧集选材涵盖内地/大陆和港台地区，剧目数量与风格也恰到好处，展示了中国戏剧的独特魅力。Liu（1998）指出该戏剧选集的翻译除了个别地方有所疏忽之外，整体上具有较强的可读性。另外，他还指出，选集应给出译文的中文文本。Weinstein（1999）针对戏剧选集的多样性进行了深入探讨，指出该选集现实主义与先锋派剧目兼具，同时每个地域都包含一位女性剧作家的作品，剧作家背景也各不相同。Leung（1999）评述了选集中15部戏剧的创作背景，每部戏剧翻译前简短的导读介绍全面深刻，精彩绝伦。

除以上几部译作外，英译故事集 Hong Kong Collage、《禅宗语录》以及小说《归去来》也受到了关注。Timothy（1998）简单介绍了 Hong Kong Collage 收录的故事主题，指出该选集是张佩瑶将小说与现实无缝连接的惊人创举。张旭（2014）详细探讨了《禅宗语录》的选材与翻译，通过大量的译文例证，阐述了该书的翻译过程与翻译策略。他指出：该书选材精当，通过语内与语际两种翻译形式辨析了禅意，传递了禅风。Chang（1994）介绍了韩少功的小说风格以及《归去来》中四部短篇小说的主要内容，评价张佩瑶的译文总体水平高超，其介绍对于读者也很有帮助，但是对于标题"归去来"*Homecoming* 一词后是否要加问号提出了怀疑。

第三节 张佩瑶：其人及译事

张佩瑶，于20世纪50年代出生于香港的一个普通家庭。她有六位伯（叔）祖与多个叔叔、姑妈，是整个大家庭里年纪最长的孩子。家里诸多长辈的谆谆教导与长姐的身份，使她养成了彬彬有礼、温文尔雅却又勇敢乐观、雷厉风行的为人处事风格。

20世纪70年代以前的香港，官方语言是英语，学校里多用英文授课，家长也多送孩子去学外语而非中文。张母却极力要求女儿学习中文，所以张佩瑶小学就读于中文学校，中学时才开始到英文学校上课。这段学习经历为她积累了坚实的汉语基础。嘉诺撒圣心书院毕业后，她顺利考入香港大学英语文学专业学习，并于1975年取得学士学位，于1978年获得英美文学专业的硕士学位。毕业后，她选择出国深造，漂洋过海赴英国肯特大学攻读英美文学，并于1986年取得了博士学位。在硕士与博士研究生学习阶段，她凭借优异的成绩荣获了太古奖学金、高等学位奖学金与英联邦学术人员奖学金等多项奖励。在这期间，她对语言的兴趣也日益趋增，英语水平突飞猛进。

自信果敢的品性、孜孜不倦的努力以及扎实的中英文功底使得张佩瑶在翻译领域脱颖而出，成为"香港学人中的佼佼者"（张旭，2012：10），她身兼数职，集翻译教学、行政管理、翻译研究、翻译实践等诸多工作于一身，为中国翻译事业的发展做出了不容忽视的贡献。

一 兢兢业业的教学者

张佩瑶教学经验颇丰，教学经历可以追溯到20世纪70年代。1975年，在其硕士研究生学习伊始，她就担任助教的工作，从事英国文学、当代文学、现代文学、19世纪小说与诗歌、口译、翻译实践等多门课程的本科教学工作。虽然曾在80年代初期远赴英国攻读博士学位，但从 1978 年硕士毕业到 1991 年十几年的时间里，她并未中断香港大学英美文学、翻译等课程的教学任务。1991 年，她转入香港中文大学翻译系，负责教授本科生、研究生以及在职学生的翻译课程。四年后，她以副教授的身份进入香港浸会大学英语语言文学系，开始负责翻译批评、文学翻译等课程的教学。尔后，于 1998 年荣获教授职称，2002 年获得学校颁发的杰出教学奖，于 2007 年成为翻译学讲座教授。

张佩瑶早年在英国求学期间，曾拜师于一位知名教授，后来发现这位导师是一个不折不扣的种族歧视者，博士三年仅被约见过三次，并且每次谈话都不太愉快。这种经历在其心里打下了惨痛的烙印，她发誓一定善待自己的学生。在其任教的几十年时间里，她兢兢业业，每天早出晚归，九点上课，六点钟便出现在办公室里，很多时候晚上十点钟才回家。课上，她谈笑风生，行云流水，引领学生在知识的海洋中遨游。课下，她倾尽毕生心血，给予学生严谨深入的指导与帮助。在其罹患癌症、接受化疗的间隙，她仍强忍病痛，修改学生从门缝塞入的论文。据其爱徒王辉回忆，在她离世前的三四天，还在指导学生（王辉，2014：193）。另外，她在严格要求学生、培养其学术能力的同时，始终将他们视为朋友，从未摆过架子，是香港众导师中有名的对弟子关爱有加的模范教师（张旭，2014：197）。

2013 年教师节这一天的清晨，张佩瑶走完了六十载的人生。她的生命无疑是短暂的，但在短短的六十年时间里，为翻译学界培养了一批又一批的人才，其生命厚度是无法衡量的。

二 雷厉风行的管理者

所谓能者多劳，在繁忙的教学与研究工作之余，张佩瑶还要处理复杂的行政事务。她 1995 年进入香港浸会大学，1997 年便凭借超群的学术与管理能力，被推任翻译学研究中心副主任，并于 2004 年荣升主任。此外，自 2003 年以来，她还担任翻译学课程主任一职，2007—2008 年期间，担任翻译与语言交际研究生主任一职，2008—2010 年担任协理副校长的职位。她主管的部门运转高效，她负责的翻译项目也进展得有声有色，尤其"她主持的翻译学研究中心，是国际译学的重镇，译界学人的驿站"（王辉，2014：191）。在她任职期间，"每个月，中心都要举行一次晚间学术沙龙，国际国内、知名不知名的，从年迈的教授到博士硕士，有在香港工作读书的，也有开会来访的，还有途经的，每次都有几十人参加，把中心的大厅坐得满满当当"。（穆雷，2014：187）为了丰富沙龙主题，给学生们创造更好的学习交流平台，她还动用自己广泛的人脉，邀请了四面八方的学术群贤（同上：188）。在其主持下，各种学术观点热烈交锋，沙龙气氛严肃活泼，使得中心"成为香港乃至中国最负盛名的学术品牌之一"（同上）。2009 年，在她的领导下，浸会大学开办翻译研究暑期班，后来又和曼彻斯特大学、伦敦大学学院、爱丁堡大学合作开班，为翻译界培养了一批批新生力量（朱志瑜，2014：12）。

除了在本校供职外，她还收到国内外众多知名院校与政府机构的邀约，参与教学与评审工作。除了出任上海外国语大学翻译研究所的特聘研究员、中山大学的客座教授与博士生导师、广东外语外贸大学高级翻译学院与四川外国语大学的客座教授、西南财经大学经贸外语学院翻译与全球化研究中心客座教授与名誉主席、奈达翻译研究院教授、比利时鲁汶大学翻译研究 2009 年度博士暑期学校教授之外，她还是香港翻译学会的终身会员、香港莎士比亚戏剧学会的会员、香港特区政府同声传译员招聘考试委员会成员、大学教育资助委员会 2006 年度研究评审员、英国密德萨斯大学、英国曼彻斯特大学、香港岭南大学、香港理工大学等学校学位论文的外审员。

同时，张佩瑶还受到国内外知名刊物、出版社的青睐，是国际刊物 *The Translator* 国际咨询委员会的重要成员。2009 年，受该杂志主编 Mona Baker 之邀，负责主编了 *Chinese Discourse on Translation and International Translation Studies* 特刊，该选题"刻意从中国学者与非中国学者的视角来讨论翻译问题，使世界翻译学界对中国翻译话语有更广泛和深刻的了解"。（张旭，2012：14）她还是 *Translation Studies* 与 *Journal of Translation Studies*、《中国翻译》、清华大学出版社《翻译与跨学科研究丛书》、上海外语教育出版社《外教社翻译研究丛书》《中华翻译文摘》《译丛》等杂志与出版机构的编委，新版 *Encyclopedia of*

Translation Studies 顾问编辑、《英语世界》特邀顾问。此外，她为 *The Translator*、*Target*、*Journal of Translation Studies*、*Renditions*、香港浸会大学出版社等国内外著名期刊与出版社的审稿与出版工作做出了重要贡献。

三 孜孜以求的研究者

张佩瑶是"世界上最优秀的翻译研究者之一"（参见张佩瑶教授纪念册第2页），其科研能力在她从事文学研究时便已显露无遗。在她还是大学生的时候，就因为学术能力出众而被选为学生代表为学校募资，还曾代表学校甚至整个香港地区参加国际大学体育赛事，并取得优异的成绩。1975年，作为硕士研究生的她还凭借对于英国著名作家John Fowles作品的研究获得了"太古"与"高等学位"两项奖学金奖励。后来，她又赴英国攻读了英美文学博士学位，回国后又从事了很长一段时间的文学研究与教学工作。照理说，一方面，她生活在具有独特历史与文化背景的香港，长期接受两种文化的熏陶，对后殖民理论也有深切体认。另一方面，她是英美文学科班出身，多年的训练造就了她深厚的文学功底。以她极好的文学素养与上下求索的治学态度，在文学界著书立说、功成名就，绝非难事。然而在研究英美文学的过程中，她似乎觉得自己学术生命中缺了一点什么东西，而且自己所熟悉的英美文学无疑是属于西方人的东西，无论自己怎样研读，"所玩的总是西方人的游戏，她总觉得是在跟着人家跑，尽管自己跑得十分地卖力，但总有不尽如人意的地方。她深深地感到自己在学术上需要找到能赖以安身立命的东西"（张旭，2012：10）。

无独有偶，长期以来，英国对香港实行殖民统治，香港独特的历史文化与风土人情往往被人忽视。而作为土生土长的香港人，张佩瑶念兹在兹的就是将这种别样的文化介绍到世界各地，重新建构香港在世界人民心目中的形象，消解大众一直以来对香港的误读（张旭，2012：12）。经过长时间的思考寻觅，她发现"翻译作为文化传播的重要途径"，无疑是传播香港文化的有力法宝（张佩瑶，2007：37）。思虑再三，她最终决定转到翻译研究上来。

深知自己转战翻译研究是"半路出家",张佩瑶不敢有丝毫懈怠。她不断尝试寻求翻译研究的着力点,最终在翻译话语、翻译理论与翻译实践的关系等方面找到了研究方向与兴趣点。研究方向确定之后,便一发不可收,她将自己对翻译的理解通过文字表达出来,在国内外陆续发表了《从早期香港的翻译活动(1842—1900)看翻译与权力的关系》、*Power and Ideology in Translation Research in Twentieth Century China: An Analysis of Three Seminal Works*、《谈现代派小说的汉译手法——理论的无知与理论的反思》《对中国译学理论建设的几点建议》、"'To Translate' Means 'To Exchange'? A New Interpretation of the Earliest Chinese Attempts to Define Translation ('fanyi')"、"On Thick Translation as a Mode of Cultural Representation"等多篇中英文文章。她于1999年发表的"Translation and Power: A Hong Kong Case Study"和2003年发表的《从话语的角度重读魏易与林纾合译的〈黑奴吁天录〉》两篇文章,还分别于2000年8月和2004年6月获得了"宋淇翻译研究论文评判奖"与该奖项的提名。除发表论文之外,张佩瑶还应邀参加了许多国内外学术会议与论坛,如2004年10月中国翻译协会与清华大学联合举办的"第四届亚洲翻译家论坛"、西班牙格兰纳达大学举办的"第一届国际翻译/口译和社会活动论坛"等,以主旨演讲的方式向学界传递中国翻译理念与翻译经验。凭借优秀的学术研究成果,她于2002年与2007年两度荣获"香港浸会大学优秀学术研究校长奖"。

诚然,张佩瑶发表的学术文章与世界各地的精彩演讲都是她几十年如一日辛勤耕耘的成果,是她对于中国乃至国际翻译事业的杰出贡献。但是,她最伟大的翻译研究成果还当属"推手"路径的提出。谁能想到,这一伟大路径竟是她历经生死考验、凤凰涅槃后的重生之作?在她不幸患癌后,便领悟到了生命的可贵,开始研习太极对抗病魔,正是在一次次的修炼中,她发现了其中的奥妙,将其与翻译研究结合起来,打造了一条超越中西二元对立的翻译史研究路径。正是她的潜心钻研,"让世界听到了中国的声音,让翻译研究摆脱了西方话语霸权的危险,成为最民主的朝阳学科"(王辉,2014:191)。

四 身体力行的实践者

张佩瑶不仅在教学、行政、翻译理论方面成绩斐然，在翻译实践上也颇有建树。张佩瑶是学文学出身的，她的翻译之路也是从文学翻译开始的。据其本人回忆，20世纪80年代，她在英国读书期间，和大多数香港人一样，有身份认同的矛盾，对语言也时常感到困惑。彼时，以韩少功、阿城等作家为代表的"寻根文学"在中国兴起。但是综观当时译成英文的小说几乎都是些政治性很强的作品，毫无"寻根文学"的影子。她觉得这些政治性的译作并不能代表中国文学作品的水平，为了改变这种情况，她决定选择自己认为比较好的文学作品介绍到西方，随即便开始了文学翻译。她英译韩少功、刘索拉、朱天心、梁秉钧、荣念曾等作家的文学作品多达几十部，涉及小说、戏剧、诗歌、散文等多种体裁，其中比较知名的有韩少功的《归去来：韩少功短篇小说代表作》、刘索拉的《蓝天绿海及其他》、朱天心的《新党十九日祭》等小说以及梁秉钧、叶辉的一系列诗歌。她还与其老师黎翠珍合作编译了 An Oxford Anthology of Contemporary Chinese Drama，其中收录她翻译的赖声川的《暗恋桃花源》、徐频莉的《老林》以及刘静敏的《母亲的水镜》共三部剧作。此外，她英译的戏剧还包括荣念曾的《列女传》。另外，她还将多篇描写香港历史文化与风土人情的散文、故事整理成集，编译了 Hong Kong Collage: Contemporary Stories and Writing。除了文学作品外，她还于1997年和黎翠珍合译了《禅宗语录一百则》，于1998年主编了《牛津少年百科全书》，于2004年主持编译了《中药图解》。

除上述译作外，她还受邀为许多机构翻译过剧本、电影字幕与演讲稿。例如，她曾于1989年受英国 Granada 电视台的邀请，担任"World in Action: 'Terror after Tiananmen'"这档节目的口译员；1992年，受香港银都机构公司之邀，为电影《秋菊的故事》翻译剧本与字幕；1998年，为第22届香港国际电影节翻译微电影"Moving Home: Why do I always forget to turn on the camcorder at crucial moments"的字幕；2001年，在 APEC 峰会上为澳门特别行政区行政长官何厚铧翻译演讲稿。

张佩瑶的译作不计其数，但是最具突破、最广为人知的作品还是从翻译到出版历时十年之久的呕心沥血之作《中国翻译话语英译选集（上册）：从最早期到佛典翻译》。在编译过程中，对于存疑之处，她总是反复推敲，拿不准的地方总要找专家多方请教。有时一个小小的注解，她就要花费一周的时间考量，其细致与严谨程度可见一斑。正是她的这种废寝忘食、朝乾夕惕的治学精神，才让"解治当下中国文化所患'失语症'的一剂良药"（张旭，2008：94）得以问世。《翻译话语选集》计划分两册出版，为了完成下册的编译，张佩瑶拼命与病魔斗争。但奈何天不遂人愿，她还是未能译完全书便撒手人寰。虽然《翻译话语选集》第二卷（张佩瑶，2017）未能在其有生之年出版，但她的翻译成就足以震惊译坛，值得整个译界铭记！

第四节　张佩瑶：中国传统翻译话语体系构建

张佩瑶作为一个有国家民族自觉意识的中国翻译研究者，致力于运用西方翻译研究理论和方法探讨中国传统与现代翻译问题的实践。从事翻译研究以来，她发表了数十篇关于翻译尤其是传统译论的精彩论述，为中国翻译理论体系的建设与翻译事业的发展倾注了毕生心血。2012年，在其著作《传统与现代之间——中国译学研究新途径》中，她将自己著述的有关翻译与中国传统译论的文章以"宏观""反观""微观"的视角进行了分类。本章因循该分类，细读张佩瑶的翻译论述，对其翻译思想进行系统全面的总结与梳理，考察"推手"理论——中国译学理论"走出去"的路径。

一　宏观篇

"宏观篇"从社会学、跨文化语境及翻译史视角考察翻译和翻译研究活动对文化交流及社会演变的影响。该篇主要探讨了四个方面的问题，即翻译史研究的关键理论问题与研究路向、中国内地翻译学关于

"中华性"的论争、"丰厚翻译"策略、以香港的翻译活动与社会发展史为例对于翻译如何影响社会和文化建构的讨论。

什么是翻译史研究最关键的理论问题？张佩瑶认为，"翻译史研究中至为重要的理论问题，就是知识的科学性与客观性的问题"（张佩瑶，2012：3）。她指出：知识具有处境性（knowledge is situated）与调和性（mediated nature），即知识并非完全公正和客观，而是通过研究者在具体的社会环境中"各有取向的摄取融会、辨识论述不断地建构而成的"（同上），这一观点在人文学科里相当普遍。我国现代国学大师陈寅恪（1890—1969）认为，"文化史是文化交流史，也就是翻译史"（蔡新乐，2006：53）。翻译史作为人类文化交流史，述说的是"文化间相互角力的故事"，因此，"在翻译史研究的领域中，知识是经过更为多重的调和才得以建构而成的"（张佩瑶，2012：4）。这也使得许多借助翻译文本开展的历史研究的真实性受到了极大挑战。面对这种挑战，译界采取了三种方法予以应对，即客观再现、直接介入与自我反思。第一种方法是西方与中国学者尤其是从事中国历史和语言研究的汉学家常用的研究方法。这种方法承认历史的客观性与研究者的主体性，预先考量各项变量因素，力求最大限度地还原历史。第二种方法是直接介入历史，颠覆改变历史主流意识，主要是从事翻译史研究的后殖民主义和女性主义学者，为对抗主流学派对弱势群体与弱势文化的宏大叙述所采用的方法。第三种方法是在清楚认识知识的调和性并接受"意义相对性"的前提下，对前人研究进行深入反思。

面对知识的调和性及其所涵盖的各个论点所带来的挑战，张佩瑶创造性地提出了翻译史研究的"推手"路径。此路径是她不断研习太极拳的过程中，发现推手蕴含的哲学理念，并将之巧妙用于翻译史研究的大胆尝试。在武术中，"太极推手是把太极拳这种柔中带刚、绵里藏针、以静制动、妙处全在借力的拳术学以致用的进阶方法"（张佩瑶，2012：12-13），其所呈现的"并非敌我分明的尖锐对立，而是你中有我，我中有你，对立中有互动，互动中又保持对立的特色"（同上：13）。推手分为学习与竞技两类，而张佩瑶强调的是学习性的推手，目的是通过研究对方拳理，提高自己的技术。

在翻译史研究中，张佩瑶认为"学者按粘连粘随、不丢不顶的推手要诀，可以把'过去'与'现在'这两个在历史研究范畴内最基本、最为重要的类别，视为互相关联的概念，强调以古鉴今、以今明昔的重要"（张佩瑶，2012：14）。更重要的，是"借助于太极推手蕴含的哲理，即阴阳相反相济的原理，就能发展出非此即彼以外的思考方法"（同上）。张佩瑶（同上：22）指出："推手"路径基于"阴阳相反相济、互动互补的太极哲理之上"，是"带有中国传统思想深度的研究路向"。它能够容纳对立面，关注他者并与他力产生良性互动，从而解决知识的处境性与调和性引发的一系列翻译史研究问题，为人文学科提供二元以外的思维方法（同上：12-22）。

为了更加全面地理解中国翻译学的发展路径和前景，张佩瑶还将文化政治纳入翻译研究之中，将翻译置于社会大环境中开展研究。而这个研究过程首先是从讨论"中华性"（Chineseness）这一概念开始的。中华性，即"中国之为中国、中华文化之为中华文化"，是一个"最根本、最核心的哲学问题"（张佩瑶，2012：23-24）。它是"20世纪下半叶以来从事后殖民研究的海内外学者在面对强势西方文化时不得不思考的有关自我及身份认同的问题"（同上：24）。1976年，"文化大革命"结束，许多翻译学者自愿全盘西化以治疗"文化大革命"带来的心灵创伤，对西方涌入的大量理论不加甄选，照单全收，致使原有翻译知识体系受到强烈冲击。面对这种严峻的形势，不少翻译研究学者开始反思中国翻译学的未来发展路向，中华性在翻译学界的讨论由此展开。对于传统译论的恢复这一课题，学界主要采取一手与二手资料结合阅读、深入研究新近发现材料与忽略的一手资料，以及用西方理论框架分析中国传统译论三种方法。

而对于中华性，张佩瑶也有自己的理解，她认为中华性之所以重要，是因为它"被列入国家软实力的建设与国家和平崛起的议程来讨论"（同上：29）。因此，对于"中华性"的讨论，能够"充实成就文化对话的条件"（同上：41），促使翻译研究者审视自我、增强身份认同感、走出我国翻译理论的"失语"困境。但是，对于争论中所提出的要么全面接受西方翻译理论的论调，要么以"我国自成体系的翻译理论"取而代之等"民族主义色彩浓厚的话语"（张佩瑶，2012：34），张佩瑶保持着清醒的批判性认识：

> 西方今天的确在翻译理论方面掌握话语权，而英文的确是翻译及其他学术及文化思想在世界流通的主要媒介。不过中国学者在某些方面是否也助长了这种一边倒的局面呢？我的意思是说，中国学者要是毫无批判意识把本地或自己文化传统的材料用来引证西方的翻译理论，同时用英文发表研究报告的话，那样只会强化与巩固现存的国际话语秩序，绝不会改变这种不平等的话语权力结构。但如果放弃通行的西方翻译理论，而只用英文来介绍和讨论中国翻译理论，那又容易成为个人独白或自说自话，这样同样无助于促进中西译论的平等对话。要是单用中文发表研究所得，那么即使能够复兴传统，也不太容易改变话语权旁落的局面。（张佩瑶，2012：37）

张佩瑶受罗新璋（1982）《翻译论集》和后殖民主义思潮的启发，采用"双管齐下"的方法来解决我国翻译理论的"失语"并"促进有意义的中西译论对话"（张佩瑶，2012：37）。一方面，她分别用中英文发表文章，倡议使用福柯（Michel Foucault）的"话语"概念与认知模式，阅读传统译论，同时认真分析文本，拓展研究视野，推动中国翻译学发展。另一方面，她利用翻译实践，为开展中西译论的对话创造条件。具体做法是以"丰厚翻译"（thick translation）为大原则，"从历代文献中挑选与翻译理论有直接或间接关系的文章翻译为英文，编成选集，并辅以注释、评语及前言"（张佩瑶，2012：37）。

张佩瑶首先从中国传统译论的概念入手。她认为，"翻译是一种文化再现，概念的翻译是文化再现尤为繁复的一面，因为概念根植于文化之中。经过不同的手法翻译出来的概念，其实反映着源语文化如何得到再现，而且会影响译语读者对源语文化的印象"（张佩瑶，2012：42）。

在概念的翻译中，张佩瑶采用了"丰厚翻译"的手法。她认为，"丰厚翻译"是能够再现、描写、诠释概念，重现源语文化的恰当策略。在她看来，丰厚翻译以"翻译是文化再现"为基准，"强调知识的处境性，尤其是强调读者与他者或他者文化接触的那种体验"（张佩瑶，2012：53-54）。它"有助于译者更深入地思考自己在文化（自我）重现的过程中扮演的角色"（同上：48）。该策略运用得当，会使再现的文化显得"丰实厚重"，从而营造一种复杂多变且有深度的文化身份。但是，她同时指出，丰厚翻译策略的使用绝非易事，稍有不慎就会导致信息超载、意义混乱，使译文显得"笨钝臃肿"，妨碍读者的理解，影响译文的可读性。因此，在使用该策略时，"译者必须审时度势，分析各种环境因素，分析源语文化与译语文化的权力关系，以及这种平等或不平等关系如何影响读者的期待视野、接受心理等等"（同上：55），然后选择合适的丰厚翻译策略。

作为一名香港学者，张佩瑶在"宏观篇"中还以香港地区的翻译活动为案例，考察了译者通过翻译获得权力的过程以及翻译活动对于教育与社会发展演变、中西文化交流乃至中国现代化进程的巨大影响。殖民地政府靠翻译活动维护有效统治，基督传教士译者借助翻译在香港获得至高无上的权力，华人译员靠翻译跻身上层社会的案例，都反映了翻译与权力密不可分。翻译活动在多个时期都紧扣香港社会的脉搏，对香港社会的演变与发展产生了举足轻重的影响。总之，香港能够"脱胎换骨"，成为重要的国际金融经贸中心和除司法之外全部以中英双语运作的社会，"实在与翻译和传译发挥实际功效有着密切的关系"（同上：85）。

二 反观篇

20世纪下半叶以来，翻译学在欧美及中东等地区快速发展，研究领域不断扩展，研究视角愈见多样，同时受后殖民主义与反西方中心主义等思潮的影响，开始重新界定"翻译"概念，对不同时期的翻译实践开展理论探讨（张佩瑶，2012：89）。与此同时，中国内地翻译学也得到长足发展，译界开始引进西方翻译理论，建立新的认知模式、研究方法与知识体系。这种做法有效撼动了"信、达、雅"的中心地位，为翻译研究开辟了新天地，但同时也使传统译论遭受了极大的冲击（同上）。为应对这一危机，不少学者开始重新回归传统译论，尝试从中国传统中获得翻译研究的意义与价值。张佩瑶便是其中之一。她在"反观篇"中,以传统翻译概念、传统译论课题、传统译论英译、翻译理论建设为视角,分析了我国传统译论在当代中国翻译理论构建中的重要作用。

张佩瑶首先对"传统译论"的范畴做了详细界定,即"承载着中国历代学人普遍认同的探赜索隐、钩深致远的治学精神,以及建基于中国古典文论与美学的那种从虚入实、由实到虚的思维模式与言简事约、以少总多的言说手法的翻译思想与论说"(张佩瑶,2012:90)。而后,她分析了钱锺书在《林纾的翻译》一文中对于汉代文字学者许慎《说文解字》中翻译训诂的意蕴:"译""诱""媒""讹""化"五个概念词,重点分析了钱先生的"化镜"翻译理念。另外,她探讨了《礼记》及《周礼》中有关翻译的概念词"寄""象""狄鞮""译"与佛籍译论中定义翻译的词"出""释""易""翻",发现这四词与上述五个概念词都论及了翻译的性质、目的与功能、实践模式、翻译与原文或译语的关系这四个范畴。她将这四组范畴的概念词联系起来,描绘了一幅"建基于以虚为本、虚实相生的传统哲学精神,但又适合现代人做逻辑思维的认知架构"的开放式概念图(同上:101)。张佩瑶指出,可以深入挖掘这几组概念词之间的联系,将它们整合成一个视野较广的翻译观,以便从多个侧面分析翻译的含义(同上:99)。她进一步指出,在研究翻译时,可以专谈上述几个范畴,可以纳入新的范畴,可以以这几个范畴为基础,在每个范畴里加入中国其他年代有关翻译的论说。例如,《现代汉语词典》对翻译的解释,可以参考其他翻译传统对翻译的定义与阐释,找出术语并将其加入概念图中;还可以通过比较所有与所无,从理论上探索翻译之所以是翻译的特色,从而贯通古今,推动中国翻译学与国外翻译学的对话与互动(同上:99 - 100)。

为推动中国及国际翻译学的发展,张佩瑶还阐释了传统译论的重要性。她指出,传统译论是"中国翻译学的知识体系中不可或缺的一部分"(张佩瑶,2012:103),它"不但有助于本土翻译学响应时代要求,即软实力的构建这种需求,同时还有助于本土翻译学响应无论是反西方中心主义思潮带来的学术及文化需求,还是西方一般知识分子因中国崛起而对阅读中国所产生的浓厚兴趣"（同上：105）。因此，重读传统译论，对西方学者陌生的译论传统有所认识，"便能以此为话题，展开对话，促进交流；更能立足传统译论，放眼世界，对别的翻译话语，特别是那些以偏概全、带有西方中心主义的论点提出诘问，或是采取主动介入、居中调停的手法，参与并推动视野更广的翻译研究"（同上）。

除传统译论重要性的探讨外，她还梳理了可供研究的传统译论课题：外部研究课题如传统译论的范畴界定、阅读方法，传统译论本身的研究课题如古代翻译模式与表示翻译的概念等。她指出，尽管传统译论大多"言简意赅、点到即止"，但其所提供的"都是现代翻译理论的主要议题"（同上：112）。因此，研究者需要重读传统译论，理解其"理论含义的现代性与启发性"，将其"历史意义与当下的适切性"结合起来研究，从而"解决传统译论传承的问题"，推动中国翻译学的持续发展（同上）。

除译论阅读之外，张佩瑶还探讨了传统译论的英译问题。她从"软实力"的角度剖析了中国第一部传统译论英译选集即她编写的《翻译话语选集》的学术追求，即以前瞻性的视野、兼容并包的开放式理论框架、目的导向的翻译策略，将传统译论译介到西方，促进本土与国际翻译学的发展。她指出，在英译传统译论时，"必须因时制宜，就特定的翻译项目、此次翻译的目的，做全盘考虑，制定出翻译的策略"（张佩瑶，2012：128）。在实际操作中，她就用"话语"（discourse）代替"理论"（theory）翻译"传统译论"的"论"字，以此达到能够让读者了解到"整本选集都是一个话语场域"的翻译目的（同上：132）。

对于中国翻译学理论的建设，张佩瑶也贡献了自己的智慧。她（张佩瑶，2012：140－154）指出，中国翻译理论建设，首先要跳出既有的认知框架，多从不同的角度看待问题，进入理论化的思维模式；其次要重新审视"翻译"与"理论"这两个核心概念，厘清"翻译理论"的含义；最后，以博古通今的视野全面构建包含直接与间接翻译话语的系统，以此建立一种开放的、兼容并包的、有助于知识整合的认知框架和思维模式，从不同角度深入研究系统中的翻译话语。她提出的一系列思考对于翻译研究空间的拓展、翻译理论范畴的扩大、翻译理论的创新与发展都有深远的影响。

三 微观篇

"微观篇"以文学作品翻译案例为对象,探讨了从事翻译实践所需的翻译能力、译作赏析能力,论述了翻译研究、翻译话语、翻译理论与翻译实践之间的关系。

翻译实践方面,张佩瑶(2012:166)认为,原文为本的翻译手法是翻译基本功的一部分,精细的文本分析能力不可或缺。因此,译者必须首先培养对原文的欣赏与再现能力,然后学习节译、重写、改写原文等技巧,再学习解构方法,挑战权威、颠覆原文。像前文所说,翻译又关涉权力,因而,译者必须解放自我,根据翻译目的驾轻就熟地运用各种翻译技巧,培养"自强取权"(self-empowerment)的能力(同上:168)。而在面对文学作品中令人困惑的地方时,要分析它是作者有意为之,还是自己理解有误,如果是前者,翻译时就要尽力存疑,保留作者营造的扑朔迷离之感,但是译者要避免把译文变得过于简单明晰的同时,又要避免把译文变得比原文更为复杂,只有这样才能在存疑的同时,不给读者的理解造成压力(同上:227)。

对于翻译小说的赏析,张佩瑶(2012:169-180)分享了具体步骤。首先,深入了解原著、研究原著的评述文章。其次,探讨原本与译本的关系。在探讨这种关系时,要注意译本有无译者序言或其他解释译者意图和翻译策略的文字。如有,便可直接从中了解到评赏方法;如若没有,则需一方面略读译本,察看其欧化程度如何,另一方面对译本做重点分析,着眼点可放在书名的翻译、关键词的翻译、披露主题的过程涉及的翻译问题、译者对原著小说类型和写作风格的处理、文化差距产生的翻译问题以及整体的处理这几个方面。最后,在清楚了解译者的文学素养与翻译技巧之后,对比所得结论与最初印象、做出总论。另外,她(同上:185)还强调,在译文分析中,要把翻译视为话语,通过原文与译文的比较,尤其是译者对情节铺排、人物塑造及主题发展这三方面的处理,从中窥探译文对原文的意识形态、知识领域及其背后的认知模式,然后再分析译文的意义与话语功能。

本篇的第二个议题，就是把"话语""意识形态""权力""东方主义话语"与"西方主义话语"等概念联结起来，重读经典文学译作，并置"东方"与"西方"，以求全面推动翻译研究的文化转向，拓展翻译研究领域（张佩瑶，2012：183-184）。而对于"东方主义"一说带来的知识的（不）纯粹性问题，意识形态无处不在的问题，被殖民者与前殖民者的权力关系问题，以及相关的身份与文化认同等种种殖民问题，张佩瑶也通过个案研究做出了回应。她（同上：208）认为，西方主义话语与东方主义话语在意识形态上是彼此的镜中反像，应该尝试既从历史的角度分析译作中知识管理的痕迹与译作在当时及现在的话语功能，又从知识论和诠释学的层面反思上述殖民问题。她指出，尤其重要的是，面对后殖民主义的挑战，翻译研究者要"直接进入后殖民主义理论的话语系统，通过分析、对话、质疑、挑战、反驳等方法，与该理论进行批判性的交涉（critical engagement），使话语由单源变为多源，使东方与西方的分界变得模糊，边缘与中心的关系变得暧昧，并且强化知识的不纯粹性，从而改变话语的权力结构"（同上：210）。

第五节 译论与文学翻译实践

作为翻译界的多栖学者，张佩瑶不仅教翻译、管理译政、研究翻译，还身体力行，积极投身具体的翻译实践之中，不仅将中国翻译话语译介到西方，还翻译了大量饱含中华优秀传统文化的文学作品，为国际翻译学界提供了另类的知识体系，为翻译论述摆脱长久以来的欧洲中心模式提供了翔实的话语内容和鲜活的语料。下文将其译作分为中国翻译话语与中国文学两大类，并对这两类翻译实践进行逐一考察，从而洞察张佩瑶的翻译过程与翻译手法，总结其翻译经验，为广大译者提供借鉴。

一 翻译话语英译
（一）"理论"与"话语"的考量
在基于翻译话语的英译实践建构我国传统翻译话语的体系和内容之

前，张佩瑶首先为我国传统译论的身份"正名"。她（张佩瑶，2012：129）坦陈，照理来说，"传统译论"的"论"字应该翻译为 theory，因为它早已成为既定的翻译方法。然而，theory 一词在西方翻译学领域里，尤其在 20 世纪 20—90 年代，经过几位杰出的翻译理论家的建设，已由原来的意义发展为必须具有逻辑性、客观性、可验性、系统性，有预见与解释功能的缜密概念（同上）。而中国传统译论，甚至是西方古代的翻译理论，大都倾向于经验之谈，强调从实践中归纳翻译方法与翻译策略，散论居多（同上：130）。因此，如果用现代意义上的 theory 翻译传统译论，"必定对传统有关翻译的知识产生废与立、抑与扬的影响"，造成读者一方面"把传统译论与现代意义的翻译理论纳入一种建基于进化论的认知模式与知识框架"，另一方面"把传统译论归类为翻译史的一章，或是历史文献的一部分"（同上：130）。这种做法"有其历史上的参考价值却不具当下的适切性"，可能会造成传统译论的"全面边缘化"，甚至导致其面临"知识断层和知识割裂"的危险。（同上：131）她"经过反复思索"，决定用 discourse 代替 theory 来翻译"论"字（同上）。

张佩瑶（2012）特别指出，她选用 discourse 一词的原因有二：其一，"话语"一词含义甚广，既包含翻译理论话语，也包含理论之外与翻译无直接关系的话语，该词的使用可以避免"中国究竟有无翻译理论"等一些无谓的争论。其二，福柯关于话语与权力关系的论述，揭示了话语与意识形态密不可分。因此，"用 discourse 来翻译'论'这个字，就是揭示立场的一种手法，目的是强调写作不可能在意识形态的真空里进行，而是或深或浅地受到赞助者、目标文化、当时的诗学观与翻译观以及经济等的掣肘［。］采用 discourse 这个词，并把它放在书名中，就是要告诉读者，整本选集都是一个话语场域"（同上：132）。在这个宏大的话语场里，传统译论就能"互为关联"，形成"带有历史纵深感的有机整体"，再加上"因编者的评语而产生的古与今的对话、诘问"，它们就变成了具有"适切性"的"活的材料"，能够引起读者的兴趣（同上）。总之，用"话语"代替"理论"，可以使"编者能够全面发挥个人的主体性，创意地做出选择，打造一本既放眼于西方也着眼于中国的翻译选集"(同上)。

张佩瑶编译的《翻译话语选集》，计划分两册出版：上册选材涵盖公元前5世纪到12世纪的佛经翻译时期，下册从13世纪到1911年封建时代结束时期。上册的编译始于1996年，历时十年之久，于2006年由英国St. Jerome公司出版，2014年由Routledge出版社再版。下册由于张佩瑶痼疾复发，未能在其有生之年问世。后来，香港浸会大学翻译学研究中心主任Robert Neather（倪若诚）在其他学者的帮助下，完成了张佩瑶的未竟之业，下册于2017年得以出版。下文将聚焦两本《选集》，考察张佩瑶对中国传统翻译话语的英译情况，勾勒其构建的中国翻译话语体系及其内容。

（二）《选集》的背景与目的

《选集》的编纂、翻译、出版不是偶然的，有中国传统译论的深厚哲理和内涵的光芒，也有时代对它的需求。一方面，正如张旭（2012）所指出的：

> 诚如有人类交往活动以来就有翻译的历史，中国历来就是一个"翻译大国"。迄今中国已有三千多年的翻译历史，期间出现过四次翻译高潮，涌现出无数翻译理论家和实践家。同时他们积累了丰富的翻译经验，并推出众多的翻译作品，形成了宝贵的译学思想。这些一方面需要人们来加以研究，另一方面又值得推介出去，以便让世界更多地了解中国。同时，这些也无疑是与西方（尤其是汉学界）展开对话的最佳法宝。（张旭，2012：13）

这些内涵丰富、精彩绝伦的传统译论是张佩瑶翻译的话语基石。另一方面，20世纪90年代中后期，由于后殖民主义和反西方主义的影响，西方不少学者对他者文化兴趣盎然，希望了解他者文化的特质，翻译学领域亦是如此，这也为张佩瑶英译中国传统译论提供了契机（张佩瑶，2012：117）。有中国传统译论作为基础，有西方对于中国文化的浓厚兴趣作为支撑，她决定把传统译论翻译为英文并以选集的形式出版。

至于《选集》的目的，张佩瑶（2012：139）明确指出，《选集》

有对外和对内两大目的：对外的目的，是把传统译论翻译为英文，介绍到西方，让其进入西方翻译理论的话语系统，并以此产生互动，促进国际译学的发展；对内的目的，是希望译本能在源语文化同样发挥影响，鼓励中国读者阅读或重读传统译论。

（三）"丰厚翻译"策略的确立与应用

前文已经说到：西方学者尤其重视差异，希望了解他者文化的特质。因此，为了满足西方读者了解中华传统文化特质的愿望，使中国文化散发出独特的魅力，凸显差异便成了中国文化对外译介的重要策略。然而，中国传统译论毕竟经历了数千年的日积月累，形成了其自身独特的文化气质，与西方译论存在显著差异。考虑到西方读者可能会因文化隔阂、时空差距不能全面了解这些差异，张佩瑶选用了"丰厚翻译"的策略，以便帮助读者跨越文化鸿沟，理解中国文化（同上：118）。

工欲善其事，必先利其器。张佩瑶在开展翻译话语构建之前，首先详细梳理了"丰厚翻译"策略的"来龙去脉"，论证和确立了"丰厚翻译"的理论意义、实践价值和操作方法。"丰厚翻译"的英语术语为 Thick Translation，由哈佛大学非美文化研究中心翻译学者 Appiah（1993）借用 Thick Description 一词转化并提出。Thick Description 由英国哲学家 Ryle（1971）提出，用以引导人们多方面、深层次地思考问题。美国人类学家、民族志学者 Geertz（1973）将这一概念应用于民族志学的研究中，强调关注本民族与他者文化的差异，避免民族中心主义。Appiah（1993：817）指出，Thick Translation "借助注释、评注等方法，将文本置于丰富的文化和语言环境中"。Hermans 是将翻译与认识他者文化议题结合起来讨论的第一人。在他看来，与 Thick Description 一样，Thick Translation 也强调源语与译语文化的差异。他（2003）指出，详细描绘源语文化概念，是跨语言与跨文化翻译研究的新路径，有利于翻译学科的多样化。

对张佩瑶来说，她探讨并运用这一策略，要解决两个重要问题：怎样把这一手法运用到其中国翻译话语的编译实践，怎样在再现原文"绵密厚重"的文化内涵时避免译文的"笨钝臃肿"（张佩瑶，2012：48）。对该策略的运用，她不仅区分了"个别的策略"与"整体的布局"（同上：52），而且还设计了三个操作步骤：条目的背景描述、对佛经译论的多重解释、对传统译论的深层铺垫（同上：119 - 120）。Thick Translation 在国内翻译界曾引起广泛关注，李红霞、张政（2015）研究发现，仅该术语的译名就有四种，即"深度翻译""厚翻译""厚重翻译""丰厚翻译"，但随着张佩瑶的《中国翻译话语英译选集》与《传统与现代之间》问世，"丰厚翻译"这种译法被越来越多的学者接受并采用。从下文的爬梳可见，《选集》的选材、布局与翻译策略的使用，无一不体现着"丰厚翻译"的原则。

（四）《选集》的内容与体系

张佩瑶为了丰厚翻译策略"运用得宜而非进退失据"，精心地为《选集》设置了一个"整体布局"，包括三大组成部分：为"构建历史语境与文化传统"而精心挑选的"适量的语篇选段"，为开展"古今对话"而在每篇译文前后添加的简介和评语，作为"路标"的索引和注释（张佩瑶，2012：51 - 53）。她指出，这一布局是对丰厚翻译策略的"全盘调动"，以实现"再现中华文化及其文化身份"而非"单纯的语际沟通"的目标（同上：53）。内容上，《选集》上册约 300 页，收录条目 82 项，哲学思想 25 项，佛籍译论 57 项，均选自历代文献中与翻译有直接或间接关系的文段，涵盖了翻译原则（如道安的"案本而传"）、翻译方法（如玄奘的"五不翻"）、翻译目的（如赞宁的"译之言易也，谓以所有易所无也"）、翻译过程（如道安的"五失本""三不易"）、翻译形式与风格（如文质、雅正、烦直等）、翻译批评（如道宣的"铨品译才"）以及译者素养（如彦琮的"八备"说）等方面。下册收录 28 个条目，包含 13—19 世纪初的翻译思想，与上册保持了高度一致。

张佩瑶指出，我国传统翻译话语系统是"知识的整合"，由概念、思想、机构等构成，这些又可分别归类为直接与间接翻译话语，它们"互为表里"，均为"探讨翻译内部问题的原材料"（张佩瑶，2012：149 - 152）。《选集》通过对这些话语内容的钩沉、分类、翻译、注释和评论，构建起具体话语体系，并绘制了一个详尽的"中国翻译话语体系图"（同上：150），为了直观起见，我们将该"体系图"简化为图 6 - 3。

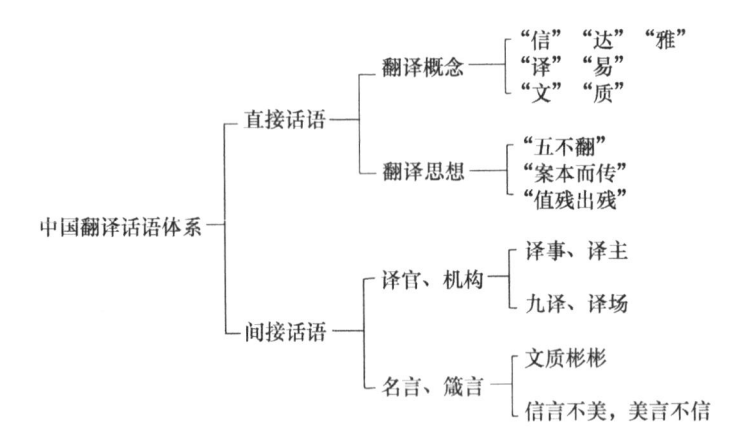

```
                                        ┌ 翻译概念 ─┬ "信" "达" "雅"
                          ┌ 直接话语 ─┤           ├ "译" "易"
                          │            │           └ "文" "质"
                          │            │
                          │            └ 翻译思想 ─┬ "五不翻"
中国翻译话语体系 ─┤                        ├ "案本而传"
                          │                        └ "值残出残"
                          │
                          │            ┌ 译官、机构 ─┬ 译事、译主
                          └ 间接话语 ─┤              └ 九译、译场
                                        │
                                        └ 名言、箴言 ─┬ 文质彬彬
                                                       └ 信言不美，美言不信
```

图6-3 中国翻译话语体系

斑窥《选集》对我国传统译论的挖掘、整理、翻译盛况，可以由《选集》核心概念词的构成及其英译切入。据统计，《选集》共收录核心概念词709个，本章借用 Nida（1981）的方法，将这些词分为社会、生态、物质、宗教、语言五类，概观张佩瑶对于它们的处理方式（见表6-1）。

表6-1 《选集》核心概念词分类及其翻译、注释方式示例

类别/数量	范围	示例	张译及其方法
社会类/514	翻译话语、朝代、人名、职业等	信、唐朝、孔子、度语	trustworthy［xìn 信］, confidence and trust, sincere, keeps his word, reliable, faith, xìn 信（"fidelity"）, belief 等；Tang Dynasty（618 - 907 CE）, Tang 唐；Kongzi 孔子 + 脚注, Confucius；Presiding Translator［yìzhǔ 译主, literally "translator-in-charge"］+ 脚注
生态类/107	地名	西域	"the Western Regions"（xīyù 西域）+ 文中解释 + 脚注
物质类/38	建筑、器具	逍遥园、木牛流马	Xiaoyao Garden 逍遥园 + 脚注；wooden ox and gliding horse；"wooden ox and gliding horse" 木牛流马

第六章 张佩瑶翻译理论研究与翻译实践考述　161

续表

类别/数量	范围	示例	张译及其方法
宗教类/44	儒、道、佛等	儒家	Ru School（Rújiā 儒家）；Ruism + 文内解释 + 脚注
语言类/6	成语、俗语、名言等	民为贵，社稷次之，君为轻	The people and their interests are the most important, followed by the interests of the country; and those of the sovereign are the least important.

相较核心概念词，翻译概念词仅有 93 个，虽占比不大，但却是重要的翻译话语内容。表 6-2 析取出这些翻译概念词，并按张佩瑶的分类统计。

表 6-2　《选集》翻译概念词分类统计

直接概念词（66）	清谈；不翻译；存戎名；覆；古译；旧译；莫有翻；曲达；伤本；新译；艳；异译；音译；值残出残；重；重译；转译；丽；依本；译出；意译；乖本；联类；守本；违本；言；径达；直译；案本而传；失本；直；本；案本；繁；华；野；朴；五不翻；格义；巧；易；不翻；翻译；烦；美；翻；出；得本；意；译；失译；正；诚；严；正译；达；雅；文；信；实；饰；俗；简；约；便；质
间接概念词（27）	校勘；译事；译语；译主；缀文；度语；寄；通事；润文；舌人；传语；笔受；象；象胥；主译；狄鞮；译场；译字官；序班；九译；四译馆；巧言令色；文质彬彬；言而有信；书不尽言，言不尽意；信言不美，美言不信；道可道，非常道，名可名，非常名

体例上，《选集》创立了独特而前后关联的系统，以先后顺序分别为：中国朝代简表、韦氏音标与汉语拼音转换表、目录、编者前言、条目作者信息、编者自拟标题与原文出处、正文翻译与注释、编者评语、人名传略、参考文献、索引（书名、人名、总索引）。这个体例，设计新颖，编排清晰，便于检索、阅读。值得一提的是，目录、参考文献、人名、主要书目以及关键词都附有中文，更利于懂中文的读者查找原文作进一步了解，甚至与译文进行对比研究。可以想象，要将言简意赅的传统翻译话语转化成现代英语，相关的语境信息必不可少。为此，《选

集》的前言介绍了其构思、内容、布局和中国传统译论的特色以及丰厚翻译策略的运用方式。另外，附在各条目下的作者简介与脚注，提供了原文作者的时代背景、社会意识形态等信息，大大降低了阅读难度。

（五）《选集》翻译特征

上文说到，"丰厚翻译"是《选集》的总体翻译策略，背景描述、解释与深层铺垫是其具体操作方法。但"丰厚翻译"策略的具体运用情况、《选集》的具体翻译特征还不得而知。因此，本研究深入译文，对文本进行具体分析，发现《选集》呈现出如下三大翻译特征。

首先，为配合丰厚翻译策略的"理念推广"与"付诸实行"（张佩瑶，2012：55），使《选集》的整体布局纲举目张，张佩瑶设计了"个别策略"，包括"按语境翻译、使用粗体、加拼音及中文"（同上：52）。这些策略与特征主要体现在翻译概念词的翻译中，既是翻译概念词，又是传统道德伦理概念词的"信"的翻译便是其中一例。"信"在两册《选集》中共出现45次，条目译文30个，评论14条，引言1条，有8种译法，其中两种译法可在上册的条目2与4中窥探一二。需要说明的是，相关例证排版稍显复杂，中英、下划线、粗体、汉语音调等混合，为尽量保留、呈现其本来面目，下文均用10号字体。

例1：

条目2：

原文：信言不美，美言不信。

译文：Trustworthy [*xìn* 信] words are not beautiful [*měi* 美]; beautiful [*měi* 美] words are not trustworthy [*xìn* 信]....

COMMENTARY

As far as these two lines from the Tao-te-ching are concerned, the character 信 (*xìn*) has been rendered by other translators as "sincere", "faithful", "honest", "truthful", "true", "(words) to trust", and "(the language of) truth", and the character 美 (*měi*) as "fine", "grand", "fair", "elegant", "well-turned (phrases)", "pleasant", "pleasant, or specious", "sweet", "fine-sounding", and "refined".

These renderings are listed here to help the reader appreciate the range of related meanings embodied in these two characters, which also represent two key concepts in Chinese discourse on translation. (Cheung, 2014: 24)

条目4：

原文：子曰："弟子入则孝，出则弟，谨而信，汎爱众，而亲仁，行有余力，则以学文。"

译文：The Master said, "A young man [or student] should practise filial piety at home. Outside his home, he should be polite and respectful towards his elders. He should be prudent and sincere [*xìn* 信], and he should be kind to all people and treasure the friendship of the benevolent. When he has cultivated and practised all these virtues, he can then devote his energy to **refined studies** [*wén* 文]." (Cheung, 2014: 26)

由例1可知，对于"信"的英译，张佩瑶并不拘泥于单一译法，而是根据上下文语境，采用不同的词汇进行翻译，除了例文中的 trustworthy 与 sincere，"信"这一术语及概念在《选集》中还有许多译法，如 reliable、faith、keep his word 等。这些译法由拼音、汉字与加粗的"三重翻译"（translation triplets）的形式呈现，以此凸显"信"在不同范畴内的意义（张佩瑶，2012：51）。每当有新译法出现、带出新的意义时，她都会加注提醒读者，为翻译概念营造出"一种历史文化的纵深感与语义上的层次感"（同上）。为了方便读者更加深入理解概念意义，她在评论中还提供了他人译法做参照，条目2评语中"信"的多种译法就是佐证。其他翻译概念词（如"译""达""雅"等）基本采用了与"信"相同的翻译手法，不再赘述。

其次，为了充分再现中国传统译学思想，给我国传统译论"正名"，张佩瑶主要采取直译的原则，甚至在一些专有名词的处理上放弃了盛行的韦氏注音法，改用现代汉语拼音予以呈现。"孔子"与"儒教"、"孟子"以及"四书"的新译便是她在西方熟悉的现有译法的关照下，采用以旧推新、新旧关联的方法推出的。

例2：

条目3：

Kongzi 孔子 is the polite term of address for Kong Qiu 孔丘（courtesy name Zhongni 仲尼）, one of the leading thinkers and educators towards the end of the Spring and Autumn Period（770 – 476 BCE）and（reputedly）the founder of Ruism［.］（Cheung, 2014：24）

脚注55：

In 1190, four ancient texts were published as a unit, with commentaries by the Song Dynasty scholar Zhu Xi 朱熹（1130 – 1200）. This collection revitalized Ruism in China, and from 1415 onwards, knowledge of Zhu's commentaries was indispensable to success in civil service examinations. These four texts, known as the *Four Book* 四書（*Sishu*）, are the *Great Learning* 大學（*Daxue*）, a treatise on the personal integrity of the rulers as the mainstay of humane government; the *Doctrine of the Mean* 中庸（*Zhongyong*）, which discourses on more abstract matters such as the Way of Heaven, spiritual beings and religious sacrifices; the *Analects* 論語（*Lunyu*）, said to contain direct quotations from Kongzi 孔子（known generally as Confucius in the West）and the *Mengzi* 孟子（named after Mengzi, known generally as Mencius in the West）. For an explanation of why the pinyin spelling of the sage's name, Kongzi, is used in this Anthology rather than the Latinized name Confucius, and why the term Ruism is preferred to Confucianism, see Volume 1 of the present Anthology, notes 7 and 8（Cheung 2006：24 – 25）.（Cheung, 2017：54）

再次，"左顾右盼"方法的创造与应用是《选集》的又一翻译特征。这种方法的优势，是"既从西方当代翻译理论的视角，观照所选条目的内容，又从传统译论的视角反观当代译论的相关思想，以捕捉中西译论互相阐释、互相诘问、互动融合的可能"（张佩瑶，2012：37 – 38）。统观《选集》，译者译论部分是该方法的得心应手之处。如例3所示，在《选集》首个条目的评论中，她就将老子的思想与当代解构主义结合，使古今、东西联系起来，为读者营造了一种古与今、东与西对话的感觉。

例3：

Tao is the key concept in the Taoist school of thought, one of the most important schools of thought in ancient China. It is a word used by Laozi to express, in an all-inclusive manner, the Way things are – in nature, in humans, in society, in every part of the world, material and immaterial, seen and unseen, palpable and impalpable [...] It is, no doubt, a view that would be shared by deconstructionists now. More importantly, Laozi's observation that "The Way [Tao 道] that can be spelt out [tao 道] is not the constant Way [Tao 道]" has validity for translation as well. Could it not be that, philosophically speaking, it is the elusiveness of the constant Tao (of translation) that has given rise to the endless attempts through the centuries to spell it out? (Cheung, 2014: 23)

二 文学翻译

（一）译作综观

张佩瑶不仅提出并论证了"推手"翻译路径，挖掘、整理并翻译了中国传统译论话语，还身体力行将大量中国优秀文学作品英译到西方，这些作品涵盖内地/大陆、港台代表性作家的小说、戏剧、诗歌、散文、评论等。

首先，小说方面。小说是张佩瑶翻译实践的起点，其翻译之舟从这里扬帆起航。20世纪80年代中期，"寻根文学"兴起，国内文学界开始探索传统文化意识与民族文化心理，重构民族文化精神。韩少功、刘索拉是"寻根文学"的代表人物，张佩瑶为他们对民族文化传统的热爱和传承精神打动，将其作品翻译成英文，借此告诉世界，中国当代文学不乏优秀作品。一直以来，张佩瑶对于中华文化抱有深切的认同感，最初选择从翻译韩少功的作品入手，也是因为该作家的作品处处体现着对中华文化的"反思"和对民族文化精神的"礼赞"（张佩瑶，1994：12、16）。在完成韩少功的四部短篇小说《归去来》《蓝盖子》《爸爸爸》《女女女》的翻译之后，她便投入更多文学作品的英译工作之中，除了将刘索拉的《蓝天绿海》《寻找歌王》《多余的故事》《跑道》《最后一只蜘蛛》六部短篇小说译成英文之外，还英译了朱天心的《新党十九日祭》、吴煦斌的《木》、梁秉钧的《第一天》等多部反映中国文化与社会变迁的短篇小说。

其次，戏剧方面。除了将赖声川的《暗恋桃花源》、荣念曾的《列女传》、徐频莉的《老林》与刘静敏的《母亲的水镜》等著名剧作翻译为英文外，她还与老师黎翠珍合作编译了《中国当代戏剧集》，该选集取材范围甚广，收录了内地/大陆、港台剧作家的15部作品（内地/大陆6部、香港4部、台湾5部）。

再次，诗歌方面。张佩瑶翻译了多部诗歌作品，主要包括梁秉钧的《食事地域志》《钱纳利绘画濠江渔女》《带一枚苦瓜去旅行》《柏林的鬼屋》《拆建中的摩啰街》《洋葱》与叶辉的《抽屉里的硬果壳》《龙虾——跨物种的盛世恋》《杂作店老人》等。

再次，散文、评论方面。作为一位在地翻译工作者，张佩瑶不仅致力于香港作家的作品翻译，还将不少描写香港当代社会的优秀散文、评论英译到西方，如梁秉钧的《香港的故事》《兰桂坊的忧郁》《九龙城寨：我们的空间》等，向世界展示了一个真实、立体的香港。

最后，工具书方面。张佩瑶对中国文化的译介是全方位、跨地域、跨时空的。除了翻译众多作家的文学作品，还积极投身专业工具书目的英译。其主编的《牛津少年百科全书》是一部知识含量大、权威性强、制作精美的百科工具书，其编译的《中药图解》与《禅宗语录》囊括大量中国传统医学与禅宗知识，向世界展示了中华传统文化的博大精深。

（二）翻译策略

为了考察其中国文学英译与翻译话语英译的互文关系，本章亦依奈达的五分法对其文学翻译中的文化特色词语进行检索、汇总（见表6-3），并以几例佐证。

表6-3　　张佩瑶英译文学作品的文化词语及其翻译示例

类别/数量	范围	示例	张译
社会类/49	人名、称谓、职业、风俗习惯、政治制度等	磕头	*kowtow*; prostrate oneself; go down on one's knees and prostrate oneself
		君子	true gentleman
生态类/4	地名等	东北	Manchuria
		长江	the Yangtze River
物质类/30	建筑、器具、食物等	四合院	compound
		二胡	*erhu*
宗教类/44	儒、道、佛、民间信仰等	太极	*taiji*
		老皇历	ages ago
语言类/260	成语、俗语等	书香门第	a family of scholars
		寡妇门前是非多	Gossips never leave a widow in peace.

观察发现，张佩瑶主要依据语境、采用直译方法翻译相关词语，对上下文中同一词语，灵活变化表达方法。这两种方法与《选集》的翻译策略相同。例如，刘索拉《寻找歌王》中"莫名其妙"一词的三种翻译：

例4：

a. 原文："你说老鼓励莫名其妙的诗，那大海一样深沉的眼睛用在哪儿？"（刘索拉，2001：115）

译文："Tell me, what's the use of having eyes as deep as the sea if they just inspire <u>obscure and incomprehensible</u> poetry?"（Liu, 1993：73）

b. 原文：我<u>莫名其妙</u>地坐下。（刘索拉，2001：139）

译文：I sit down, <u>baffled</u>. （Liu, 1993：101）

c. 原文：我冲乐队一挥手，他们突然停了下来，看着我<u>莫名其妙</u>。（刘索拉，2001：145）

译文：I gesture to the band, they stop playing, looking at me <u>in</u>

bewilderment. (Liu, 1993: 108)

其次，对于某些晦涩难懂的词语（现象），她用简洁的语言在文中及时补充相关含义或背景知识，以便读者理解。此法与《选集》的文内注释方法不谋而合。如"知青点"一词：

例5：

原文：那次她治病后返回乡下知青点去［…］（韩少功，2002：163）

译文：I remembered the occasion when, having gone to the city for medical treatment, Lao Hei was preparing to return to the countryside, back to the rural unit where urban school leavers were despatched for labour. (Han, 1992: 117)

最后，对于人名，张佩瑶放弃了迎合西方名在前、姓在后的惯例，沿用《选集》的做法，直接用汉语的顺序及拼音。

第六节　张佩瑶译创成果的传播与接受

为了解决中国翻译学的"失语"困境和"促进有意义的中西译论对话"（张佩瑶，2012：37），张佩瑶自从事翻译研究以来，不仅致力于运用现代西方翻译研究的理念和方法探讨中国传统与现代翻译问题的尝试，还将其有关翻译尤其是中国传统译论的精彩论述分别用中英文予以发表。这些文章除散见于国际顶尖级翻译研究刊物之外，有些还收录在众多知名论文集中。除了译论外，她的大量译作也受到国内外众多出版机构与国际知名学者的青睐，好评如潮。鉴于上述情况，本章拟从张佩瑶译创作品的出版情况与读者接受情况两个层面来考察它们的初步传播接受效果，以明晰其对于中国译论的海内外传播与中国翻译体系的构建所作的贡献。

一 出版情况

由于张佩瑶译论与译作数量庞大，完全展开太占篇幅，因此本章抽取了具有代表性的译论文章与翻译著作，分别将其出版信息汇总到表6-4、表6-5。

表6-4　　　　　　张佩瑶译论发表、出版情况

名称	出版年份	出版国家	收录情况	报刊/出版社
"Descriptive translation studies and translation teaching"	1996	荷兰	Cay Dollerup & Vibeke Appel: Teaching Translation and Interpreting 3: New Horizons	John Benjamins Publishing Company
"Translation and power: A Hong Kong case study"	1999	丹麦		Perspectives
	2005	中国	孔慧怡: Among the Best: Stephen C. Soong Chinese Translation Studies Awards 1999-2004	香港中文大学
从早期香港的翻译活动（1842—1900）看翻译与权力的关系	2000	中国	谢天振:《翻译的理论建构与文化透视》	上海外语教育出版社
"Power and Ideology in Translation Research in Twentieth Century China: An Analysis of Three Seminal Works"	2002	英国	Theo Hermans: Crosscultural Transgressions	St. Jerome
"From 'Theory' to 'Discourse': The Making of a Translation Anthology"	2003	英国		Bulletin of SOAS
	2006		Theo Hermans: Translating Others	St. Jerome
对中国译学理论建设的几点建议	2004	中国		中国翻译
	2009		罗选民:《中华翻译文摘》	清华大学出版社
"'To translate' means 'to exchange'? A new interpretation of the earliest Chinese attempts to define translation ('fanyi')"	2005	荷兰		Target
	2006	中国	罗选民: Translation Studies: An Interdisciplinary Approach	Foreign Languages Press

续表

名称	出版年份	出版国家	收录情况	报刊/出版社
"On Thick Translation as a Mode of Cultural Representation"	2007	韩国	Dorothy Kenny and Kyongjoo Ryou: Across Boundaries: International Perspectives on Translation Studies	淑明女子大学
"Representation, Intervention and Mediation: A Translation Anthologist's Reflections on the Complexities of Translating China"	2009	英国	罗选民、何元建: Translating China	Multilingual Matters
"Introduction-Chinese discourses on translation"	2009	英国		The Translator
"Reconceptualizing translation-Some Chinese endeavours"	2011	法国		Meta
"The mediated nature of knowledge and the pushing-hands approach to research on translation history"	2012	中国		Translation Studies
《传统与现代之间：中国译学研究新途径》	2012	中国		湖南人民出版社

表6-5　　　　　　　　张佩瑶译作出版情况

书名	出版年份	出版国家	报刊/出版社
Homecoming? And Other Stories	1992	中国	The Chinese University Press
Blue Sky Green Sea and Other Stories	1993	美国	Cheng & Tsui
Foodscape	1997	中国	Asia 2000
100 Excerpts from Zen Buddhist Texts	1997	中国	Hong Kong: Commercial Press
	2008	中国	中国对外翻译出版公司
An Oxford Anthology of Contemporary Chinese Drama	1997	中国	Hong Kong: Oxford University Press

续表

书名	出版年份	出版国家	报刊/出版社
《牛津少年百科全书》	1998	中国	Hong Kong：Oxford University Press
Hong Kong Collage: Contemporary Stories and Writing	1998	中国	Hong Kong：Oxford University Press
Travelling with a Bitter Melon-Selected Poems (1973—1998) by Leung Ping-kwan	2002	中国	Asia 2000
An Illustrated Chinese Materia Medica	2004	中国	香港浸会大学
An Anthology of Chinese Discourse on Translation (Vol.1): From Earliest Times to the Buddhist Project	2006	英国	St. Jerome
	2010	中国	上海外语教育出版社
An Anthology of Chinese Discourse on Translation (Vol.2): From the Late Twelfth Century to 1800	2017	英国	Routledge

译论层面，由表6-4可知，张佩瑶的翻译著述在中国以外许多国家的刊物上都有发表，国家包括英国、荷兰、丹麦、法国、韩国等，期刊涉及 Target、Meta、The Translator、Translation Studies 等众多国际知名刊物。除此之外，有些文章还收录在国际著名学者编著的论文集中，如 From "Theory" to "Discourse": The Making of a Translation Anthology 一文就被英国著名翻译理论家 Theo Hermans 编著的 Translating Others 所收录。

译作层面。观察表6-5发现，张佩瑶的译作大部分是在香港本地出版，出版机构主要包括牛津大学出版社、香港中文大学出版社、Asia 2000等。值得一提的，是其最具代表性的作品《翻译话语选集（上册）》2006年由英国 St. Jerome 公司出版之后，很快便引起西方学界的广泛关注，"许多人把它与道格拉斯·罗宾逊的《西方翻译理论：从希罗多德到尼采》配套进行阅读"（张旭，2012：14）。2010年，继该书在英国出版四年之后，上海外语教育出版社将其引进，列入"国外翻译研究丛书"。

二 读者接受情况

为构建中国翻译话语体系，张佩瑶在国内外发表多篇部中英文著述，不遗余力地推介"推手"理论，殚精竭虑地翻译中国传统翻译话语与文学作品。这些努力及其成果，从推出到接受再到产生影响，需要一个相当长的过程，不会立竿见影，更不可能一蹴而就，但从截止到 2017 年 1 月之前检索到的文献可见，在国内外均获得广泛关注与好评。

首先，就"推手"理论来说，国际翻译理论家 Robinson（2016）不仅赞扬其为翻译学者开辟了一条以非对抗方式处理容易引起冲突的翻译问题的新路径，而且编辑出版了专题文集 *The Pushing-Hands of Translation and Its Theory*。文集由 Routledge 出版，所收中外学者 10 篇文章从不同侧面探讨了对该路径的思考与运用。Guénette（2016：95）指出，该路径为翻译史学家提供了一种过去与现在、理论与实践的"二元思维"之外的方法，研究者们不仅应该将其"更好地融入西方翻译理论之中"，而且"有义务继续张佩瑶未竟的事业，发表案例研究，来展示其理论课框架的严密结构与方法，传播其翻译哲学"。Chan（2016：105）认为"推手"理论为翻译史研究提供了新的路径，这只"看不见的手"扩大了翻译史研究的疆域。Wakabayashi（2016：165）指出，该路径提供了调和不同翻译研究的方法，对于翻译史学家书写与研究翻译史大有益处。Jiang（2016：167）指出"推手"路径激发了现当代国内外的艺术创造力，其所展示的翻译研究哲学于 21 世纪早期得以确立。张旭（2012：15）指出：该路径是张佩瑶用以与西方进行切磋的一件利器，也是用于诊治当今中国翻译理论界所患"失语症"的一件有力法宝。胡安江（2014）指出，该理论可以实质性地推进中华文化"走出去"的进程，有效地开展与国际学术界的深入对话，有利于塑造中国形象和文化身份，实现中国翻译文化传统的自我再现。陆志国（2014）亦指出，该理论是中国学者发出自己的声音、得到世界认可的途径，是积极拓展对话空间、将文化遗产变成文化资本，从而推动中国翻译学发展的途径。

其次，《翻译话语选集》（上册）在国内外也好评不断。该书书评页中，美国当代翻译理论家 Tymoczko（2014）称其为 25 年来最具开创性的译学著作，将翻译研究推上了国际舞台，用英语展开了中西翻译思想的对话与跨文化交流。英国汉学家 Minford（2014）直言：《选集》为国际社会作出了了不起的贡献。Trivedi（2014）指出，这部"令人着迷的"学术著作记载了人类历史上一次最伟大的跨文化交流：佛经汉译史。在这里，我们见证了鸠摩罗什和玄奘等中国伟大的翻译家所取得的成就，与西方的翻译家 St. Jerome、Luther 相比毫不逊色；我们还目睹了中国古代佛经译场里一丝不苟的运作程序，使《旧约圣经》的七十子希腊文译本的模糊传说相形见绌。这部东方著作读后令人备受启发，极大地扩展和丰富了翻译研究，从实质上改变了我们对翻译的定义和过程的认识。另有学者还专门著文评述该《选集》。英国牛津大学教授 Reynolds 认为，从翻译、编辑以及所选文本来看，《选集》都堪称典范。De Meyer（2010：158）称赞《选集》翻译水平高超，评注数目令人叹为观止。张旭（2008：94）指出，《选集》的影响可以扩散至文化史、思想史、翻译文学与比较文学等方面的研究，有利于中国译学研究现代化的实现，是治疗当下中国文化"失语症"的良药。王辉（2008）称赞《选集》是严谨的学术翻译，每字必究，加上各类注释与评论，为英文读者阅读佛经译论提供了最全面、最深入的帮助，其所展示的，是翻译研究界难得一见的训释考证功夫，是对"翻译即变异"的深刻体认，是对充分再现"他者"的自觉追求。白立平（2014）指出，《选集》是香港学者向海外介绍中国翻译话语的译著，是中国翻译话语进入国际翻译研究舞台的重要里程碑。李红满（2008：72-73）指出，《选集》真正介入了国际译学的对话与交流，创造了从术语、范畴、观点和理论模式等多层面、多方向的沟通条件，为我国传统译论登上世界舞台开辟了道路。王雪明、杨子（2012：103）称赞《选集》的问世突破了西方在翻译研究领域"独语"的格局，开辟了中西翻译思想对话的先河，对促进中外文化交流、译学研究、学科建设有深远影响。

最后，张佩瑶翻译的文学及其他作品也受到好评。例如，Hegel（1998）称赞 *Chinese Drama* 一书选取的文本数量与范围都恰到好处，特别展示了当代中国的戏剧传统，值得广泛关注。Leung（1999）称赞戏剧选集简洁、全面的剧作介绍填补了 20 世纪戏剧研究的空白。Liu（1998）指出戏剧集为有兴趣了解中国文学艺术发展过程的读者提供了丰富的宝贵材料。Weinstein（1999）指出戏剧集向填补现代中国戏剧翻译的空白迈出了重要一步，缺少了这本选集，现代中国文学的馆藏是不完整的。Timothy（1998）评价 *Hong Kong Collage* 一书是对"香港没有自己的故事"谬论的驳斥，让更多国内外读者了解了真实的香港。Chang（1994）指出，张佩瑶对韩少功作品的翻译相当精彩，对于读者了解中国传统文化大有裨益。张旭（2014）指出：张佩瑶翻译的禅宗语录让当今的汉语圈内读者和英语世界的人们充分体会到禅宗文化的独特魅力，《禅宗语录》已经成为当代中国学人向外译介中华文明的一大典范。

第七节　小结

本章廓清了张佩瑶中国翻译话语构建的理论基础、框架体系、主要内容与重要翻译方法，总结了其中国文学英译的名目与技巧特征。考察发现，首先，也是最重要的，她在深入思考、全面爬梳和系统构建的基础上，把丰富的中国传统翻译话语译介到西方，使中国译论获得了与西方译论同台竞技的机会，亦让中国学者认识到了"自家珍宝"的意义。其次，通过系列中英结合的论述，张佩瑶全面确立并向世界推出了中国译学研究的新途径——"推手"理论，为中国译界平等地与国际学界开展学术交流、治疗我国学者在世界上的"失语症"提供了制胜的法宝。再次，她提出了一系列迥异于传统翻译的新概念、新表述、新范畴，对于打破西方翻译定式、为我国译论和译名"正名"、提升中国话语权都有积极意义。最后，她丰硕的文学译介成果，为在英语世界构建中国文学图景和文化生态，提供了鲜活的语料。

总之，张佩瑶从宏观到反观再到微观，从理论到实践、从研究取向到翻译策略，"运用西方翻译研究理论和方法探讨中国传统译论的现代化问题，为中国翻译研究如何贯通古今与会通中西做出了新的探索"

（蓝红军，2013：57）。张佩瑶希望，其中国翻译话语体系构建的努力及成果，"能对我们研究翻译，研究跨文化、跨语言的人有所启发"，进而"有创意地从事翻译理论的建设工作"（张佩瑶，2012：154）。在其有生之年，张佩瑶已经"喜知"其成果已经构成"国内整个学术界关于中国知识体系解构与重新建构大行动中的一点小努力"（同上）。作为后来人，面对张佩瑶的期望，我们至少能告慰她两点：第一，立足并重读我国翻译话语，进一步做好其挖掘、整理和学科体系建设，从而坚定理论、文化和道路自信；第二，放眼世界，积极参与国际对话与文化外译，提高我国译论和文化的可见度、认知度与接受度。秉承这两点，我国翻译理论一定能走出"除却洋腔非话语、离开洋调不能言"的尴尬境地（曹顺庆、李思思，1996：12）。

第七章

林文月散文与译文风格考察

第一节　引言

　　台湾地区女性作家林文月（1933—2023）身兼研究者、文学创作者、翻译者三种身份，出版《澄辉集》《山水与古典》等学术专著，《京都一年》《读中文系的人》等十余部散文集，翻译《源氏物语》《枕草子》等多部日本文学名著。林文月从小在上海日租界接受日语教育，之后到台湾，中国传统、台湾历史、日本语言文化深深地影响着她的著、创、译文笔，使其散文创作与翻译具有不同于他人的特征。语料库文体学是语料库语言学与文体学结合的新兴研究方法，在长文本的文体及个人风格考察方面有不可替代的优势。因此，本章采用语料库文体学方法，考察林氏语言特征及散文创作与翻译之间的风格异同，为翻译个性与译者/作者风格相互关系或影响等研究提供借鉴。

第二节　文献回顾

一　语料库文体学研究

　　传统的文体研究主要采用定性的方法，对文本语言特征进行描述和分析，得出结论，解释其文体效应（雷茜、张德禄，2016：278-286）；

而传统译学理论奉行原文和原作者至上的原则，认为翻译的最高境界是使译作忠实地再现原作的思想内容，包括文体风格（张玉双，2006：28），对风格的研究主要着眼于原作者个性化语言使用是否在译文中得到充分体现（黄立波、朱志瑜，2012：64），较少关注译者风格，并且多是基于少量文本细读的主观评价，无法验证、推广。

语料库文体学采取语言学科学、严谨的研究方法，通过计算机统计分析，全方位系统化地研究文学作品，考察作品风格、话语表达、作者态度等，既能定量分析语言，又能定性分析文本，是文体学研究的特有方法（Semino & Short, 2004）。该方法主要从类/形符比、平均句长、报道动词（Baker, 1993）、语义韵（Louw, 1993）、可读性、句子复杂性、词汇复杂性（Hoover, 1999）、高频词汇、短语及其语篇功能（Mahlberg, 2013）等方面考察译者风格、语言特征等问题。国内学者主要从语言简化、显化、范化等翻译共性（王克非、胡显耀，2008）、词汇和句法层面（刘泽权等，2011）、词簇（陈婵，2014）、形式参数和文本呈现模式（王瑞、黄立波，2015）、高频实义词和人称代词（胡开宝、田绪军，2018）等方面考察语言风格和特征。但过分关注文学作品的表层风格，可能会忽视文学作品的文学性和意义（van Peer, 1989），忽略译者风格的成因（胡开宝等，2018）以及译者创、译语言之间的关系与历时变化所得数据和结果只能作为验证或反驳主观分析的支撑，必须以其他模型和分析框架为补充（Mcintyre, 2015：59 - 68）。另外，该方法目前多用于西方作家和作品或中国小说英译研究，鲜见对中国作家或汉语文学作品的研究。因此，利用语料库方法对中国作家及汉语文学作品进行量化考察似乎需要引起学界重视。

二 林文月研究

林文月的主业似乎是中国六朝文学研究，著有《谢灵运及其诗》（1966）等，但其散文创作与文学翻译尤甚，对其研究也主要集中在这两个方面。

散文方面，林文月自1971年出版第一部散文集《京都一年》以来，已经出版了十多部散文集。自1959年以来，关于林文月其人其文的相关研究颇多，但大都"好谈者多而深论者少"（何寄澎，2013：80）。较早系统剖析其散文特殊内涵的是何寄澎（1987：82），他认为"林氏散文最值得注意的是她对生命的关照以及对事物的同情与关怀"。时隔十余年后，其（何寄澎，2002：22）又认为"林先生虽已突破了现代散文的体式，但仍是散文的'正统'，也仍是近年来逐渐少见的'纯散文'"。这一论断基本涵盖了林氏所有的散文，但似乎并没有对"纯散文"做出清晰的定义。陈芳明（2009：201）认为，林氏的散文汇集了台湾历史的余韵、中国传统的熏陶、日本文化的流风三种不同的文化气质，这是她散文性格的重要基础。张瑞芬（2006：143）则认为，林氏散文的独到之处在于雕琢但不露痕迹、讲究声韵节奏、重结构布局。但遗憾的是，这些论者并没有针对他们各自所概括的林氏的散文语言特征给出具体量化数据、客观标准或例证。尤其重要的是，陈芳明所谓的"三种文化气质"所指何物，"日本文化的流风"与林氏的原创、翻译风格分别呈何关系等，给我们所留下的似乎是无限的遐想。林文月读中文系之前的志愿是绘画，之后绘画也一直都是她的兴趣爱好，林韵文（2007：75）就曾声称林氏采用白描的舒缓笔调，如写生素描般勾勒出往事的轮廓，试图以文字力抗时光的无常，对生命美好的追忆是不变的主旋律。但是，"白描""写生"的绘画风格究竟如何体现在语言层面，评者亦是语焉不详。金文京（2013）则认为林氏散文之作颇有"物语"的元素与风味。这些是对林氏散文的总体评述，此外亦有关于其某一部散文集的单独论述，如郝誉翔（1999）、何寄澎（2006）对林氏饮食散文的评论等，再如黄宗洁（2005：58）赞誉林氏《饮膳札记》"以其含蓄温婉的文字风格，与文中蕴含的那份对亲朋长辈的情谊及心意，达到了文情兼美的境界"。

　　林文月的文学翻译始于1961年。其翻译均源于日语，包括早期翻译的改编自欧美文学名著的日文简写本和后来直接译自日文的古典名著。对林氏翻译的研究多集中在其《源氏物语》译本，尤以与其他译本的对比研究、和歌翻译研究居多。陈星（1992：67-71）认为林译《源氏物语》注重准确性和学术性，而丰子恺译本则注重通俗性和可读性，林译《枕草子》略显典雅，周作人译《枕草子》则略显直白。何元建、卫志强（1998：16-19）以林文月和丰子恺《源氏物语》译本中的转折句为例，从描写译学的角度，对比分析了两译本篇章结构的可控制性和可重复性，认为句式的分布是造成两译本不同篇章结构差异的关键。朱秋而（2013）依据林文月、丰子恺译本中"色好み"（令人满意的、喜欢的）、"好きもの"（好色者、风流者）的翻译对比研究，认为林译更好地把握了原著之情调与风韵。川合康三（2013）则分析了林译《源氏物语》中的和歌翻译，认为林氏的翻译再现了原诗的本质以及音乐性。金文京（2013）也认为林氏的和歌翻译雅俗得宜、注解得详，三句三行译法深得翻译"异化"之旨。姚继中（2015a：119）研究了多个《源氏物语》译本的和歌翻译，认为林氏的"楚歌体"翻译用字过多，为填满框架有添译的情况发生。

除他人的研究外，林文月也在多篇散文中谈到自己的三种文笔，比如她（林文月，2013a：115-119）在《我的三种文笔》中详细描述了自己三种文笔持续不辍的因缘，认为冷笔与热笔的运用自如是写作论文的正途，散文应当写出真性情或普遍之理趣，而翻译是最好的细读文章的方法。在《散文的经营》一文中她（林文月，2009：234）指出散文创作的最高境界是要经营之复返归于自然。在《游于译——回首译途》中，她（同上：70）说明了自己投身翻译的原因，并且强调译者必须抑制自己对原文和原作者的意见，忠实、贴切地跟随下去。可见，如其散文研究一样，对林文月翻译的研究大部分也都是主观的评价，缺乏客观和可量化的方法或框架。

综上，目前对语料库文体学的研究主要集中于西方作家和作品，对林文月散文及翻译的研究多为基于少量文本片段的主观美学评论或赏析，鲜有基于客观可验证标准和大量数据的纵横和量化考察，尤其是对于其创作和译作"三种不同文化气质"的实质考证。因此，采用语料库文体学的方法，对林氏散文与翻译进行风格异同和相互关系对比考察显得尤为必要。

第三节　语料与研究方法

本书分别建立林文月散文和译作语料库以及散文、译作参照库。具体说来，林氏散文库收录其散文集10部，约82万字，译作库收录其译作10部，包括早期译自日文的欧美名著简写本和后期译自日文的古典名著，约140万字，基本涵盖林氏所有散文与翻译作品。三毛、琦君、张晓风都是与林文月同时代的台湾地区著名女性作家，因此散文参照库选择了她们的散文集各两部，分别是三毛的《撒哈拉的故事》《雨季不再来》，琦君的《桂花雨》《琦君散文集》，张晓风的《地毯的那一端》《步下红毯之后》。女性作家兼翻译家齐邦媛（1924—　）与林文月是好友，《巨流河》是她的长篇传记文学，类似散文；胡因梦是作家、翻译家和演员，《生命的不可思议》是其自传作品。林氏散文中也有许多回忆自己不同时期生活经历的作品，因此，本研究收入《巨流河》和《生命的不可思议》与林氏的散文作为对比。丰子恺和周作人都是著名的散文家、翻译家，丰译《源氏物语》、周译《枕草子》和林译《源氏物语》《枕草子》分别是大陆和台湾地区的第一个译本，且均为独立完成，因此译作参照库选取丰译《源氏物语》《伊势物语》和周译《枕草子》，共约95万字。本研究使用分词软件 Corpus Word Parser 对语料进行分词，使用字频词频统计软件 Corpus Word Frequency App 以及 Wordsmith 5.0 进行相关统计、检索。相关语料的统计信息分别见表7-1、表7-2、表7-3。

表7-1　　　　林文月散文、译作语料库文本统计信息

散文				翻译			
书目	字数	书目	字数	书目	字数	书目	字数
京都一年	98734	作品	108678	小妇人	75400	源氏物语	757979
饮膳札记	53973	交谈	78004	圣女贞德	50050	伊势物语	26871
拟古	60011	人物速写	64663	居里夫人	66658	枕草子	125140

续表

散文				翻译			
书目	字数	书目	字数	书目	字数	书目	字数
回首	93074	写我的书	82602	南丁格尔	61850	和泉式部日记	22911
读中文系的人	95458	蒙娜丽莎微笑的嘴角	88670	基督山伯爵	109979	十三夜：樋口一叶小说集	99514

表7-2　　　　　　　参照语料库文本统计信息

散文参照语料						翻译参照语料		
作者	书目	字数	作者	书目	字数	译者	书目	字数
张晓风	步下红毯之后	60411	三毛	撒哈拉的故事	83797	丰子恺	伊势物语	26352
	地毯的那一端	65267		雨季不再来	66499		源氏物语	777467
琦君	桂花雨	129261	齐邦媛	巨流河	250936	周作人	枕草子	140556
	琦君散文选	133368	胡因梦	生命的不可思议	142172			

表7-3　　　　　　　各库语料相关参数对比

语料　　项目	林氏散文	对照散文	琦君散文	巨流河	生命的不可思议	林氏译作			丰子恺译		周作人译
						源氏物语	伊势物语	枕草子	源氏物语	伊势物语	枕草子
STTR	57.02	51.58	53.74	59.25	55.78	60.36	55.23	58.51	56.75	52.44	47.11
词汇密度	69.14	65.85	67.48	69.41	65.00	68.71	70.11	70.34	71.25	68.82	66.04
平均句长	30.92	27.01	27.45	39.96	43.86	24.90	24.84	21.44	21.74	22.77	28.37

　　本研究主要从散文风格考察、翻译风格考察、散文与翻译风格对比三方面展开，整体考察的数据有平均句长、标准类/形符比（STTR）、词汇密度，散文风格考察聚焦文本长度、主题词，翻译风格考察聚焦连词、语气词、情感词、和歌翻译等，散文和翻译风格对比则从整体数据和语气词方面展开。

第四节 数据分析与讨论

一 散文风格考察

（一）林文月散文风格历时变化

从1971年的《京都一年》到2011年的《蒙娜丽莎微笑的嘴角》，林文月的散文创作持续了40多年，散文记录了她由青年步入中年再到老年的人生历程，她也从当年的研究员成为多产的散文大家。那么，其散文语言有何特征，历往40年有无变化？图7-1是林氏散文集的表征的整体统计结果，按照散文集出版的先后顺序排列。

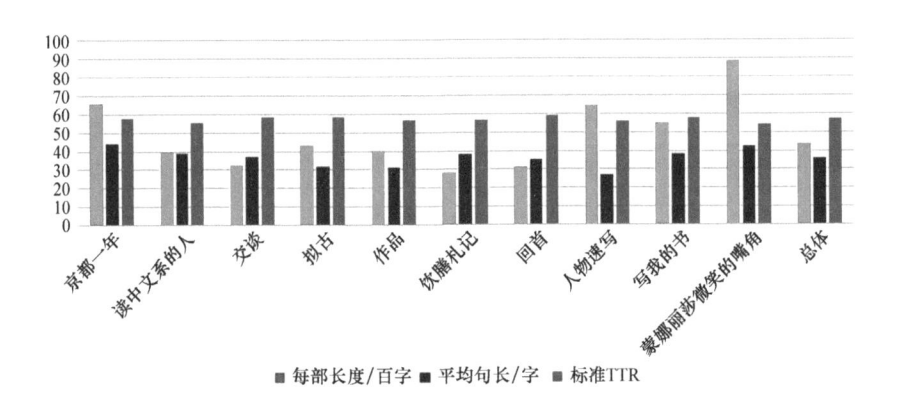

图7-1 林文月散文历时变化

从图中可以看出，篇幅方面，最长的是作者近年来的演讲集《蒙娜丽莎微笑的嘴角》，平均每篇8800字，其次是《京都一年》和描写人物的《人物速写》，平均每篇6500字，最短的是菜谱性质的《饮膳札记》，每篇仅有约2800字。林文月（2009：232）曾说，"散文的篇幅不宜过长，超过六千字便会予人累赘之感"。由统计可见，其所言与所写基本一致。在其三部"长篇"中，《京都一年》是林氏从学术论文的书写方式过渡到文学创作的一本书，张瑞芬（2006：143）评论这些文章"饾饤为文，考证细密，直如'学术美文'"，而《人物速写》则是以散文体例刻画人物，文中抒情与记叙并重，故篇幅都较长。

句长方面，最长的是《京都一年》，每句平均 44 个字，其次是《蒙娜丽莎微笑的嘴角》43 个字、《饮膳札记》38 个字，最短的是《人物速写》，平均 27 个字。《京都一年》收录的是她在京都访学期间的游记，每篇都"详细记述，复加注解"（林文月，2011c：35），里面有许多长句，其学术性与上文所发现的篇幅长度一致。另外，作者一直热爱绘画，《人物速写》强调人物互动，为使人物活跃起来，故有大量简短的人物对话描写，所以句子短小精悍，虽篇幅较长，但学术性较弱。

类符与形符比方面，林文月的 10 部散文集 40 年来变化不大，说明其散文的用词丰富程度差异不明显。相对来说，与前两个方面的考察发现一样，具有学术性质的散文集《京都一年》用词稍显丰富，而《蒙娜丽莎微笑的嘴角》为口语体，类符与形符比最小。

举例来看，例 1 中，林氏在文中一一列出经书的卷数，致使最长的一句达 90 个字之多，信息量颇大，从中可见作者严谨的治学态度，抑或那似乎不太娴熟的写作手笔。其实，林氏（2011b：46）曾直言"事隔多年重读，自己也觉得好笑，委实书呆子气重！"例 2 除了主题差别，在语言表达、感情抒发等方面好像更加字斟句酌。可见，从最早的《京都一年》到最近的《写我的书》，从学术味明显的试笔到散文大家，林氏语言逐渐简单、华丽、凝练起来。

例 1：据说正仓院圣语藏纳有经典类七百八十三部，凡四千九百余卷。其中写经有隋经八部二二卷，唐经三〇部二二一卷，光明皇后御愿经一二七部七五〇卷，称德天皇御愿经一七一部七四二卷，其他天平写经一三部一八卷，天平胜宝写经四部五卷，天平神护写经一部三卷等。（林文月，2006a：8）

例 2：人为什么要生呢？既然终究是会死去。有时，忽尔想起 C 大夫说过的那句话，真是十分无奈。而今，我比较清楚的是，死亡，其实未必浪漫，也并不哲学。（林文月，2015a：23）

(二) 三种不同的文化气质

上文已指出,台湾地区学者陈芳明(2009)声称林文月散文有三种气质,即"台湾历史的余韵""中国传统的熏陶""日本文化的流风"。为探索这三种"气质",我们以"台湾""中国""中文"("汉语""国语")"日本""日语"("日文")等为关键词,分别检索林氏与其他作家散文语料库,并对它们在两个语料库中的变化情况做卡方检验,结果如表7-4。

表7-4　林氏散文与参照库散文关键词频率及差异

关键词	林氏散文 频次	林氏散文 频率(%)	其他散文 频次	其他散文 频率(%)	卡方值	显著性值(p)
台湾	563	0.121719994	167	0.053660307	91.4275	0.000 *** +
中国	376	0.081290796	106	0.034059837	66.6633	0.000 *** +
中文/国语/汉语	167	0.039152524	40	0.012852768	37.6091	0.000 *** +
日本	956	0.206686169	33	0.010603534	560.3343	0.000 *** +
日语/日文	182	0.033349483	0	0	122.4871	0.000 *** +

结果显示,林氏散文中上述词语的使用频率远高于其他台湾女性作家,并且卡方值在自由度为1时均大于临界值3.83、6.64和10.83。这说明该值在显著性水平0.05、0.01、0.001的情况下是有意义的,即这些词语在两个语料库中的使用频次具有显著性差异。进一步观察发现,不管是林氏,还是其他作家的散文,"台湾"都多以地名或专有名词出现,如"在台湾""台湾大学"等;"中国"除了用作国名外,还多与"文化""古典文学"等文化类词语搭配;"中文"则大量出现于林氏谈论翻译的文章里,而"日本"的使用与"中国"相似。这似乎可以说明,与其他作家相比,林氏散文更关注中国传统文化,似可部分证实陈芳明的上述论断,即林氏对中国语言、文化、传统的特殊情感。

这一发现亦可在林氏散文中找到直接印证。她曾直言,"我出生在上海的日本租界,启蒙教育是在日本学校接受的,所以我的母语是日本话。"(2013b:4)。她还说,"一个人一直在读书,一直在读各种各样古今中外的书,写作的时候总难免受到一些所谓'影响'的吧"。

(2011c：36）她还明确强调："中文系的人最重要的任务是在传递我们的传统文化——从各个角度和立场，小心翼翼地承担我们的古典文学的保护者，甚至于发扬者。"（2011a：38）由此可见，中国文化（特别是台湾的历史文化）和日本文化两种不同的文化气质伴随她的一生，也深深地影响她的创作。

（三）林文月与其他台湾女性作家散文对比

将林氏与其同时代台湾女性作家的散文风格作横向对比（见表7-3）可以看到，在STTR、词汇密度、平均句长方面，林氏散文均高于后者，其中STTR高出11%、平均句长高出14%，这似可初步说明林氏散文的词汇使用要比后者丰富，信息量更大，长句更多。但是，较之《巨流河》《生命的不可思议》，林氏散文的句长分别低23%、30%。

回忆美好真实的生活、抒发真挚的感情是林氏散文创作的一贯主题，而琦君是五十年来台湾回忆文学的代表。所以，"就'回忆文学'而言，林先生与琦君可谓相互辉映，且可能有过之而无不及"（何寄澎，2013：171）。这里特将二者同一题材的散文做进一步对比观察。

巧合的是，二人散文中都有大量对父亲的回忆描写，我们特检索主题词"父亲"一词在其中的分别搭配。由图7-2、图7-3可见，除去

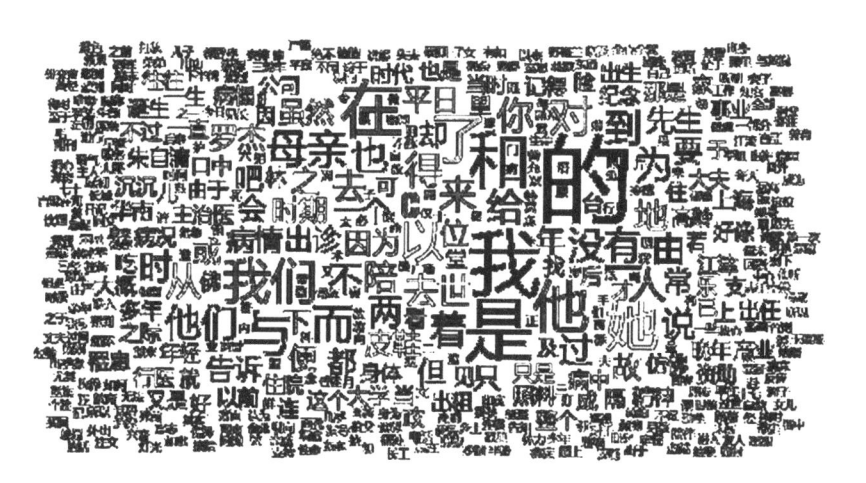

图7-2 林文月散文"父亲"高频搭配

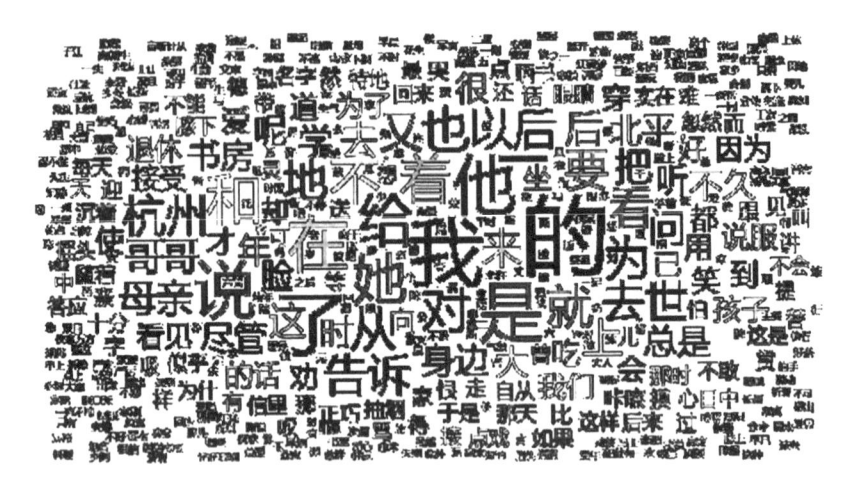

图 7-3 琦君散文"父亲"高频搭配

相同搭配及虚词外,林氏散文中与"父亲"搭配较多的是"病情""精神""资助""公司"等,而琦君散文中多为"去世""哥哥""身边""书房"等。结合下面的例子可以看出,除了家庭生活这一共同主题外,林氏对父亲的回忆似乎主要集中在父亲早年的工作与晚年的健康,琦君的回忆多与治学修身有关。

> 例 3:而今,我的父亲只剩下膝盖以上的躯体,不能行动,不能饮食,不能言语,看不见的病魔还正一寸寸地噬食他衰老的肉身吧。四年以来,也经历过无数次的危急状况,都因为父亲可惊的生命力,与高明的医术、细心的照料而一次又一次地度过险关[。](林文月,2013b:103)
>
> 例 4:但父亲尽管病骨支离,对我的教诲却是愈益严厉。病榻之间,他常口授左传、史记、通鉴等书,要我不仅记忆史实,更要体会其义理精神,并勉我背诵论孟、传习录、日知录,可以终生受用不尽。(琦君,1996:10)

记叙性是林氏散文一大特色,"为读者所供认"(何寄澎,2002:18)。齐邦媛的《巨流河》为长篇记忆性散文。表 7-3 显示,林氏散文的STTR和平均句长分别比齐邦媛的长篇记忆性散文《巨流河》低4%和23%，词汇密度几乎相同。这说明齐氏的词汇较林氏更为丰富，句子也更长。例5、例6分别是二人回忆第一次见老师朱光潜和台静农时的情景，两段文字字数大致相同，齐氏侧重描写，用词更为丰富，如"惊骇""森然深长"，林氏侧重记叙，二人的风格差异由此可见一斑。

> 例5：我第一次踏入系主任办公室求见台静农先生，是大一即将结束时，为了申请转至外文系。事实上，报考台大时，我的志愿是外文系，由于高中时期几乎所有读文科的女生都以考入外文系为目标，反俗叛逆的心态令我临时改填"外"字为"中"字，遂入了中文系。（林文月，2011b：51）

> 例6：这么一位大学者怎会召见我这个一年级学生呢？说真的，我是惊骇多于荣幸地走进他那在文庙正殿——大成殿——森然深长的办公室。而那位坐在巨大木椅里并不壮硕的穿灰长袍的"老头"也没有什么慈祥的笑容。（齐邦媛，2012：108）

《生命的不可思议》是胡因梦的自传，记叙了她的成长历程。从表7-3可以看到，林氏散文的STTR、词汇密度分别比前者高2%和6%，但是平均句长却低30%。下面两例是相同主题的描写，林氏平均每句约30字，而胡氏却有93字之多。

> 例7：当时，我的母亲正值中年。母亲的身材纤细娇小，除家务外，从未做过任何运动，唯步行似乎是她的嗜好，到哪里都是靠双腿步行。也许，那种勤于步行正是维持她体力充沛和看来年轻姣好的原因罢。（林文月，2011d：62）

> 例8：另一张照片中的母亲穿着素朴的夏日短衫把我立着抱在怀里，当她用心照顾我的时候，似乎完全能体会婴儿立着比横躺要舒服多了，此外她也比一般母亲的敏感度高出许多，因为她绝不给我穿太多或太厚的衣裳。（胡因梦，2006：41）

二　翻译风格考察

林文月自称"母语"是日语，但是中文系出身："这种复杂的生长背景，让我变成一个天生的翻译家"（林文月，2012）。下文从译文整体风格、具体词汇使用及和歌翻译三方面考察对比林氏译作与同源译作的风格特征。本研究未能从原文展开，主要是因为译者们所参考的原文底本不一而足（林文月，2011a，2013b；丰子恺，1980；周作人，2001）。但就《源氏物语》这部近百万字的译作而言，有两部甚至更多平行译本的量化数据对比，似乎亦可斑窥各译文在高频词共现、句长、文字俗雅等方面的异同。本书的相关译例，循何元建（2001）先例，引用较接近的原文作为参考。

（一）整体风格

林文月早期自日文翻译西方简写本文学名著，但由于译作篇幅短小，且为改写，无原文或平行译本可资对照，因此这里不再举例。从表7-3可见，林译《源氏物语》的STTR和平均句长分别高出丰译6%和15%，而词汇密度则低4%，林译《伊势物语》的STTR、词汇密度和平均句长分别比丰译高5%、2%和9%。对此，林文月（1998）坦陈，日本语文较中国语文迂回婉转，适度强调其连绵感可以接近其趣旨，因此译文有时不避讳拉长句式，没有裁剪成比较简洁的中文句式。结合例9可以看出，林译比较通俗，词汇变化丰富，丰译简洁、雅致，颇具白话小说韵味。

例9原文：光源氏、すばらしい名で、青春を盛り上げてできたような人が思われる。自然奔放な好色生活が想像される。しかし実際はそれよりずっと質素な心持ちの青年であった。その上恋愛という一つのことで後世へ自分が誤って伝えられるようになってはと、異性との交渉をずいぶん内輪にしていたのであるが、ここに書く話のような事が伝わっているのは世間がおしゃべりであるからなのだ。（与谢野晶子，1971：32）

林译：光源氏三个字已经变成响当当家喻户晓了。固然他有不少受人指责的瑕疵，再加上种种的绯闻，虽然本人极力想要隐秘起来，以免传说出去，被后世的人当作笑柄。但是，却连一丁点儿秘密都保留不住，反而像这样子被人们谈论着，可见世间人士是多么好管闲事

了。(林文月,2011e:21)

丰译:"光华公子源氏"(光源氏),只此名称是堂皇的:其实此人一生遭受世间讥评的瑕疵甚多。尤其是那些好色行为,他自己深恐流传后世,赢得轻佻浮薄之名,因而竭力隐秘,却偏偏众口流传。这真是人之多言,亦可畏也。(丰子恺,1980:20)

表7-5是两译本前30位高频词表,可以看到,林译中"啦""的""哩"等词语频率远高于丰译,而大量使用这些虚词正是现代汉语的标志,而丰译多使用"答道""不胜""女子"等白话小说常用词汇。这一观察与前人对二者翻译风格的评价一致:丰氏的"译文优美,传神达意"(叶渭渠,1982:9),"林译比丰译的白话文风格更浓厚"。(何元建,2001:8)

表7-5　林译、丰译《源氏物语》前30个高频词表

次序	林译 词语	林译 频次	林译 频率%	丰译 词语	丰译 频次	丰译 频率%	次序	林译 词语	林译 频次	林译 频率%	丰译 词语	丰译 频次	丰译 频率%
1	兮	1614	0.37	公子	3127	0.71	16	哩	500	0.11	夕雾	748	0.17
2	可是	1118	0.26	但	2412	0.55	17	像	554	0.13	因此	742	0.17
3	啦	783	0.18	我	5900	1.34	18	呀	752	0.17	女	1282	0.29
4	君	2718	0.62	很	1476	0.33	19	所以	1435	0.33	此时	587	0.13
5	不过	1026	0.24	非常	851	0.19	20	匂宫	353	0.08	女子	533	0.12
6	故而	645	0.15	匂	754	0.17	21	这儿	367	0.08	他	5486	1.24
7	儿	1055	0.24	姬	715	0.16	22	挺	351	0.08	和	1350	0.31
8	遂	844	0.19	然而	1034	0.23	23	自己	1893	0.43	身分	305	0.07
9	您	899	0.21	亲王	1332	0.30	24	也	5334	1.22	大女	301	0.07
10	那	2118	0.49	薰	1084	0.25	25	吧	1999	0.46	源	2844	0.65
11	着	2784	0.64	象	483	0.11	26	女性	299	0.07	甚	752	0.17
12	吗	525	0.12	了	7037	1.60	27	教人	748	0.17	诗	410	0.09
13	什么	1143	0.26	答道	533	0.12	28	这么	467	0.11	这里	576	0.13
14	却	1530	0.35	说道	687	0.16	29	会	1186	0.27	柏木	329	0.07
15	的	18541	4.25	不胜	491	0.11	30	那儿	253	0.06	不曾	340	0.08

再看林文月与周作人的《枕草子》译本。林译的 STTR、词汇密度分别比周译高 24% 和 7%，但后者的平均句长却高出 32%。这说明林译较周译词汇更丰富、文本信息量更大，但句子更短。陈星（1992：68）认为，"周作人的译本略显直白，而林文月的译本略显典雅"，周氏亦曾说他的翻译向来用直译（张铁荣，1995：42）。本书的观察虽与前人的论断巧合，但能否有力佐证仍需进一步考察。另外，两译本的前 30 位高频词对比（见表 7-6）显示，林氏多使用"之""者""以"等古汉语词汇，而周氏多使用"的""觉得""有意思"等现代汉语词汇。如例 10：

例 10 原文：こきもらすきも紅梅。桜は花びらおほきに葉の色こきが、枝ほそくて咲たる。（渡辺実，1991，51）

林译：树木之花，无论浓淡，以红梅为佳。樱花则以花瓣大，色泽美，而开在看来枯细的枝头为佳。（林文月，2011h：54）

周译：树木的花是梅花，不论是浓的淡的，红梅最好。樱花是花瓣大，叶色浓，树枝细，开着花很有意思。（周作人，2001：63）

表 7-6　　　　林译、周译《枕草子》前 30 位高频词表

次序	林译 词语	林译 频次	林译 频率%	周译 词语	周译 频次	周译 频率%	次序	林译 词语	林译 频次	林译 频率%	周译 词语	周译 频次	周译 频率%
1	之	674	0.95	很	1496	1.84	16	真	208	0.29	但是	238	0.29
2	皇后	326	0.46	的	7489	9.22	17	参	97	0.14	第二	145	0.18
3	者	268	0.38	了	2614	3.22	18	吗	95	0.13	吧	463	0.57
4	地	279	0.39	说道	545	0.67	19	皇上	95	0.13	没有	370	0.46
5	挺	184	0.26	是	1551	1.91	20	兮	94	0.13	么	92	0.11
6	啦	187	0.26	中宫	341	0.42	21	其	158	0.22	有点	124	0.15
7	教人	157	0.22	段	303	0.37	22	大伙儿	84	0.12	漂亮	101	0.12
8	遂	137	0.19	觉得	445	0.55	23	之际	83	0.12	似乎	123	0.15
9	而	243	0.34	这是	277	0.34	24	令人	125	0.18	实在	192	0.24
10	以	176	0.25	这样	425	0.52	25	于	108	0.15	第一	133	0.16

续表

次序	林译 词语	林译 频次	林译 频率%	周译 词语	周译 频次	周译 频率%	次序	林译 词语	林译 频次	林译 频率%	周译 词语	周译 频次	周译 频率%
11	竟	125	0.18	着	1194	1.47	26	十分	140	0.20	这	666	0.82
12	则	190	0.27	非常	157	0.19	27	罢	90	0.13	平常	95	0.12
13	啊	150	0.21	有意思	301	0.37	28	那儿	83	0.12	因为	134	0.17
14	儿	192	0.27	时候	326	0.40	29	可	251	0.35	和	242	0.30
15	又	529	0.74	也是	287	0.35	30	此	102	0.14	或是	123	0.15

（二）连词、语气词、感情词使用

从表7-5中已经看到，与丰子恺相比，林氏译文似乎多用连词和语气词。此外，《源氏物语》主要描写复杂纷繁的男女爱恨纠葛，《枕草子》是女性随笔集，故情感词应该比较丰富。下面分别考察林译与其他同源译作这三类词的频率异同。表7-7是林氏与丰氏《源氏物语》译文前20位连词使用情况，其中"#"代表没有对应的翻译。从中可见，林氏连词的总数远高于丰氏，其中她所用而丰氏未用的占54%，二者相同的仅占3%。此发现与表7-5中二者的高频连词相印证，例11凸显了他们对"不过""然而"的偏好。

表7-7　　林译、丰译《源氏物语》前20位连词对比

林译	不过		可是			故而			所以			却				
频次	20		20			20			20			20				
丰译	然而	#	虽然如此	但	可是	但	#	而	于是	然而	但是	只是	所以	#	因此	便	就	#	因此	所以	却	#	但	只	可是	然而
频次	6	12	1	1	2	4	5	2	1	4	1	1	2	11	5	1	1	12	6	2	1	14	1	1	2	1

例11 原文：しかもそこを長所として取ろうとすれば、きっと合格点にはいるという者はなかなかありません。（与谢野晶子，1971：34）

林译：不过，真要严格选择起来，能够及格的可真是太少了。

(林文月，2011e：22)

丰译：然而如果真个要在这些方面选拔优秀人物，不落选的实在很少。(丰子恺，1980：22)

语气词方面，汉语的"啦""吗""哩""呀""吧"多"表达说话时之神情、态度"（黎锦熙，2007：23），日语多用敬体，语气词多。因此，考察林译的语气词使用情况，并对比其他同源译作，可以窥探林译语气词使用的特点。表7-8是《源氏物语》两译本五个主要语气词的检索数据以及卡方检验结果。

表7-8　林译、丰译《源氏物语》语气词使用差异

译本/频次 语气词	林译 频次	林译 频率（%）	丰译 频次	丰译 频率（%）	卡方值	显著性值（p）
吧	1999	0.458691388	945	0.214366898	390.4494	0.000 ***+
啦	783	0.179667518	7	0.001587903	771.5956	0.000 ***+
呀	752	0.17255424	99	0.022457484	508.8443	0.000 ***+
吗	525	0.120466724	3	0.00068053	522.2028	0.000 ***+
哩	500	0.114730209	10	0.002268433	476.5249	0.000 ***+

表7-8显示，林译五词的频率均高于丰译，且其变化在统计学上具有显著性意义。这一发现印证了何元建（2001：6-7）的研究发现，即"丰译本比林译本少用了一半多的语气词"。日语多使用疑问语气，表示礼貌和不确定，林氏（1998）亦曾说过，原作大量出现的"呀""吗""啦"等是日语的特色与魅力。这表明林译有意使用这些词以保留原文风格，而丰译似乎与日文原文有一定的出入。如例12中，林译用"吧""呢"表示疑问或推测，而丰氏没用语气词，直接将两句译为陈述句。

例12 原文：そこからは若いきれいな感じのする額を並べて、何人かの女が外をのぞいている家があった。高い窓に顔が当たっているその人たちは非常に背の高いもののように思われてならない。ど

んな身分の者の集まっている所だろう。風変わりな家だと源氏には思われた。(与谢野晶子，1971：88)

林译：还可以隐约看见几个妇女的漂亮额头，大概正从帘后窥看这边吧？她们径自在帘后走动着，看来身材都相当修长的样子。到底是些什么样身份的人住在这种地方呢？源氏有些好奇。(林文月，2011e：59)

丰译：从帘影间可以看见室内有许多留着美丽的额发的女人，正在向这边窥探。这些女人移动不定，想来个子都很高。源氏公子觉得奇怪，不知道里面住的是何等样人。(丰子恺，1980：61)

再看情感词。表7-9显示，除"喜欢""喜爱"外，丰译其他情感词的频次远高于林译，《枕草子》两译本的情况也基本类似。总体上，丰氏比林氏多出65%，周氏比林氏多出48%。例13、例14是三人使用这些情感词的两组例子，从中可以看到，与原作者同为女性的林文月在情感词使用方面却没有两位男性译者丰富。

表7-9　　林文月、丰子恺、周作人情感词语使用对比

译本/频次	《源氏物语》				《枕草子》			
	林译		丰译		林译		周译	
词语	频次	频率%	频次	频率%	频次	频率%	频次	频率%
爱	129	0.029600395	218	0.049451832	14	0.019663474	18	0.022167215
喜欢	78	0.017897913	30	0.006805298	21	0.029495211	17	0.020935703
喜爱	23	0.0052761127	17	0.003856336	3	0.004213602	1	0.001231512
恨	102	0.023404963	260	0.05897925	7	0.009831737	4	0.004926048
怨恨	99	0.022716582	168	0.038109671	0	0	12	0.014778143
讨厌	61	0.013997085	156	0.03538755	35	0.049158685	66	0.081279784
合计	492	0.112893051	849	0.19259	80	0.112362709	118	0.145318405

例13 原文：この女御がする批難と恨み言だけは無関心にしておいでになれなかった。(与谢野晶子，1971：8)

林译a：原来更衣所唯一依赖的是皇上对自己的无比宠幸，不过周围对她吹毛求疵和说坏话的人实在太多。(林文月，2011e：4)

丰译： 更衣身受皇上深恩重爱，然而贬斥她、诽谤她的人亦复不少。（丰子恺，1980：2）

例 14 原文： 懸想文はいかがせん、それだにをりをかしうなどある返事せぬは、心おとりす。（渡辺实，1991，31）

林译： 若是情诗恋歌而无回音，则又另当别论。不过，有时寄托季节或风物的诗歌，亦未见答复，可就不得不令人重新评估其人。（林文月，2011h：30）

周译： 若是情书，〔并不要立即答复，〕这也是没有法子，但是假如应了时节歌咏景物的歌，若是不给回信，这是很讨厌的。（周作人，2001：35）

（三）和歌翻译对比

和歌是日本独特的诗歌形式，大量出现于各种文学作品中，共五句 31 字（假名），按照 5/7/5/7/7 的顺序排列。丰子恺、周作人等多采用五言四句、七言二句或白话诗形式翻译。林文月（2011a：167）认为，和歌 31 字所表达的内容极有限，而中文每一个字都有独立意义，故即使汉语五绝 20 字，这种古诗中最短的形式，也比 31 字的和歌含义丰多，倘这样翻译，势必有所增添。因此，她抛弃中国传统诗歌形式，模仿楚歌体，自创 7/7/8 二十二字的三行诗形式，"首句和尾句押韵，以收声律和谐之美的效果，用'兮'字以求缠绵之趣旨"（林文月，2011b：67），如例 15、例 16 所示。统计显示，林译《源氏物语》中，"兮"字出现 1614 次，频率为 0.37%，丰译中仅出现 1 次，林译《枕草子》中出现 94 次，频率为 0.13%，周译中没出现。下例子中，为节省篇幅，诗行未换行，之间用"//"断开。

例 15 原文： 寄りてこそ//それかとも見め//黄昏に//ほのぼの見つる//花の夕顔（与谢野晶子，1971：92）

林译： 夕颜丽兮露光中，//往日为花尝陶醉，//该因薄暮兮总玲珑。（林文月，2011e：70）

丰译： 当时漫道荣光艳，//只为黄昏看不清。（丰子恺，1980：

76)

例16 原文：もとめても//かかる蓮の//露をおき//て憂世に又は//かへる物かは（渡辺実，1991，42）

林译：君难求兮促侬归，//莲花瓣上露犹泫，//何忍离斯兮俗世依。（林文月，2011h：46）

周译：容易求得的莲花的露，//放下了不想去沾益，//却要回到浊世里去么？（周作人，2001：47）

不仅如此，林文月（2011a：166）还认为，"文学的翻译，不仅要正确地传达原著的内容，同时也应该保持原著字里行间所流露的韵味才是。"从上面的两首和歌翻译中可以看出，林译语言典雅、首尾押韵，形式类似俳句。丰氏和歌翻译"是译原诗的意义与精神，而不拘泥于个别字和句，也不按照原来的行数与韵律"（丰华瞻，1985：28）。丰氏（1981：21）亦坦承，其译文"有时不拘泥短歌中的字义，而另用一种适当的中国文来表达原诗的神趣"。他的五言、七言式翻译完全归化，通俗易懂，虽然也有汉语古典诗的形式，但是却不押韵，读起来没有古诗韵。周作人全部采用白话诗翻译，虽易于接受，但丧失了古典味道。姚继中（2015：119）认为，林氏和歌翻译有添译、填框架之嫌。但陈星（1992：66）认为，林氏独特的翻译方式似乎更具"和风"，"这种尝试是成功的[，]是一种顾及面较广的译法"。

三 散文与翻译风格对比

文学翻译在一定程度上也是创作，那么林文月的散文与翻译风格有什么异同呢，二者之间是否存在相互影响？下文从整体风格与语气词使用两个侧面先将林氏散文与其译文相互比较，然后与参照语料横向比较。

（一）整体风格对比

胡显耀（2007）研究发现，翻译汉语的类/形符比和词汇密度低于原创汉语，平均句长大于原创汉语。由表7-3可知，林氏散文的类/形符比低于译文4%，词汇密度相差不大，但平均句长比译文高36%。由此可知，林氏译文词汇使用比较丰富、句子更短，这在一定程度上可以说明其翻译接近原创汉语，比较通俗，易于接受。

(二) 语气词

上文发现，与其他同源译本相比，林译大量使用语气词。从图 7-4 可见，林氏译文中"啦""吗""哩""呀""吧"五词的频率也远高于其散文，这似乎是受日语原文影响所致。另外，林氏散文与参照库散文中的频率各有不同，林氏"吧""啦""哩"的频率略高于参照库，其他两词低于参照库。可见，林文月的"母语"虽为日语，散文创作实践也在翻译之后，其翻译也大量使用语气词，但其散文似乎没有受到日语影响。

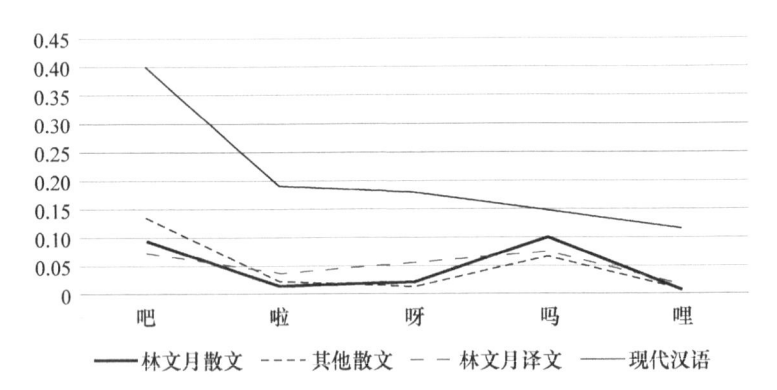

图 7-4 林文月散文、译文语气词与参照库作品及现代汉语语气词频率对比

第五节 小结

本书运用语料库文体学的方法多维度全面对比考察了林文月散文与翻译的风格特征，对其译本内外、译者内外的风格进行了客观的量化分析，不仅验证了以往对林氏的主观判断，并且还客观描绘了林氏具体的语言风格。研究发现：林氏散文词汇使用丰富，信息量大，文笔处处流露着对中国语言、文化、传统的深厚情感，回忆性的散文书写侧重怀念

与记叙，抒发对亲朋好友的深厚情谊；林译《源氏物语》语言通俗、词汇变化大，接近现代白话文，更独创了和歌翻译形式；而《枕草子》语言典雅、词汇丰富、信息量大，句子更短。另外，译文多用连词，语气词丰富但种类偏少，情感词不及丰子恺、周作人译本。翻译在文化交流的过程中扮演着重要的角色，"第一流的翻译家不啻是最好的国民外交家，他们的功绩岂在驻外大使之下？"（林以亮，1985）本书希望为对身份译者的个人风格研究提供借鉴，同时为海峡两岸译家研究、语言差异、翻译史研究提供些许参考。

第八章

多变量方法在文学作品
风格考察中的应用

——以 *The Old Man and the Sea* 文体风格多变量考察为例

第一节　引言

　　文体学是一门古老的学科，可追溯至古希腊、罗马时期。现代文体学发端于20世纪初，将语言学理论和方法应用于文体学研究。就其研究对象而言，可分为普通文体学和文学文体学，前者指对商务、法律、科技等非文学文本的研究，后者是"连接语言学与文学批评的桥梁"（申丹，1998：223），它既重视语言学的描写，又重视文学批评的阐释，目的在于"解释文学作品中的语言运用及其艺术功能之间的关系"（Leech & Short，2007：11）。在起初阶段，文体学研究多以定性分析方法为主，对文体风格的描写不够清晰，研究结论缺乏精确性，多以概括性的、模糊的形容词（如 terse，wordy，compact）为主（Milic，1982：19）。随着计算机科技的飞速发展，定量研究被广泛运用到文体风格考察中，文体学领域出现了三种较有影响力的量化研究范式，即多维度分析模型（Multi-Dimensional Analysis）、语料库文体学（corpus stylistics）和计量文体学（stylometry）。但是，三者在具体的文体考察维度、层次等变量和计算方法、所得结论等方面尚无共通或一致之处，难以对作家作品风格进行全面、系统的描写与阐释。

美国现代作家海明威,"在英美文学界的地位可媲美19世纪早期英国乃至欧洲文学界的拜伦"(Goodheart,2010:3)。他的影响力主要表现在"无数的作者都试图复制他的风格"(Palladino,2010:32)。就其文体风格而言,英国著名作家赫·欧·贝茨(1941)曾指出:当海明威的小说出现以后,"随着亨利·詹姆斯复杂曲折的作品而登峰造极的一派文风,被他剥下了句子长、形容词多得要命的华丽外衣,他以谁也不曾有过的勇气把英语中附着于文学的乱毛剪了个干净"(转引自董衡巽,1980:131)。其经典力作《老人与海》(*The Old Man and the Sea*,以下简称《老人》)于1952年刊登在 *Life* 杂志上,48小时之内售出500多万册(Carey,1973:4),并相继于1953年和1954年分别获得普利策奖和诺贝尔文学奖。该作在中国可谓家喻户晓,据统计,截至2014年12月,《老人》中文译本数量,包括重印、重译、改写、改译、编写等,约为302个(高存,2016:69)。与此相呼应,学术界曾掀起一阵又一阵海明威及其艺术风格研究热潮,相关文章、著作汗牛充栋。然而,既有研究在方法上大都属于传统文学批评思辨的、内省的分析,少有基于语料库的量化考察。

本章旨在借鉴并融合三种量化文体研究的不同考察方法,探索多变量文学风格量化考察路径,以为基于语料库的文体风格分析建立一套综合的、可验证的、融定量与定性分析于一体的文学风格考察变量体系。具体而言,本章以《老人》为研究对象,将其分别与海明威其他作品及与其相近时期其他美国小说进行纵横和量化对比考察,以系统考察《老人》的语言风格,验证相关变量体系的适用性。本章的主要目的,在于尝试设计一套比较全面的、定量与定性相结合的多变量风格考察框架,以便在进一步细化基础上,运用于文学作品的平行译本及多译本风格乃至翻译质量、相似性等纵横考察,为重译和翻译批评提供既可借鉴又可验证的实证方法。

第二节 文献综述

一 多维度分析模型

为全面揭示英语口笔语语体变异，Biber（1988）创建了多维度分析模型。该方法研究视角宏大，强调描写的多维性，被广泛应用到语体变异研究。Biber & Finegan（1989）对文学作品风格的历时性变化进行了系统考察，发现从17—20世纪，英语文学作品风格的演变逐渐呈现出更加直接、口语化的趋势。Biber 及后续一系列研究大多涉及非文学尤其是学术语体的考察，少量文学作品的考察也主要着眼于不同时期文学风格的历时性变化，或特定时期内不同作家之间写作风格的对比考察，少有对某个作家或特定文本语言风格的多维考察，如，Biber et al.（2002）考察了 TOEFL 2000 口语及书面语学术语言语料库后发现，大学生写作中口语和书面语之间存在着明显的差异，前者具有显著的交互性，所指依赖情境，且多数表现出个人化风格，后者体现出较强的信息性、非叙事性，所指清楚且多为非个人化语言。Egbert（2012）在"思想呈现与描述"（Thought Presentation vs. Description）、"抽象阐释与具体动作"（Abstract Exposition vs. Concrete Action）和"对话与叙述"（Dialogue vs. Narrative）三个维度上考察了包括狄更斯、艾略特、霍桑等在内的19世纪10位英美小说家的写作风格变异模式，研究发现，在维度一上，亨利·詹姆斯最为重视人物思想情感的呈现，罗伯特·史蒂文森和马克·吐温不同作品间的差异较大；维度二上，查尔斯·狄更斯的写作风格几乎保持一致，变化甚微；维度三上，赫尔曼·麦尔维尔的作品叙事性最强，亨利·詹姆斯的作品人物对话最多。

国内学者也运用多维分析模型进行了一系列有益尝试。武姜生（2004）从反映系统功能语言学经验、人际和语篇意义的4个功能维度上，将英文学术交流 e-mail 和包括自然交谈、商业信函等其他8类语体进行了对比分析，发现前者具有一定"交互性"和较为明显的"劝说"性文体特征，其"客观、抽象"风格不明显，语法结构有着比较显著的"零散"特征。胡显耀（2010）基于汉语翻译和原创类比语料库，对汉语翻译语体进行了分析，研究表明，多维分析法可区分汉语翻译和原创语料、找出两者具有区别性的语言特征。潘璠（2012）从五个维度上对比分析了四个中国学习者英语语料库与LOCNESS语料库之间的语体差异，发现前者体现出较强的交互性和说服性，其信息性、叙事性、指代明确性和抽象性都偏低，从而揭示出中国学习者的"写作口语化"倾向和整体信息整合能力薄弱的特点。江进林、许家金（2015）对商务英语和通用英语语域及相关的新闻、学术等子语域进行了对比分析，发现商务英语呈现更高的交互性和较强的劝说性，而通用英语则体现出更多的信息性和明显的叙事性。综上，国内多维分析较多关注不同语体间的变异，鲜有对文学作品的多维度考察。

二 语料库文体学

语料库方法与文体学相结合，催生了语料库文体学（Fischer - Starcke，2010：1）。借助语料库和计算机技术研究文学作品的风格，其最大特点在于"寻找语言使用模式与文本阐释之间的相互关系"（Mahlberg，2013：6）。Mahlberg（2010，2013）系统展示了利用语料库研究19世纪英国文学作品的优势及方法，指出了定量描写和定性分析必须相互结合的要义。Biber（2011）总结了基于语料库的文学作品考察方法50多年的发展历史，指出了近十几年来该领域的进展，倡导注重整合应用于早期量化文体研究的统计方法与近期语料库文体学研究范式下对文本意义的探讨。

除理论方法的探讨外，学者们也进行了诸多实证研究。Hori（2004）分别以十八九世纪英语小说语料库和不含狄更斯作品的19世纪小说语料库为参照库，系统考察了狄更斯小说中的词汇搭配模式，揭示了其创造性的词汇使用特征。Mahlberg（2007）将局部文本功能（local textual function）作为狄更斯小说文体分析的描写工具，着眼于五词词簇的功能分类（标签词簇、言语词簇、as if 引导的词簇、身体部位词簇、时间和地点词簇）与分析，发现和身体部位相关的词簇往往是推动关键故事情节发展的线索。O'Halloran（2007）结合韩礼德及物性系统理论，通过对乔伊斯短篇小说集《都柏林人》（*Dubliners*）中的《伊夫琳娜》（*Eveline*）关键词的分析，探讨了主人公伊夫琳娜复杂纠结的潜意识心理活动，并通过 would 的分析论证了女主人公不会跟随男友离开都柏林的结局。该研究有力反驳了 Fish（1980a，1980b）对文体学家主观猜测和循环论证的指责。Fischer-Starcke（2009）提取并分析了奥斯汀小说《傲慢与偏见》（*Pride and Prejudice*）的关键词和高频词簇的语义域（如：人物思想与情感、不确定性表述、话语交流、消极意义词汇与否定语法特征的类联接模式），从崭新的角度阐释了该作品的主题意义和人物形象。

  国内学者也尝试将语料库方法运用到文学作品研究之中。卢卫中、夏云（2010）介绍了语料库文体学的主要研究领域及取得的成果，讨论了存在的不足及其原因，指出了两学科进一步融合的前景。任艳、陈建生、丁峻（2013）基于自建的"英国哥特式小说语料库"和"18—19世纪英国小说语料库"，通过对哥特式小说的四词词丛的考察，揭示了该文类在词丛方面的文体学特征。陈婵（2014）以爱丽丝·门罗的12部小说集为对象，分析了作品中高频词簇的特征及其在作家风格和作品主题塑造上的功能，发现 as if 引导的词簇多用于女性角色的心理活动刻画，女性第三人称 she 相关的词簇多与否定词搭配使用，反映出门罗小说中女性角色在困境中的迷惘和内心的纠结。凤群（2014）通过词表、关键词和词簇的检索与分析，考察了弗吉尼亚·伍尔夫意识流小说《达罗维夫人》（*Mrs. Darloway*）中叙述视角转换的语言特征（如标点符号、人称和时态的变化、句法变异等），证实了伍尔夫以凝练的语言成功地贯彻了"想象的存在比外在现实更为真实"的写作原则。综上可见，语料库文体学范式下的文学作品研究，主要通过关键词、词簇、搭配分析来识别作家或特定作品的文本特征，较少涉及反映作家或作品风格的大量语言特征的考察。相较于国外学者的研究，国内相关研究在广度和深度上均稍显不足。

  三 计量文体学

  计量文体学侧重计算机统计手段的运用，是文体学的一个分支，主要通过对某时期或某作家的作品的表达特征做客观的定量统计（刘世生、朱瑞青，2006：46）。刘海涛（2012）曾指出，"如果计量手段是一门学科科学化的有效方法，那么，在语言学中引入计量方法可能是语言学科学化的必要途径"。

在国外，Juola（2013）将信息理论（Information Theory）应用于文化复杂度研究中，考察了谷歌图书 2 - 元组语料库（Google Book American 2-Gram Corpus）1900—2000 年熵值的历时变化，研究证实了"随着科技的发展和现代生活节奏的加快，文化复杂度随时间的推移逐渐增高"的直觉假设。Sandulescu et al.（2015）以乔伊斯小说《芬尼根的守灵夜》（*Finnegans Wake*）为例，通过词序—频率分布（Rank-frequency Distribution）、熵值（Entropy）、重复率（Repeat Rate）、罕用词（Hapax Legomena）等参数量化考察了其文体特征，验证了计量方法在力图偏离语言使用常规的文学作品风格考察中的有效性。Kubát & Čech（2016）采用移动平均类/形符比（Moving-Average Type-Token Ratio）、二级主题集中（Secondary Thematic Concentration）和文本活跃度（Activity）三个计量参数，考察了自华盛顿至奥巴马两百多年间美国总统就职演讲的文体风格，发现就职演说在战争时期主题集中性最高，经济萧条时期词汇丰富性最高。Kubát & Čech（2016）以包括不同体裁在内的 900 个英文文本为语料，检验了计量文体特征（stylometric features）主题集中程度（Thematic Concentration）与词汇丰富性（Vocabulary Richness）呈反比关系的假设，前者的考察参数为二级主题集中，后者考察参数为相对重复率（Ralative Repeat Rate）和移动平均类/形符比。研究发现，相对重复率和二级主题集中呈高度正相关关系，而移动平均类/形符比似乎与其关系不大，两项研究发现均不能支持研究假设。研究者指出该研究的局限性在于考察参数较少，词汇丰富性考察仅涉及移动平均类/形符比和相对重复率，主题集中程度的考察仅涉及二级主题集中，今后应该在拓展考察参数和扩大文本容量上做出进一步努力。

国内，陈芯莹、李雯雯、王燕（2012）以韩寒的《三重门》与郭敬明的《梦里花落知多少》为例，提出了将语言计量研究成果应用于语言风格对比以及作家判定的方法中，研究表明，以语言的计量特征标识文本的方法加强了语言风格对比及作家判定研究的可解释性，具有较高的理论和应用价值。刘海涛、潘夏星（2015）考察了新诗与近体诗之间的区别与关联，利用齐普夫（幂率分布）定律（Zipf's rank-frequency law，power law probability distributions）验证了新诗文本的"自然"性，利用 Zipf-Alexkseev 定律论述了"节奏"在新诗文本中的重要性，该研究表明，运用计量方法能够有效地验证传统研究所揭示的新诗特征，弥补其客观性不足的缺陷。黄伟、刘海涛（2009）将语言计量研究成果应用于文本聚类研究，通过两个 50 万词的语料样本发现了在现代汉语口语体和书面语体中具有显著分布差异的 16 个语言结构特征，以其中 7 个作为文本标识特征准确地将实验文本聚类成口语体（相似度 89.84%）和书面语体（相似度 86.93%）两类。詹菊红、蒋跃（2016）将语言计量特征应用于语言风格对比及译者身份判定，通过对两个 10 万字的训练译本语料库中 14 个语言结构特征分布的统计对比，发现了两个译本中 5 个具有显著差异的语言计量特征。研究证明，将基于语料库的计量方法与统计学方法相结合，用语言结构的计量特征标识译本的方法有助于加强译者身份、译本的判定以及译者风格辨别的可解释性和客观科学性。蒋跃、张英贤、韩红建（2016）结合语料库翻译学与计量语言学方法，对比分析了英语被动句人机翻译语言计量特征，发现在被动句对应的汉语译句中，在线翻译的标准类/形符比、多数实词、平均词长等特征的数值低于人工译本，而虚词、平均句长、形容词、代词比例等则高于后者。不难发现，国内鲜有采用计量和统计方法的英语文学作品风格考察。

四 海明威及 *The Old Man and the Sea* 风格研究

关于海明威"特殊的"甚至"独一无二"的艺术风格，学界已有大量研究（Carey，1973）。一般来说，学者们常使用 plain（朴实），crisp（干脆）和 spare（简洁）等词语来形容其语言风格（Goodheart，2010：3）。Sigal（2013：26）认为，《老人》就像作为儿童读物的童话故事一般简单易懂。在国内，孙华祥（1999：104）曾声称，"海明威的文体风格,是他文学创作中最有影响的特征之一"。海明威研究大家董衡巽(1985:11)亦指出,海明威"开创"的影响是弥散的,"只要不是恪守十九世纪传统或追求现代派写法的美国作家,几乎没有一个不留下他的痕迹"。王守义(1987:41-42)也认为,"海明威崭新的小说语言风格及其产生的艺术张力,是其作品的艺术魅力经久不衰的重要原因之一"。他进一步指出,"海明威小说语言风格的主要特色之一是口语化"。不难看出,国内外学者大多采用较为抽象、模糊的词语概括海明威语言风格,主观性较强。

定量研究方面,邵宏、潘灵桥(2011)借助语料库方法并结合系统功能语言学理论,对《老人》作品主题、人物形象塑造及叙事风格进行了定量描写与定性分析,认为语料库分析手段在文学文体学中的应用有利于提高解读文学作品的准确度。贾国栋(2012)借助语料库工具从词汇和句子层面考察了《老人》的文体风格,并将研究结果用于文学选修课的教学当中。然而,上述研究考察角度有限,所得结论欠缺说服力。另外,结合文本的定性阐释亦稍显不足,未能平衡配置定量描写与定性分析的关系。

第三节　研究设计

一　语料选择

为建立一套系统的、综合的文学风格考察框架,本书尝试将上述三种量化的文体风格考察方法加以综合,运用多变量方法系统考察文学作品的风格特征。为验证这一综合方法的可操作性,本书以《老人》为研究对象,不仅将其与相近时代美国小说对比,还将其与海明威的其他小说对比。为此,我们自建两个参照语料库,即海明威小说语料库和美国小说语料库(以下分别简称"海明威库"和"美国小说库")。前者收录海明威于《老人》之前发表的4部小说,后者为十位美国作家发表于1902—1961年的小说,相关文本详细信息见表8-1。

表 8-1　　　　　　　　本研究所建语料库文本信息统计

语料	作者	作品	发表时间	形符数（万）
《老人》库	E. Hemingway	The Old Man and the Sea	1952	26640
海明威库	E. Hemingway	The Sun Also Rises	1926	70285
		A Farewell to Arms	1929	91418
		For Whom the Bell Tolls	1940	175689
		Across the River and Into the Trees	1950	69323
	小计	5	1926—1952	433355
美国小说库	Henry James	The Wings of the Dove	1902	87963
	Jack London	The Call of the Wild	1903	32213
	Sinclair Luis	Babbitt	1922	125765
	Scott Fitzgerald	The Great Gatsby	1925	48793
	John Steinbeck	Mice and Men	1937	31177
	Norman Mailer	The Naked and the Dead	1948	275216
	Ralph Ellison	Invisible Man	1952	182022
	James Baldwin	Go Tell It on the Mountain	1953	81934
	Jack Kerouac	On The Road	1957	118247
	Joseph Heller	Catch-22	1961	179919
	小计	10	1902—1961	1163349

二　研究问题

本书旨在回答两大基本问题：首先，哪些变量分析方法可以综合考察文本风格/特征？其次，《老人》的风格/特征体现在哪些方面？针对前人有关《老人》文体特征的论断，本书旨在求证《老人》相对于两个参照语料库的独特风格，尝试回答如下三个具体问题：（1）《老人》的口语化风格表现在哪些方面？（2）《老人》的词汇丰富程度表现在哪些方面？（3）《老人》有哪些规律性的语言模式，它们在塑造人物形象及深化作品主题方面有何具体功用？

三　考察框架

本书对《老人》风格的考察包括总体语言风格考察和具体文本特征分析两大方面，前者的考察包括口语化风格（交互性/信息性维度和所指清晰/情景依赖维度）和词汇丰富程度（标准类/形符比、移动平均类/形符比、熵值和相对重复率），后者通过关键词表的提取与分析入手，从人物形象与主题表达、人物话语和思想投射和情态意义三个方面系统考察与探讨《老人》规律性语言模式及其艺术功能。

四 变量确立

（一）口语化风格

口语化风格考察方面，Biber（1988）创建了研究英语口笔语体变异的多维模型，在其语料中共提取了七个功能维度，每个维度由一组"共现"的语言特征组成，代表了某种语体风格，其中解释力较强的五个维度分别为：（1）交互性与信息性（Involved vs. Informational Production）；（2）叙事与非叙事关切（Narrative vs. Non-Narrative Concerns）；（3）所指清晰与情景依赖（Explicit vs. Situation-Dependent Reference）；（4）明显劝说性（Overt Expression of Persuasion）；（5）抽象与非抽象性信息（Abstract vs. Non-Abstract Information）。具体到本书而言，我们按照 Biber（1988）的模型，经初步计算发现，三个语料库在维度（1）和维度（3）上差异较为明显，在其他维度上无明显区别。据 O'Donnel（1974）、Olson（1977）、Chafe（1982）考察发现，相较于口语语体，书面语体表现出结构复杂、表述详尽、所指清晰的特点，而 Biber 多维模型中维度（1）和维度（3）上的语言特征能够反映这些特点。基于上述两原因，我们选取"交互性/信息性维度"和"所指清晰/情境依赖维度"来对比考察三个语料库的口语/书面语特征。

（二）词汇丰富性

词汇丰富性为作家写作风格的研究提供了一种综合性指标，历来为计量文体学家们所关注（Smith & Kelly, 2002: 411）。Biber（2011: 15）曾指出，早期著作权归属和文学风格领域内较为成熟精密的计算与统计方法，对近期迅速发展起来的语料库文体学研究是一种有益补充。刘海涛、潘夏星（2015: 40）也认为，"计量研究是一切科学方法的基础，更是大数据时代探索语言的结构与演化规律的必要手段，也是文学研究的一种利器，有助于解决文学研究中客观性不足的问题"。本书采用多变量统计方法，选取标准类/形符比（STTR）、移动平均/形符比（MATTR）、熵值（Entropy）和相对重复率（RRmc）四个指标，纵横考察《老人》与两参照语料库的词汇使用丰富程度。

（三）语言使用模式

关键词指在考察语料库中出现频率显著高于参照语料库的词语，其关键值（keyness）越高，越能凸显文本特征。Scott（1997：51）指出，"关键词通常是获取文本主题信息的良好线索"，它们多数是表达文本主题的人名或专有名词以及反映语篇文体风格的词语（Scott & Tribble，2007；Scott，2010）。Hasan（2002：99）认为，"文学语篇的分析应该侧重于作品中语言模式的分析"。杨信彰（1992：32）也指出，小说的语言模式反映了作者的写作风格，语言模式与其功能意义之间关系的密切性为英文小说的语言和风格研究提供了新的视角。因此，本书亦通过关键词的提取与分析，从高频关键词、高频搭配、话语与思想投射方面考察《老人》的独特语言模式及其艺术功能。

五　研究工具

本书采用的研究工具及功能包括：多维标注与分析软件 MAT（Multi-dimensional Analysis Tagger 1.3）（Nini，2014）计算维度分，统计软件 SPSS 19.0 用于样本显著性的检验，语料库检索软件 WordSmith 5.0 用于标准类/形符比的统计和关键词表的生成，量化研究软件 QUITA（Quantitative Index Text Analyzer）（Kubát et al, 2014）计算文本熵值和相对重复率，MaWaTaRaD（Milička，2013）计算文本移动平均类/形符比。为节省篇幅，具体操作和算法将在相关分析部分简述。

第四节　总体语言考察

本部分从交互性/信息性维度、所指清晰/情景依赖维度与类/形符比、熵值、相对重复率五个方面考察《老人》的整体语言风格和词汇丰富性。

一　口语化风格

（一）交互性/信息性维度

交互性/信息性维度（即维度1）涵盖语言特征最多（Biber，1988：104），且最易于有效区分语篇的口语/书面语特征（Baker & Eggington，1999：350）。此维度上一系列正项语言特征（包括个人动词，that省略，缩写形式，第一、二人称代词等）具有交互性和个人情感表达较强的特点，体现了语篇的口语化倾向。负项语言特征（包括名词、介词、词长、类/形符比）则注重信息的生成与传达，体现出语篇的信息性及其浓缩与整合程度高、语言结构复杂等书面语风格。在本书中，如图8-1显示，三个语料库在该维度上的差异最大。《老人》（2.17）与海明威库（5.61）的维度分值为正，美国小说库（-0.6）的分值为负，说明前两者均注重使用交互性色彩较强的语言，显示出其整体口语化倾向；后者信息密度大，语言使用较为正式，体现出较高的书面语倾向。进一步观察可见，海明威库在该维度上的分值高于《老人》约61.3%，表明后者的口语化程度不及前者，这似乎意味着《老人》的口语化程度并非海明威小说之最。

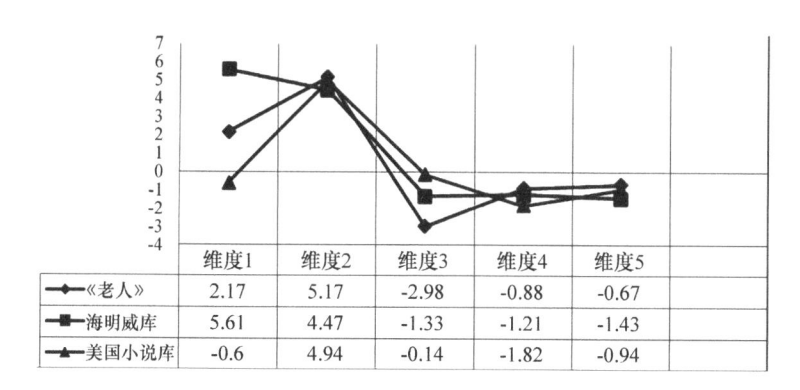

	维度1	维度2	维度3	维度4	维度5
《老人》	2.17	5.17	-2.98	-0.88	-0.67
海明威库	5.61	4.47	-1.33	-1.21	-1.43
美国小说库	-0.6	4.94	-0.14	-1.82	-0.94

图8-1　《老人》及参照语料库维度分值折线图

（二）所指清晰/情境依赖维度

所指清晰/情境依赖维度（即维度3）上的正项语言特征（如wh-

关系从句、并列短语、名物化等）具有所指清晰、描述详尽、句式复杂的语体特征，负项语言特征（如时间副词、地点副词、其他副词等）则体现情境依赖较强的口语语体特征，具有句式简单、所指依赖情境的特点。在本书中，整体上看，三个语料库的维度分值都小于0，说明它们均表现出所指依赖情境的口语语体的特点。具体看，三个语料库的维度分绝对值排序为《老人》＞海明威库＞美国小说库，表明前两者所指依赖情境程度高于后者，而后者体现出较强的指称明晰、阐释详尽的语篇特征。此外，《老人》的绝对分值高于海明威库约55%，表明海明威在《老人》中对时间、地点及其他副词的使用较多。

二 词汇丰富性

（一）标准类/形符比

在文本词汇丰富性测量方面，类/形符比能够反映文本词汇丰富程度和变化大小，是一种较为简单便捷的考察方式，其缺点在于考察结果受文本长度或语料库容量的影响较大。标准类/形符比是一种独立于文本长度或语料库容量的词汇多样性指标，因此，当所考察的文本长度或语料库容量不同时，标准类/形符比具有更高的信度（Baker，2000：250）。其计算方法为，以1000个形符为单位，依次计算类/形符比，然后求出这些类/形符比的均值。运用WordSmith 5.0可获得三个语料库的标准类/形符值（见表8-2）。

表8-2 《老人》、海明威库、美国小说库词汇丰富性参数统计

考察指标\语料	《老人》	海明威库	美国小说库
标准类/形符比	34.15	35.27	42.15
移动平均类/形符比	0.64	0.66	0.71
熵值	8.30	8.85	9.28
相对重复率	0.8927	0.9080	0.9149

表8-3 《老人》与海明威库和美国小说库的单独样本 t 检验结果

考察指标	海明威库 t值	海明威库 p值（双尾）	美国小说库 t值	美国小说库 p值（双尾）
标准类/形符比	1.695	0.189	6.991	0.000
移动平均类/形符比	2.449	0.092	9.558	0.000
熵值	10.409	0.002	8.678	0.000
相对重复率	10.774	0.002	8.733	0.000

从表8-2可见，《老人》的比值略低于海明威小说库，但是单独样本 t 检验结果表明二者并不存在显著性差异（p=0.189），这似乎说明海明威创作风格在词汇使用多样性层面具有一致性。表8-3亦可表明，《老人》与美国小说库的比值具有显著差异（p=0.000），前者低于后者约19%，表明前者在词汇使用上更为简洁、重复使用的高频词语更多。

（二）移动平均类/形符比

移动平均类/形符比（Moving-Average Type-Token Ratio）是 Covington & McFall（2010）提出的另一种测量文本词汇丰富程度的指标，其优点在于它不受文本长度或语料库容量的影响。计算方法如下：首先，将整个文本切分为长度相同的若干相互重叠的子文本（overlapped subtexts），这些子文本也被称为"窗口"（window），它们每次向前移动一个形符；接下来，依次计算每个"窗口"的类/形符比（比如，子文本容量为500个形符，则依次计算1-500，2-501，3-502的类/形符比，以此类推）；最后，求出这些类/形符比的均数，用以衡量文本整体的词汇变化性。例如：对于 a，b，c，a，a，d，f，g 这样一组序列，文本长度为8个形符（N=8），若将子文本容量设定为3个形符（L=3），就会得到6个子文本，即 | a，b，c ‖ b，c，a ‖ c，a，a ‖ a，d ‖ a，d，f ‖ d，f，g |。那么，该序列的移动平均类/形符比为：

$$\text{MATTR} = \frac{\sum_{i=1}^{N-L} V_i}{L(N-L+1)} = \frac{3+3+2+2+3+3}{3(8-3+1)} = 0.89$$

其中 N 代表整体文本形符数，L 代表子文本形符数，Vi 代表子文本类符数。按此算法，将子文本容量设置为 1000 个形符，运行 MaWaTaRaD 可得到《老人》及两参照库的移动平均类/形符比。从表 8－2 可以看出，美国小说库（0.71）的词汇变化最大，海明威库（0.66）居中，《老人》（0.64）的词汇使用最为简洁。具体而言，《老人》的数值显著低于美国小说库（t = 9.558；p = 0.000），略低于海明威库，但两者不存在显著差异（t = 2.449；p = 0.092），再次表明海明威的创作在词汇使用上具有一致性，历时变化不明显。

（三）熵值

计量语言学领域内，熵值常用来衡量语言复杂程度，熵值越高，语言越复杂，反之则越简单。该指标也可用于反映文本词汇丰富程度，即文本熵值越大，其词汇越丰富，反之越简单（Popescu et al, 2011：3）。熵值 H 可用如下公式求取：

$$H = -\sum_{i=1}^{v} P_i \log_2 P_i$$

其中 $Pi = fi/N$
指文本中每个单词的出现频率，V 代表类符数。

由表 8－2 还可看到，熵值方面，三个语料库的词汇丰富性由高到低依次为：美国小说库（9.28）、海明威库（8.85）和《老人》（8.30）。此排序与标准类/形符比和移动平均类/形符比的考察结果一致，再次说明《老人》的词汇使用最为简洁，其次为海明威其他四部小说，美国小说库词汇使用最富于变化。

（四）相对重复率

重复率（repeat rate, RR）指词汇的集中程度，可用于反映文本词汇丰富性（Kubát & Čech, 2016：152），其计算公式为：

$$RR = \sum_{i=1}^{v} P_i^2 = \frac{1}{N^2} \sum_{i=1}^{v} f_i^2$$

重复率与词汇丰富性呈负相关关系，前者越大，文本词汇越简单，反之越复杂。McIntosh（1967）提出了相对重复率的算法：

$$RRmc = \frac{1 - \sqrt{RR}}{1 - 1/\sqrt{v}}$$

该指标的计算结果在［0；1］之内，与词汇丰富性呈正相关，且不受文本长度太大的影响（Kubát & Čech，2016：155）。

再回到表8-2，从相对重复率的数值看，本书三个语料库的词汇丰富性由高到低依次为：美国小说库（0.9149）、海明威库（0.9080）、《老人》（0.8927），三者词汇变化的排序与前三项参数的考察结果不谋而合。

（五）海明威库和美国小说库的独立样本检验

为考察海明威其他四部作品和相近时代美国小说的词汇丰富性情况，我们使用SPSS对两个语料库的四个指标值进行独立样本t检验（见表8-4）。结果显示，两个语料库在四个指标上均具有显著差异（$p<0.05$），海明威库的词汇丰富性整体上低于美国小说库（t值为负），说明前者语言简洁、词汇变化小。此考察结果验证了米兰·昆德拉（2003：114-121）对海明威作品的评价，即"海明威小说词汇量非常有限［…］海明威的行文之美则与词汇之限度相关联"。

表8-4　　海明威库和美国小说库独立样本t检验结果

考察指标 \ 数值	t值	自由度	p值（双尾）	平均值差值
标准类/形符比	-3.469	12	0.005	-6.478
移动平均类/形符比	-0.379	12	0.020	-0.049
熵值	-2.342	12	0.037	-0.430
相对重复率	-2.252	11.99	0.044	-0.006

第五节　具体文本特征考察

本部分以关键词为切入点，对《老人》具体文本特征进行分析与探讨。表8-5列出了以美国小说库为参照库提取的《老人》前20位关键词，下文将通过索引、搭配考察对这些关键词在人物/主题突显、思想/话语投射、情态语气表达等方面的模式特征进行详细分析。

表 8-5　　　　　　　　《老人》前 20 关键词统计

排序	词语	频次	关键值	排序	词语	频次	关键值
1	Fish	281	757.23	11	Dolphin	27	207.45
2	The	2295	582.29	12	Boy	100	201.45
3	Line	137	508.18	13	Bow	32	165.68
4	He	1161	507.22	14	Harpoon	20	163.66
5	Old	247	440.16	15	Sea	42	148.91
6	Man	265	369.99	16	Aloud	34	148.91
7	Skiff	47	361.16	17	Sharks	19	138.08
8	Shark	47	323.98	18	Will	90	136.70
9	Thought	165	287.25	19	Must	72	134.19
10	Water	103	220.03	20	And	1253	133.62

一　人物塑造与主题意义

根据词语在文中的分布位置及出现频率，可以绘制该文本的情节展示图。本章运用语料库检索软件 WordSmith 5.0 的 Plot 功能绘制相关检索词的词图（如图 8-2），通过观察关键词在词图中的先后顺序及分布密度，可以对作品主要人物角色及故事情节的发展脉络有一个较为直观的了解与认识。此外，对关键词的搭配、索引的观察与分析，有助于较为客观地把握作者如何通过语言运用来塑造人物形象、深化主题。《老人》中，关键性较高的名词共计 11 个，分别指代主人公桑地亚哥 [（the）old man]、男孩玛诺林 [（the）boy]、马林鱼 [（the）fish]、鲨鱼（shark/sharks）、捕鱼的工具及场所（line, skiff, harpoon, water, sea）等，其中尤以三词词簇 the old man 与两词词簇 the boy 的高频使用最为突出。

（一）the old man

相对于 the old man 和 the boy，它们所指称的对象仅分别有 4 次和 2 次以专有名词 Santiago 和 Manolin 出现。作者用专有搭配 the old man （201 次）称谓老人，而不是直呼其名，通过对主人公的特指突出了老人的年迈与坚毅，体现出对老人深切的敬佩之情，彰显了主人公于重压之下依旧保持优雅风度的"硬汉"品质，传达了"人尽可以被毁灭，但不可以被打败"的深刻主题（But man is not made for defeat. A man can be destroyed but not defeated.）。例如，小说伊始，作者对老人肖像描写中的 gaunt，thin，wrinkles，blotches，scar 等字眼，刻画出老人的饱经沧桑，permanent defeat 似乎又预示了小说的悲剧结局，体现出叙事者的敬佩与怜悯。再如，Everything about him was old except his eyes and they were the same color as the sea and were cheerful and undefeated. 一句，描绘出主人公虽苍老，但他炯炯有神的双眼依然如大海般湛蓝、乐观和不服输的内涵。《老人》作为经久不衰的世界经典，通篇始终贯穿着其所颂扬与讴歌的体现在老人身上的坚不可摧的信念和永不言败的乐观精神。

（二）the boy

the boy 指代男孩玛诺林，是老人的忘年交，也是他最忠实的朋友。老人之于男孩，如父如兄、亦师亦友。检索与观察可见，the boy 主要出现在小说的开端与结尾（如图 8-2 所示）。小说的中间部分插入了老人在与大马林鱼斗智斗勇期间对男孩的想念，数次表达出希望男孩陪伴在身边的强烈愿望。尽管如此，在小说伊始，为了孩子能够捕到更多的鱼，老人没有同意孩子跟他一起出海的请求，而是"命令"他：You're with a lucky boat. Stay with them。小说结尾处，男孩看到老人的满身伤痕，泪流不止，毅然决定不顾家人意见，再度同老人一同出海。他明确告诉老人：I do not care. I caught two yesterday. But we will fish together now for I still have much to learn. 首尾呼应，烘托出这一老一少之间亲人与战友般的爱与关怀，而且言简意赅地点出了小说中的忘年之交的潜层主题。

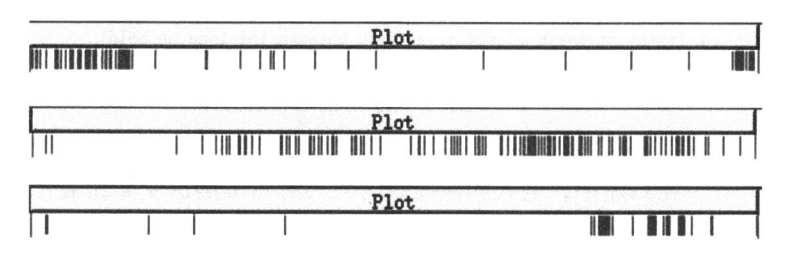

图 8-2 《老人》中 the boy, the fish, shark 的情节展示图

（三）the fish，shark(s)

小说中除了 the old man 和 the boy 这两个高频名词搭配外，the fish 和 shark(s) 亦反复出现，分别达到 138 次和 66 次，前者指代老人捕获的马林鱼（marlin），后者指老人返航途中遇到的鲨鱼群（sharks）。老人将马林鱼视作与自己旗鼓相当的生死对手，对它爱恨交加，既尊重、赞美它，又决意战胜它。例如："I'll kill him though", he said. "In all his greatness and his glory." 再如：You did not kill him only to keep alive and to sell for food, he thought. You killed him for pride and because you are a fisherman. 可以看出，老人捕鱼不仅是为了物质层面上的经济利益，更是出于维护他自己的尊严，即他身为渔夫的自豪感。小说中的桑地亚哥是一个家徒四壁、生活拮据的老人，物质层面上，他无疑是一位失败者，但他从未放弃精神上的追求，一次又一次地出海捕鱼，以证明自己"廉颇未老"的男子气概。此外，检索发现，fish 的常用搭配词中，great 是其频率最高的修饰语（如图 8-3 所示），作者此举意在以马林鱼的庞大来凸显主人公年迈弱小的实力悬殊。

```
"The month when the great fish come," the old man said.
"There has never been such a fish. Those were two fine fish
is an old man. But what a great fish he is and what will he bring
great occurrences, nor of great fish, nor fights, nor contests of
third." "Very good." "Now we fish together again." "No. I am
the mutilated under-side of the fish. He knew that each of the
see what he can eat," the proprietor
two yesterday. But we will fish together now for I still
He took one look at the great fish as he watched the shark
The old man had seen many great fish. He had seen many that
the long backbone of the great fish that was now just garbage
and break it. He is a great fish and I must convince him, he
Then he was sorry for the great fish that had nothing to eat and
part of the hook that a great fish could feel which was not
Then he began to pity the great fish that he had hooked. He is
now but he held on the great fish all the strain that he
felt the strength of the great fish through the line he held
```

图 8-3 《老人》中 fish 的语境索引行

另外，在归途中，老人和他捕获的大马林鱼屡屡遭受鲨鱼袭击，他利用一切可用的工具，与它们进行殊死搏斗。"Fight them", he said. "I'll fight them until I die." 此两句独白将老人铁骨铮铮的硬汉形象展现得淋漓尽致。但由于年老体弱，加之武器缺乏，老人终究寡不敌众，马林鱼最终被鲨鱼吞食殆尽，仅剩下一副骨架。虽然从现实意义上讲，老人失败了，但在海上三天三夜的鏖战中，不管是与马林鱼的雌雄决战，抑或是与鲨鱼群的生死较量，他始终没有放弃，获得了精神意义上的胜利。实际上，海明威自己亦声称，"这本书描写一个人的能耐可以达到什么程度，描写人的灵魂的尊严，而又没有把灵魂二字大写字母标出来"。（转引自董衡巽，1980：143）

二 人物话语和思想投射

申丹（1998：272）指出：小说中人物话语和思想的表达方式与人物语言之间是形式与内容的关系，同样的人物话语内容用不同的表达方式会产生不同的文体效果。观察《老人》中 he，said，thought 的索引行与情节图发现，首先，he 几乎贯穿小说始终，分布非常紧密，在全文中共出现 1161 次，其中 889 次（约 77%）用于指代主人公桑地亚哥，且多出现在小句主位上（742 次）。其次，它常与右搭配动词 thought 和 said 共现，分别以 he thought/said（145/95 次）形式出现，作为桑地亚哥的叙事话语和思想标记语，从而构成了海明威"独特叙事风格的重要标尺"（刘泽权、王梦瑶，2017：75）。

（一）思想投射

海明威采用意识流的手法，以独白的形式表现老人在海上捕鱼期间的所思所想，向读者展示主人公丰富细腻的内心世界、其与马林鱼及鲨鱼较量时的心理活动。结合 Leech & Short（2007）对人物话语和思想表达方式的划分，可以发现《老人》主要采用自由直接引语的思想投射方法，这是"叙述干预最轻、叙事距离最近"的一种形式，适合"表达人物潜意识心理活动"（申丹，1998：283-284）。根据法国叙事学家热奈特（1980）的聚焦三分法，《老人》多采用外聚焦和内聚焦相结合的双重聚焦模式，两者在文中相互转换、相得益彰。如图 8-4 所示，自由直接引语或内聚焦叙事手法的使用，使得人物话语或思想与叙述流融为一体，让叙述顺畅、简捷，情节更加扣人心弦。

细究海明威叙事聚焦转换手法的运用，可以追溯到法国作家福楼拜

```
club." Now they have beaten me, he thought. I am too old to club sharks to de
ight across the top of the head, he thought. The two sharks closed together ar
I could not expect to kill them, he thought. I could have in my time. But I ha
 the first one surely. Even now, he thought. He did not want to look at the fi
s." I cannot be too far out now, he thought. I hope no one has been too worrie
men will worry. Many others too, he thought. I live in a good town. He could r
the bill off to fight them with, he thought. But there was no hatchet and ther
I promised if I caught the fish, he thought. But I am too tired to say them no
 in the sky. I have half of him, he thought. Maybe I'll have the luck to bring
too." I must not think nonsense, he thought. Luck is a thing that comes in mar
ld see the glow from the lights, he thought. I wish too many things. But that
```

图 8-4　he thought 的语境索引行

的《包法利夫人》的创作先例。海明威在论及同时代著名作家时，曾对福楼拜大加赞扬。据其子格瑞戈里·海明威回忆："爸爸认为《包法利夫人》把真正美的东西表现得十分简洁"（转引自董衡巽，1985：167）。只不过海明威在《老人》中不仅向福楼拜学习，亦有所突破。《包法利夫人》中人物内部聚焦采用的话语表达方式为间接引语，作者描写人物内心活动时采用的是第三人称单数 he/she，人物思想意识由叙述者转述。如图 8-4 所示，《老人》中人物思想由第一人称代词 I 引出，读者不需要通过叙述者的转述便可直接进入人物意识，身临其境地感受老人的孤独与勇敢，与之产生共鸣。这种客观的叙事手法正是海明威所追求的"对象和读者之间的直接联系"（张仁霞、戴桂玉，2010：37）。

另外，从 thought 的关键值看，其简单而规律性地重复使用似乎表明海明威更加关注人物内心世界的刻画与描写。他曾对美国作家梅勒和俄国作家陀思妥耶夫斯基的心理描写大为赞扬，并教导其子："读（小说）的时候要留心观察作者如何描写人物的内在心理，情节怎么组织。"（转引自董衡巽，1985：167-168）

（二）言辞投射

said 是《老人》中使用频率最高的动词，共出现 188 次。进一步检索可知（见图 8-5），其搭配形式为 the old man/he said（共 49/95 次），用作叙述人物话语的标识性模式，其"直接性与生动性，对通过人物的特定话语塑造人物性格具有重要的作用"。（申丹，1998：286）结合 Martin（1992）对语篇体裁的划分，《老人》的主要三个部分（"出海准备""奋力搏斗"和"捕鱼返回")分别属于对话体语篇、独白体语篇和对话体语篇(李国庆,2002:60)。老人独自在海上漂流的三天三夜中,其话语对象(诸如马林鱼、海鸟、鲨鱼以及老人的双手等),并不能与之进行"互动",但老人仍然试图与它们"交谈"。小说结尾处的 He noticed how pleasant it was to have somebody to talk to instead of speaking only to himself and to the sea 一句,从侧面烘托出老人捕鱼期间渴望与人交谈但又无人可谈的孤独与无奈。

```
     "What kind of a hand is that," he said. "Cramp then if you want. Make your
 l be ready. "Be patient, hand," he said. "I do this for you." I wish I coul
 is hand on his trousers. "Now," he said. "You can let the cord go, hand, an
   help me to have the cramp go," he said. "Because I do not know what the fi
   September sky. "Light brisa," he said. "Better weather for me than for yo
  lowly upward. "He's coming up," he said. "Come on hand. Please come on." Th
 ped. "Bad news for you, fish," he said and shifted the line over the sacks
 g at all. "I am not religious," he said. "But I will say ten Our Fathers an
 ittle line out over the stern," he said. "If the fish decides to stay anoth
   big." "I'll kill him though," he said. "In all his greatness and his glor
  boy I was a strange old man," he said. "Now is when I must prove it." The
 is left? Don't think, old man, he said to himself, Rest gently now against
  . "If you're not tired, fish," he said aloud, "you must be very strange."
```

图 8-5 《老人》中 he said 的语境索引行

从写作手法上看,海明威十分擅长的重复叙事手法在《老人》中通过 said aloud 的单调复现得到了充分体现。进一步观察可见,这种搭配共出现 28 次(如图 8-6 所示)。细看其语境,发现"I wish I had the boy"和"I wish the boy was here"以稍加变化的句式共出现 9 次,这从另一个侧面抒发出老人对孩子的深切思念及内心的孤独无助之感。从整体上看,said aloud 的反复运用,强烈投射出这样一幅情景:老渔夫桑地亚哥孑身一人在茫茫大海上漂荡,因为"没有人会被打扰"也"没有收音机为他带来棒球赛的消息",他一次又一次"高声"说出心中所

```
 uch again. "He'll take it," the old man said aloud. "God help him to take it." He did not tal
 ou been long enough at table? "Now!" he said aloud and struck hard with both hands, gained a
 one. "I wish I had the boy" the old man said aloud. "I'm being towed by a fish and I'm the t
 ing. You must do nothing stupid. Then he said aloud, "I wish I had the boy. To help me and to
  promptly. "I wish the boy was here," he said aloud and settled himself against the rounded p
   felt him. I had to get rid of him too fast. Aloud he said, "I wish I had the boy." But you
  l that a man can ask. "Fish," he said softly, aloud, "I'll stay with you until I am dead." He
  bleeding. "Something hurt him then," he said aloud and pulled back on the line to see if
   were here and that I had some salt," he said aloud. Shifting the weight of the line to his l
   little. "If you're not tired, fish," he said aloud, "you must be very strange." He felt very
```

图 8-6 said aloud 的语境索引行

想，其中既有他孤独无助时的喃喃自语和对孩子的思念，也有他与马林鱼和鲨鱼进行殊死较量时的自我鼓励与积极的心理暗示，颇具"我说故我在"之意。由此，一个真实的、动态的老渔夫形象赫然立于眼前。海明威这种匠心独运的重复叙事手法，通过对同一情绪的多次投射，不仅强化了人物形象塑造，而且深化了小说主题。

三 情态动词使用

按照系统功能语法，人际意义的重要组成部分之一是讲话者对自己所讲命题的成功性和有效性所作的判断，或在命令中要求对方承担的义务，或在提议中表达个人意愿。人际意义这一功能由情态系统来实现（朱永生等，2004：151），情态动词是体现情态意义的一种重要形式。《老人》文本中，关键值前20位的词语中有两个情态助动词，即will和must，分别达到90次和72次。根据Halliday（2000：358）对情态动词量值划分，will属于中量值词，must为高量值词。中、低量值情态动词使语气相对缓和，高量值情态动词则使语气稍具强制性。为考察情态动词的使用与人物性格特征的关系，进一步观察高量值情态动词must索引行发现，共62次（86.11%）出现在老人的话语中，其中42个

```
       I must convince him and then I must kill him.   But the fish kept
       an hour I will see him.  Now I must convince him and then I must
       that are my brothers.  Still I must sleep.  They sleep and the
                But it is unavoidable.  I must remember to eat the tuna
       start circling soon and then I must work on him.  I wonder what
       to get the harpoon in.  But I must get him close, close, close,
       nearly sold it to you too."   I must not think nonsense, he
       man gave up a little line.  I must hold his pain where it is,
       of his circle now," he said.  I must hold all I can, he thought.
                I mustn't try for the head.  I must get the heart.  "Be calm and
                healer that there is.  All I must do is keep the head clear.
                which is my brother and now I must do the slave work."  Now I
                skiff would never hold him.  I must prepare everything, then
                not reach for the water now.  I must get him alongside this time,
                that one quick pull he made?  I must be getting very stupid.  Or
                the fish's course held true   I must see it for many more hours.
                must do the slave work."  Now I must prepare the nooses and the
                But then he could break it.  I must hold him all I can and give
                convince him, he thought.  I must never let him learn his
                it. He is a great fish and I must convince him, he thought. I
                lurch he could break it.  I must cushion the pull of the line
```

图8-7 《老人》中must的语境索引行

(67.74%)以 I 作为小句主语（如图 8-7 所示）。这从另一方面体现出海明威特有的语言使用模式与人物形象塑造的关系，进一步凸显老人对自己的命令以及战胜马林鱼和鲨鱼的决心，老渔夫坚毅顽强的硬汉形象一而再、再而三地跃然纸上。

第六节　小结

本章以《老人》为例，借鉴、融合多维分析模型、语料库文体学、计量文体学三种量化文体风格考察方法，尝试并验证了多变量方法在文学作品风格考察中的具体运用。具体来说，研究采用多维度分析模型和多参数考察方法，量化确立了《老人》的总体语言风格，借鉴语料库文体学关键词分析方法，系统考察了海明威在《老人》中独特的语言运用模式及其在塑造人物形象、深化作品主题方面的功能意义。研究发现，《老人》呈现出口语化程度高、词汇变化小的总体语言风格；其在人物特指、自由直接思想投射和直接话语投射以及情态动词使用等方面的模式化语言特征，不仅使老人形象更加鲜活，也使得作品主题得到了升华。

本章不仅考察传统的语料库统计参数标准类/形符比，还引入了新的计量参数移动平均类/形符比、熵值和相对重复率；不仅借鉴计量文体学的计算与统计方法全面考察作品整体语言风格，亦注重对文本中高频但模式化语言形式的功能与潜在意义的探讨，尝试构建文学作品的量性考察路径。研究表明，计量方法在文学风格考察中的应用，可以使得文体学摆脱主观、趋向客观，从依赖直觉走向科学化；多方法、多变量的量化交叉考察、互证使得研究发现更具说服力；量化的数据结果唯有与深入的文本细读相结合才能更好地阐释文体风格运用与其艺术功能之间的关系。

第九章

多变量方法在译本风格研究中的应用
——以《老人与海》六译本多维度考察为例

第一节 引言

"欧内斯特·海明威被认为是美国作家的代名词。当学生、读者或是出版商们谈论起美国著名作家时，海明威的名字就会浮现出来"（Wagner-Martin，2000：3）。海明威最大的贡献，在于他创造了一种新的散文风格（董衡巽，1980：135）。他的创作时有意识流手法，句式凝练，措辞简朴，在有限的文字中暗含无限丰富的内容，创造出气势恢宏的艺术世界，在美国文坛上开创了一代新的文体风格（孙华祥，1999：104）。其短篇小说《老人与海》（*The Old Man and the Sea*）于1952年发表后立即在文学界引起巨大反响，海明威也因此于1954年获得诺贝尔文学奖。对中文译者来说，翻译这部作品时，"能否忠实地展现原作的艺术风格成为能否译好这部作品的关键"（孙致礼，2012：59）。本章旨在利用自建的《老人与海》英文及其自20世纪50年代至2012年间六个较有影响的中文译本平行语料库，多维度考察原文风格在其六个中文译本的再现情况，对比、分析各译本的共时、历时风格异同与成因。

第二节 文献回顾

Leech & Short 认为风格是一个"关系术语",指的是"某个作家或某个时期文本中的语言使用特点"(2007:10)。一般认为,译作的风格是作者风格与译者风格有机结合的产物。因此,我们在关注作者风格的同时也不能忽视译者风格的存在与影响。Hermans(1996)指出,翻译叙事话语在文本中表现出不止一种声音,他将其中包含的"另一种声音"称为"译者的声音"。Baker 认为"译者风格"是一种"指纹",包括译者在译文中所流露出的一系列语言与非语言的特征(2000:245)。

自 Baker(1993)提出用语料库的方法研究文学作品的译者风格以来,译者风格研究逐渐成为语料库翻译研究的重要课题之一。之后的诸多相关研究中,有些基本遵循她倡导的单语类比的考察方法,有些则采用基于平行语料库的语际对比模式,将源语纳入考察范围之内。Baker(2000:241-266)对 Peter Bush 和 Peter Clark 两位译者的英文译文中报道动词 SAY 的各种形式的使用情况进行了考察,发现两位译者在该词的使用方面存在较大差异:后者倾向于使用该词的过去时形式,前者则多用一般现在时。Saldanha(2011:25-50)对比分析了 Peter Bush 和 Margaret Costa 两位译者在加强语气的斜体、外来词及报道动词 SAY 和 TELL 后连接词的使用情况,发现前者斜体和外来词的使用频率明显高于后者,前者倾向于在 SAY 和 TELL 后面加上连接词 that。Winters(2007:412-425)通过对 Renate Orth-Guttmann 和 Hans Christian Oeser 两位译者的《美女和被诅咒的人》(*The Beautiful and Damned*)德语译本中报道动词的对比分析,发现后者所使用的报道动词重复性较大,前者倾向于使用不同的报道动词以避免重复。

王克非和胡显耀(2008:16-21)基于原创汉语与翻译汉语类比语料库,考察了翻译汉语区别于原创汉语的词汇使用特征,发现翻译汉语表现出简化、显化和范化特征。刘泽权等基于《红楼梦》中英文平行语料库，考察和探讨了《红楼梦》四个英译本在风格上的异同（2011：60-64）。黄立波将译者风格研究分为两类：基于可比语料库的"T-型译者风格"和基于平行语料库的"S-型译者风格"研究（2014：61）。前者类似于 Baker 的方法论，采用基于可比语料库的单语类比模式对译者风格进行考察；后者则将原文本也纳入考察范围之内，关注译者对于原文中某些特征在译文中的"规律性"处理方式。上述研究均脱离了原文本，难以辨明研究发现是原文风格抑或是纯粹的译者风格，很难判断那些"规律性"的语言行为是译者下意识的选择还是受到了原文的影响。其实，Baker 本人也建议尝试将同一原作的不同译作进行对比分析，但她指出此方法的困难之处在于很难找到某部作品在同一时期内的不同译作；如果重译作品出现在不同时期，我们或许可以认为译者在译文中表现出的规律性语言使用模式是由目标语语言变化、特定译者群体诗学等因素造成的（Baker，2000：261-262）。

海明威及其《老人与海》的风格一直是国内外学界研究的一个焦点。英国著名作家贝茨（1980）在评价海明威风格时指出，"随着亨利·詹姆斯复杂曲折的作品而登峰造极的一派文风"，像是附在文学身上的"乱毛"，被海明威"剪了个干净"，只留下清晰的枝干。王守义（1987：41）认为，海明威"追求一种没有修饰、没有雕琢的真实，努力用最简洁、最清晰的语言向人们提供画面"。这些研究似乎大多属于定性分析，缺乏客观的量化数据。至于《老人与海》的中文译本研究，马若飞（2007：62）认为"张爱玲深厚的英语文学功底加上作家特有的禀赋和素养，使得她在对原作的理解上精准得当、入木三分，高人一筹"。王晓莺（2008：26-27）对比张爱玲和海观译本后认为：张氏采用的异化策略彰显了主人公的个人主义英雄面貌，海译本的归化策略则削弱了老人的个人形象。定量研究方面，何明霞、汪桂芬（2001：349-351）从对源语风格的再现程度上考察对比研究了海观译本与台湾女性译者宋碧云译本并得出结论认为宋译本优于海译本。向荣（2011：57-60）运用语料库的方法，从词汇和语篇方面对比分析了张爱玲译本和吴劳译本的译者风格，发现吴劳译本更加贴近原文风格。彭宣红（2013：126-129）以语料库为基础，考察了吴劳、张爱玲、海观和赵少伟四个译本对原著中人物情感的忠实性程度,发现张爱玲译本在情感上更加忠实于原文。但上述研究仅从有限的角度对《老人与海》译本进行对比,多对张爱玲译本褒扬有加,未能从对原文的语言风格系统的量化分析出发去考察、对比不同译本的风格。

第三节 语料及研究方法

本书的语料包括《老人与海》原文及其六个有代表性的、不同时期的汉语译本,译者分别为张爱玲(1955)、海观(1956)、吴劳(1987)、孙致礼(2012)(以下分别简称张译、海译、吴译、孙译)和余光中(1957和2010,下文分别用"余a""余b"指代)。张爱玲亦作亦译,在中国文学史上占有重要的一席之地,其译本为"冷战"时期美国文学中译计划的产物(赵稀方,2006:89)。海观是我国著名文学翻译家,他的译本由《译文》杂志于1956年12月刊发,是中国内地/大陆的第一个,也是随后三十年间唯一的《老人与海》中译本。吴劳被誉为海明威专家,其《老人与海》译本销量最大,也被认为最具权威(新京报2013)。作为诗人、散文家,台湾学者余光中有着深厚的中文造诣,他于1957年译《老人和大海》之后时隔50多年重译了该作品,并将其更名为《老人与海》。孙致礼是解放军外国语学院教授,我国著名的翻译家及翻译理论家,翻译了包括《傲慢与偏见》《呼啸山庄》《苔丝》等在内的经典英美名著三十多部。上述译本在时间上跨越了半个世纪,空间上覆盖了海峡两岸;译者的性别、身份及背景差异,可以成为多时代译本的代表;两岸在语言使用上可能的差异,乃至译本不同的社会政治背景,也赋予了这一历时的多译本对照研究特殊的价值。因此,本书希望能从不同侧面窥探英汉翻译的历时与空间变化样态,尤其是两岸知名译者五十多年间的翻译与语言风格异同,同时审视名著重译尤其是名人译本的必要性及价值。相关文本的信息如表9-1所示。

表9-1　　　　　《老人与海》英、汉语版本信息

作者/译者	作品名称	译者身份	出版地点/出版社	出版时间
海明威	The Old Man and the Sea	—	New York：Charles Scribner's Sons	1952
张爱玲	老人与海	作家，译者	香港：中一出版社	1955
海观	老人与海	翻译家	上海：新文艺出版社	1956
余光中 a	老人和大海	诗人，译者	台北：重光文艺出版社	1957
吴劳	老人与海	翻译家	上海：上海译文出版社	1987
余光中 b	老人与海	诗人，译者	南京：译林出版社	2010
孙致礼	老人与海	翻译理论家，教授，翻译家	北京：人民文学出版社	2012

下文首先借助语料库考察《老人与海》原文的风格特征，并以此作为参照对比评价六个中文译本在何种程度上保留或再现了原文风格，它们之间的异同以及造成这些差异的可能的社会、时代和个人因素。具体来说，本书采用 S-型和 T-型译者风格研究并存的考察模式，不仅进行原文与译文的语际对比，同时也将原文和译本分别与各自语言的原创作品进行语内对比。为此，本书分别自建了英汉小型参照语料库，英语库语料包括三位美国著名作家 Jack London，Sinclair Luis 和 F. Scott Fitzgerald 各自的代表作 The Call of the Wild（《野性的呼唤》）（1903）、Babbitt（《巴比特》）（1922）、The Great Gatsby（《了不起的盖茨比》）（1925），汉语库语料为张爱玲自创小说《倾城之恋》。研究分别从词汇范畴（即标准类/形符比、平均词长、词汇密度、高频词）和句法范畴（即平均句长及句式）来量化与求证《老人与海》原文的风格，然后以这些考察结果为基础对《老人与海》六个中译本的风格作对比考察。

研究工具方面，我们分别用 TreeTagger 3.0 和 CorpusSegTag 1.0 对语料进行 POS 赋码，在文本编辑器 EditPlus 1.0 中将双语语料进行段落和句子切分，利用 ParaConc 实现了《老人与海》英汉语料在句子层面的平行对齐。本研究采用的语料库检索软件为 WordSmith 5.0。

第四节 原文风格考察

风格不是什么"虚无缥缈"的质素,是可以见诸"形"的具体语言形式(刘宓庆,1990:2)。本部分分别从词汇和句法范畴的六个方面考察《老人与海》原文的风格。

一 词汇范畴

(一) 标准类/形符比

类/形符比能够反映出文本中词汇的丰富程度和变化性大小,因此可以用来衡量文本的难易程度。需指出的是,当所考察的文本长度或语料库容量不同时,标准类/形符比具有更高的可信度(Baker,2000:250)。从表9-2可知,《老人与海》的标准类/形符比值远低于参照语料,仅为参照(原创小说)的73%,似可初步说明前者语言更为简洁、阅读难度更低。

表9-2 《老人与海》原文与参照语料形式参数对照表

项目\语料	老人与海	巴比特	野性的呼唤	了不起的盖茨比	参照语料（均值）
形符	26640	125765	32213	48790	68922
类符	2506	12431	4816	5919	5350
标准类/形比	34.15	48.38	53.16	45.54	46.97
平均词长	3.82	4.35	4.28	4.26	4.32
平均句长	13.92	15.34	19	13.52	15.32

(二) 词长

词长方面,《老人与海》的平均词长为3.82,低于参照文本(4.32)11.57%。图9-1显示,《老人与海》与参照文本中出现频率最高的均为3字母单词，分别为30.87%和23.70%，且前者比后者高出7.17%。同时，《老人与海》中含2、4字母的单词所占比例高于参照文本，而包含5、6、7、8、9、10字母的较长单词所占比例均低于参照文本。另外，《老人与海》和参照语料库中1-5字母单词的总频率分别为84.68%和69.67%，前者高出后者15.01%。一般来讲，词语长度越短，阅读难度越小，这些数据似乎可以说明《老人与海》作为叙事文本的特征高于参照文本，而后者的书面语程度则略高于前者，能够验证《老人与海》用词简洁、口语化程度高的语言特点。

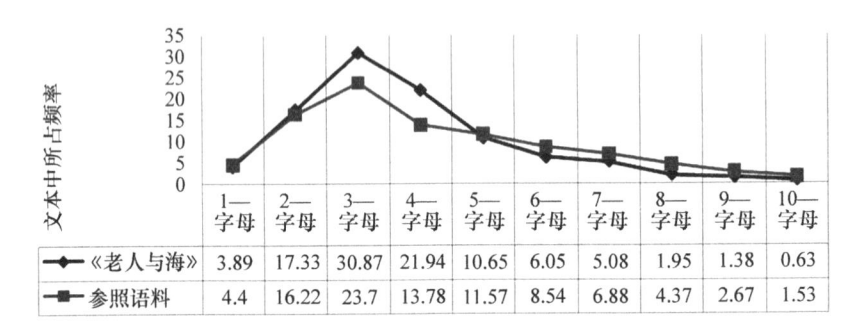

文本中所占频率	1—字母	2—字母	3—字母	4—字母	5—字母	6—字母	7—字母	8—字母	9—字母	10—字母
《老人与海》	3.89	17.33	30.87	21.94	10.65	6.05	5.08	1.95	1.38	0.63
参照语料	4.4	16.22	23.7	13.78	11.57	8.54	6.88	4.37	2.67	1.53

图9-1 《老人与海》及参照语料词长分布

（三）词汇密度

文本信息量大小与词汇密度成正比，词汇密度越高，文本信息量越大，其阅读难度也越大，反之则越小。关于词汇密度的计算方法，学界有两种不同的观点。杨惠中认为词汇密度实际上就是类/形符比，其计算方法为类符数/总词数×100%（2002：168）。另一种观点认为，词汇密度等于实词数/总词数×100%，主要用于考察具体语料的词汇变化度及难易程度（Ure，1971；Stubbs，1986）。本书采用第二种计算方法，首先依次检索出四类实词，即名词、动词、形容词和副词的频次，然后对比《老人与海》原文及参照语料的词汇密度。由表9-3可见，《老人与海》的词汇密度比参照语料库中的其他三部小说低38%，表明《老人与海》的文本信息量较小，这从另一侧面反映了该作品阅读难度较低的特点。

表9-3　　《老人与海》原文与参照语料实词及词汇密度统计

词性 \ 文本	老人与海 频次	老人与海 频率	参照语料（均值）频次	参照语料（均值）频率
名词	4271	16.00%	36389	17.60%
动词	5157	19.36%	36466	17.64%
形容词	1903	7.14%	15169	7.34%
副词	1910	7.17%	13396	6.48%
词汇密度	9434	35.41%	101420	49.05%

（四）高频词

高频词是指文本中出现的频率较高的词语，对高频词的考察有利于把握文本的词汇使用特征（刘泽权、刘超鹏、朱虹，2011），本书因此将其作为文本语言使用特征的一个考察项。对比 Leech，Rayson 和 Wilson 对 BNC 语料库现代英语词频的书面语/口语倾向的统计数据，《老人与海》原文前 80 个高频实词中有 57 个（71.25%）偏向口语语体，这在一定程度上也能显示出《老人与海》的口语化特征。

文字云图是一种信息可视化图形，对文本中出现频率较高的词予以视觉上的突出，可以使作品主题一目了然。图 9-2 中凸显的是高频词 old man，fish，line，hand，said 和 thought 在原文中的共现情况：老人是小说的主人公，与马林鱼首先是敌我的关系，但老人将其捕获绑在船边之后，他们就合为了一体，老人的对手便成了来袭的鲨鱼；双手和绳索是老人捕鱼必不可少的工具和朋友；"说"和"想"呈现老人的话语和思想，使人物形象更加饱满、生动。下文将对这些高频词汇具体分析。

1. 高频动词

词性方面，从表 9-3 数据中可见，海明威在《老人与海》原文中大量使用动词，其出现频率高于名词 3.36%，也比参照文本中动词频率高出 1.72%。对比考察发现，这些动词可分为两类，一类是叙述性动词（如 said，thought），多为过去时态，其功能为展开情节，叙述老人在海上与马林鱼和鲨鱼搏斗的过程。第二类是描写具体动作的行为动词，其主语多为小说的主人公桑地亚哥。仅就动词而言，由表 9-4 可

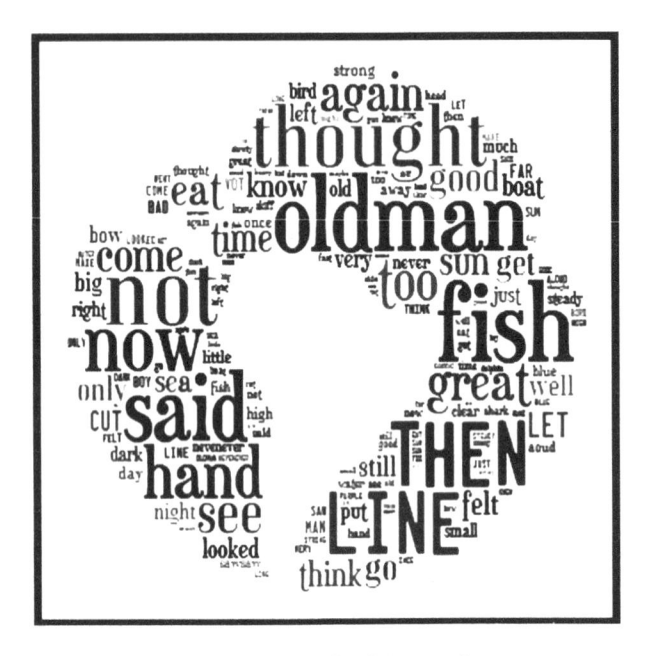

图 9-2 《老人与海》高频词文字云图

见，原文中含义相同的高频动词分别以过去式和原形两种形态大量出现，如 thought/think，saw/see，made/make，knew/know，came/come，went/go。因此，除去时态因素，前 20 位高频动词中的类符数其实仅为 14 个。细致观察可见，前两位高频动词 said 和 thought 主要用于引述（投射）老人的话语和思想。海明威通过对主人公言语和思想的细致报道，将一个真实、动态的老渔夫形象展现在读者眼前。

　　韩礼德认为（2000：112-140），及物性系统是表现概念功能的一个语义系统，包含六个不同的过程，结合高频动词中的 said，thought/think，saw/see，knew/know，felt，looked 的分析可以发现，小说主人公主要参与的过程是言语过程和心理过程。进一步观察可知，居第一位的 said 共出现了 188 次，其中 147 次（约占 said 总频次的 78.19%）均用作主人公桑地亚哥的叙事话语标记语，其话语对象包括小男孩马诺林、老人自己及马林鱼和鲨鱼（如图 9-3 所示）。居第二位的动词为 thought，观察索引行（见图 9-4）可知，它最常见的搭配词是出现在其左侧的单数第三人称代词 he 与名词词组 the old man，二者均代指主人公桑地亚哥，以此来展示主人公生动细腻的心理活动，这种叙述结构大部分位于句尾，少量居于句中，几乎没有出现在句首。

表9-4 《老人与海》原文前20高频名词、动词、形容词及副词统计

次序	名词 词语	频次	动词 词语	频次	形容词 词语	频次	副词 词语	频次
1	Fish	281	Said	188	Old	247	Not	201
2	Man	263	Thought	165	Great	64	Now	173
3	Line	137	See	67	Good	46	Then	149
4	Water	102	Come	58	Big	37	Too	70
5	Boy	100	Made	48	Left	33	Again	63
6	Hand	85	Eat	47	Right	28	Only	51
7	Head	61	Saw	46	Many	27	Down	41
8	Shark	47	Knew	45	Dark	27	Well	40
9	Skiff	47	Go	44	Small	23	Still	39
10	Sun	46	Think	44	Long	22	Very	34
11	Time	46	Get	43	Little	22	Aloud	34
12	Hands	44	Came	41	Strong	21	Fast	33
13	Sea	42	Felt	40	Heavy	19	Just	33
14	Boat	38	Let	40	High	17	Never	28
15	Bow	32	Looked	37	Clear	15	Slowly	26
16	Night	30	Make	37	Steady	15	Much	25
17	Side	29	Know	36	Bad	15	Far	21
18	Dolphin	27	Went	35	Purple	14	Away	20
19	Bird	26	Cut	33	Blue	13	Once	20
20	Day	25	Put	33	Deep	12	Maybe	19

2. 高频名词

就名词而言，前20个高频词中多数为具体名词，表示人物（如 man，boy）、时间（如 day，night）、捕鱼工具及场所（如 line，skiff，bow，sea，water）以及海洋上的生物（如 dolphin，fish，shark）等。居

```
nothing. "Come on," the old man said aloud. "Make another turn. Just smell
again. "He'll take it," the old man said aloud. "God help him to take it." He did
shade of the stern. "Albacore," he said aloud. "He'll make a beautiful bait. He'll
would think that I am crazy," he said aloud. "But since I am not crazy, I do not
must do nothing stupid. Then he said aloud, "I wish I had the boy. To help me
"I wish the boy was here," he said aloud and settled himself against the
long enough at table? "Now!" he said aloud and struck hard with both hands,
"I wish I had the boy" the old man said aloud. "I'm being towed by a fish and I'm
circling again. "He's found fish," he said aloud. No flying fish broke the surface
and into the wood. "Galanos," he said aloud. He had seen the second fin now
```

图 9-3 《老人与海》原文中 said 索引行截图

```
fish turn. You work now, fish, he thought. I'll take you at the
      get him close, close, close, he thought. I mustn't try for the
        that he could. I moved him, he thought. Maybe this time I can
can get him over. Pull, hands, he thought. Hold up, legs. Last
   way nothing is accomplished, he thought. His mouth was too dry
   get him alongside this time, he thought. I am not good for
    getting confused in the head, he thought. You must keep your
      suffer like a man. Or a fish, he thought. "Clear up, head," he
        again and it was the same. So he thought, and he felt himself
the rope to lash him alongside, he thought. Even if we were two
     the bow. I want to see him, he thought, and to touch and to
```

图 9-4 《老人与海》原文中 thought 索引行截图

第一位的是 fish，观察与分析索引行可看出其最常见的搭配形式为 the fish，指代老人所捕获的那条马林鱼。居第二位的是 man，其最常见的搭配形式为 old man（86.04%）。通过对定冠词 the 的检索，并结合小说标题，不难发现，the old man 是小说的主人公，即老渔夫桑地亚哥。结合 fish 与（the old）man 等名词的使用频次可见，小说突出叙述了年迈的老渔夫出海打鱼、成功捕获大鱼之后遭到鲨鱼袭击并与之进行殊死搏斗的历程。由此可以说明作者用 the old man 来专门指称老渔夫而不是直呼其名，体现出他对老人深切的敬佩之情，同时也有利于突出主人公于重压之下依旧保持优雅风度的"硬汉"品质，传达"人尽可以被毁灭，但不可以被打败"的深刻主题。以上分析表明，对高频名词的统计、观察与分析可以更为客观地把握小说的人物形象、故事情节、主题思想与语言运用的关系。

3. 高频形容词

形容词方面，观察前 20 个高频形容词的索引行发现，它们多用于修饰高频名词，除了 old man 外，常见搭配有：great/big fish，left/right hand，dark/blue water 等。仔细分析可见，fish 的常用搭配词中，great 与 big 是频率较高的形容词，作者此举意在以马林鱼的庞大来凸显主人公已年迈且弱小的实力悬殊。great 另一主要修饰对象为著名棒球运动员 DiMaggio（8 次），老人认为他是力量的化身并视其为榜样。left 和 right 主要用于修饰居高频名词第六位的 hand，检索 hand 在语境中的使用发现 left hand（29 次）和 right hand（21 次）的搭配使用最多。主人公出海捕鱼期间，虽然左手一度抽筋，不听使唤，但总体而言，他的双手是功不可没的，正如老人所坦言："自己有三兄弟，即鱼和两只手"（There are three things that are brothers: the fish and my two hands）。小说高潮部分是以主人公在墨西哥湾洋面上历时三天三夜的捕鱼经历为主要情节展开叙述的。对老人而言，海洋是他重要的捕鱼场所及生存环境。除 sea 之外，the water（70 次）也多指代海洋，与其搭配使用的两个形容词分别为 dark 和 blue，分别为 7 次和 5 次。

4. 高频副词

高频副词可大致分为两类，一类用于表示时间、程度及否定意义，如 now，then，very，not 等。另一类则用于修饰人物动作，如 well，aloud 等。细致考察发现，与这些副词搭配使用的大多为高频动词，例如 aloud 共出现了 34 次，其中有 28 次与动词 said 搭配使用。细看 said aloud 在语境中的使用情况可见，此结构的主要功能为引出主人公在海上捕鱼期间的话语内容。图 9-3 中的 I wish I had the boy 和 I wish the boy was here 表现了老人对孩子的思念及内心的孤独无助之感。

二 句法范畴

（一）句长

Baker（2000）在比较分析 Peter Bush 和 Peter Clark 的风格时将二人译作中的平均句长列为考察项，发现平均句长也可以作为译者风格的标记。因此，在探究《老人与海》英文原文的文体风格时，平均句长可作为一个考察参数。由表9-2可见,《老人与海》原文的平均句长为13.92,而参照语料为15.32,也就是说参照文本的句子比《老人与海》长1.4个单词。此外,分析词性标注后的语料发现,《老人与海》原文中并列连词和从属连词的数量为1560和634,分别占连词总数的71.10%和28.90%,参照文本中两者的数量为9379和4344,占比分别为68.35%和31.65%。由此可明显看出,《老人与海》中并列连词的使用率高于参照文本,而从属连词则低于参照文本。这说明《老人与海》虽也同属叙事体裁,但其并列句的大量使用使其语言趋向简洁和口语化。

(二) 语气

小说语言主要由两部分组成,即叙述语言和人物话语。申丹指出,人物话语是小说的重要组成部分(申丹,1991:13)。就《老人与海》原文而言,上文发现,其特色之一就是对人物言辞和思想的大量直接投射,以生动塑造人物形象,推动情节发展。据统计,《老人与海》原文中的人物话语共计936句,占比48.90%。结合系统功能语法对语气系统的划分,分析人物语言的语气选择,可以进一步探析作者想要传达的人物性格特征。《老人与海》原文人物话语绝大部分出自主人公桑地亚哥之口,受话对象主要包括老人自己、男孩马诺林、马林鱼和鲨鱼。从具体话语内容和语气选择上能够看出,老人对不同的话语对象表现出相异的情感态度。由表9-5可见,人物话语中表示祈使语气和疑问语气的句子共计160句,其中121句均出自老人之口。表9-6显示,老人在与孩子交流及自言自语时使用的疑问句多于祈使句,当话语对象为马林鱼和鲨鱼时,祈使句多于疑问句。疑问句主要功能为提出问题、获取信息,需要交际对象做出回答,因此,除自言自语外,老人在与小男孩交流时采用的疑问句式最多。结合具体话语内容,读者能够体会到老人对孩子父亲般的关怀。例子,小说伊始,为了孩子能够得到更好的打鱼收获,没有同意孩子跟他一起出海的请求,而是"命令"他:You're with a lucky boat. Stay with them。

桑地亚哥老人话语内容中比重最大的是他在海上的自言自语。细读文本可知,其中既有孤独无助时的喃喃自语和对孩子的思念,也有与马林鱼和鲨鱼进行殊死较量时的自我鼓励与积极的心理暗示——由此，一个永不言败、重压之下依旧保持优雅风度的老渔夫形象便跃然眼前。当然，对马林鱼提问自然不会得到对方的回答，虽如此，老人依旧试图与马林鱼进行"交流"，说明老人将其视作与自己旗鼓相当的竞争对手，对其既爱又恨，既尊重它又决心战胜它。但是，对于在归途中遇到的鲨鱼，老人表现出的只有憎恶与痛恨，使用语气更为强烈的祈使（命令）句，疑问句数量为零。

表9-5　　《老人与海》原文人物话语句式统计

句式	频次	百分比
陈述句	776	82.9
祈使句	67	3.51
疑问句	93	4.86

表9-6　　《老人与海》原文主人公话语的语气及其对象统计

句式＼对象	男孩	自己	马林鱼	鲨鱼	合计
祈使句	9	25	15	4	53
疑问句	22	40	6	0	68
合计	31	65	21	4	121

第五节　译文风格对比

王克非指出："认识翻译必须从源语与目标语文本的比较来讨论"（2014：52-54）。上文的考察确立了《老人与海》原文在词汇和句法范畴的文体风格，本部分亦从标准类/形符比、词汇密度、高频词、具体搭配及句子语气五个维度对《老人与海》六译本的风格进行量性结合的对比考察，以尽可能客观地分析各译本再现原文风格方面的程度及其相互间的异同。

一 标准类/形符比

前贤的研究普遍认为,译文文本的长度会超过原文,这是语际显化的特征之一。从形符数量(见表9-7)上看,海译本的形符数最高,且高出形符数最低的余译本(b)约17.54%,似乎可以推断海译本的显化程度最明显,但这是否也表明显化致使译文语言不够简洁凝练呢?张译本(27757)与吴译本(27145)形符数相差不大,均低于海译本。接下来是孙译本,其形符数(25920)与英语原文的数值最为接近。从下例可以看出六译本对原文的不同处理方式。为使各译本的语言简洁程度一目了然,本章例证的译文均以行行对齐的方式排列,所以字体大小的差别以排版情况而定,不再做上下文统一。

例1 原文:He had come up so fast and absolutely without caution that he broke the surface of the blue water and was in the sun.

张译:他出来得这样快,而且一点也不谨慎,他竟冲破了那蓝色的水面,来到阳光中。

海译:它游得那么快,什么也不放在它眼里,一冲出蓝色的水面就涌现在太阳光下。

余a:它向上疾升,毫无忌惮,终于冲破蓝色的水面,暴露在阳光之中。

吴译:它蹿上来得那么快,全然不顾一切,竟然冲破了蓝色的水面,来到了阳光里。

余b:它向上疾升,毫无忌惮,终于冲破蓝色的水面,到阳光之下。

孙译:它蹿得很快,完全无所顾忌,哗的一声冲出蓝色的水面,来到了阳光里。

例1描述的是老人成功捕获马林鱼后在归途中遇到的第一条鲨鱼,原文中下划线部分表现出鲨鱼的气势之凶猛。六译文中,余光中和孙致礼倾向于使用正式的二字四字词语,显得简洁明了。同时也可以看出,孙译的"蹿得很快"和"无所顾忌"通俗易懂，相比之下，海观、张爱玲和吴劳三位的译文稍显烦冗，不够简洁，且人称代词"他"的重复出现使张译语言尤显拖沓，缺乏自然之感。

表9-7　《老人与海》原文及其六译本各参数统计

参数＼文本	原文	张译	海译	余a	吴译	余b	孙译
形符	26640	27757	28944	24766	27145	23867	25920
类符	2506	3458	3726	3908	3904	3871	3829
标准类/形比	34.15	40.49	42.00	46.33	44.77	46.75	44.43
词汇密度（%）	35.41	49.00	50.88	55.47	51.67	56.34	53.03

标准类/形符比方面，胡显耀（2007：215）的研究发现，当代汉语翻译小说语料的标准类/形符比为42.11，在本文考察的六译本中，多译本的平均值为44.12，略高于胡的发现，原因可能在于当代汉语翻译小说语料库的语料来自内地/大陆1980—2000年出版的译作，而本书考察的六译本在时间上跨越了50多年，空间上覆盖了海峡两岸，80年代以前的文本占比一半。表9-7显示，张译本和余译本分别是六译本的标准类/形符比正反之极。对形符数最高的海译本而言，其标准类/形符比值在六译本中居倒数第二，仅比最低的张译本高出1.51个百分点。吴译本与孙译本基本持平，与六译本平均值较为贴近。综合上述讨论似乎可初步认为，六译本语言难易程度依次为余译本b、余译本a、吴译本、孙译本、海译本和张译本。

二　词汇密度

词汇密度可以反映文本信息容量大小及难易程度。据王克非和胡显耀（2008：16-21）的研究，原创汉语的词汇密度为61.40%，考察发现六译本的词汇密度均低于这个数值，似乎可以推断，较之于原创汉语，这些译本文本信息量小、阅读难度低，这进一步验证了Baker（1996）提出的翻译文本"简化"特征之说，也证实了王和胡（同上：16-21）的发现：汉语翻译文本呈现出通过降低词汇密度来降低译文的难度从而提高其可接受性的总体趋势。另外，六译本的词汇密度均大幅度高于原文，说明译本中实词比率高于原作，这在一定程度上支持了翻译文本的语际显化假设。具体来讲，余光中两译本词汇密度最高，吴译与孙译相差不大，均低于余译，略高于海译，张译最低。因此，仅就文本信息量而论，六译本从高到低依次为余b、余a、孙译、吴译、海译和张译。

三 高频词

通过对《老人与海》原文及其六个中文译本前20高频词的统计与对比可以发现，各译本的高频词使用情况基本一致，均为代词、介词、助词等功能性词语。尤其是位于前6位的高频词几乎一致，均为"的""他""了""我""在""它"，且除张译本外这些词的排序也基本一致。由此，六译本的历时和共时差异似乎无法通过表面的量化数据观察。值得注意的是，张译本中第三人称单数代词"他"不仅高居词表榜首，而且其频次高于其他四个译本均数的32%。差异如此悬殊，原因何在，值得深入到原文及其各译本的具体语境探究。图9-5和图9-6是对中译本的He及其在各译本中的译法的检索截图。

在原文中，一部分He, Him和His用于指代大鱼、小鸟、老人的双手及鲨鱼，张爱玲"忠实地"把它们统一男性化，处理成"他""他的"，而其他四位译者采用物化的"它"或"它的"。请看下例：

> **例2 原文**："He's got something", the old man said aloud. "He's not just looking."
> **张译**："他得到了一点什么了"，老人自言自语。"他不光是在那里寻找。"
> **海译**："它准是捉到什么东西啦"，老头儿提高嗓子说。"它不光是寻找啊。"
> **余a**："它一定弄到什么东西了"，老人高声叫到，"它不会只是看看的。"
> **吴译**："它逮住什么东西了"，老人说出声来。"它不光是找找

第九章 多变量方法在译本风格研究中的应用　239

罢了。"

　　余b："它一定抓到什么东西了"，老人高叫，"它不只是看看的"。

　　孙译："它准是盯上了什么"，老人大声说道。"不仅仅是在搜寻。"

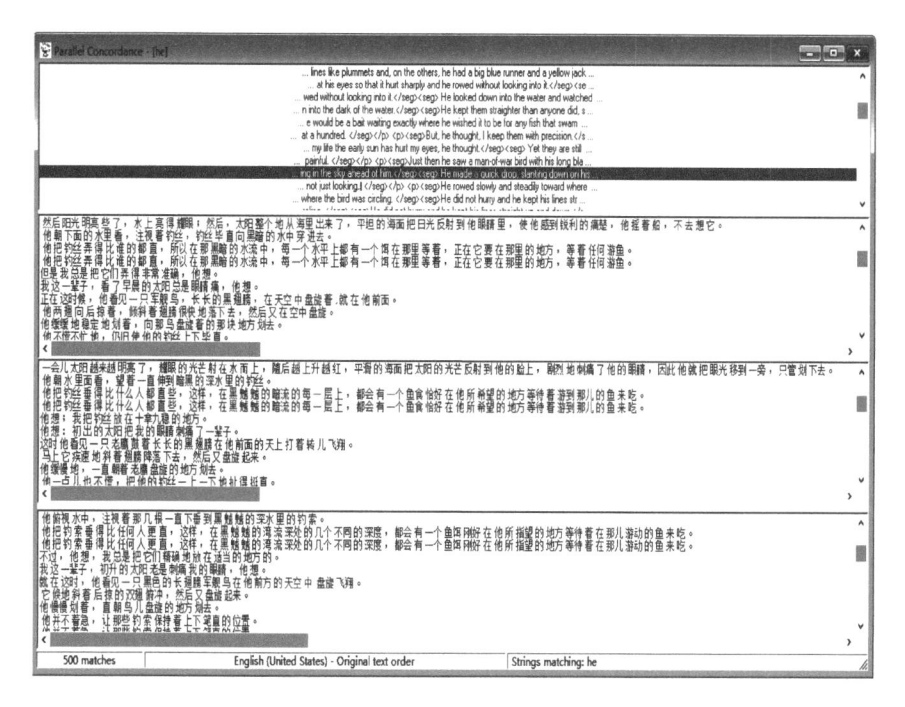

图9-5　《老人与海》原文及其译文（张、海、吴）检索截图

　　例2为老人看到一只鼓着长翅在空中盘旋的军舰鸟时的自言自语，He 指代那只欲捕食鲯鳅的军舰鸟。除张译的"他"外，其余四位译者均不约而同地将其翻译成"它"。另外，got 一词本意为"得到，拥有"，在原文中指军舰鸟"发现目标"并伺机采取行动。从六个译文来看，孙译的"盯上"是对原文内涵最准确的传达，张、海、余、吴分别翻译成"得到""捉到""弄到"和"逮住"，均未能准确把握原文含义，且张译的"得到一点什么了"略显生硬、啰唆。

　　一般来讲，高频词覆盖率与文本可读性成反比，高频词覆盖率越

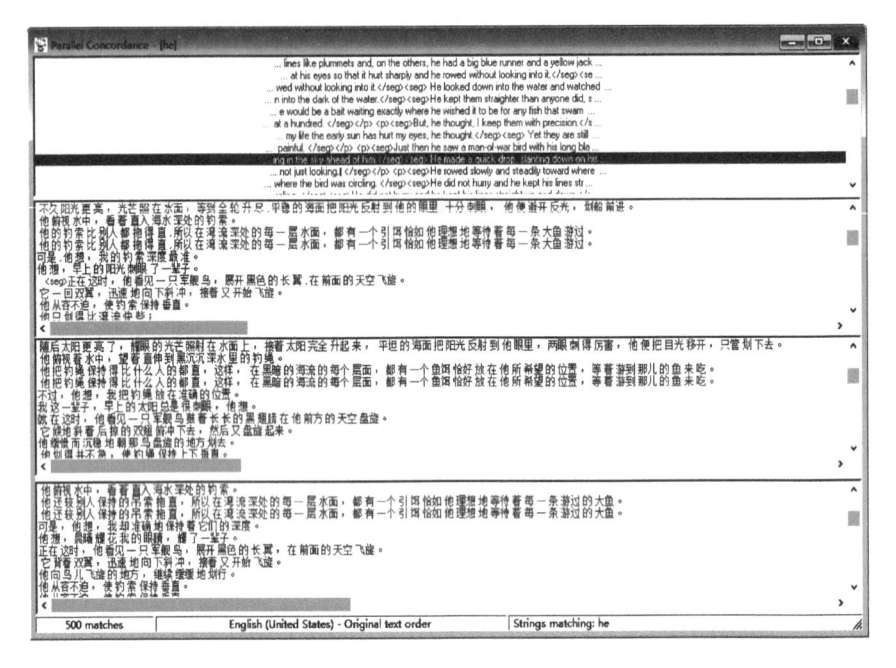

图9-6 《老人与海》原文及其译文（孙、余a、余b）检索截图

高，代表相同词汇出现的频率越大，文本中重复使用的词汇越多，故而文本的阅读难度越小。图9-7是《老人与海》各中译本前1000高频词分布折线图。需要说明的是，由于余光中两译本此方面的数值几乎没有变化，分别为82.70%和82.42%，此图仅显示余光中2010年新译本数据。

从图中可见，张译前1000高频词覆盖率最高（87.92%），海译紧随其后（85.95%），接下来是孙译（84.32%）和吴译（83.94%），余译最低（82.42%）。此发现与上文中标准化类/形符比和词汇密度方面的考察结果不谋而合。上面的例1凸显了张译、海译与余译、孙译作为形符数高低的两个极端，下例进一步展现六译本的语言简洁程度。

例3 原文：He was an old man who fished alone in a skiff in the Gulf Stream and he had gone eighty-four days now without taking a fish.

张译：他是一个老头子，一个人划着一只小船在墨西哥湾大海流

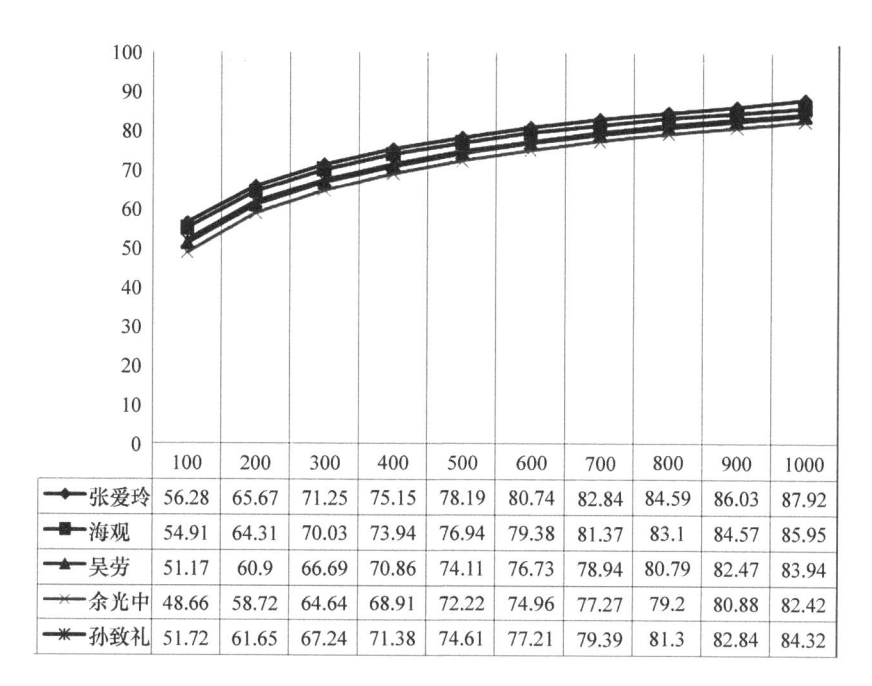

第九章　多变量方法在译本风格研究中的应用　241

	100	200	300	400	500	600	700	800	900	1000
张爱玲	56.28	65.67	71.25	75.15	78.19	80.74	82.84	84.59	86.03	87.92
海观	54.91	64.31	70.03	73.94	76.94	79.38	81.37	83.1	84.57	85.95
吴劳	51.17	60.9	66.69	70.86	74.11	76.73	78.94	80.79	82.47	83.94
余光中	48.66	58.72	64.64	68.91	72.22	74.96	77.27	79.2	80.88	82.42
孙致礼	51.72	61.65	67.24	71.38	74.61	77.21	79.39	81.3	82.84	84.32

图9-7　《老人与海》各译本高频词分布图

打鱼，而他已经有八十四天没有捕到一条鱼了。

海译：他是个独自在湾流里一只小船上打鱼的老头儿，他到那儿接连去了八十四天一条鱼也没有捉到。

余a：那老人独驾轻舟，在墨西哥湾暖流里捕鱼，如今出海已有八十四天，仍是一鱼不获。

吴译：他是个独自在湾流中一条平底小帆船上钓鱼的老人，这一回已去了八十四天，没逮上一条鱼。

余b：那老人独驾轻舟，在墨西哥湾暖流里捕鱼，如今出海已有八十四天，仍是一鱼不获。

孙译：他是个独自在湾流一条小船上打鱼的老人，现已出海八十四天，一条鱼也没捉到。

例3是小说开篇第一句话，简明扼要地介绍了主人公和故事发生的背景，用词朴素，结构自然。综观六个译文，张译最为冗长，海译与吴译次之，余译与孙译较为简洁。从上例中还可看出，张爱玲将原文中的不定冠词如数译出，如"一个（老头子）""一个（人）""一只（小船）"和"一条（鱼）"，其近乎"字字对应"的翻译使译文语言呆板、拗口。

四 具体词语的翻译

（一）the old man

The old man 是作者给予小说主人公的专指称谓，在全文中共出现了 201 次，饱含了作者敬意兼怜悯的矛盾心情，因此，对这一专有搭配的翻译也可视为译者们对作者及主人公的情感倾向的重要体现。检索发现，诸译者对其的处理有一定的相同之处，张、余、吴、孙均将原文叙事话语中的 the old man 处理成中性色彩的"老人"，海观则译为"老头儿"。对于出现在人物话语（包括老人与孩子的对话和老人对自己的自言自语）中的 old man，从种类上看，张爱玲的翻译变化性最小，将男孩对老人的称呼及老人的自称均译为"老头子"，这种处理似乎未能区分孩子对老人和老人对自己的不同的情感态度。《现代汉语规范词典》对"老头子"的解释义为：对年老的男子的称呼（多含厌恶意）（2004：790），可见张译有欠恰当。海译本中，孩子口中的"老大爷"有别于老人对自言自语时的"老家伙"，前者体现出孩子对老人的尊重，后者体现出老人的自我调侃口吻。就余光中两个译本而言，其新译本删去了旧译中"老公公"，将其改为"老头子"，把旧译中的"老古怪"改为"老精灵"，可以看出，余氏似乎试图用更鲜活、更口语化的方式来称谓"老人"，但这些译法无论从孩子还是老人口中而出似乎均无礼貌和得体性可言。吴劳分别将孩子和老人口中的 old man 译为"老大爷"与"老家伙"和"老头儿"，孙致礼分别翻译为"老人家"和"老家伙"。"老大爷"指对老年男子的尊称（多指不相识的）（同上：787），因此，吴劳把孩子口中的 old man 译成"老大爷"似乎非常归化，体现了礼貌性，但原文似乎并没有这种高度的礼貌感。"老人家"在词典中的释义为"对老年人的尊称"（同上：790）。我们认为，the old man 就是作者赋予老人的一个标志性指称，具有排他的意指，任何变异乃至新奇的翻译似乎都不能完全再现该指称的深刻内涵。

（二）said aloud 与 he thought

原文中有两个高频的叙事标记结构，即 the old man/he said aloud 与 he/thought，分别呈现主人公的"自言自语"与"内心思想"（Leech & Short，2007）。上文已经指出，这些标记语对于塑造主人公孤身一人在狂暴空旷的大海上斗争的坚毅形象至关重要，它们也构成作者独特叙事风格的重要标尺。因此，如何理解并再现这些标记语，也是译者风格考察的不可或缺内容。张爱玲将 said aloud 翻译成"自言自语"，似乎与原文含义不符，将"自言自语"回译成英文应该是 said to oneself，原文中"掷地有声"的描绘荡然无存。海译本的选择较为丰富，包括"高声说""大声说""嚷起来/嚷着说""提高/放开嗓子说""大叫一声"和"敞开了嗓门说"，避免了译文的单调感。余光中两译本在这方面的差别不大，采用最多的表达方式为"大声说"（20 次和 24 次）。吴劳和孙致礼对此搭配的翻译选择较为单一，分别译为"说出声来"（28 次）与"大声说道"（28 次）。很显然，前者未能将 aloud 的"高度"凸显出来，后者似乎更贴近原文含义。

he thought 方面，五位译者均翻译成"他想"，但对句子结构的安排有差异。海观按照汉语的习惯表达方式将绝大部分"他想"置于句首，这似乎就是 Vanderauwera（1985）所发现的"范化"现象，即译文遵循甚至夸大目标语中典型模式和做法的倾向。另外由表 9-8 可见，张、余、吴、孙在对含有该搭配的句子结构安排方面差别不大，均体现出了按照原文句式亦步亦趋欧化的翻译特征。

表 9-8   he thought 原文及其各译文在句中的位置统计

位置\文本	原文	张译	海译	余 a	吴译	余 b	孙译
句首	0	10	101	13	1	14	0
句中	15	8	6	7	17	6	15
句尾	118	115	20	107	116	106	118

五 语气

语气系统是实现人际意义的一个重要语义系统（戴炜栋，2005）。在汉语中，"小句语气词"可以体现说话者的语气及情态意义（Halliday，2004）。黎锦熙把助词功能、语气类型和句子类型结合起来，认为"助词是汉语所特有的，它的作用，只用在词句的末尾，表示全句的'语气'"（黎锦熙，1992：228）。因此，句末语气词的使用情况可以反映出译者们对原文人物情感的不同理解和表达。表9-9显示，总体看来，大陆的三个译本的语气词使用明显高于台湾的三个译本尤其是海观的译本使用最多（237次），且高出张译本（88次）近两倍，这不仅再次表明了海译本明显的显化趋势。就表示祈使语气的"吧"与表示疑问语气的"吗"和"呢"而言，它们在海译本中出现的频率也是最高的，共计217次，在孙、吴和余（a和b）译本中的频率相差不大，张译本最低。由此可见，海观在保留或再现原文话语语气方面做了较大的努力，相比之下，张译似乎削弱了原作中的人物情感。这一发现，似乎表明大陆和台湾的汉语在语气词应用的历时差异，即50多年前的大陆语言中较喜欢使用。

表9-9 《老人与海》六译本语气词使用统计

词语 \ 译本	张译	海译	余a	吴译	余b	孙译
吧	44	98	74	87	75	76
吗	5	30	25	23	26	26
呢	24	89	28	22	33	35
啦	9	12	3	37	3	14
哟	0	0	3	0	3	0
嘛	0	0	2	2	2	1
哩	0	8	0	0	0	0
嗯	0	0	1	0	1	0
么	6	0	0	0	0	0
总计	88	237	136	171	143	152

综合以上分析，可简单概括各译本语言特色：张译词汇量及文本信息量最小，海译本显化及范化特征明显，吴译与孙译对原文尊崇较大，余光中两译本词汇丰富。下文尝试结合译者身份及翻译背景等因素具体分析各译本的翻译风格。

第六节　发现与讨论

从标准类/形符比、词汇密度及高频词覆盖率所提供的数据上看，张译本呈现出词汇简单、文本信息量小和文本难度低的特点。词汇量方面，通过考察张爱玲的自创汉语小说《倾城之恋》的词汇使用情况，发现该文本标准类/形符比为49.92，明显高于兰卡斯特现代汉语语料库小说子库［LCMC（N）］的数值（44.02）。这表明，作为一名作家，张爱玲的词汇储存应该是足够的。这可以说明《老人与海》张译本语言简单、词汇量小并非受译者自身词汇量因素的影响而致，而是译者有意为之。译者有意识地降低译本阅读难度，旨在使得该译本的传播范围更广，而这可能与该译者特殊的翻译身份有关系。张当时供职于香港"美国新闻处"（the United States Information Service），即原美国驻香港总领事馆新闻处，是美国对外意识形态宣传的前哨，致力于宣传美国主流意识形态和所谓美国精神等（赵稀方，2006：8-89）。时任美新处处长的麦卡锡（Richard M. McCarthy）在接受采访时明确承认他在香港从事六年之久的"中国报道计划"（China Reporting Program），其任务之一就是组织大规模的美国文学中译，向中国人民宣扬美国主流意识形态（O'Brien，1988）。我们可以推测，张氏《老人与海》译本有意降低文本阅读难度，其目的可能在于尽力迎合赞助人的意愿，向中国读者抛售美国文学乃至美国社会的主流价值观。然而，除词汇使用外，翻译文本的阅读难度还跟语言的通顺流畅程度以及是否符合目的语表达方式有关。从例1、例2和例3可看出，张译语言冗长拖沓、不够自然，对原文高频搭配的翻译处理不够灵活，对原文语气的再现程度低，甚至对原文的理解也存在一定的偏差，例如，她将said aloud译成"自言自语"。

深入阅读、考察后发现，此种理解偏差致使张译本中存在误译乃至错译多达41处。另外，张译本有91处拗口、令人费解的翻译，不定冠词及人称代词（尤其是第三人称单数代词"他"）的大量重复出现不符合地道的汉语作为意合语言的特点。

海观的译本，类符数最大，语际显化特征明显，这自然也会在一定程度上削弱其语言的简洁、凝练程度。这种明显的显化特征体现了译者向目标语文化倾斜的翻译策略，可能与该译本产生的时代背景息息相关。海译本产生于20世纪50年代中期，是大陆/内地第一个《老人与海》中译本。当时的政治背景是，以美国为首的帝国主义阵营企图把新中国扼杀于摇篮之中，中国采取"一边倒"即倒向社会主义阵营一边的外交策略（万才新，2012：123）。彼时大陆/内地的主流意识形态推崇团结、合作、以集体利益为先的精神，对《老人与海》中宣扬的个人主义精神采取抑制的态度。这一立场从1963年商务印书馆出版的《老人与海》前言清晰可见。前言称海明威为"美国资产阶级作家厄纳斯特·海明威"，其最后一段总结道："所以《老人与海》这篇小说，虽然在艺术技巧和运用语言方面有其纯熟独到之处，但是它的思想内容主要是消极的，因此我们必须以严肃的批判态度来对待这篇作品。"（海观，1969：前言）

余光中的两个译本的特色，从其标准类/形符比、高频词覆盖率等方面均可斑窥而知。两译本词汇量大且富于变化，这或许与余光中的作家身份及他的翻译思想均有联系。作为一名作家，余光中丰富的词汇自然会在他的翻译作品中表现出来。他首次翻译的《老人和大海》，于1952年12月1日至翌年1月23日在台北市《大华晚报》上连载，这应该是此书最早的中译本，但由重光文艺出版社印成专书出版，却是在1957年12月，比张爱玲译本稍晚一些。当时，余光中刚从台湾大学毕业，他在《老人与海》2010年新译本的序言中坦陈，自己当初笔译尚未熟练，经验更是不足，衡以今日的水准，当年的译本只能得70分（余光中，2010：8-10）。50多年后大陆译林出版社出版其新译本，他自称"全书修改了一千处以上"（同上）。那么，时隔半个多世纪后的新译本与之前的旧译本有哪些不同之处呢？宏观上看，新旧译本在标准类/形符比（46.33 和 46.75）、词汇密度（55.47% 和 56.34%）和高频词覆盖率（82.70% 和 82.42%）上的差别微乎其微，可以说新译本总体上改观不大。形符数方面，新译本较之于旧译本少了近一千个词，而类符数却相差不大，表明新译本在语言上稍显简洁。对比、研读两译本后发现，新译本对原文的理解与表达既有改进之处，亦有欠妥之处，更有错误之处，如以下三例：

例 4 原文：He watched the flying fish burst out again and again and the ineffectual movements of the bird.

余 a：他看着飞鱼一遍又一遍地跃出水面，而鸟儿在<u>努力飞动</u>。

余 b：他看着飞鱼一遍又一遍地跃出水面，而鸟儿在<u>徒然飞逐</u>。

例 5 原文：His shirt <u>had been patched so many times</u> that it was like the sail and the patches were <u>faded to different shades</u> by the sun.

余 a：他的衬衫<u>屡经补缀</u>，已经和那船帆相似；补过的地方也因<u>日晒</u>而<u>褪成各种明暗不同的颜色</u>。

余 b：他的衬衫<u>补过许多次</u>，已经和那船帆相似；补过的地方也因日晒而<u>褪成各种不同的色调</u>。

例 6 原文：All I know is that <u>young boys sleep late and hard</u>.

张译：我就知道<u>年轻的男孩子醒得晚，睡得沉</u>。

海译：我只晓得<u>孩子们爱睡懒觉，睡不醒</u>。

余 a：我只晓得，<u>年轻小伙子睡得又晚又甜</u>。

吴译：我只知道<u>少年睡得沉，起得晚</u>。

余 b：我只晓得，<u>年轻小伙子睡得又晚又甜</u>。

孙译：我只知道<u>年少的孩子睡得沉，起得晚</u>。

吴译与孙译，从标准类/形符比、词汇密度、高频词覆盖率及对原文高频搭配形式的翻译处理上可以发现，两译本对原文尊崇较大，且在词汇和句法层面存在诸多相似之处。究其缘由，可能是因为两位译者采取的翻译策略大抵相同。吴劳主张与原文亦步亦趋的翻译，他强调："在小说翻译中，句序尤其重要。除了尊重原作的长短正反句型外，对其各段落中的句序，也不宜随意颠倒。因此那种把原文整段整段消化了加以重新组织后译出的做法不足为训，这又是所谓中国化的一个误区。"（吴劳，2001：18版）孙致礼认为"译作的风格应是作者的风格，译者不应随意发挥"，他在翻译《老人与海》时"尽量追循原文的句法结构，以便忠实地再现原文所蕴含的思维轨迹和内在节奏"（孙致礼，2012：61）。

第七节 小结

本书首先用语料库的方法具体量化确立了海明威小说《老人与海》原文在词汇和句法六个维度上的风格特征，然后以这些特征为参照对其五位译者的六个中译本进行了历时与共时的对比考察。研究发现，《老人与海》原文词汇使用简洁、句法结构简单、叙事手法精练，确与其相近时代原创小说存在显著差异。译文方面，每位译者都彰显出了自己不同的翻译风格：张爱玲译本词汇简单，但信息量小，语言最显青涩，不够自然流畅；海观译本显化程度最高，尤其在语气的再现上最为明显；吴劳和孙致礼对原文的推崇均达到了"亦步亦趋"的程度，但孙译本不仅理解最准确，且译文语言最通俗流畅；余光中两译本词汇使用富于变化，但时隔五十年后的新译本总体上改观不大，均存在一定的误解误译和晦涩表达。

本书同时尝试从译者身份、翻译缘起、海峡两岸60年的时空差异等方面探究造成不同译者风格差异的原因，所得发现虽然部分支持了译者身份与时代因素（即翻译的社会政治背景）及译作风格三者关系之翻译史观，但并不能明确印证译文风格与其时代和地域的时空关联假说。此外，名著重译作为一种翻译现象，近一二十年呈现出"热火朝天"的气象。许渊冲先生认为"新译应该可能不同于旧译，还应该尽可能高于旧译，否则，就没有什么重译的必要"（1996：56）。刘晓丽也认为"名著重译，贵在超越"（1999：12）。但本书对《老人与海》

六个知名译本所进行的初步对比表明，不仅个别早期"名译"质量平平，即使是当代的"名家"重译似乎亦未能超越自己，更遑论超越前人。

综上，我们可以认为，多译本的对比研究，唯有在确立原文具体风格特征的基础上方可得出言之确凿的考察发现，基于语料库的译本风格研究不应仅止步于宏观数据的分析，还需深入具体语境、采用量性结合的方法探讨，不仅汉语译本的阅读难易度与标准类/形符比、词汇密度之间的关系、同一原文的不同译本间的时空差异等均有待进一步验证，名著重译的价值有待更多案例的深入研究方可确立。

第十章

多变量方法在名著重译质量评价中的应用

——以《源氏物语》六译本相似性对比考察为例

第一节　引言

名著重译，或贵在超越（许钧，1994），或更趋向源语（Berman，1995）。但11世纪日本长篇小说《源氏物语》（以下简称《源氏》）的汉语多译本质量，似与这两种旨趣大相径庭。自1978年以来，我国相继出版了十余个《源氏》全译本，其中台湾地区女性翻译家林文月（1978）和大陆翻译家丰子恺（1980）的译本广受好评。至于其他译本，有的坦陈"仰承""袭用"了丰译（如殷志俊，1996；姚继中，2015），有的被质疑"来路不明"（吴川，2011：545），有的甚至被视作"抄袭""篡改"（周以量，2011：122；王向远，2001：269）。面对上述情形，我们不禁要问：名著重译价值几何，"超越"抑或"抄袭"如何衡量？（许钧，1994：5）本章首先设计一个基于语料库的译文多变量考察框架，然后基于自建的《源氏》六译本语料库，从词汇与句子层面22个变量的统计频率、和歌翻译形式、文本聚类及余弦相似度三大方面七个侧面，考察六译本的相似程度，再辅之以文本查重、编辑距离和《老人与海》六译本相似性验证。本章的首要目的在于设计一套名著重译的质量评价多变量量化考察框架，然后以《源氏》这一近百万字的日本长篇小说的六个汉语平行译本语料库的试用考察，验证该框架及其路径的适用性。同时，作为内地/大陆、港台女性文学翻译史研究的组成部分，文章的研究也借以考察林文月的《源氏》译本作为台湾地区乃至我国最早出版且较有影响的《源氏》汉语全译本，与世纪之交出版的若干个重译本的关系，进一步考察林氏的翻译风格。研究期望能展示语料库翻译实证研究的客观性、必要性及可行性，丰富翻译批评理论（姚继中，2015：112）。

第二节　问题缘起

一　名著重译研究

谈到重译，不能不提复译。"复译"指已有译本之后，复出另译，而"重译"则专指"对自己旧译的修正润色"（罗新璋，1991：29），时下常把二者混用，不做区别（许钧，1994；林煌天，1997：219），本书亦用"重译"作通称。目前学界对重译的关注多聚焦在其本质、特性、目的、新旧译关系和重译评估等方面。在国外，Berman曾提出"重译假说"，即最早的翻译仅侧重将原文转换为译入语的语言和文化，是不完整的，后来的译本倾向于接近原文（Baker & Saldanha，2009：233）。关于新旧译本的关系，Koskinen & Paloposki（2003）、Brownlie（2006）认为二者之间不仅是线性继承关系，更是超越关系；Ricoeur（2006：22）将重译看作不断追求意念中的对等体，新译应该更好、不同于旧译。

在国内，从鲁迅（1984）到许钧（1994）等，都强调过重译的必然性和必要性，但同时指出重译的价值在于创新，无论是对原文的理解还是翻译方法、翻译风格，都要有所超越，不能雷同或抄袭。实证研究方面，刘全福（2010）、李双玲（2012）等结合原译与重译的对比考察探讨了重译的伦理问题，秦洪武、王克非（2013）探讨了语料库在重译分析中的用途，指出"使用语料库方法研究重译能发现其他研究方法无法描述的语言现象，描述结果对于多译本分析具有重要的参考价值"。

刘泽权、王梦瑶（2017）采用量性结合的方法对比分析《老人与海》的六个中文译本，研究发现推翻了前人对个别译本的赞誉，质疑了名著重译的价值。

二 《源氏物语》重译本的"症结"

《源氏》用古日语写成，共54帖（章），近百万字，涉及400余位人物以及史学、美学、佛教、音乐、绘画、书法，可谓包罗万象（姚继中，2002：25），常与我国的《红楼梦》相比拟［如丰子恺（1981）、伊藤漱平（1988）、陶力（1994）、周作人（2002）等］。中国学者对《源氏》的关注，最早的当数周作人，其在1918年4月19日的一次演讲中提道："日本最早的小说，是一种物语类，起于平安时代［…］其中紫式部作的《源氏物语》最有名。"（周作人，2004：2）《源氏》的首次中文翻译尝试，为1957年发表的钱稻孙直接依据日语原文对第一帖《桐壶》的翻译。文洁若（2006：3）高度评价该译作的质量："林（文月）、丰（子恺）的译文水平相当高，但均未能超出钱稻孙。"她（文洁若，2007：12）甚至倡议未来的第三部译本"按照钱稻孙的译法，原汁原味儿地根据古文译出来"。

丰子恺于20世纪60年代完成《源氏》的全译，但译本直到1980—1983年才出版，林文月的全译于1974—1978年在台湾地区出版。林、丰译本曾得到普遍认可，风靡30余年；尤其是丰译，在林译2011年引进大陆前，被广泛赞誉为译笔传神、语言优美、可读性强等（陈星，1992；叶渭渠，1980；张龙妹，2004；王向远，2007；周以量，2010）。何元建、卫志强（1998）考察了林、丰译本前12章的篇章结构异同，发现在1241个转折句中，二者相同的仅有24%。何元建（2001）对比了两译本前12章在句式、语气词、方言使用上的特征，发现二者虽均已"本土化"，但林译的程度更高，尤其是在有标记句话语结构上。黄晖（2017）考察了两译本前20章在句长、词类、词语、标点方面的差异，发现林译呈现出更多的"异国情调"，尤其是"嘛""哩""啦""儿"等女性化词汇的比率。

20 世纪末，重译盛行，名著大战硝烟弥漫（袁榕，1995：44），《源氏》重译本如雨后春笋，出现了殷志俊（1996）、梁春（2002）、夏元清（2002）、姚继中（2006）、郑民钦（2006）、康景成（2008）、王烜（2010）、乔红伟（2012）、叶渭渠和唐月梅（2014）等译本。值得注意的是，这些重译者多与丰译有交集，对其或编审、赞赏，或有"借鉴"。叶渭渠曾为丰译的"责任编辑"（叶渭渠，1984：13），并在丰译序言中赞扬其"译文优美，传神达意，既保持了原著的古雅风格，又注意运用中国古典小说的传统笔法，译笔颇具特色"。（叶渭渠，1980：9）殷志俊（1996：译者序）坦陈，其"在翻译过程中［…］仰承了许多翻译界前辈的丰富才情［。］尤其重要的是，本译本的注释相当一部分袭用了丰子恺先生的注释"。姚继中（2015b：前言）明确表示，其"在翻译和润色过程中，仰承了许多翻译界前辈及红学与源学研究者的才情"。殷、姚二人还声明：他们回避了前译"有损于作品艺术完美性的不足之处"（殷志俊，1996：译者序2；姚继中，2015b：前言3）。两译者十分坦诚，但究竟"仰承"了哪些"前辈的才情"，"回避"了哪些"不足之处"（周以量，2011：120），到底语焉不详。

至于这些重译的质量及其与前译的关系，学界甚至译者之间都已给出初步评价。王向远（2001b：269）指出："个别出版社为追逐经济利益，将丰子恺译本改头换面，名为'全译'，实为篡改。"周以量（2011：121－122）对比丰、殷等八个译本后认为，丰译为后来译本提供了较为完美的范本，后来的译本"照抄""沿用"丰译的情况严重，"不仅谈不上超越，甚至可以说是一种倒退"。众译本中，殷译本备受"诟病"（周以量，同上：118）。何元建（2001）、陶振孝（2004）研究发现，殷译没有说明所依底本，注释沿用丰译，行文亦似丰译。译者姚继中（2002：25－27）断言殷译"来路不明"，语言文字功底和对《源氏》的认识"都不敢恭维"，"像是译自丰译本"但却"任意篡改、任意添削、胡乱注解"。他还声称殷译"酷似"自己的译稿，怀疑"是自己的初稿数据被窃后经人润色后出版的"。（吴川，2011：545）

上述梳理表明，一方面，无论从理论还是实际价值上，"超越"前译是名著重译的应有之义，是必须和毋庸置疑的。另一方面，对于《源氏》的重译本，无论是译者的谢忱，还是他人的观感，抑或研究者的考证，均揭示出它们对前译的"承袭"或"借鉴"。但是，何为"超越"，何为"借鉴"，答案似乎见仁见智，但又缺乏可操作的客观标准。因此，设计一个定量和定性相结合的多维评价体系及其具体考察路径，实属名著重译质量评价的当务之急。姚继中（2015a：112）曾批评过去30余年的《源氏》翻译研究多为"泛泛而谈，没有严格地对照原典与译文的验证"。本书亦如他所希望的，籍《源氏》多译本的实证考察，展示"翻译验证研究的学术性、必要性及可行性［,］以期带动学术界能够潜心展开认真的翻译验证研究，从而丰富空洞的翻译理论"。（同上）另一方面，《源氏》卷帙浩繁，属古日文经典，当今日本学者能识读者无几；汉译方面，虽艰涩难懂又无确切的统一原文可考，但不仅重译繁盛，而且无论是主动坦陈或是被诟病，都与丰氏的大陆首译本存在因袭关系。因此，《源氏》的多译本相似性考察，亦可为名著重译的当下意义与读者阅读选择提供借鉴。

第三节　语料与研究设计

一　语料与工具

本书自建《源氏》中译本语料库，收录丰子恺、林文月、姚继中、殷志俊及叶渭渠和唐月梅六个译本（以下分别简称丰译、林译、姚译、殷译、郑译、叶译），总库容约476万字。六译本的取舍考量如下。第一，丰、林译分别为大陆和台湾地区的独立翻译，作为"首译"的地位得到公认。第二，其他重译本中，殷译虽译者不详且被姚继中（2002）疑为自己译稿之盗窃，但比后者早10年问世，且传播广泛，故收录。而夏、梁、唐等译本，亦被视为丰译之改头换面，且照抄痕迹更明显，无研究和推荐价值（周以量，2011；吴川，2011：545），故未收。姚、郑、叶三译本中，姚氏"一直从事日语教学工作"，郑、叶亦是日本文学研译宿将，他们的译本应该是"可以值得信赖的"（周以量，同上：120），故收入。第三，也是最重要的，在于前文指出的殷、姚、叶、郑四译本与丰译的"天然瓜葛",因此,无论是译者自认的"仰承"还是被质疑的"因袭",都有必要通过量化验证给出客观、有力的证据。六译者及其译本的详情如表10-1所示。

表10-1　　　　　　　　《源氏物语》六译本主要信息

译者\项目	译者身份	出版社	字数（万）	大陆版年份	主要参考底本
丰子恺	翻译家、画家、散文家	人民文学	77.75	1980—83	藤原定家《源氏物语奥入》,四辻善成《河海抄》,一条兼良《花鸟余情》,与谢野晶子《新译源氏物语》,佐成谦太郎《对译源氏物语》,谷崎润一郎《润一郎译源氏物语全卷》
林文月	翻译家、作家、学者	译林	75.80	2011	吉泽义则《源氏物语》注释本,谷崎润一郎译本,圆地文子译本,与谢野晶子译本,A. Waley 英译本,E. Seidensticker 英译本
姚继中	学者	重庆	68.49	2015	小学馆《源氏物语》
殷志俊	不详	远方	70.25	1996	不详
叶渭渠唐月梅	学者、翻译家	作家	95.89	2014	基本同丰译
郑民钦	作家、翻译家	燕山	87.22	2006	山岸德平校注本,石田穣二、清水好子校注本,柳井滋等校注本,玉上琢弥校注及译本,与谢野晶子译本,圆地文子译本等

本语料库未收录日语原文,原因有三:其一,本书旨在多变量考察六译本间的相似性,无须与原文比照。其二,各译本的原文底本无从对应。从表10-1可见,除殷译底本不详外,其他译本均未以古日语原文为底本。这大概是因为《源氏》的成书年代久远,语言艰涩,"即使是日本人,若非专攻,亦难轻易读懂",更何况非专门从事研究的外国人

(姚继中，2002：25）。其三，最重要的是，既然重译本的底本不一而足，却被质疑有前译之影，这从反面说明作为一部近百万字的同源平行译本，不论其依据何底本，基于人物关系、情节事件的叙事，有较高的互文性，完全能从诸多方面作量化考察和比较。但是，本章在举例佐证时，引用丰、林、郑三译本均参考的底本之一与谢野晶子（1959）的《源氏》现代日语译本作为参照。为节省篇幅，例证中仅给予"原文"及各译本的相应卷号和页码。

工具方面，研究使用 NLPIR 2015 汉语分词系统对语料进行分词和词性标注，利用 WordSmith Tools 5.0 做数据检索与统计，运用 SPSS 24 做文本聚类，借助 Python 计算译本间的余弦相似度。研究最后还将对《源氏》六译本间的重复性检查与编辑距离辅助验证，所用工具分别为 Beyond Compare 与 Python 软件。为便于下文的数据分析，这里将几个特殊的考察变量的选取作简要描述。

二 考察变量与框架

本书拟从词汇和句子层面的频率统计、和歌翻译形式、文本相似度三大方面量化考察《源氏》六个译本间的相似性，具体包括七个侧面 25 个变量（见表 10-2）。频率统计，除"爱恨"类情感词外，属于翻译共性研究，旨在发现六译本在词汇和句子层面 22 个方面的细节相似程度。和歌翻译形式考察，属于针对《源氏》文体风格的特殊考察，旨在量化对比六译本在 795 首（姚继中，2015a：115）和歌翻译形式上的异同。总体相似度的考察，在前述多方面考察结果上，用余弦相似性和文本聚类方法进一步区分六译本间的相似度。总之，该框架试图融合文本的微观（频率统计、和歌翻译）和宏观（文本相似度）两大层面，以使其更具科学性、合理性，提高其适用性。另外，框架的设计兼具共性（频率统计、文本相似度）与个性（"爱恨"类情感词、和歌翻译）双重考量：前者具有高度普适性，后者更具针对性。这些变量的选取原因及考察方法简述如下。

表 10 – 2　　　　　　　　　六译本多变量考察框架

频率统计	词汇	基本特征	标准类/形符比，词汇密度，形合度，四字惯用语，"爱恨"类情感词，报道动词
		词类分布	名词，动词，形容词，副词，数词，量词，助词，连词，介词，代词，语气词
	句子	类　型	陈述句，疑问句，感叹句，"把""被"字句
		复杂度	句子长度
和歌翻译			翻译模式
文本相似度			文本聚类
			余弦相似度

(一) 频率统计

频率统计是计量风格学中作品风格研究、作者归属权判定以及文本聚类常用的方法。王克非、胡显耀（2008）通过"通用汉英对应语料库"中翻译汉语与原创汉语语料的对比分析表明，汉语翻译文学语料与原创文学语料相比，表现出明显的简化、显化和范化特征。由此可以假设，译自同一日语源语的汉语文本也应在一定程度上存在上述共性。本书选取的词汇和句子层面的 22 个频率变量，大多量化研究均常涉及。

1. 词汇层面

词汇层面的变量分为三类：第一，体现作品风格和翻译共性的一般变量，包括词汇简化、句法显化、语言规范化或地道性。简化体现在类/形符比与密度上，前者反映词汇的多样性（Baker, 2000：250），后者反映文本的信息量及难易度（Ure, 1971；Stubbs, 1986）。显化体现在文本的形合度，即虚词在总词频中的比例（胡显耀、曾佳，2009：74）。范化是翻译文本遵循甚至扩大目标语中典型模式的倾向，包括标点符号使用、词汇选择、句法和语篇布局等（Baker, 2000：176 – 77）。四字惯用语作为衡量汉语目标语熟练程度的一个标志（胡显耀，2010：475；蒋跃，2014：101）亦可用来考察译本的范化程度（汪晓莉、李晓倩，2016）。

第二，反映译本对表达爱恨情感、投射人物话语及诗词的词语的翻译异同。就前者来讲，《源氏》主要描写复杂纷繁的男女情感纠葛，其"文字之美丽，在日本文学里可算是空前的，写景写情，都穷极巧妙"（谢六逸，1931：38）。孙汝建（2010：83）指出："女性在言语活动中喜欢使用情感词语［,］她们的言语常常带有浓厚的感情色彩。"《源氏》的作者紫式部是日本平安朝成就最为卓著的才女（陶力，1994：20）。这两个因素，有可能使得原文涌现丰富的表达爱恨情感的词汇。因此，各译者对其的理解与再现亦可作为译本相似程度的变量之一。另外，情感的表达具有较高的语境性，相关语汇对译者的制约也较大，不像语气或连接词那样可以随意增删。所以，各译者对情感词语的理解与再现，可对译本风格及其相似性的甄别起到一定作用。再次，《源氏》"歌物语"体叙述小说，有大量的人物话语，由众多变化各异的报道动词投射。同时，小说中的 795 首和歌也多以人物对话、歌唱或书信的方式由报道动词引出，且多为古语体。因此，对于投射这两种文体内容的报道动词的翻译，受原文限制较大，重复性较高，亦可作为反映译者风格变量之一加以考察。

第三，词类频率分布。不同词类在文本中的使用频率亦是构成文本风格的重要特征之一（刘世生、朱瑞青，2006：99）。秦洪武、王克非（2009：131）认为，"词类分布能够部分反映语言的类型和特点"，他们（同上：132）发现，中文翻译文本较原创文本的实义词频率低、功能词频率高。就《源氏》的林、丰译本来讲，何元建（2001）发现在前 12 章中，前者使用了更多的语气和方言词。黄晖（2017）亦发现，在前 20 章，林译的语气词、连词、代词等频率更高，丰译的动词、名词、形容词频率更高。因此，本研究将词类频率分布纳入六译本异同的考察之中。

2. 句子层面

六译本句子特征的考察，主要参照黄伟、刘海涛（2009）和陈芯莹等（2012）的方法，选取陈述、疑问和感叹三种句型，以及汉语特有的"把""被"字句作为变量。黄晖（2017）发现，林译较丰译句子更长，更多地使用分号、省略号、问号。基于此，本书同时把句子长度这一常用的文体风格变量纳入考察框架之内。

3. 和歌翻译

和歌是一种独特的日本诗歌形式，常见于古典文学中。和歌包括长歌、短歌、连歌等，广义上主要指短歌。《源氏》的 795 首和歌均为短歌，为五句 31 个音，按五七五七七的顺序排列。和歌汉译的形式问题一直是学界争论的焦点，但"根本无法形成公认的翻译模式"（姚继中，2015a：116）。姚继中曾坦陈：《源氏》的和歌翻译"最令译者无所适从"（同上：113），丰氏的和歌翻译风格"影响了此后的《源氏物语》翻译"（同上：116）。简言之，《源氏》和歌数量之大、翻译之难，加之丰译之影响，六译本的翻译模式足可作为其相似度甄别的另一重要量化依据。

4. 文本相似度

文本相似度计算是指通过一定的策略比较两个或多个实体（包括词语、短文本、文档）之间的相似程度，得到一个具体量化的相似度数值（王春柳等，2019：158）。文本相似度是一个复杂的概念，在不同领域有不同的含义。一般认为，A 和 B 文本之间的相似度与其之间的共性/差别有关，共性越多，相似度越高，差别越大，相似度越低（Lin & Pantel，2001）。本书采用文本聚类和基于关键词的余弦相似度两个方法来考察六译本间的相似程度。聚类分析是一种无督导的机器学习方法，根据研究对象的某些属性特征对其进行归类，将特征相似的对象归为一类。文本聚类是聚类分析技术在文体风格研究领域的应用，本书以前述词汇和句子的 22 个变量特征为基础，采用 SPSS 对六译本进行 Q 型层次聚类分析，考察其间的相似性。基于关键词的余弦相似度计法，是将语料库中每个文本转换成由所有文本的关键词的关键值组成的空间向量，通过计算两向量夹角的余弦值来评估两文本的相似度。余弦值越接近 1，说明两向量的夹角越接近 0 度，两向量即两文本越相似。本书采用北京外国语大学许家金团队研制的现代汉语平衡语料库作为参照库，使用 WordSmith 软件得到六译本的关键词表，并提取各译本的前 500 个关键词组成集合，然后依据它们的关键值计算六译本间的余弦相似度。

第四节 分析与讨论

一 频率统计

表10-3为六译本词汇和句子层面21个变量的总体统计结果,从中可见译本间的异同。下面将从标准类/形符比、词汇密度、平均句长、报道动词、连词、语气词、"爱恨类"情感词七个方面分别呈现相关数据的意义,分析和斑窥各译本在这些方面的异同。其中,前三项属于语料库风格量化考察的频率统计分析共性内容,后四项更侧重于《源氏》的文体特性对比考察。

表10-3　　六译本的词汇与句子多变量统计

变量	丰译	林译	殷译	郑译	叶译	姚译	最相近译本
标准类/形符比	54.27	56.79	57.33	55.56	55.27	57.25	殷≈姚
句子数	30943	26698	29824	25568	25691	26624	林≈姚
平均句长	21.48	24.90	20.12	29.87	32.92	21.85	姚≈丰
词汇密度(%)	74.1	70.5	76.5	74.2	73.1	76.6	姚≈殷
形合度(‰)	142.49	168.10	121.02	146.88	158.32	120.63	殷≈姚
四字惯用语(‰)	8.39	9.39	11.27	27.19	16.73	10.68	殷≈姚
"爱、恨"(‰)	3.34	2.41	3.44	2.69	2.74	3.36	殷≈姚≈丰
报道动词(‰)	12.99	5.91	14.20	8.85	11.96	14.41	姚≈殷
名词(‰)	230.49	191.31	231.53	227.85	225.52	232.58	姚≈殷≈丰
动词(‰)	273.83	265.48	284.10	277.44	276.23	283.03	殷≈姚
形容词(‰)	70.75	63.36	77.80	74.82	69.56	77.04	殷≈姚
副词(‰)	125.52	143.66	132.97	119.95	118.80	134.30	郑≈叶
助词(‰)	66.96	81.35	46.95	68.84	81.98	47.58	姚≈殷
介词(‰)	35.36	32.07	35.46	38.17	35.84	35.01	殷≈丰
连词(‰)	33.15	33.19	30.40	34.29	30.82	29.41	林≈丰
代词(‰)	88.44	83.32	82.78	87.56	85.56	79.73	林≈殷

续表

变量	译本						最相近译本
	丰译	林译	殷译	郑译	叶译	姚译	
语气词（‰）	7.02	21.49	8.20	5.59	9.68	8.63	姚≈殷
陈述句（%）	88.48	85.11	83.97	90.20	85.02	82.91	林≈叶
疑问句（%）	4.73	10.85	7.16	6.94	4.94	7.54	叶≈丰
感叹句（%）	6.79	4.04	8.87	2.87	10.04	9.56	叶≈姚
"把、被"句（%）	5.46	3.53	1.58	7.84	6.93	1.36	殷≈姚

（一）标准类/形符比与词汇密度

胡显耀（2007：219）发现，现代汉语翻译小说的标准类/形符比为42.11、词汇密度为53.48，而现代汉语原创小说的标准类/形符比为44、词汇密度为59.13，即翻译汉语的类/形符比和词汇密度均低于原创汉语，表明译者试图用更少的词汇和实词来降低文本的难度，提高译文的可接受度。本书中，这两项数据均高于胡的发现，可能是由于日语与汉语语对之间的距离较之汉语与印欧语言之间的距离小，所以日汉翻译文本的词汇密度较高。六个译本比较可见，标准类/形符比方面，姚译最高，殷译次之，林译第三，表明三译本用词丰富性居于较丰富之一端；丰译最低，郑、叶译本依次次之，考虑到丰译文本长度分别低于叶、郑19%和11%，因此可以说叶、郑译本词汇变化为六译本之最低。

词汇密度方面，姚译最高，殷译仅次之，其次是郑译；林译最低，叶、丰居中。上述发现似乎初步表明两点：第一，可读性方面，姚译最简洁，殷译次之，但二者由于词汇密度较大，读来应不似林、丰译本顺畅；叶译长度高出其他译本10%—30%，词汇变化较小，读来必显拖沓烦冗。第二，文本相似性方面，姚、殷译本的两数据最相近，暂可类聚一端；其他四译本中，叶、丰、郑三译本暂可作"类聚"处理，林译单独处理。

（二）报道动词

《源氏》中有大量的人物话语，因此，对于引导人物话语或思想的报道动词的翻译选择，数量尤其巨大，译者受原文限制似乎容易重复、不易变换。另外，《源氏》中的 795 首和歌，多以人物对话、歌唱或书信的方式投射而出，对它们的翻译再现，是否亦如前述推测？因此，对于这两种报道动词的翻译选择亦可作为译者风格特征之一加以考察。现代汉语的人物对话一般用"报道动词 + :"引出，检索":"在各个译本中的出现频次以及与其搭配的高频报道动词，经分类统计可得表 10 - 4 的结果。

表 10 - 4 六译本报道动词使用对比

词语＼译本	丰译	林译	姚译	叶译	殷译	郑译
：	5884	2718	5794	6443	5851	4264
道：	2415	752	4161	759	3823	3477
说：	1387	454	37	2867	172	386
想：	581	133	556	1147	581	6
云：	215	10	11	12	31	19
诗：	67	1	55	2	73	0
言：	57	24	38	7	52	7
曰：	59	0	9	631	18	0
吟：	2	6	6	6	7	0

综观表 10 - 4 可得如下观察：首先，就报道动词的翻译和再现策略而论，林译最为隐化，其使用":"来标识人物话语、思想的频率最低，仅为其他译者的一半。究其原因，在于她多省去报道人物话语、思想的投射句，而将话语或思想置于投射句前甚至其中间。其他五译本中，叶译的话语投射句最多，人物话语呈现最为显化；丰、殷、姚三译本相近，低于叶译 9% 左右；郑译居中，低于叶译 34%，高于林译 57%。此发现似可将林译与其他五译本区分考来。

其次，在具体报道词语使用上，除姚、郑译本外，均以"道""说""想"三词为话语或思想投射的标识词语，且除林译外，所占比例都在 80% 以上，只是所选先后及频次上呈现出差别。具体说来，第一，除叶译外，"道"及其复合词"说道""答道"等成为首选，表明

第十章 多变量方法在名著重译质量评价中的应用 263

五译者均试图再现原文的古体和正式的说话方式，即"云つ"。其中，又以郑、姚、殷三译本最为明显，"道"字的使用分别占其话语方式选择的81.5%、71.8%和65%，丰译仅占41%，林译27.7%。林译以上两次的"例外"可以使之与其他五译本再次区分开。第二，"说"（原文"語る""言う"）成为叶译的首选，占比达44.5%，丰、林、郑译为第二选择，比例分别为23.6%、16.7%和9%。综合第一、第二可见，六译本的话语报道词语及标记方式均比较近似汉语古典小说，因为中国古典小说每一项被投射句之前都有引导句、且多采用"说：……""道：……"等比较单一的记言方式（卢惠惠，2007：244）。第三，"想"（原文"思う"）为六译本共同的思想投射动词。它不仅成为丰、姚与林译本的第三高频报道动词（比例分别为9.9%、9.6%、4.9%），更成为叶、殷译本的第二高频报道动词选择（比例分别为17.8%、9.9%）。如果上述"道""说"的使用在再现原文话语投射方式和体现译者普遍性选择两方面存在一定差别的话，"想"成为除郑译外唯一和普遍的思想投射方式是毋庸置疑的，它亦可能是对原文话语方式的直接或显化翻译结果。

再次，从报道动词的类别、数量及其所体现的译文风格上看，丰、郑、姚、殷似乎比叶、林更为丰富和古朴。第一，很明显，叶译的报道动词选择似乎比其他译者更远离古雅、正式的一面：其首选话语方式为"说"，占到其全部话语方式的44%，第二和第三位的选择（即"道""曰"）合计只占到22%。第二，郑译虽然报道动词选择同林译一样仅限于五个词语，但82%为古式的"道"，远超后者（28%），使其在报道方式上显得愈加正式、古朴。第三，丰、姚、殷译本似乎更加尊崇原文的古体话语方式的选择，体现为"诗""言""云""曰""吟"（原文"詠ぶ""歌う"）的使用，这一点与丰氏所秉持的古典小说的笔调翻译原则一致（丰子恺，1980：1290）。第四，结合表10-4和文本考察发现，六译者对于和歌的投射方式的翻译，呈现出两种极端：林、叶、郑三译本表现出明显的个性，丰、姚、殷则以几个常用动词的选择及其频率的相似而呈现出更多共性。

结合上述观察，似乎可将丰、姚、殷三译本"聚拢"到了一起。

具体来说，第一，林译除少量的"言""云"之外，多将和歌直接插入到话语中，此法如其对话语、思想的投射方式的处理策略一致。第二，叶译基本多为"曰"字，频率接近报道动词总量的10%，远超其他译者和歌投射动词翻译选择之和。第三，丰、殷、姚均以"云""诗""言""曰"四词居多，只是丰译"云"的频次达到了总数的4%，其他三词频次相当。例如：

> **例1 原文**：鈴虫の声の限りを尽くしても長き夜飽かず降る涙かな
> 車に乗ろうとして命婦はこんな歌を口ずさんだ。
> （p：7）

丰译：命妇对此情景，留恋不忍遽去，遂吟诗道：
"纵然伴着秋虫泣，哭尽长宵泪未干。"（p：9）

林译：促织鸣兮夜未央，衷情悲苦泪滂沱，含恨衔命兮心迷茫。
命妇口中吟咏着，脚步却不忍跨上车。（p（1）：8）

姚译：命妇徘徊不忍归去，吟诗道：
"秋虫纵然伴人泣，长宵虽去泪难尽。"（p：7）

叶译：遂赋歌一首，曰：
铃虫哀鸣总有限，长夜泪涌无尽时。
歌罢，命妇依然无心上车。（p：11）

殷译：此情此景，令命妇不忍离去，遂吟诗一首道：
"秋虫纵然伴人泣，长宵已尽泪仍滴。"（p：4）

郑译：命妇不忍就此离去，登车之际，吟歌一首：
纵如秋虫放声泣，长夜已尽泪未干。（p：6）

（三）连词

之所以将连词在《源氏》六译本中的使用情况提出来分析讨论，是因为日语是黏合语言，汉语是意合语言，从日语到汉语的翻译转变，会显露译者的风格特征。何元建（1998）研究发现，丰译前12帖中转折词的使用密度比林译大约低四分之一，表10-5是六译本前10个高频连词统计。

表 10-5　　　　　　六译本前十位高频连词使用情况对比

丰译			林译			姚译			叶译			殷译			郑译		
词语	频次	频率	词语	频次	频率	词语	频次	频率	词语	频次	频率	词语	频次	频率	词语	频次	频率
但	2413	0.58	而	1601	0.38	与	2074	0.57	与	1488	0.29	与	1922	0.51	与	1465	0.33
而	1453	0.35	却	1530	0.36	但	1448	0.40	而	1249	0.25	但	1871	0.49	但	1288	0.29
和	1266	0.30	所以	1436	0.34	却	1077	0.29	和	1175	0.23	而	1308	0.35	和	1154	0.26
然而	1035	0.25	可是	1118	0.26	而	1076	0.29	却	894	0.18	却	1108	0.29	所以	1082	0.24
与	972	0.23	不过	1026	0.24	虽	981	0.27	于是	893	0.18	虽	894	0.24	却	1080	0.24
因此	738	0.18	与	914	0.22	故	745	0.20	但	871	0.17	若	682	0.18	但是	867	0.19
可	729	0.18	则	829	0.20	若	707	0.19	可是	870	0.17	故	675	0.18	而	806	0.18
虽然	584	0.14	可	675	0.16	且	616	0.17	因此	844	0.17	和	412	0.11	然而	783	0.18
所以	491	0.12	故而	645	0.15	倘	386	0.11	但是	724	0.14	并	405	0.11	虽然	778	0.17
只是	471	0.11	故	635	0.15	并	379	0.10	不过	711	0.14	因此	350	0.10	只是	774	0.17
合计	10152	2.44	合计	10409	2.46	合计	9489	2.59	合计	9719	1.92	合计	9627	2.56	合计	10077	2.25

从表中可以看到，首先，使用连词最多的是姚译，殷译与之相差不大，林译居第三，稍高于丰译，叶译最低。其次，在这些高频连词中，"与""但""而""却"等单字词使用频率最高，其中姚译 10 个全为单字词，殷译 9 个，林译 6 个，丰、叶、郑各 5 个，这与肖忠华、戴光荣（2010）的发现一致，即在汉语翻译文本中，译者总体上倾向于使用简单的连接词。最后，除姚译外，转折连词在前 10 个高频连词中占到了绝大多数，除上述三个外，还有"虽""虽然""然而""只是""不过"等，除"虽（然）"外，其他六个似通用。但这里有个现象似乎值得注意：日语黏合成分（连词）出现频次高，译者在翻译中要对所有语句及其中的连接成分做到字斟句酌，从而尽可能地规避译本内部（上下文）的重复，又避免与其他译本的雷同，实在是件难事。在下例中，丰译使用了"然而"，林译使用了"所以""但是"，姚、殷、郑译都是"但"，叶译是"可是"。

例2 原文：帝はある程度まではおさえていねばならぬ悲しみであると思召すが、それが御困難であるらしい。[p(1)：8]

丰译：皇上不欲令人看到伤心之色，努力隐忍，然而终于隐忍不了。(p：10)

林译：其实，皇上自己读完这封信后，也不由得悲从中来，他怕让人瞧见了不好意思，所以努力抑制着，但是全然无济于事。[p(1)：9]

姚译：皇上于众人之前，力图抑住伤感之情；但一回思更衣初幸之时的种种风情，又哪里掩饰得住？(p：8)

叶译：皇上设法不让人看到自己悲伤的情状，可是越强行压制心中的悲戚就越发压抑不住。(p：12)

殷译：皇上不想别人窥得自己隐情，但哪里掩饰得住？(p：5)

郑译：皇上不想让别人看到他的悲哀神情，极力忍耐，但终于无法忍耐，还是流露了出来。(p：7)

综上可见，第一，考虑到日汉两种语言的渊源和句法相似性，原文的叙事（话语）方式似对六译文都产生了制约性的影响，因此译本在高频连接词尤其是转折词使用上呈现出极高的共性，特别是林译，连接词的使用体现出其异化翻译方法，或对原文叙述方式亦步亦趋的尊崇。第二，姚、殷对于单字连接词的追求，似乎可在一定程度上解释其译本篇幅短小之部分成因，且二者在高频连词使用上极为相似，可与其他译本区别开来。第三，林译的高频率连接词使用，可将之与其他译本区别开来。

（四）语气词

日语多使用敬体，尤其在对话之中，语气词繁多。林文月（1998：13）在谈到自己的日本古典文学翻译时曾说，与国人相比，日本人更多地在日常语文中使用语尾助词去表态，其译文中大量出现"呀""吗""啦"等词。汉语亦如日语，语气词通常位于句尾，"以表达说话时之神情、态度"（黎锦熙，2007：23）。因此，译者如果尊崇日语原文的话语语气，其译文很可能会出现大量语气词，在再现原文语气风格和特色的同时，显露了自己的翻译策略和风格。表10-6是六译本中出现频率在50次以上的语气词的统计结果，图1是"呢""啦""呀""吗""吧""啊"六个汉语常用语气词的柱状显示。

表10-6　　　　　　六译本频次大于50的语气词统计

项目＼译本	丰译	林译	姚译	叶译	殷译	郑译
词语	的、了、呢、吧、啊、么、呀、哪、唉、罢	的、了、呢、啊、啦、呀、吗、哩、唉、哪、嘛、哦、咳、哟、嗳、喽	的、了、呢、吧、啊、么、罢、唉、呀、哪	的、了、吧、啊、呢、呀、吗、啦、呐、嘛、唉、罢、哪、哟	的、了、呢、吧、啊、么、罢、呀、唉、哪、吗	的、了、呢、吧、啊、吗
总数	10	17	10	14	11	6

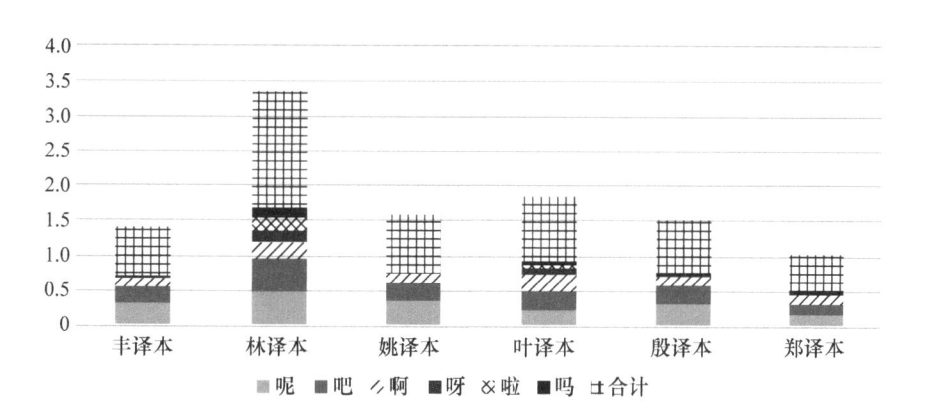

图10-1　《源氏物语》六译本常用语气词使用情况

从表10-6可见，林译的高频语气词种类最多，比位居第二的叶译多出20%，比丰、姚、殷译多出近70%，郑译最少，仅为林译的35%、丰译等的60%。图10-1进一步表明，林译高频语气词的比率远高于其他五译本，印证了何元建（2001：6-7）的发现，即"丰译本［…］比林译本少用了一半多的语气词"。这似乎是林译的一大特色或魅力，同时也将林、叶与其他译本区别开来，把丰、姚、殷三译本再次归类在一起。如例3中，林译分别使用了"吧""呢"来表示疑问、揣测的口吻，叶译不仅使用了"呢"，而且将叙事变成了疑问式的直接引语，其他四译本未使用语气词。

例3原文：そこからは若いきれいな感じのする額を並べて、何人かの女が外をのぞいている家があった。高い窓に顔が当たっているその人たちは非常に背の高いもののように思われてならない。どんな身分の者の集まっている所だろう。風変わりな家だと源氏には思われた。（p：33）

丰译：从帘影间可以看见室内有许多留着美丽的额发的女人，正在向这边窥探。这些女人移动不定，想来个子都很高。源氏公子觉得奇怪，不知道里面住的是何等样人。（p：61）

林译：还可以隐约看见几个妇女的漂亮额头，大概正从帘后窥看这边吧？她们径自在帘后走动着，看来身材都相当修长的样子。到底是些什么样身份的人住在这种地方呢？源氏有些好奇。［p(1)：59］

姚译：从帘影间往里看，室内似有许多女人走动，美丽的额发飘动着，那些女人也正向这边窥探。"不知道这是何等样人家。"源氏公子好生奇怪。（p：47）

叶译：隔着窗帘的亮处，看见许多脸形美丽的女子的影子，她们正在向这边窥视。这些女子不断在移动，从挡住她们下半身的篱笆墙高度来揣摩，想必她们的个子都很高。这种奇特的景观，引起源氏公子的好奇心，他寻思着："这里究竟聚集着些什么样的人呢？"（p：74）

殷译：从帘影间往里看去，室内似乎有许多女人走动，美丽的额发飘动着，正向这边窥探。不知道这是何等人家。源氏公子好生奇怪。（p：31）

郑译：隐约可见帷帘里面有几个留着美丽额发的可爱女子，正朝着这边张望。她们走来走去，似乎在寻找最合适的位置，看上去个子都很高。源氏公子觉得奇怪，不知道这里为什么会有这么多女子。（p：39）

（五）"爱恨类"情感词

表10-7是"爱""恨"类情感词语在六译本中的使用概貌，表10-8为各译本的"爱""恨"类词语统计。两表显示，第一，种类方面，"爱"类情感词使用最多的是殷译，其次是姚译，最少的是林译，丰、郑译接近；"恨"类情感词最多的是姚译，其次为殷译，最少的亦是林译，丰、叶译相近。第二，频次方面，"爱"类情感词使用最多的是姚译，其次是殷、丰译，最少的是林译，郑、叶译相近；"恨"类情感词最多的是丰译，其次是殷、姚译，林译最少，郑、叶完全相同。

表10-7 六译本常用"爱""恨"类情感词概貌

译本 项目	"爱"类						"恨"类					
	丰译	林译	姚译	叶译	殷译	郑译	丰译	林译	姚译	叶译	殷译	郑译
种类数	40	37	54	44	56	39	21	18	33	22	31	26
频次	890	769	879	966	893	851	624	341	470	508	524	444
频率	0.214	0.182	0.240	0.190	0.236	0.191	0.150	0.081	0.128	0.100	0.139	0.100

表10-8 六译本高频"爱""恨"类情感词统计

丰译			林译			姚译			叶译			殷译			郑译		
词语	频次	频率	词语	频次	频率	词语	频次	频率	词语	频次	频率	词语	频次	频率	词语	频次	频率
爱	194	0.0467	爱	122	0.0288	爱	116	0.0317	宠爱	138	0.0272	爱	145	0.0383	喜欢	163	0.0366
宠爱	110	0.0265	喜欢	99	0.0234	怜爱	97	0.0265	爱	119	0.0234	怜爱	96	0.0254	疼爱	129	0.0289
疼爱	81	0.0195	疼爱	87	0.0206	宠爱	75	0.0205	欣喜	104	0.0205	宠爱	85	0.0225	宠爱	115	0.0258
欢喜	73	0.0176	宠爱	71	0.0168	疼爱	62	0.0169	爱慕	91	0.0179	疼爱	71	0.0188	欣喜	63	0.0141
怜爱	63	0.0152	怜爱	55	0.0130	喜	55	0.0150	疼爱	82	0.0161	喜	62	0.0164	爱	60	0.0135
恨	198	0.0476	恨	100	0.0236	怨恨	131	0.0358	怨恨	273	0.0537	恨	157	0.0415	怨恨	224	0.0503
怨恨	168	0.0404	怨恨	99	0.0234	恨	129	0.0352	可恨	58	0.0114	怨恨	140	0.0370	可恨	59	0.0132
可恨	64	0.0154	怀恨	32	0.0076	可恨	33	0.0090	恨	55	0.0108	可恨	28	0.0074	恨	59	0.0132
痛恨	50	0.0120	悔恨	31	0.0073	悔恨	23	0.0063	痛恨	22	0.0043	痛恨	26	0.0069	痛恨	20	0.0045
妒恨	24	0.0058	妒恨	18	0.0043	痛恨	22	0.0060	憎恨	17	0.0033	悔恨	22	0.0058	怀恨	20	0.0045
合计	1025	0.2467	合计	714	0.1688	合计	743	0.2029	合计	959	0.1886	合计	832	0.2200	合计	912	0.2046

综合上述两个观察，可得如下有趣或惊人的发现：总体上，六译本中的"爱"类情感词比"恨"类多出 80%；个体差异方面，六译者的"爱""恨"词语比率从高到低依次为：林译 125%、郑译 91%、叶译 90%、姚译 88%、殷译 70%、丰译 43%。这一发现，似再一次将林、丰译本与其他四译本明显区分开，并将郑、叶译"聚拢"在一起。此发现也提出了一个难以回答的问题：即使忽略原文具体"爱""恨"词语的数量及其之间的比率，译者们之间如此大的差异应该如何解释？换言之，即使说"有一千个读者就有一千个哈姆雷特"，但对于同一原文中"黑白分明"的两种情感这样一个具有词义确定性和翻译约束力的对象，译者们的"忠实性"表现在哪里，他们为何未能呈现出极高的相似性？如例 4 中，原文的"大事にされて"，大致为"宠爱"之意，有译者却译为了"簇拥""侍候"，情感表达似乎相去甚远。

例 4 原文：上流に生まれた人は大事にされて、欠点も目だたないで済みますから、その階級は別ですよ。(p: 14)

丰译：有的女子出身高贵，宠爱者众，缺点多被隐饰；闻者见者，自然都相信是个绝代佳人。(p: 22)

林译：如果幸而出身于高贵家庭，被许多奴婢簇拥着，缺点不容易显出，自然看起来比较占便宜些。[p (1): 22]

姚译：名门女子，只因众人珍宠，瑕疵多被掩盖，对其评价，往往便皆众口一词，将她比作绝代佳人，其实出入倒是很大的；(p: 17)

叶译：出身高贵、有许多仆人侍候的女子，她本人的许多缺点都被巧妙地掩饰了起来，其模样看上去自然会觉得无比漂亮。(p: 26)

殷译：出身高贵的女子，众人宠爱，缺点多被隐饰；听到见到的人，自然也都相信是个绝代佳人。(p: 12)

郑译：出身高贵的女子，备受宠爱，缺点多被隐藏，自然给人十全十美的印象。(p: 14)

再如例5，原文中的情感词"憎まれていて"为"讨人嫌""被憎恨"之义，六译本除林、郑之外，都译成了"憎恨"的近义词。我们不禁质疑，为什么林氏未能译出如此强烈的情感意义，而丰译后的三个重译本如此"雷同"与丰译？此外，六译本中，除郑译外，对转折连词"然而"的选择也如出一辙。

例5 原文：玉鬘からは最初の夜の彼を導き入れた女として憎まれていて、弁は新夫人の居間へ出て行くことを得しないで、部屋に引込んでいた。[p (b)：14]

林译：然而，辨之君本人却因为惹得女主人不快而不敢出仕，躲藏了起来。[p (c)：277]

丰译：然而玉鬘恨煞了弁君，此后一直疏远她，使她不敢前来侍候，只得日夜笼闭在自己房里。（p：509）

姚译：然而玉鬘深恨弁君，自此对她冷落。弁君唯整日闭于自己房里，也害怕前去侍候。[p (b)：401]

殷译：然而玉鬘深恨弁君，自此一直疏离她。弁君不敢前去伺候，惟整日闭于自己房里。（p：267）

叶译：然而玉鬘则恨透了弁君，打那以后玉鬘一直疏远她，使她畏怯不敢前来侍候，只好困在侍女房间里。[p (b)：712]

郑译：不过，现在玉鬘对侍女弁君十分讨厌，不让她在自己的身边侍奉，她也只好终日关在屋子里。[p (a)：403]

（六）平均句长

日语属于黏着语，长句是其句子特征之一，而且"从传统的日语文体来看，长句可以称得上是美文的标志之一"（武德庆，2012：23），那么，六译者如何对原文进行"断句"和汉语再现的呢？图10-2是各译本的平均句长及句长分布情况。从图可见，平均句长最大的是叶译，其次是郑译，分别高出第三位的林译31%、20%；丰、姚、殷三译本较为短小且相互接近。句长分布上，丰、林、姚、殷四译本的多集中在11到30个字之间，叶、郑10字以下短句最少，但40—50字的长句占

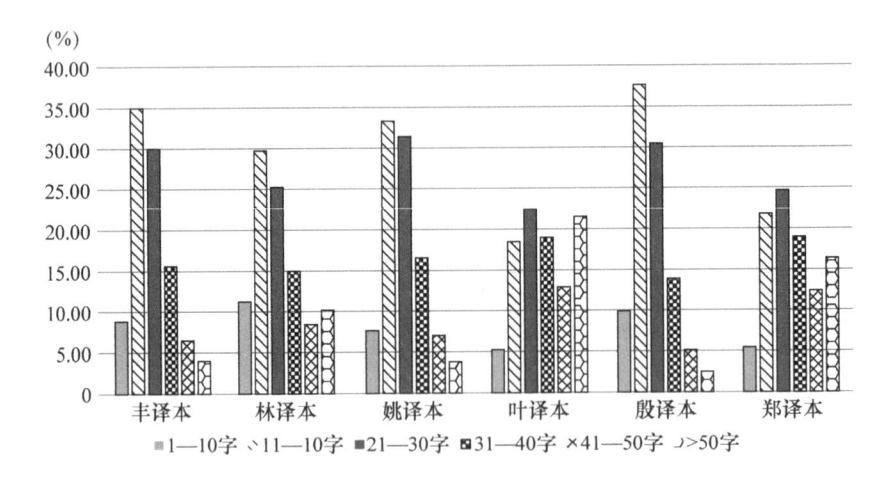

图10-2　六译本平均句长及其句长分布

平均句长：25.03，28.15，25.62，37.00，23.45，33.91

比分别达35%和25%，远高出其他四译本。尤其是叶译，50字以上的句子达到22%。林译的长句也较多，50字以上的占10.18%，丰、姚、殷三译本50字以上的长句占比较少，均在4%之下。这一发现将叶、郑、林三译本与丰、姚、殷三译本区别开来，表明后三者在句长上具有较高的相似性。如例6所示，叶、郑、林均使用了一个长句，丰、姚、殷将长句断为两个。对林氏来说，日语迂回婉转，所以她一般不作简洁断句，而是刻意拉长，以强调其连绵感（林文月，1998：12）。

　　例6原文：こんなふうに順序を立ててものを言いながらも、胸は詰まるようで、恋人を死なせることの悲しさがたまらないものに思われるのといっしょに、あたりの不気味さがひしひしと感ぜられるのであった。(p: 42)
　　姚译：他掩饰悲痛，对武士吩咐完毕，却早已无法自持。真真是，人亡犹可哀，惨境更难熬。(p: 59)
　　殷译：他尽力掩饰着悲痛吩咐完武士，其实早已无法自持了。人亡犹可哀，惨境更难熬。(p: 39)
　　林译：他表面上虽指挥若定，冷静伶俐的样子，其实，内心丧

失爱人之痛自不待说,而周遭一片阴森森恐怖的景象,更有难以言喻的压迫感。[p(1):73]

丰译:他嘴上侃侃而谈,其实胸中充塞了悲痛之情。这个人的死去非常可哀,加之这环境的凄惨难于言喻。(p:79)

叶译:源氏公子口头上虽然说得理路清晰,可是内心却无限哀伤,夕颜的无常猝死使他悲痛万状,再加上周围环境那么阴森凄凉,真是难以言喻啊!(p:96)

郑译:源氏公子虽然口头上这样沉着自如地吩咐布置,其实心里异常悲痛,想到这个人就这样死去,不禁肝肠寸断,加上周围景象充满可怕的气氛,其心情更是难以言喻。(p:52)

(七) 小结

上文从六个侧面分别分析、展示了六译本在语料库翻译共性考察和与《源氏》及日汉语对间特性相关变量上的翻译结果和风格异同。为集中、更明晰地呈现译本间的相异或相似情况,这里采用任一译本与它译本两两对比的方法,将它们进行频次差异似然比检验(即对数似然比检验,Log-likelihood Test),以获得任意两译本间的 LL 值,然后求取其平均值。LL 均值越高,说明两译本间的差异越大,其相似性越小。由表 10-9 可见,姚、殷译本的 LL 值最小,具有较高的相似性;丰、殷译本次之,然后依次为丰姚、叶郑、丰叶、丰郑四组。另外,大陆的五个译本,特别是世纪之交出现的四个译本,与林译间的 LL 值最大。

表 10-9 《源氏物语》六译本的 LL 均值统计

姚殷	3.89	丰殷	173.15	丰姚	229.05
叶郑	257.96	丰叶	276.04	丰郑	318.36
殷郑	526.82	林叶	539.81	姚郑	559.37
叶殷	565.20	姚叶	565.51	丰林	596.14
林郑	835.09	林姚	949.20	林殷	964.76

二 和歌翻译

表 10-10 总结了六译本的和歌翻译情况。需要说明的是,将

表 10 - 10 的数据与各译本核对发现，表 10 - 10 中的 "其他" 数据似为手稿或印刷错误所致，而非应有的翻译形式。例如，林译第一首多了一个 "见" 字，另一首第三句缺了 "兮" 字。姚译有四首未译，殷译有三首或多或少了个别字，可能与其 "低级的错误较多" 有关（李光泽，2008：33）。

表 10 - 10 显示，丰、林的译法自成风格，即 "丰子恺风格" 与楚歌 "骚体"（姚继中，2015；吴川，2011），其他四译本，虽都晚于丰译，但酷似丰译，故可归为 "丰译风格的变异"。具体说来，第一，林译基于刘邦的《大风歌》自创 "楚歌体"，将和歌统一译为七七八 3 行、22 字的组合，首尾两行押韵且于句中加一 "兮" 字，以再现和歌缠绵婉转的韵味（林文月，2011a：167）。第二，丰译形式亦比较统一，主要为七言二句（占 73%）和五言四句（占 26%）两种。第三，其他四译本中，姚、叶、郑译本七言二句比率均远超丰译，姚、叶达 99% 以上，郑译达 91%；唯有殷译变异最大，其七言二句的比率与丰译持平，五言四句为 18.5%，另有 47 首为七言四句（5.9%）。为佐证上述观察，我们随机选取四首和歌的翻译结果，并将它们 "微缩" 到表 10 - 11 作微观对比，其中林译的排版风格特意保留。从中可见，首先，林译确有用字过多、为填满框架而添译的情况（姚继中，2015a：119），如第一首的末句 "忍将欷歔兮换默默"。其次，其他五译本，形式和选词上，都存在很大程度的 "巧合"。

表 10 - 10　　　　　　　　六译本和歌翻译形式统计

翻译形式 \ 译本	丰译	林译	叶译	殷译	郑译	姚译
五言二句	0	0	0	19	0	0
五言四句	208	0	3	147	73	0
七言二句	581	0	789	577	720	791
七言四句	6	0	3	47	1	0
七、七、八	0	792	0	0	0	0
其他	0	3	0	3	1	4
合计	795	795	795	793	795	795

表 10-11　　六译本中四首和歌的翻译比较

	1	2	3	4
原文	いきてまた逢ひ見んことをいつとてか限りも知らぬ世をば頼まん [p (a): 194]	かけきやな川瀬の波もたちかへり君が御禊の藤のやつれを [p (a): 219]	年月を中に隔てて逢坂のさもせきがたく落つる涙か [p (b): 349]	ひたちなる駿河の海の須磨の浦に浪立ちいでよ箱崎の松 [p (a): 279]
丰译	此去何时重拜见，无常世事渺难知。 (p: 384)	君当斋院日，祓禊在山溪。岂意今年禊，是君除服期。 (p: 431)	久别重逢犹隔远，沾襟热泪苦难收。 (p: 674)	常陆骏河海波涌，流到须磨浦上逢。盼待芳踪光临早，此间亦有箱崎松。 (p: 545)
林译	命无常兮事难测，今日一别得重逢？忍将欷歔兮换默默。 [p (c): 62]	纠川波兮异往常，贺茂御禊犹昨日，光阴倏忽兮已除丧。 [p (c): 111]	时悠悠兮岁月隔，重逢奈设逢坂关。泪落如泉兮不可却。 [p (d): 44]	常陆浦兮骏河海，须磨岸边浪往返，箱崎之松兮空等待。 [p (c): 221]
姚译	此去渺茫无定数，谁知何日重相聚。 [p (b): 262]	犹忆斋院祓禊日，不期今朝除丧服。 [p (b): 295]	久别重逢犹相隔，热泪纵横苦难抑。 [p (c): 455]	常陆骏河须磨浦，且待急浪涌箱崎。 [p (b): 370]
叶译	此去何时再重逢，世态无常难晓通。 [p (a): 462]	昔日祓禊河岸边，而今脱孝得悠闲。 [p (b): 520]	难得重逢还设栏，情不自禁泪潸潸。 [p (b): 814]	常陆骏河须磨湾，波浪拍击箱崎松。 [p (b): 655]
殷译	此去渺无迹，无常事难知。 (p: 174)	君当又逢斋院日，山溪中办祓禊仪。谁可料得今年禊，恰是君行除服期。 (p: 196)	久别又逢君，却似已疏隔。热泪沾襟下，难抑此心悲。 (p: 305)	常陆骏河涌海浪，须磨浦上得相逢。但盼芳迹早日至，箱崎松亦此间笼。 (p: 246)
郑译	何时重逢未可知，人生无常难相期。 [p (a): 261]	波浪去复回，又是贺茂祭。不意君除服，祓禊看憔悴。 [p (a): 294]	年月久隔今重逢，关口犹牢泪难禁。 (p: 459)	常陆国里骏河海，须磨浦上浪涌来，翘首眺望箱崎松。 [p (a): 371]

三 文本相似度

（一）文本聚类

依据前文词汇和句子层面的 22 个变量的统计特征，可以绘制出六译本的聚类谱系图（见图 10-3）。图中，纵轴为《源氏》六译本各自所处的位置，横轴为译本间的距离，横轴上的数字越小说明译本间的距离越近，相似性越大。整体上看，首先，姚、殷两译本间距离最近，数字约为 1.1，因此相似度最高。此观察与上文频率特征的考察结果一致。其次，丰、郑、叶三译本聚拢稍近，尤其是郑、丰译本，其间的距离约 1.9。最后，林译与其他五译本的距离最远，说明林译与其他译本的差异最大。

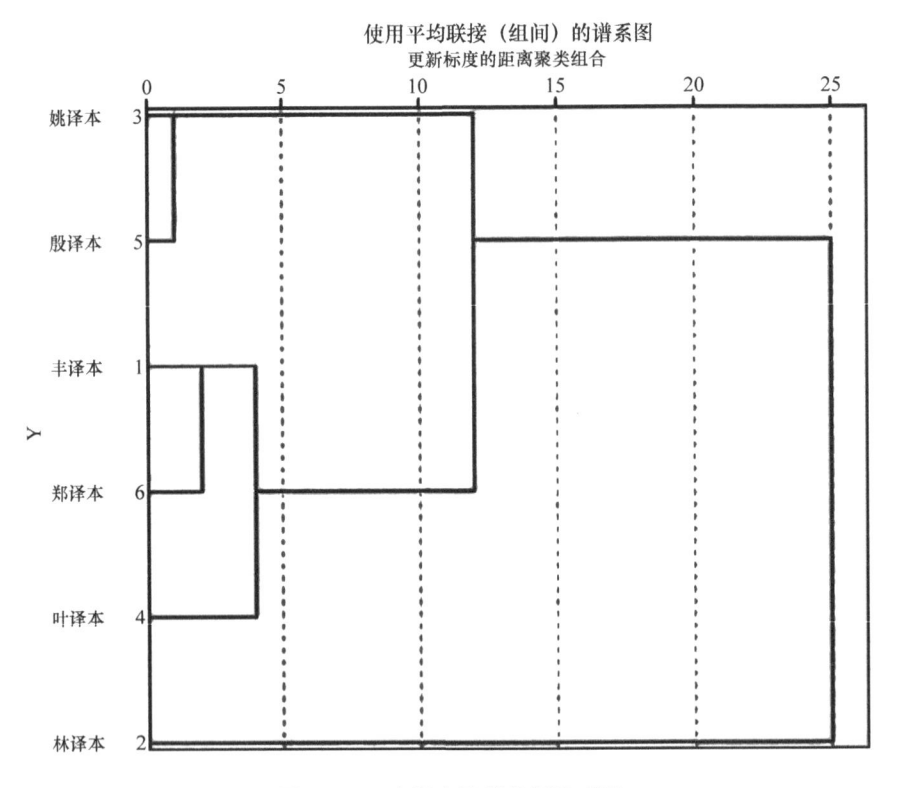

使用平均联接（组间）的谱系图
更新标度的距离聚类组合

图 10-3 六译本聚类分析谱系图

（二）余弦相似度

我们在获得六译本的关键词表之后，再提取各词表的前 500 个关键词组成集合，然后依据其关键值计算译本间的余弦相似度。图 10-4 为余弦相似度的统计结果，它进一步表明，姚、殷译本间的相似度最高，二者的余弦值为 0.98，几乎接近于 1；相似度在 0.8 以上的其他译本依次为丰译与殷译（0.85）、丰译与姚译（0.81），而林译与其他五译本的相似度均在 0.6 以下。

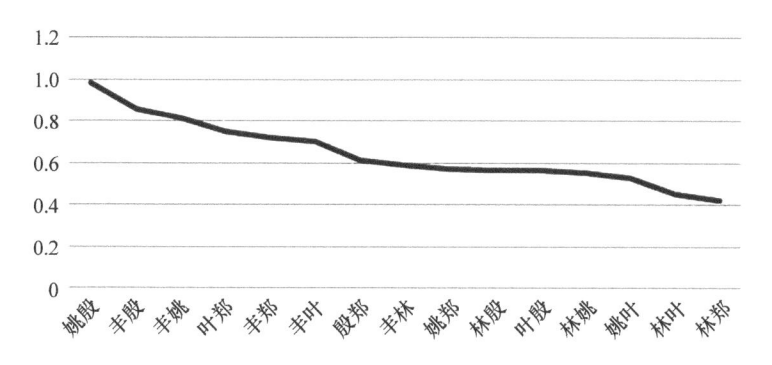

图 10-4　六译本余弦相似度

四　辅助检验

为了充分发挥语料库与量化分析的优势，我们在上述考察的基础上进行三个辅助验证。为节省篇幅，验证的过程从略，仅呈现相关方法或工具、验证结果及图示。首先，采用简单的文本比较（查重）做法，运用 Beyond Compare 软件检验六译本第一帖的相似程度。图 10-5 至图 10-8 分别为六译本五个组别间两两比较的结果截图，图中红色部分代表两个文本相同的地方，红色部分越多，两译本越相似。该结果与上述发现一致，即姚殷译本间相似度最高，其次为丰殷间，再次为丰姚间，林丰之间最低。

其次，是编辑距离验证。编辑距离（edit distance），又称 Levenshtein 距离，指两字串由一个转成另一个所需的最少编辑操作次数，次数越少，相似度越高。该方法是度量文本相似度的另一算法，这里运用 Python 工具实现。图 10-9 为六译本两两之间编辑距离折线图，

278 中国女性翻译家

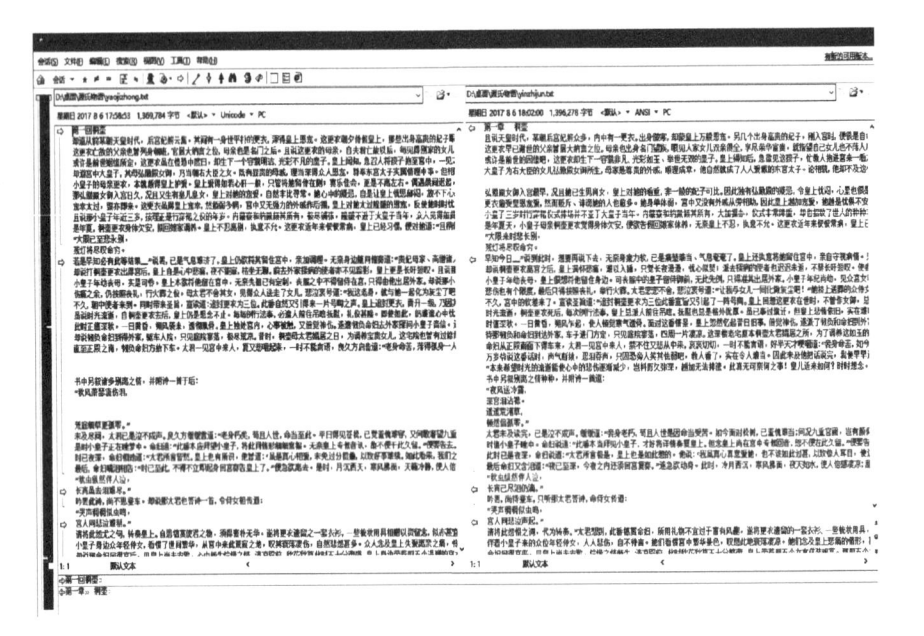

图 10-5 姚殷译本文本比较示例

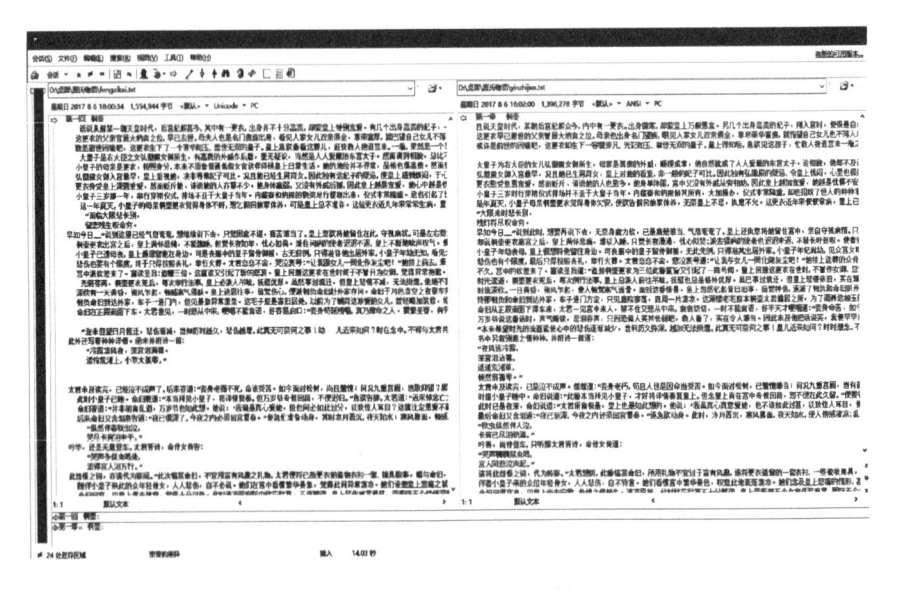

图 10-6 丰殷译本文本比较示例

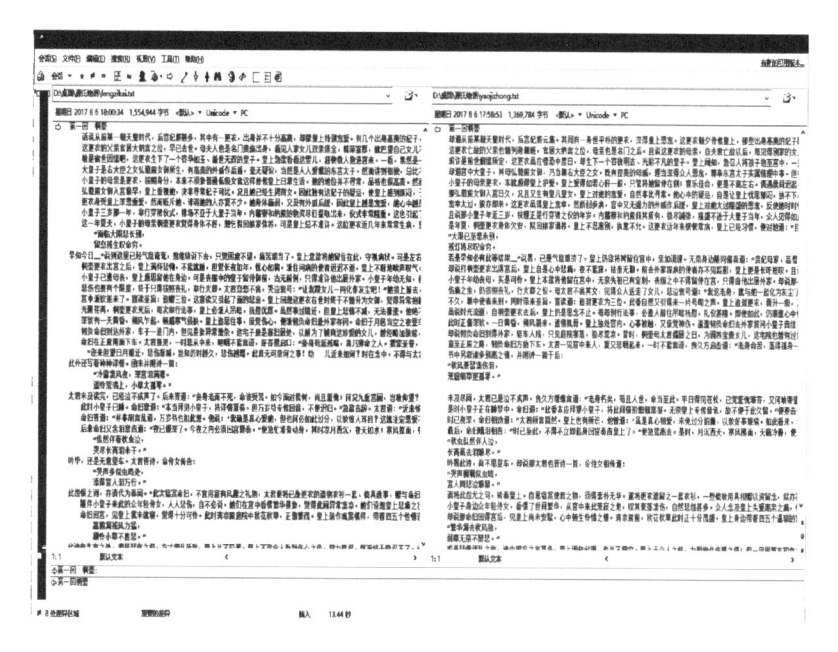

第十章 多变量方法在名著重译质量评价中的应用 279

图 10-7 丰姚译本文本比较示例

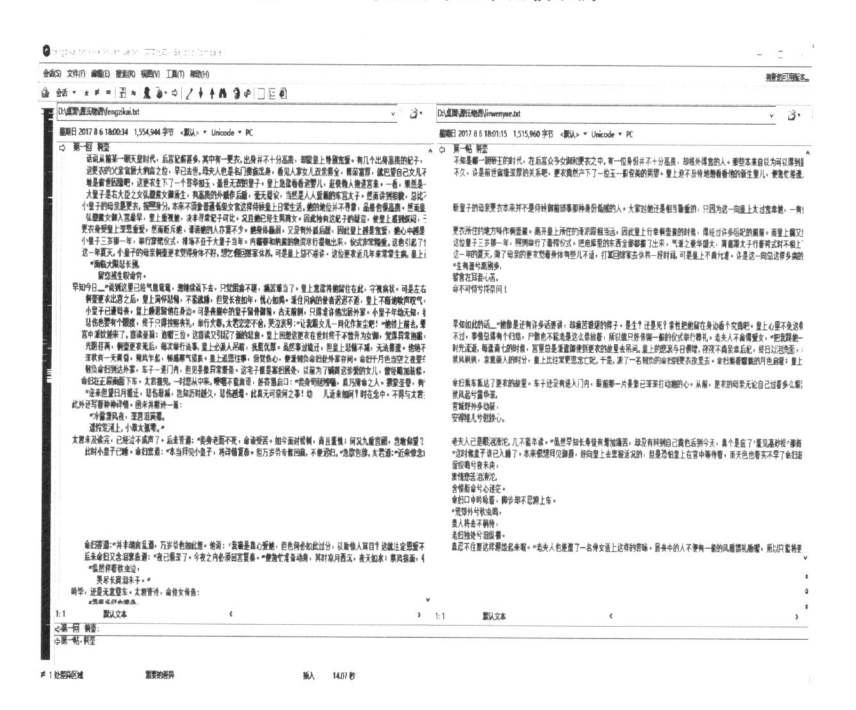

图 10-8 丰林译本文本比较示例

折线的指向基本与图 10-3 中余弦相似度的走向呈反向吻合,因此再次印证了上述诸发现。

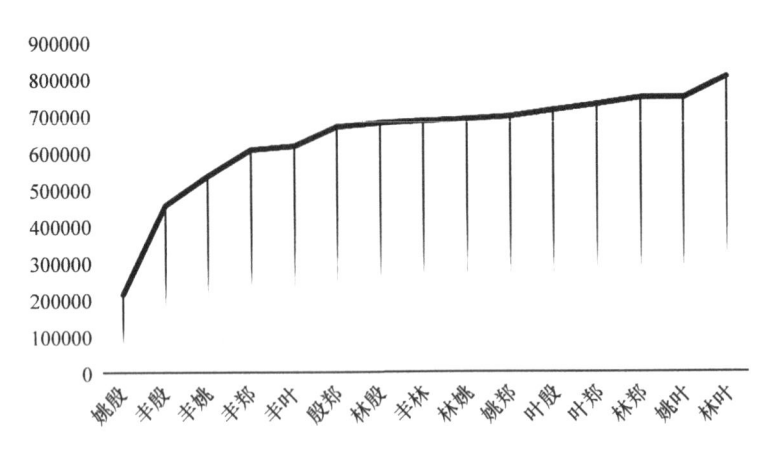

图 10-9　六译本相互之间的编辑距离

最后,是对本研究框架的验证,文本材料为《老人与海》的六个中文译本,包括 20 世纪 60 年代以前港台地区和大陆/内地的首译本,分别为张爱玲(1955)、余光中 a(1957)、海观(1956),和 80 年代至 21 世纪初的三个知名重译本,即吴劳(1987)、孙致礼(2012)以及余光中(余光中 b,2010)自己的大陆重译本。六译本均属"名家名译",刘泽权、王梦瑶(2017a,2017b,2018)采用语料库方法对它们的风格进行多维对比,考察结果质疑了张译的"名译"地位,否定了余光中(2010:前言)对初译本"大加修改,每页少则十处,多则二十处,全书所改,当在一千处以上"的说辞,呈现了孙译对前译多方面超越,但未能涉及它们之间的"借鉴"关系。这里采用本框架和路径对《老人与海》六译本的数据进行整理,以考察它们之间的相似程度。图 10-10 显示,一方面,余光中时隔近半个世纪的两个译本的余弦值达 0.99,表明二者之间的因袭关系显著。这一结果印证了上述相关发现。另一方面,孙致礼译本作为最新重译,与吴劳、海观甚至余光中两译本间的余弦值均在 0.8 以上,表明孙译对它们亦有借鉴。此结果不仅印证了上述相关发现,也契合了孙致礼所秉持的翻译思想,即"翻译是永无止境

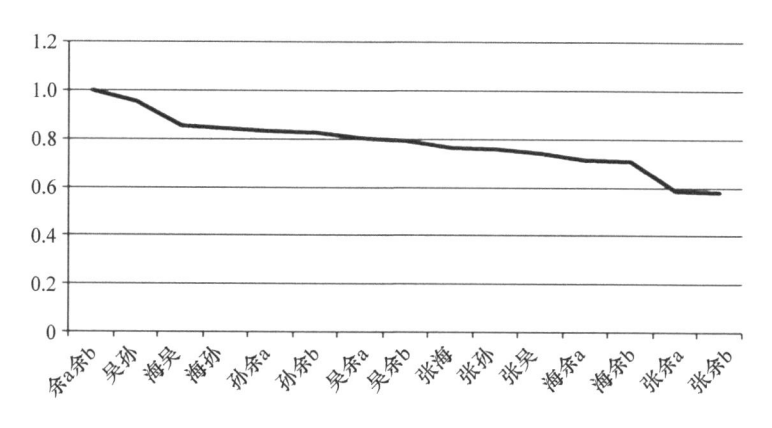

图 10-10 《老人与海》六译本相互之间的余弦相似度

的"(孙致礼，2017：9)，名著重译"贵在精益求精"(同上，2015：44)。综上，本书框架对于汉语多译本相似性考察的适用性得到初步验证。

第五节 小结

本书尝试设计了一套基于语料库的名著重译多变量考察框架，并以《源氏物语》的六个译本为个案，从词汇和句子的 22 个变量的频率统计、和歌翻译模式和文本相似度三大方面量化考察了译本之间的相似程度，然后以三个辅助方法验证了研究框架的适用性及其发现的一致性。数据分析与验证结果表明：第一，作为我国大陆和台湾地区各自的首个译本，丰、林译本具有各自独特的风格，成为《源氏》汉译的两座丰碑。第二，大陆四个重译"参考""借鉴"丰译的情况普遍存在。其中，姚、殷、丰三译本相似度最高，鉴于丰译的首译地位，唯有后译"借鉴"丰译为合理解释。第三，重译本中，姚、殷之间的相似程度最高。这似乎印证了姚继中对殷译"酷似"自己初稿、"是自己的初稿数据被窃后经人润色后出版"(吴川，2011：545)的怀疑。

但是，这里还有三个问题有待回答：其一，殷译问世于 1996 年，姚译初版于 2006 年，为何窃者能早于被窃者 10 年出版？其二，既然两译本相似性如此高，又有殷译出版在前，为何姚译 10 年、15 年后还得以出版和再版？其三，若殷译窃取姚译这一指控成立，其间的高相似度则可迎刃而解；但上述考察表明，姚译与丰译多方面的相似度均居第二，且姚继中（2015a）的和歌翻译考察亦认可与丰译"大同小异""基本相似"，那么是否可以推论姚译"借鉴"丰译、殷译自然"借鉴"姚译？

上述发现和讨论进一步说明，名著重译，优秀的前译是绕不过去的巅峰，借鉴、继承并发扬前译的长处是基础，但必须实事求是且明确指出。另外，创新和超越为重译的意义和价值所在，否则将会严重败坏翻译的声誉，扰乱翻译出版市场，误导读者选择。

结　论

一　引言

中国的女性翻译活动可追溯至1898年，第一部由女性翻译的文学作品为薛绍徽1900年所译凡尔纳的《八十日环游记》（郭延礼，2010）。而女性文学翻译家以群体形式首次出现是20世纪前20年（同上；罗列，2011；蒋林、潘雨晴，2013），在1898—1922年，"可以确定身份"的女性翻译者达到45人之多（朱静，2007：61），形成了"中国文学史和中国翻译史上破天荒的文学现象"（郭延礼，2010：49）。自1919年以后的20世纪，女性翻译家不仅在数量上日益壮大，而且扮演着越来越重要的角色。与内地/大陆一水相隔的香港和台湾地区，女性翻译家在"男性占主导地位"（穆雷、孔慧怡，2002：109）的社会中做出了男性似乎未能做出的成就：在香港，张佩瑶、孔慧怡、黎翠珍等长期致力于中国文学的对外译介，不仅先后主持于1973年创刊的中国文学英译期刊 *Renditions*（《译丛》）的编辑事务，而且从西方翻译理论与研究的视角批判性地反思我国传统和现代译论；在台湾，殷张兰溪、齐邦媛等作为台湾文学外译的"推手"，于1972年创办了 *The Taipei Chinese Pen*（《当代台湾文学英译》）刊物（张淑英，2011：50）。

然而，长期以来，我国女性翻译文学研究几乎无人问津，香港台湾地区的女性翻译家们也鲜有人提及，致使大量的女性译者被"湮灭"在历史的长河里（李永红，2009；郭延礼，2010；吴书芳，2013）。正如张佩瑶（2012：10）所指出的，"尽管西方女性主义翻译研究在新世纪之初传入我国，促使中国学者借鉴西方研究方法开展女性翻译研究，[但]我国还没有女性翻译史"。本书纵览了我国女性翻译家研究的现状,论证补苴了该领域研究的缺失、构建女性翻译研究史论的意义,呈现了开展此研究的方法,以便学界从尘封的历史中发现这一失落的群体(郭延礼,2010),廓清她们的群像,考察其译事活动发生、发展和演变的原因、轨迹、结果以及在特定时空的作用,丰富和完善我国翻译史研究。

作为女性翻译史研究,本书主要遵循 Pym(1998/2007:5)指出的翻译史研究的核心问题,即"谁、何时、何地、以何方式、为谁、翻译了什么,产生了何结果"等一系列复杂的问题,围绕以下三个方面开展工作:第一,考古、爬梳我国近百年来女性文学翻译的历史脉络,从而确立内地/大陆、香港和台湾地区女性翻译家及其译事、译作的目录;第二,聚焦不同时期中国重要的女性翻译家及其主要译作,考察其翻译动机、思想、策略以及所产生的结果和影响;第三,分析、论证不同时期女性翻译的传统和异同,阐释内地/大陆、香港和台湾地区女性翻译在各自特定的社会历史文化中的作用及现实意义。

翻译研究课题本身亦需要理论与方法的创新与探索。本书在实际研究过程中,同时着重在如下两方面进行了探索。第一,女性主义问题。正如绪论中所指出的,或许由于我们的研究对象为女性,所以当下诸多研究唯女性主义不开题,每每借女性翻译家的天然性别,先入为主,设定其翻译或研究的女性主体性,乃至叛逆性、反抗性等女性主义视角。因此,本研究特别注意考察我国女性翻译家的翻译实践或研究在多大程度上呈现出女性主义的议程或意识形态,或者女性主义理论视角是否适用于对她们的考察。

第二,译文风格、译文质量的考察问题。作为文学翻译大国,我国长期以来大量译介外国文学作品。事实上,我国女性翻译家自登上翻译舞台第一天起,就开启了外国文学的翻译。有些外国文学,特别是诗歌、小说、电影等文体形式,自新文化运动以来,一直深深地影响着我国的文学艺术创作和广大民众的精神消费。尤其是文学名著,不管古今,译者们总是趋之若鹜。特别是到了 20 世纪 80、90 年代和世纪之交,名著重译一片泛滥,《老人与海》等中短篇小说甚至出现了上百个译本,就连 11 世纪日本长篇古典文学《源氏物语》这样艰涩难懂的大部头，也如雨后春笋般冒出十余个重译本。此种现象，导致抄袭和互相指责现象屡见不鲜。但从纯学术或重译的质量来看，究竟如何评价，有无客观、可量化而且可验证的方法或标准，本书在这方面亦做了初步的尝试。

本部分就上述三大方面关注的问题的探索发现或结果做简要的概括，然后总结相关不足，提出未来研究的展望。

二 研究发现

本书主要依据我国内地/大陆出版较早、最权威亦最全面收录我国重要翻译家的专业工具书《中国翻译家辞典》（林辉，1988；以下简称《辞典》）为索引指南，结合中国知网、百度等网络搜索引擎等工具，从《辞典》中甄别、整理、统计出我国现当代女性翻译家共74人，其中内地/大陆66人、香港2人、台湾6人（刘泽权，2017）。研究进而运用翻译考古，纵横结合或"滚雪球"的方式，从中国国家图书馆、香港浸会大学图书馆、台湾大学图书馆及其网际互借服务等，通过检索、借阅、审读等方法，"考古"出香港地区知名女性翻译家张佩瑶、黎翠珍、孔慧怡与台湾地区著名女性翻译家林文月、宋碧云等一批才华横溢且在翻译研究与实践领域卓有成效女性翻译家。由于中国女性翻译家群体庞大，人员较多，研究难以也不必要对每一位个体展开"面面俱到"的考察。所以，研究将考察的路径设定为"点—线—面"相结合的框架，即分别以祖国内地/大陆、香港和台湾地区的翻译活动为横断面，以各地主要的翻译活动为线索，以各地重要的女性翻译家及其翻译研究和实践为焦点，以期发现和总结中国女性翻译家群体带有标志性、规律性的翻译成果和经验。研究的模式为"立足史料、着眼翻译，依托文化"，坚持"译者的历史在场"，力求以译者所说、所译为切入点，以达到史料描述与历史文化叙述之间的平衡（孔慧怡，2005：13）。研究所采用的方法，为以语料库为基础的、定量与定性相结合的综合方法，试图通过文本细读、文献纵横比较、平行翻译文本的多维度量化分析等手段，构建翻译史论研究与书写的模式（刘泽权，2016）。归纳起来，研究在如下五个方面取得了一些重要发现：中国女性翻译家的群体概貌、主要翻译历程与成就，以及其异同与成因；女性翻译家地位之迷失；"女性主义"研究议程的沦落；定性与定量相结合方法的应用；史料钩沉与平行译本语料库创建等。

（一）内地/大陆、香港和台湾地区女性翻译家的异同

在"点—线—面"相结合的框架模式下，本书首先分别考察了我国内地/大陆、香港和台湾地区的女性翻译家的群体情况，廓清了中国女性翻译家的群体特征，汇总了其译创研的整体概貌。研究然后分别聚焦几个代表性的女性翻译家，围绕她们的主要译创研成果，开展了初步考察，包括她们自己所译所研所著。考察有定性的，亦有定量的，抑或定量定性相结合的。

1. 群体差异

总体上，本书共"考古"出我国现当代较有成就的女性翻译家92人，其中内地/大陆66人、香港地区8人、台湾地区18人。这92人中，有74位源于《辞典》的条目，其余均为本书"发掘"所得。内地/大陆地区的66人中，"沈国芬"一条（林辉，1988：489-490）释义的性别有误（刘泽权，2017：31）；香港方面，《辞典》仅收录了金圣华、林太乙两位（同上），本书钩沉出黎翠珍、张佩瑶、孔慧怡、钟玲、邝文美、张爱玲六位卓有成就的女性翻译家。台湾方面，《辞典》仅收录了沉樱、丁贞婉、胡品清、聂华苓、裴缚言、殷张兰熙6位女性翻译家（同上），本书求证出林文月、宋碧云、齐邦媛、钟梅音、邱瑞銮、刘慕沙、朱佩兰、崔文瑜、胡因梦、黄友玲、赖明珠、赵慧瑾12位重要的女性翻译家。总体上，除了群体数量的差别外，内地/大陆与港台地区的女性翻译家呈现出五点重要差异。

首先，时间历程上，内地/大陆女性翻译家的翻译实践比港台地区女性翻译家早半个多世纪。内地/大陆女性翻译家于19世纪末开始文学翻译实践，而香港和台湾两地的女性翻译家仅于19世纪70年代初才正式开启翻译历程。其次，男女性翻译家的关系上，内地/大陆女性翻译家不仅与男性翻译家先后登上外国文学翻译舞台，而且还与他们同台共舞，有些甚至结为"翻译伴侣"，香港和台湾的女性翻译家一直担负着译界主力之职，基本是"孤军奋战"。再次，翻译领域上，内地/大陆

女性翻译家的身影遍及翻译实践的各个领域。除了马克思主义文献的对内与对外翻译外，内地/大陆女性翻译家们还活跃在各种文学文体、电影艺术、科技、广播宣传、外交等领域和口译现场，既有翻译实践，还有文学理论和翻译研究，个别的亦译、亦导、亦演，不仅留下了诸多脍炙人口的外国文学翻译名篇，而且在电影、同声传译等领域创造了若干"第一"。与之相较，香港和台湾地区女性翻译家的翻译实践大多专注于文学领域，台湾方面的包括了大量的儿童文学作品的译入。第四，翻译方向上，内地/大陆女性翻译家长期以来一直以有计划、全面译介中国文学为己任，包括中国古代和现当代文学、港澳台文学，甚至是海外华文文学。女性翻译家群体呈现出以译入为主、译出为辅的特征；香港女性翻译家多集创、研、译于一身，除译入外国文学作品外，还以《译丛》(*Renditions*)与"译丛"书系为阵地将中国文学作品大量译出。台湾地区女性翻译家的翻译实践，基本以译入为主，翻译的对象除外国经典文学作品外，还包括通俗文学、儿童文学和惊悚文学等。复次，也是最本质的区别，就是内地/大陆、港台地区女性翻译家的翻译活动的目的和属性的区别。内地/大陆和香港地区的女性翻译家，都将自己的翻译实践和研究视作国家或所在机构的整体翻译译介活动的自然组成部分，具有明确的跨文化交流的属性。内地/大陆女性翻译家们的文学翻译和研究，完全服务和服从于国家层面的总体译入或译出计划，她们不仅认同而且积极投入其中。香港地区女性翻译家们的中国文学译介乃至中国传统译论研究，依赖于她们所在的机构（即大学的研究所）或她们所奉献的文学译介园地（即《译丛》系列）开展活动，是中国文学、文化对外交流的一部分。而台湾地区女性翻译家们的翻译行为多属于简单的个人、自发行为，虽所译语种广泛，体裁丰富，但因缺乏总体翻译规划，故无论译入还是译出均呈现断代、零碎的特征。

2. 主要译介脉络

本书通过初步的翻译史梳理，发现我国女性翻译实践呈现三条明显的脉络。内地和香港地区的译介对象和方向尽管迥异，但脉络趋势基本相同。内地女性翻译家们译入的外国文学，越来越表现出融通世界各国、涵盖古今各种文体的宏大脉络，而且距离当代越近，所译国别、文类和数量越多。在香港地区，女性翻译家40年来译介的中国文学，由肇始初期的以古代为主，逐渐扩大至现当代，进而延伸至台湾、香港的中国文学以及海外的华文文学，脉络越来越宽，显示出香港地区女性翻译家无法比拟的远见和胸襟。在台湾地区，女性翻译家的文学翻译脉络存在译入与译出两条细小的脉络，相互之间逆向而行，不仅少有合作，而且潜藏着人脉竞争。从第四章的分析可见，台湾地区女性翻译家中，文学译入的人数、语种及译作数量，虽然不可与大陆同行同日而语，但远远大于译出的方向，使得台湾文学译入的脉络由80年代末之前的以日本经典文学为主，逐渐转向于以日本和英语文学为主，包含纯文学、文学名著译丛、大众通俗文学、儿童（绘本）文学、奇幻惊悚文学等万花筒般的体裁杂合。

3. 成就与成因

我国内地/大陆方面女性翻译家的成果，经过初步爬梳、整理，分别在第一、二、五章按照时代分期、领域分类做了呈现。由于内地/大陆女性翻译家群体跨越时间长、人数众多，加之目前对她们的考察、研究缺乏系统、连续性和完整的史料，本书对她们的成果的钩沉、整理仍有诸多欠缺。大陆女性翻译家丰硕成果的背后，不仅是一个世纪以来我国人民对外国文学等文艺产品持续不衰的消费需求。更重要的，是一代又一代女性翻译家与国家和时代的命运相连接，不辱使命，敢于译天下所未译的气度和胸襟使然。

香港和台湾地区的女性翻译家，不仅人数较祖国内地/大陆少，其译介的方向、脉络也更为单一、清晰，绝大多数成就分别在第三、四、六、七章中比较详细地做了梳理和呈现。香港方面，英汉双语通用，英语占主流，汉语粤语方言作民间交流用语（穆雷、孔慧怡，2002：109），这一社会现实决定了其文学翻译只能是中译英。在香港，女性翻译家尽管群体弱小，但与男性翻译家相比，无论是人数还是地位上均"占优势"（同上），她们在从事教学与翻译理论研究工作之余大量翻译中国文学作品。其成就集中体现在三个方面：一是，张佩瑶、黎翠珍、孔慧怡、朱虹等人将优秀中国文学作品译入英语世界；二是，以香港中文大学翻译研究中心主办的中国文学英译半年刊《译丛》（*Renditions*）

及其"译丛"书系为阵地翻译出版大量中国文学作品；三是，张佩瑶对中国传统翻译理论的发掘、整理、论证和翻译，及以"推手"理论为抓手的中国翻译话语的建构。台湾方面，能代表女性翻译家成就的当属林文月、赖明珠等人自20世纪70年代以来对外国文学，特别是日本古典文学和现当代知名作家作品的翻译。其翻译成果完全可以与她们的大陆同行的平行译作相媲美。此外，同样值得一提的是，以岭月、方素珍、柯倩华、李紫蓉、林真美等人为代表的台湾女性翻译家对儿童文学的译介。她们以女性独有的母性天性和女性经验，翻译英、日、意等国儿童文学作品，不仅推动了台湾儿童文学的发展，而且曾一度掀起了台湾和大陆儿童（绘本）文学出版和阅读的风潮。

（二）女性翻译家地位之迷失

研究同时发现，学界对于我国女性翻译家的研究严重缺失，对这一群体的成果贡献、地位价值重视不足。一方面，当下围绕女性翻译家的研究，不论是在数量还是质量上，抑或是在基本史料编纂更新上，都无法与女性翻译家们的成就与贡献相提并论。数量上，本书的文献梳理显示，有关女性翻译家的研究，数量如此之微少，甚至无法进入翻译家关键词的可视化范围之内。屈指可数的几十篇论文，大多围绕杨绛、文洁若、赵罗蕤等几位显见的女性翻译家，即使张佩瑶这样在国际译界知名、为中国译论的国际对话做出巨大贡献的翻译家，对其及其成果的研究亦付之阙如。质量上，现有研究大多以女性翻译家的主体意识等带有女性主义标签的命题，浅尝个别女性翻译家的个别作品，鲜有系统、全面或者以量化方法考察女性翻译家的翻译风格，特别是将其译作与创作风格等做纵横捭阖的对比分析。

更重要的是，我们现在连她们的史料都残缺不全，更遑论对这一群体的历史地位的客观评价，对她们的贡献和精神的阐发、继承与发扬。本书在考察过程中发现，收录女性翻译家最多的《中国翻译家辞典》已经出版30余年，其中的绝大多数前辈已经作古，一代新生女性翻译家已经成长起来，但该辞典尚未能修葺增补。我们面临的结果是，不仅诸多女性翻译家的史料未能收集、编纂到权威的翻译家辞典中，即使是收录进《辞典》的许多女性翻译家的性别、生卒年份、出身家世、供职单位、译研成就等信息，要么谬误丛生，要么残缺不全。这一现状，不仅愧对我们的女性翻译家及其所奉献的翻译事业，更于当今的网络化、信息化、大数据时代不相称。对此，我们不得不重复前贤研究的呼吁："抢救我们的女性翻译家吧！"

（三）"女性主义"议程的"失落"

这里的"失落"，有两层意思。第一，本书通过考察，发现与"女性主义"相关的理论、方法等研究，如"女性译者的主体性（意识）""女性/权主义视域"等，都是一种伪命题或理论套用。我们在研究伊始便设定计划，着重考察、验证女性翻译家群体的翻译与研究是否如前人研究所"发现"的那样带有显著的女性主义色彩或议程。当然，这一问题难以从一般女性译者的译研作品的考察中轻易得到答案。这是因为，大多的翻译作品没有赋予译者版面或空间去宣示自己的翻译动机、策略，正如 Venuti（1995）的所指出的，国内外翻译出版界长期以来心照不宣的一个规则，就是"译者隐身"，除非是名家名译或为了某种宣传的噱头，出版商能给予译者的，就是一个译者的署名而已。其实，我国的作者，包括女性作者和译者，由于历史和文化的缘故，长期以来没有在作品内外昭示自己的创作立场、动机等习惯。第二，我国的女性作家，包括女性翻译家，自登上文学和翻译舞台开始，大都以国家和民族的觉醒、解放为己任，天然的女性身份并非她们创作的先决条件或资本。刘思谦（2005：4）在评价女性与女性文学的关系时所指出的："性别是女性文学的前提但并不是唯一的条件，也就是说，并非自认性别为女者所写的文学就一定是女性文学。把女性的言说主体、经验主体、审美主体，引入女性文学这个概念，这就排除了那些虽为女性所写却自觉地失去了主体性把自己'他者化'和表现出男权中心意识的作品。"同理，并不是女性译者，其所翻译或研究的成果就一定带有女性意识。

课题从两个方面展开了考察。一是以前人的研究结论去相关女译者的译研作品中"反索"女性主义的具体体现，二是以中国重要女性翻译家的译研作品量化考察，并结合其自己的访谈、序言等的分析做定性支撑。"反索"考察发现，以往研究所称的女性主义"表征"，既没有理论运用的论述，也没有研究方法的设计，所得"发现""结论"均为臆断，经不起推敲。定量研究方面，我们分别做了三个方面的主要考察，第一为前人对于内地/大陆知名女性翻译家、"世纪老人"杨绛先生的译、创、研研究的量化考察，第二为对台湾资深女性翻译家林文月的散文创作与译作的风格考察，第三分别为台湾女性翻译家林文月、张爱玲所译的《源氏物语》《老人与海》与其平行的其他五个代表性译本的多维度考察。这些考察，除了印证了一些翻译共性，更多地呈现了两位女性翻译家自己的风格，而并非"女性主义"的风格彰显。女性翻译家的案例研究方面，穆雷（穆雷、孔慧怡，2002；穆雷，2003）对当代两位重要女性翻译家，即孔慧怡、朱虹，做"口述史"访谈，所得反馈不是相互印证，而是互相矛盾。

本书所指"失落"的更重要意义，在于"女性主义"这一理论或方法，即使在知名女性翻译家那里，似乎也难成共识。加拿大女性主义翻译研究的先驱 Flotow 曾指出，"女权/性主义"（feminist）一词本身就具有强烈的政治色彩（罗列，2014：298）。她强调，虽然她的翻译有时会显露一些性别气质或语言特征（Alvira，2010：285），但多数情况下与女权主义毫无关系（马会娟，2014：133）。有关我国资深女性翻译家的研究中，鲜有明确或直接涉及翻译家本人对待翻译与女性主义关系的探讨。穆雷先后于 2002 年、2003 年就上述议题访谈过孔慧怡（穆雷、孔慧怡，2002）与朱虹（穆雷，2003），两位女性翻译家的回答大相径庭，这进一步质疑甚至否定了女性主义理论或视角对我国女性翻译家群体研究的适用性。这里从三个方面简要将两位女性翻译家的观点概括如下，亦充作本节结论。

第一，关于翻译目的。孔慧怡认为，她在选择时"是比较理性的"，首要条件是"作品一定要让我'动心'"，但"打动"她的不是女性作家及其作品本身——"我相信自己是被非主流、非正统的东西吸引"，包括香港的作品、女性作家的作品、男作家的作品（如顾城的诗、苏东坡的散文），因为它们都是"被边缘化"的（穆雷、孔慧怡，2002：110）。相反地，朱虹指出，她选译边缘作家作品有着明确的自我议程："就是想让外国读者按我设想的方式了解中国 [，] 了解中国的女性作家及其作品，了解中国的妇女状况"，或者更具体的，"让外国读者听到中国妇女的各种声音，让他们了解中国妇女的生活状况，她们的困惑"（穆雷，2003：42－43）。

第二，关于阅读理解和翻译表达。孔慧怡认为，女性作家的作品在经验、主题和语言方面"会有很大的感性吸引力"，不论是男性还是女性译者都可以去译，只是女性译者"更能体会和把握女作者的意思，因为这是一种特殊的经历而非浮面的描写"（穆雷、孔慧怡，2002：110）。对于她，"重要的一点是要听作者讲话的声音和节奏"；她翻译的语言"通常比较中性"，对自己的译作"一向都是一译完就不满意了［,］只能工作完了就放下"（同上：111）。朱虹承认，她在翻译时不仅"能够完全钻到［人物］的心里，领会她们所要表达的感觉"，用心去"体会"作品的基调，而且还要"通过遣词造句把那种基调带出来"（穆雷、孔慧怡，2002：44）。她承认自己对于翻译的"操纵"，直言不讳地指出："我觉得作为译者，我最大的 manipulation 是 tone，语调。"（穆雷，2003：43）

第三，关于自身与女性主义的关系。这是一个比较抽象的问题，涉及女性翻译家如何看待自身身份，与男性翻译家的关系，乃至女性主义理论的意义价值等，不一而足。可能是访谈发起者考虑到两位受访女性翻译家的个体情况差异，所以发问的问题、方式亦不同。具体来讲，孔慧怡对待自己的真实内心与外表（性别身份、穿戴）之间的关系，自嘲别人观察到的是"一种误导"：她穿旗袍是因为"自己看起来太年轻"，她认为自己对婚姻的看法是"保守"的，"既然答应跟一个人在一起，就有义务让他觉得开心"，等等（穆雷、孔慧怡，2002：109）。对于父权制度造成的男性翻译家"一统天下"的现实，她乐见女性翻译家越来越多地"一展拳脚"，但提醒翻译职业由于女性增多而边缘化为"妇女职业"的潜在危险（同上：111）。与孔慧怡截然相反，朱虹强烈地认同女性主义理论的作用。她明确指出："抓住了性别的概念，就觉得比较可靠，因为两性在社会中的经历太不一样了，社会对女性太不公平了。"（穆雷，2003：41）她强调女性主义视角的万能作用，声称女性主义"已经渗透到社会生活的各个方面，一切问题都可以从女性的角度重新审视"（同上：42）。

（四）定性与定量方法的应用

作为本书的另一个重要议题，我们尝试了翻译史考察和书写的方法，将定性、定量考察相结合，不仅进行了女性翻译史的爬梳，而且对重要女性翻译家的创作、翻译甚至翻译研究成果做纵横比较分析，取得了一些初步成果。

本书首要的任务，是考古我国内地/大陆、香港和台湾地区近百年具体的女性翻译家，爬梳、整理她们的译研成果，建构她们的名录，这一任务，唯有通过定性的史料钩沉方法。文献梳理已经指明，我国女性翻译家的史学研究相当匮乏，仅有的一部权威的翻译家辞典收录女性翻译家共74位，其中内地/大陆66位、香港2位、台湾6位，香港和台湾地区大多数重要女性翻译家被"淹没"。研究表明，对一个涉及人数近百、跨越时间近百年、几近湮灭的群体进行考古，定性的史料钩沉方法是唯一的路径。研究依据《辞典》的条目为引子，结合中国知网（CNKI）与百度等搜索引擎的强大功能，再利用国家图书馆等文献资源，通过"滚雪球""文献互证"等手段，索引、定位、定性各个女性翻译家，虽然不能完全解决问题，但确是当下最事半功倍的解决方法。具体成果体现在如下四个方面。

首先，考古、发掘、确立被湮灭的女性翻译家。发挥定性研究在史料考证和纵横比照方面的强大功能，最终考古出女性翻译家共92人，其中内地/大陆66位、香港地区8位、台湾地区18位。内地/大陆现当代女性翻译家的人数没有变化，仅确定了沈国芬（林辉，1988：489－490）的女性身份；香港和台湾两地区的翻译家主体被发掘出来，填补了《辞典》的缺失，而且将她们的名字载入了史册。其次，钩沉、梳理出这些女性翻译家的基本信息。本书在力所能及的范围内，利用发掘和整理的史料，统计出92位女性翻译家的详细自然信息，包括她们的生卒、籍贯、家庭及教育背景、婚姻、译事领域等。再次，建立其成果名录。通过网络、文献等纵横、互证的方法，考察、确定了女性翻译家们的具体成果，并建立表格"账目"，以供未来研究参考。最后，按时代、领域分析论述她们的群体特征与贡献。在前述钩沉、整理的基础上，通过文本细读的方法，将女性翻译家的翻译实践从时代、领域两大方面进行初步考察，归纳论述了她们群体特征、主要贡献。

（五）翻译风格定量考察

本书所采用的定量方法，主要基于语料库的多译本或多变量风格比较，抑或是二者的有机结合。具体来说，研究主要在三个方面对量化方法做了应用探索。

1. 原文与译文风格考察

文本风格是作品的"指纹"，原文的风格是作家的风格体现，但译作的风格是原文风格的再现，还是译者风格的体现，抑或是二者的混合？较长一段时期以来，纯文学的文体风格考察与翻译共性或译者风格研究互不往来，各说各话。对于翻译考察尤其是质量评价来说，脱离了与原文风格的对比，译文的得失特别是多译本间的异同优劣判断，将成为无本之木、空穴来风式的主观好恶臆断。本书以美国作家海明威的短篇小说《老人与海》的原文及其60多年间六个代表性的汉译本为例，进行了"一举两得"的风格考察、验证。

首先，我们运用多变量考察方法，量化求证《老人与海》作为经典文学作品，具体呈现出哪些独特的风格特征。为此，我们构建了多维度考察框架，确定了相关变量，然后基于自建的《老人与海》英语语料库、其相近时期美国小说语料库和海明威小说语料库，系统考察《老人与海》原文在文本的交互性、所指清晰性、标准类形符比、移动平均类形符比、熵值和相对重复率等六变量的指征，确立了其高度口语化和词汇变化小、叙事模式迥异等风格。

其次，《老人与海》自问世以来，先后出现了百余个汉语译本，其中不仅有台湾地区女性翻译家张爱玲1955年的首译，而且有翻译家兼诗人余光中前后相隔半个世纪的两个译本。因此，对这些代表性的多译本进行风格和质量对比考察，具有多方面的意义。我们基于自建的《老人与海》英汉平行语料库，采用定量与定性结合的方法，从六个维度对比考察原文及其六个译本的风格异同。

以上研究属于"一体两面"，其价值主要体现在三大方面。一是首次以翔实的数据和可视化的结果，廓清和展现了《老人与海》原文的独特风格所在。二是所得发现推翻了既有研究对个别名人译本的赞誉，质疑了名著重译的价值。三是最重要的，是展示、验证了语料库与语境相结合的文体风格多维考察的可行性与操作路径。

2. 名著重译质量考察

20世纪90年代，我国出现了名著重译热潮，导致一些粗制滥造甚至抄袭的译品，不仅严重败坏了翻译的声誉，也给读者造成了困扰。以11世纪初日本长篇小说《源氏物语》为例，台湾女性翻译家林文月与大陆翻译家丰子恺呕心沥血若许年，分别于七八十年代出版了两岸的首译。世纪之交，大陆猛然间冒出十余个重译本，但多被质疑与丰译高度相似。那么，重译是僭越抑或沿袭，其质量如何评价？本书尝试设计一个基于语料库的译文多变量考察框架，然后基于自建的《源氏物语》六个相关译本语料库，从词汇与句子层面22个变量的统计频率、和歌翻译形式、文本聚类及余弦相似度三大方面七个侧面，考察四个重译与林、丰译本之间的相似程度，再辅之以文本查重、编辑距离和《老人与海》六译本相似性验证。考察发现，林译风格独树一帜，与大陆的五译本间不存在显著相似性，而大陆译本间显现出高度相似性，重译均未能超越丰译。研究验证了重译质量考察框架的适用性，对未来相关研究乃至量化的翻译批评模式构建具有一定的启示。

3. 重要女性翻译家考察

许多女性翻译家为译、创、研三栖大家，成果丰富，值得我们学习和借鉴。另外，其作品之间有无互文或风格关联，有无所谓的"女性"特征，有必要以量化的方法进行多维考察，以为女性翻译家的风格研究提供实证参考。所以，我们采用语料库文体学方法，分别以杨绛、张佩瑶和林文月为对象进行了定量考察。就杨绛而言，研究以中国知网1981—2017年关于其创作与翻译作品研究的文献等为切入点，采用文献计量学方法，借助CiteSpace工具，对这些研究进行归纳、整理和考察，进而做出定量和定性的分析、评价，总结相关研究的分布特点、发现与不足，并指出未来研究展望，为进一步研究杨绛的著译提供借鉴。

张佩瑶方面，研究以其著、译成果以及学界对她的研究文献为语料，对其译路历程、理论与实践概貌、著译传播与接受等情况，进行定量与定性的考察。研究揭示了其翻译理论的精髓，呈现了其译作的风格特征，论述了其对构建中国翻译理论体系、传播中国传统文化的贡献。林文月方面，我们采用语料库文体学方法，考察了其散文创作与翻译之间的风格异同，目的在于探究二者之间是否存在影响与被影响关系。研究揭示了其创作与译作各自的语言特征，但未发现二者之间明显的风格一致性，期望该探索能为译者个人风格研究提供借鉴。

（六）语料库建设

语料库（数据库）建设是量化考察的基础。课题在史料钩沉的同时，注重对于女性翻译家的译、创、研成果的搜集，尤其是与女性翻译家所译文学作品的平行译本的爬梳、收录，以便构建相关的语料库。目前，课题已经建成的语料库总字词数量达1000余万，主要包括如下几个：

（1）重要女性翻译家及其作品语料库：涵盖杨绛、文洁若、张佩瑶、张爱玲、林文月、齐邦媛等创作、研究与翻译成果，以及有关她们的评价、研究、访谈等多模态资料。

（2）外—汉多译本语料库：涵盖内地/大陆、香港和台湾地区女性翻译家的译作，包括《老人与海》英语及其8译本，《查泰莱夫人的情人》英语及其5译本，《源氏物语》6译本，《尤利西斯》英语及其2译本等。

（3）单语或对照语料库：包括《老人与海》的海明威小说库、海明威同时代代表性作家作品库，林文月同时代台湾女性作家散文库等。

三　不足与未来研究展望

本书距离预期目标还有诸多不足，主要体现在如下两个方面。

第一，内地/大陆重要女性翻译家研究未能完全展开。由于我国女性翻译家群体数量庞大，为了总体目标和进度，只能在完成所有女性翻译家的史料钩沉爬梳、整理建档前提下，兼顾香港和台湾两地区代表性的女性翻译家及其成果、贡献及价值的考察分析。对于内地/大陆60余位女翻译，仅仅初步完成了诸如杨绛、文洁若等具有代表性、重要翻译家的著、译、研成果的扫描、电子转化、校对、数据库建设和分析研究，尚有一些女性翻译家的语料库加工正在进行之中。

第二，数据库建设未能全面展开。目前，研究主要完成了内地/大陆、香港和台湾地区具有代表性和重要影响的女性翻译家的译、创、研成果的扫描、电子转化、校对及前期数据库建设。港台两地的文学外译主要成果搜集、整理和电子扫描工作基本完成，特别是张佩瑶、林文月所有成果的初步入库工作。

上述不足的产生，主要在于如下原因。首先和最重要的，在于研究对象的庞大及其史料的卷帙浩繁乃至芜杂。90余位女性翻译家的成果资料跨越百年，不仅浩如烟海、不可胜数，而且涵盖几十个语种。虽然本书课题组想方设法尽可能多地去爬梳、获取，然后进行电子扫描和转化，但仍感觉似杯水车薪，力不从心。其次，史料的稀缺和获取、识别艰难。一方面，历史上，我们本就轻视或忽略同时代人物史料的采写、出版和搜集。因此，这些翻译家的家世等史料残缺不全，给纵横连贯的梳理译家译作平添了不少困难。另一方面，在正式实施简化汉字和自左至右横向排版印刷之前，大多数出版物采用繁体汉字自右至左竖向排版，这给研究的电子化识别增加了巨大的工作量。同时，相关史料，尤其是1949年前的许多史料，有些仅存于境内少数重要图书馆的典藏库，且多为微缩胶卷形式，不仅获取难度大，而且读取、转化十分不易。涉及港台两地女性翻译家的史料，大多散藏于香港和台湾地区的各大学图书馆。由于政策、经费等限制，内地/大陆与港台地区的大学图书馆之间的馆际互借、文献传递等合作交流十分不便，加之近两年港台地区政治局势不稳，出入境手续的烦琐等，这些都给赴港台地区调研、交流、资料查询获取等造成了极大的困难。再次，研究力量相对薄弱。主持人刚调动到现任职单位时，研究所需的软硬件条件未能及时配备到位；更为重要的，是团队成员不仅人手短缺，其数据库建设的技能亦难以满足紧迫的研究要求。

目前，本研究基本成果框架已经形成，软硬件条件基本到位，团队成员数量与技术能力已经符合要求，期望能在总结经验、调整分工的基础上在如下几方面改善、加快并深化课题研究。第一，突出主题，各司其职。改变目前集中攻关、粗犷分工的模式，重点以女性翻译家的区域、时期及重要平行多译本为主题，以子课题负责制形式开展研究。第二，加大数据库的研发力度和进度。积极调动研究生开展史料和数据的扫描、转化等加工工作，同时加强对外联络，开展工程合作和外包，探索简单、实用、高效的多语种多模态数据库程序开发及应用平台建设方案，争取尽早建成"女性翻译家多语种多模态数据库及翻译应用平台"，以服务于翻译教学与研究，实现项目的价值与意义。

参考文献

中　文

百度百科·冰心，［2015-9-6］，http：//baike.baidu.com/subview/1718/15306357.htm。

百度百科·孙家秀，［2015-9-8］，http：//baike.baidu.com/link？url=yaeb9MhOdSPLK09C6lapsZgJEu_uQRhowMnO6Jtjyftqg7igMQRKei3R Duc 7 oniC6bEsV4eCRyfICNb1nvCdGa。

百度百科·孙维世，［2015-9-8］，http：//baike.baidu.com/link？url=48MAxTdfnwyI-nGswU7YxD9GLJxMr0BqU9Dv5N7bEocTIJWnqWbR0fBn8I5usOtO8sLZ3ZMQpEGCqW0Mml98Zq。

百度百科·文洁若，［2015-9-3］，http：//baike.baidu.com/view/473917.htm。

百度知道·爱人的来历，［2015-8-30］，http：//zhidao.baidu.com/link？url=q1NVOzU1kuboF5bvB0iy97PwpzltlIQUyiw9VC4P5Ro1B0Oq y-B85s993MrujxwLhH7ttGbrIOic24mWgGVnVa。

白立平：《洞入幽微，能究深隐——〈选集〉内容评介》，张佩瑶编著：《中国翻译话语英译选集》，上海外语教育出版社2010年版。

曹顺庆、李思思：《重建中国文论话语的基本路径及其方法》，《文艺研究》1996年第2期。

查明建、谢天振：《中国20世纪外国文学翻译史》，湖北教育出版社2007年版。

陈婵：《爱丽丝·门罗小说中的词簇特征及其功能分析——一项基于语料库的文体学研究》，《解放军外国语学院学报》2014年第3期。

陈芳明：《台湾新文学史》，联经出版事业股份有限公司 2011 年版。

陈芳明：《掌中地图》，上海人民出版社 2009 年版。

陈飞：《二十世纪中国妇女文学史著述论》，《文学评论》2002 年第 4 期。

陈家生：《杨绛〈洗澡〉中的巧比妙喻》，《武夷学院学报》1995 年第 3 期。

陈芯莹、李雯雯、王燕：《计量特征在语言风格比较及作家判定中的应用——以韩寒〈三重门〉与郭敬明〈梦里花落知多少〉为例》，《计算机工程与应用》2012 年第 3 期。

陈星：《两代译者的两岸译事——谈〈源氏物语〉〈枕草子〉的中译本及译者》，《浙江社会科学》1992 年第 4 期。

陈亚丽：《老生代散文的文化人格构架与艺术特质》，《首都师范大学学报》（社会科学版）2006 年第 3 期。

陈玉刚：《中国翻译文学史稿》，中国对外翻译出版公司 1989 年版。

陈悦：《引文空间分析原理与应用：CiteSpace 实用指南》，科学出版社 2014 年版。

陈子展：《中国近代文学之变迁》，中华书局 1929 年版。

川合康三：《林译〈源氏物语〉的和歌》，《林文月学术成就与薪传国际学术研讨会》，台湾大学中国文学系 2013 年版。

戴炜栋：《功能语言学导论》，上海外语教育出版社 2005 年版。

单德兴：《齐邦媛教授访谈：翻译面面观》，《编译论丛》2012 年第 1 期。

单德兴：《齐邦媛教授访谈：翻译面面观》，《华文文学》2013 年第 3 期。

刁明芳：《国际汉学的推手——蒋经国基金会的故事》，天下远见出版股份有限公司 2008 年版。

董衡巽：《海明威的艺术风格》，《文艺研究》1980 年第 2 期。

董洪川：《赵萝蕤与〈荒原〉在中国的译介与研究》，《中国比较文学》2006 年第 4 期。

董秋斯:《论翻译理论的建设》,载罗新章、陈应年主编《翻译论集》,商务印书馆2009年版。

杜姗姗:《〈呼啸山庄〉三个中译本的历时语料对比分析》,硕士学位论文,曲阜师范大学,2011年。

杜学元:《中国女子教育通史》,贵州教育出版社1995年版。

方红、王克非:《〈共产党宣言〉在中国的早期翻译与传播》,《外国语文》2011年第6期。

丰华瞻:《丰子恺与翻译》,《中国翻译》1985年第5期。

丰子恺:《我译〈源氏物语〉》,《名作欣赏》1981年第2期。

丰子恺(译):《源氏物语》,人民文学出版社1980年版。

冯全功:《葛浩文翻译策略的历时演变研究——基于莫言小说中意象话语的英译分析》,《外国语》2017年第6期。

凤群:《基于语料库的意识流小说〈达罗卫夫人〉文体学分析》,《山东外语教学》2014年第1期。

高存:《〈老人与海〉在中国的译介》,《北京第二外国语学院学报》2016年第2期。

高歌:《杨绛译作〈吉尔·布拉斯〉中的对等翻译》,硕士学位论文,西安外国语大学,2013年。

葛文峰:《美国第一部李清照诗词英译全集的译介与传播》,《中华文化论坛》2016年第9期。

耿纪永:《中国禅与美国文学的新境界——读钟玲〈中国禅与美国文学〉》,《中国比较文学》2010年第3期。

耿强:《凭史料说话 借文化分析——评孔慧怡博士的〈重写翻译史〉》,《中国翻译》2006年第3期。

关峰:《杨绛戏剧模式论》,《名作欣赏》2013年第23期。

郭小华:《鲁迅文学翻译论中的意识形态操纵理论》,《语文建设》2016年第21期。

郭延礼:《阿英与中国近代文学研究》,《东岳论丛》2002年第6期。

郭延礼:《都德〈最后一课〉的首译、伪译及其全译文本》,《中华读书报》2008 年 4 月 16 日。

郭延礼：《女性在 20 世纪初期的文学翻译成就》，《中国现代文学研究丛刊》2010 年第 3 期。

郭延礼：《20 世纪初中国女性文学四大作家群体考论》，《文史哲》2009 年第 4 期。

郭延礼：《中国近代伊索寓言的翻译》，《东岳论丛》1996 年第 5 期。

郭著章：《翻译名家研究》，湖北教育出版社 1999 年版。

郭著章：《介绍译学新作〈中国反义词典〉》，《上海科技翻译》1998 年第 3 期。

海观（译）：《老人与海》，上海译文出版社 1969 年版。

韩少功：《蓝盖子 韩少功代表作》，春风文艺出版社 2002 年版。

韩一宇：《都德〈最后一课〉汉译及其社会背景》，《文艺理论与批评》2003 年第 1 期。

郝誉翔：《婉转附物，迢怅切情——论林文月〈饮膳札记〉》，《赶赴繁花盛开的飨宴——饮食文学国际研讨会论文集》，台北：时报文化出版企业有限公司 1999 年版。

何寄澎：《林文月散文的特色与文学史意义》，《林文月精选集》，台北：九歌出版社有限公司 2002 年版。

何寄澎：《试论林文月，蔡珠儿的［饮食散文］：兼述台湾当代散文体式与格调的转变》，《台湾文学研究集刊》创刊号，台湾大学台湾文学研究所 2006 年版。

何寄澎：《台湾现当代作家研究资料汇编：一九三三·39，林文月》，台湾文学馆 2013 年版。

何寄澎：《真幻之际，物我之间：林文月散文中的生命观照及胞与情怀》，《国文天地》1987 年第 3 期。

何明霞、汪桂芬：《〈老人与海〉的两个中译本译风比较》，《武汉理工大学学报》2001 年第 4 期。

何元建：《关于中译本〈源氏物语〉》，《外语与翻译》2001 年第 4 期。

何元建、卫志强：《描写译学的理论与实践——〈源氏物语〉两个中译本中转折句的对比分析》,《中国翻译》1998 年第 2 期。

胡安江:《从自言自语到众声鼎沸——论张佩瑶教授翻译史研究的"太极推手"路向》,载张旭、黎翠珍主编《风筝不断线:张佩瑶教授译学研究纪念集》,湖南人民出版社 2014 年版。

胡安江:《中国文学"走出去"之译者模式及翻译策略研究——以美国汉学家葛浩文为例》,《中国翻译》2010 年第 6 期。

胡庚申:《傅雷翻译思想的生态翻译学诠释》,《外国语》2009 年第 2 期。

胡开宝、田绪军:《〈政府工作报告〉英译文本的语言特征与文本效果研究——一项基于语料库的研究》,《外国语文》2018 年第 5 期。

胡开宝、朱一凡、李晓倩:《语料库翻译学》,上海交通大学出版社 2018 年版。

胡适:《海上花列传序》,载张爱玲译《海上花开》,北京十月文艺出版社 2012 年版。

胡显耀:《基于语料库的汉语翻译小说词汇特征研究》,《外语教学与研究》2007 年第 3 期。

胡显耀:《基于语料库的汉语翻译语体特征多维分析》,《外语教学与研究》2010 年第 6 期。

胡显耀、曾佳:《对翻译小说语法标记显化的语料库研究》,《外语研究》2009 年第 5 期。

胡因梦:《生命的不可思议》,东方出版中心 2006 年版。

黄晖:《从计算风格学角度考察〈源氏物语〉中译本》,硕士学位论文,浙江工商大学,2017 年。

黄立波:《〈骆驼祥子〉三个英译本中叙述话语的翻译——译者风格的语料库考察》,《解放军外国语学院学报》2014 年第 1 期。

黄立波、朱志瑜:《译者风格的语料库考察——以葛浩文英译现当代中国小说为例》,《外语研究》2012 年第 5 期。

黄美娥:《文学现代性的移植与传播:日治时代台湾传统文人对世界文学的接受、翻译与摹写》,《正典的生成———台湾文学国际学术研讨会》,"中央研究院"中国文哲研究所、哥伦比亚大学蒋经国基金会中国文化及制度史研究中心主办,2004年。

黄树红、翟大炳:《杨绛世态人情喜剧与意义的重新发现——谈〈称心如意〉〈弄真成假〉的文学史价值》,《广东第二师范学院学报》2001年第1期。

黄伟、刘海涛:《汉语语体的计量特征在文本聚类中应用》,《计算机工程与应用》2009年第29期。

黄新宪:《日据时期台湾女子留学日本考》,《教育评论》2010年第4期。

黄志军:《灵魂与归途的智性探索——解读〈斐多〉的翻译和〈我们仨〉的写作》,《哈尔滨学院学报》2006年第4期。

黄志军:《异曲同工 互文演绎——杨绛〈璐璐,不用愁!〉与钱锺书〈纪念〉互读》,《泉州师范学院学报》2012年第3期。

黄宗洁:《林文月饮食散文中的人·情·味:从〈萝卜糕〉一文谈起》,《幼狮文学》2005年第613期。

火源:《论杨绛的反讽——以〈洗澡〉为例》,《长春大学学报》2004年第5期。

贾国栋:《海明威小说〈老人与海〉的文体风格研究与教学》,《当代外语研究》2012年第7期。

江帆:《中国大陆与台湾文学对外译介模式对比研究》,《翻译季刊》2013年第69期。

江进林、许家金:《基于语料库的商务英语语域特征多维分析》,《外语教学与研究》2015年第2期。

江蓝生编:《禅宗语录一百则》,黎翠珍、张佩瑶译,中国对外翻译出版公司1999年版。

江楠:《〈老人与海〉译者吴劳去世》,《新京报》2013年10月31日。

江中水:《"爱人"称谓的流变》,《海南档案》2004年第4期。

蒋林、潘雨晴:《世纪回眸:中国女性翻译家管窥》,《中国翻译》2013年第6期。

蒋跃:《人工译本与机器在线译本的语言计量特征对比——以第 5 届韩素音翻译竞赛英译汉人工译本和在线译本为例》,《外语教学》2014 年第 5 期。

蒋跃、张英贤、韩红建:《英语被动句人机翻译语言计量特征对比——以〈傲慢与偏见〉译本为例》,《外语电化教学》2016 年第 3 期。

金琼:《从〈围城〉〈洗澡〉观照钱氏夫妇的文化心理》,《怀化学院学报》1992 年第 4 期。

金圣华:《桥畔译谈新编》,外语教学与研究出版社 2014 年版。

金文京:《蓬莱文章陶谢笔——谨评林文月教授的日本古典文学翻译》,《林文月学术成就与薪传国际学术研讨会》,台北:台湾大学中国文学系,2013 年。

金永平、陈青:《微而不露 谑而不虐——论杨绛小说〈洗澡〉人物描写中的比喻艺术》,《辽宁行政学院学报》2008 年第 6 期。

柯飞:《译史研究,以人为本——谈皮姆〈翻译史研究方法〉》,《中国翻译》2002 年第 3 期。

孔慧怡:《翻译·文学·文化》,北京大学出版社 1999 年版。

孔慧怡:《两个世界》,载《含英咀华:中国英语女教授随笔》,外语教学与研究出版社 2000 年版。

孔慧怡:《重写翻译史》,香港中文大学翻译研究中心 2005 年版。

蓝红军:《让传统走进现代——评张佩瑶《传统与现代之间——中国译学研究新途径》》,《中国翻译》2013 年第 4 期。

雷茜、张德禄:《现代文体学研究方法的新发展》,《现代外语》2016 年第 2 期。

雷群、曾凡贵:《〈镜花缘〉林太乙译本中的杂合现象探究》,《湖南第一师范学院学报》2012 年第 2 期。

黎锦熙:《新著国语文法》,湖南教育出版社 2007 年版。

黎锦熙:《新著国语文法》,商务印书馆 1992 年版。

李波:《20 世纪 50 年代香港的绿背翻译——以邝文美的美国文学中译为例》,《东方翻译》2013 年第 3 期。

李长森:《西学东渐与澳门翻译》,《第十八届世界翻译大会论文集》,2008年。

李德超:《翻译史研究方法导读》,外语教学与研究出版社2007年版。

李光泽:《〈源氏物语〉在中国的译介、研究现状》,《内蒙古民族大学学报》(社会科学版)2008年第2期。

李国庆:《大海般的韵律和内涵——〈老人与海〉的语篇结构及含义》,《外语教学》2002年第2期。

李红满:《东方的视野与翻译话语系统的建构——〈中国翻译话语选集第一卷:从最早期到佛经翻译〉评介》,《外语与翻译》2008年第3期。

李红满:《国际翻译学研究热点与前沿的可视化分析》,《中国翻译》2014年第2期。

李红霞、张政:《"Thick Translation"研究20年:回顾与展望》,《上海翻译》2015年第2期。

李杰、陈超美:《CiteSpace:科技文本挖掘及可视化》,首都经济贸易大学出版社2016年版。

李娜:《艰难的起步,可贵的拓展——台湾女性文学研究概览》,《天津大学学报》(社会科学版)1999年第4期。

李宁:《知名翻译家曾拒译〈洛丽塔〉》,《天津城市快报》2014年4月30日。

李诠林:《台湾日据时期的翻译文学》,《福州大学学报》2011年第4期。

李瑞腾:《台湾文学外译书目提要(1990—2012)》,台湾文学馆2013年版。

李双玲:《从翻译伦理看儿童文学名著的重译》,《湖南社会科学》2012年第5期。

李行健:《现代汉语规范词典》,外语教学与研究出版社2004年版。

李永红:《寻找"失落"的群体——对我国女性翻译史研究的思考》,《新闻爱好者》2009年第24期。

梁启超：《译印政治小说序》，《清议报》1898 年第一册。

梁欣荣、项人慧：《打开台湾文学的世界视窗：中华民国笔会》，《编译论丛》2011 年第 2 期。

梁宗岱，百度百科，https：//baike. baidu. com/item/梁宗岱/1251885？fr = aladdin。

廖子馨：《澳门现代女性文学略论》，《文艺理论研究》1994 年第 3 期。

林煌天、贺冲寅：《中国科技翻译家词典》，上海翻译出版公司 1991 年版。

林煌天：《愿全社会都来重视科技翻译工作——为〈中国科技翻译家词典〉出版发行而作》，《上海科技翻译》1991 年第 2 期。

林煌天：《中国翻译词典》，湖北教育出版社 1997 年版。

林辉：《中国翻译家词典》，中国对外翻译出版公司 1988 年版。

林太乙，百度百科，https：//baike. baidu. com/item/林太乙/6135142？fr = aladdin。

林文月：《从〈源氏物语〉的翻译谈起》，http：//open. 163. com/movie/2014/7/4/A/MA1I1BA RD_ M A1ID3K4A. html. 2014。

林文月：《读中文系的人》，文化艺术出版社 2011 年版（台北：洪范书店，1978 年）。

林文月：《关于古典文学作品翻译的省思》，载金圣华、黄国彬主编《因难见巧：名家翻译经验谈》，中国对外翻译出版公司 1998 年版。

林文月：《回首》，文化艺术出版社 2011 年版。

林文月：《交谈》，上海文艺出版社 2013 年版。

林文月：《京都一年》，生活·读书·新知三联书店 2006 年版。

林文月：《蒙娜丽莎微笑的嘴角》，中信出版社 2011 年版。

林文月：《三月曝书》，上海人民出版社 2009 年版。

林文月：《写我的书》，广西师范大学出版社 2015 年版。

林文月：《谢灵运及其诗》，台北：台湾大学出版中心 1966 年版。

林文月（译）：《源氏物语》，译林出版社 2011 年版。

林文月（译）：《枕草子》，译林出版社 2011 年版。

林文月：《最初的读者》DVD，台湾大学出版中心2006年版。

林文月：《作品》，上海文艺出版社2013年版。

林韵文：《追忆生命之美好——论林文月的散文写作》，《台湾文学研究学报》2007年第4期。

刘登翰：《分流与整合：二十世纪中国文学的整体视野》，《文学评论》2001年第4期。

刘海涛：《计量语言学：语言研究的科学化途径》，《光明日报》2012年2月15日第16版。

刘海涛、潘夏星：《汉语新诗的计量特征》，《山西大学学报》（哲学社会科学版）2015年第2期。

刘军平：《女性主义翻译理论研究的中西话语》，《中国翻译》2004年第4期。

刘军：《文本细读："文学场"建构的基石》，《河南大学学报》（社会科学版）2012年第5期。

刘立、何克勇：《20世纪上半叶国内女译者研究综述》，《中国教育学刊》2017年第S1期。

刘宓庆：《翻译的风格论（上）》，《外国语》1990年第1期。

刘全福：《在"借"与"窃"之间：文学作品重译中的伦理僭越现象反思——以〈呼啸山庄〉两个汉译本为例》，《东南大学学报》（哲学社会科学版）2010年第4期。

刘珊珊：《知识分子的"自审"姿态与意识——杨绛〈干校六记〉小识》，《安徽广播电视大学学报》2013年第4期。

刘世生、朱瑞青：《文体学概论》，北京大学出版社2006年版。

刘思谦：《女性文学这个概念》，《南开学报》（哲学社会科学版）2005年第2期。

刘索拉：《寻找歌王》，时代文艺出版社2001年版。

刘薇：《杨绛风俗喜剧的风格》，《大舞台》2006年第4期。

刘文云：《台湾翻译图画故事书出版研究：以2001年为例》，《中国儿童文化》2009年第1期。

刘霞敏：《翻译中的性别差异及女性身份认同》，《外语教学》2007年第2期。

刘晓丽：《名著重译，贵在超越》，《中国翻译》1999年第3期。

刘岩、王晓路、钟玲：《全球化背景下的东西方文学关系——对话钟玲教授》，《文艺研究》2012年第11期。

刘云云：《四十年代市民话剧的一种流变——以杨绛戏剧为中心》，硕士学位论文，华东师范大学，2010年。

刘泽权：《大陆现当代女性翻译家群像——基于〈中国翻译家辞典〉的扫描》，《中国翻译》2017年第6期。

刘泽权、刘超朋、朱虹：《〈红楼梦〉四个英译本的译者风格初探——基于语料库的统计与分析》，《中国翻译》2011年第1期。

刘泽权、王梦瑶：《多变量方法在文学风格考察中的应用——以〈老人与海〉为例》，《外语电化教学》2017年第5期。

刘泽权、王梦瑶：《〈老人与海〉六译本的对比分析——基于名著重译视角的考察》，《中国翻译》2018年第6期。

刘泽权、王梦瑶：《量性结合的〈老人与海〉及其六译本风格对比考察》，《外语教学》2017年第5期。

卢丙华：《郭沫若的风韵译思想及其历史意义》，《兰台世界》2013年第16期。

卢惠惠：《古代白话小说句式运用研究》，学林出版社2007年版。

卢卫中、夏云：《语料库文体学：文学文体学研究的新途径》，《外国语》2010年第1期。

鲁迅：《非有复译不可》，中国翻译工作者协会《翻译通讯》编辑部编《翻译研究论文1949—1983》，外语教学与研究出版社1984年版。

鲁迅：《鲁迅全集》第11卷，人民文学出版社1981年版。

鲁迅：《祝中俄文学之交》，《鲁迅全集》，人民文学出版社1981年版。

陆茂清：《〈共产党宣言〉的第一个译本》，《人民政协报》2011年6月30日第7版。

陆志国：《从翻译概念的重构到理论化中的"推手"——张佩瑶在翻译

研究中的路向》，载张旭、黎翠珍主编《风筝不断线：张佩瑶教授译学研究纪念集》，湖南人民出版社 2014 年版。

罗列：《从近代女学析中国第一个本土女性译者群体的生成》，《外语与外语教学》2011 年第 1 期。

罗列：《女性翻译家薛绍徽与〈八十日环游记〉中女性形象的重构》，《外国语言文学》2008 年第 4 期。

罗列：《性别视角下的译者规范——20 世纪初叶中国首个本土女性译者群体研究》，北京师范大学出版社 2014 年版。

罗新璋：《复译之难》，《中国翻译》1991 年第 5 期。

马会娟：《加拿大学者视角下的当代西方翻译研究》，《解放军外国语学院学报》2014 年第 5 期。

马若飞：《张爱玲笔下的〈老人与海〉》，《邵阳学院学报》（社会科学版）2007 年第 4 期。

马祖毅：《中国翻译简史："五四"以前部分》，中国对外翻译出版公司 1984 年版。

马祖毅：《中国翻译通史》，湖北教育出版社 2006 年版。

孟昭毅、李载道：《中国翻译文学史》，北京大学出版社 2005 年版。

穆雷：《翻译与女性文学——朱虹教授访谈录》，《外国语言文学》2003 年第 1 期。

穆雷、孔慧怡：《翻译界：男性的一统天下？——香港女性翻译家孔慧怡博士访谈》，《西安外国语学院学报》2002 年第 2 期。

穆雷、蓝红军：《2010 年中国翻译研究综述》，《上海翻译》2011 年第 3 期。

穆雷、诗怡：《翻译主体的"发现"与研究——兼评中国翻译家研究》，《中国翻译》2003 年第 1 期。

穆雷：《心弦——女性翻译家金圣华教授访谈录》，《中国翻译》1999 年第 2 期。

穆雷：《序二》，《心田的音乐：翻译家黎翠珍的英译世界》，清华大学出版社 2019 年版。

穆雷：《重视译史研究　推动译学发展——中国翻译史研究述评》，《中国翻译》2000 年第 1 期。

潘璠：《中国非英语专业本科生和研究生书面语体的多特征多维度调查》，《外语教学与研究》2012 年第 2 期。

彭镜禧：《浅谈台湾文学的英译》，载孔慧怡、杨承淑编《亚洲翻译传统与现代动向》，北京大学出版社 2000 年版。

彭宣红：《基于语料库的〈老人与海〉译本情感忠实性比较研究》，《外国语文》2013 年第 1 期。

齐邦媛：《巨流河》，生活·读书·新知三联书店 2012 年版。

齐邦媛：《千年之泪》，台北：尔雅出版社有限公司 1990 年版。

齐邦媛：《深潭无波〈巨流河〉》，《东方早报》2013 年 3 月 14 日第 B01 版。

齐邦媛：《我对台湾文学与台湾文学研究的看法［M/CD］》，台北：台大出版中心 2006 年版。

齐邦媛：《雾渐渐散的时候》，台北：九歌出版社 1998 年版。

齐邦媛：《一生中的一天》，台北：尔雅出版社有限公司 2004 年版。

齐邦媛：《中国现代文学选集：小说卷》，台北：尔雅出版社有限公司 1983 年版。

齐邦媛：《中国现代文学选集：小说卷》，台北：书评书目出版社 1978 年版。

琦君：《桂花雨》，群众出版社 1996 年版。

乔以钢：《世纪之交中国女性文学研究略论》，《南京师范大学文学院学报》2004 年第 4 期。

秦洪武、王克非：《基于对应语料库的英译汉语言特征分析》，《外语教学与研究》2009 年第 2 期。

秦洪武、王克非：《重译评估的语料库方法：Robinson Crusoe 的两个中译本》，《燕山大学学报》（哲学社会科学版）2013 年第 4 期。

屈璟峰：《百年台湾地区女性文学翻译家群像》，《外文研究》2018 年第 3 期。

任艳、陈建生、丁峻：《英国哥特式小说中的词丛——基于语料库的文学文体学研究》，《解放军外国语学院学报》2013年第5期。

邵宏、潘灵桥：《基于语料库分析小说〈老人与海〉的文体特征》，《文学界》2011年第11期。

申丹：《小说中人物话语的不同表达方式》，《外语教学与研究》1991年第1期。

申丹：《叙述学与小说文体学研究》，北京大学出版社1998年版。

沈红芳：《社会文化结构与百年中国女性文学研究引论》，《名作欣赏》2014年第2期。

施康强：《何妨各行其道》，《读书》1991年第5期。

施康强：《红烧头尾》，《读书》1995年第1期。

石静：《〈洗澡〉：〈围城〉的另一种写作姿态——杨绛的人生思索与忧患》，硕士学位论文，苏州大学，2006年。

石静：《驿动与笃定：人生的两种姿态——〈洗澡〉与〈围城〉的比较赏析》，《山东省农业管理干部学院学报》2011年第3期。

舒展：《天鹅之歌——关于杨绛新译〈斐多〉的对话》，《雨花》2000年第11期。

孙华祥：《从〈乞力马扎罗的雪〉看海明威的文体风格》，《外国文学研究》1999年第1期。

孙迁：《也谈〈红与黑〉的汉译——和王子野先生商榷》，《四川外语学院学报》1992年第3期。

孙汝建：《汉语的性别歧视与性别差异》，华中科技大学出版社2010年版。

孙晓蓉：《民国时期女性翻译家研究概述》，《长春理工大学学报》2013年第1期。

孙晓彤：《试对比〈堂吉诃德〉的几个中译本》，《文学教育》2013年第1期。

孙致礼：《名著重译，贵在精益求精——谈名著重译的修订》，《外国语文研究》2015年第5期。

孙致礼：《谈新时期的翻译批评》，《中国翻译》1999 年第 3 期。

孙致礼：《我与奥斯丁的不解之缘》，《英语世界》2017 年第 10 期。

孙致礼：《一切按照原作译——翻译〈老人与海〉有感》，《当代外语研究》2012 年第 4 期。

孙致礼（译）：《老人与海》，中国宇航出版社 2015 年版。

覃江华、许钧：《许渊冲翻译思想的学术渊源考略》，《中国文化研究》2017 年第 2 期。

谭芳：《二十世纪中国女性翻译家研究》，《成都理工大学学报》2007 年第 1 期。

谭载喜：《翻译学》（第二版），商务印书馆 2005 年版。

唐璇玉：《论杨绛〈洗澡〉中的男性形象》，《剑南文学：经典教苑》2013 年第 7 期。

陶力：《紫式部和她的〈源氏物语〉》，北京语言学院出版社 1994 年版。

陶振孝：《丰子恺的日本文学翻译》，北京日本学研究中心文学研究室编《日本文学翻译论文集》，人民文学出版社 2004 年版。

田梦：《杨绛：人生最曼妙的风景》，时事出版社 2015 年版。

田申：《比较〈唐吉诃德〉不同汉译本论翻译之信、达、雅》，硕士学位论文，吉林大学，2012 年。

铁凝：《以蓄满泪水的双眼为耳》，生活·读书·新知三联书店 2016 年版。

万才新：《新中国"一边倒"外交策略的确立及其时间效应》，《社会主义研究》2012 年第 2 期。

汪晓莉、李晓倩：《基于语料库的莎士比亚戏剧汉译本范化特征研究》，《外国语》2016 年第 3 期。

王春柳、杨永辉、邓霏、赖辉源：《文本相似度计算方法研究综述》，《情报科学》2019 年第 3 期。

王德威：《没有晚清，何来五四？——被压抑的现代性》，载王德威《如何现代，怎样文学？——十九、二十世纪中文小说新论》，台北：麦田出版社 1996 年版。

王地山：《于恬淡中见深邃——试谈杨绛的散文艺术》，《四川省干部函授学院学报》2001 年第 2 期。

王东风：《"〈红与黑〉事件"的历史定位：读赵稀方"〈红与黑〉事件回顾———中国当代翻译文学史话之二"有感》，《外语教学理论与实践》2011 年第 2 期。

王宏志：《翻译史研究》（第一辑），复旦大学出版社 2011 年版。

王宏志：《一本〈晚清翻译史〉的构思》，《中国比较文学》2001 年第 2 期。

王宏志：《怎样研究鲁迅的翻译》，载乐黛云等《跨文化对话》，上海文化出版社 2004 年版。

王宏志：《重释"信、达、雅"——20 世纪中国翻译研究》，清华大学出版社 2007 年版。

王辉：《让传统走向世界——〈中国翻译话语英译选集上册：从最早期到佛经翻译〉评介》，《中国比较文学》2008 年第 1 期。

王建开：《五四以来我国英美文学作品译介史 1919—1949》，上海外语教育出版社 2003 年版。

王侃：《历史·语言·欲望——1990 年代中国女性小说主题与叙事》，广西师范大学出版社 1998 年版。

王克非：《翻译文化史论》，上海外语教育出版社 1997 年版。

王克非：《翻译需从语言和文化两个层面来认识》，《外国语》2014 年第 6 期。

王克非：《翻译：在语言文化间周旋》，《中国社会科学报》2010 年 6 月 1 日。

王克非、胡显耀：《基于语料库的翻译汉语词汇特征研究》，《中国翻译》2008 年第 6 期。

王列耀：《实践一种新的批评精神——论台湾女诗人钟玲的诗歌评论》，《暨南学报》1991 年第 2 期。

王谦：《翻译家曹苏玲去世》，《北京青年报》2014 年 6 月 13 日。

王琴玲、黄勤：《林太乙的翻译与创作互动研究：写中有译》，《中国翻译》2018 年第 1 期。

王瑞、黄立波：《贾平凹小说译入译出风格的语料库考察》，《中国外语》2015 年第 4 期。

王润华：《从国际性的学术期刊到〈中国现代文学研究丛刊〉》，《中国现代文学研究丛刊》1989 年第 3 期。

王守义：《海明威的小说语言风格及其艺术张力》，《外国语》1987 年第 2 期。

王祥兵、穆雷：《中国军事翻译史论纲》，《外语研究》2013 年第 1 期。

王向远：《东方各国文学在中国 译介与研究史述论》，江西教育出版社 2001 年版。

王向远：《二十世纪中国的日本翻译文学史》，北京师范大学出版社 2001 年版。

王向远：《日本文学汉译史》，宁夏人民出版社 2007 年版。

王向远：《什么人、凭什么进入〈中国翻译词典〉》，《临沂师范学院学报》2004 年第 2 期。

王小巧：《一诗两译各有千秋——杨绛、绿原对〈Dying speech of an old philosopher〉的翻译比较》，《陕西广播电视大学学报》2008 年第 2 期。

王晓莺：《多元视界下的张爱玲的翻译》，《中国翻译》2008 年第 5 期。

王学莉、丁邦勇：《〈干校六记〉文本细读——浅谈杨绛的边缘人风格》，《科学咨询》2006 年第 5 期。

王雪明、杨子：《典籍英译中深度翻译的类型与功能——以〈中国翻译话语英译选集〉（上）为例》，《中国翻译》2012 年第 3 期。

王艳芳：《异度时空：论香港女性小说的文化身份相像》，《文学评论》2008 年第 6 期。

王燕：《智者慧心——论杨绛创作的艺术魅力》，《盐城工学院学报》（社会科学版）2010 年第 4 期。

王哲甫：《中国新文学运动史》，北平杰成印书馆 1933 年版。

文峰：《缅怀杨绛，思考"后先生"时代》，《长沙晚报》2016 年 5 月

27 日 F02。

文洁若:《〈源氏物语〉与钱稻孙》,《作家》2006 年第 8 期。

文洁若:《〈源氏物语〉在中国》,北大讲座编委会:《北大讲座》第 16 辑,北京大学出版社 2007 年版。

吴川:《"形近神似"——和歌汉译的准则——以〈源氏物语〉"桐壶"为例》,《日语教育与日本学研究》2011 年。

吴君:《历史女性的现代回眸——论钟玲诗歌中充满现代意识的女性世界》,《世界华文文学论坛》2007 年第 1 期。

吴劳:《谈谈全息翻译——我的翻译观》,《中华读书报》2001 年第 28 期。

吴劳(译):《老人与海》,上海译文出版社 2009 年版。

吴琪:《杨绛的翻译观对科技翻译的启示》,《中国科技翻译》2016 年第 4 期。

吴书芳:《我国女性翻译史研究的缺失与补苴》,《河南师范大学学报》2013 年第 4 期。

吴学峰:《冷眼尽观人生世相——论杨绛〈洗澡〉中的女性形象》,《怀化学院学报》2011 年第 9 期。

吴学峰:《论杨绛小说中的男性形象》,《中北大学学报》2014 年第 1 期。

吴学峰:《万人如海一身藏——杨绛〈洗澡〉中的姚宓形象分析》,《无锡商业职业技术学院学报》2011 年第 6 期。

吴学峰:《杨绛小说中的女性形象类述》,《哈尔滨学院学报》2012 年第 2 期。

吴志菲:《文洁若:破译"天书"的女性翻译家》,《老年人》2013 年第 3 期。

武德庆:《日语长难句精解》,武汉大学出版社 2012 年版。

武姜生:《"学术交流 e-mail"文体特征的多维度分析》,《外语与外语教学》2004 年第 2 期。

夏慧兰:《杨绛喜剧作品小析》,《戏剧艺术》1998 年第 1 期。

夏天：《史料、语境与理论：文学翻译史研究方法构建》，《外国语》2012年第4期。

夏志清：《王际真和乔治高的中国文学翻译》，董诗顶译，《现代中文学刊》2011年第1期。

夏志清：《张爱玲给我的信件》，长江文艺出版社2014年版。

夏祖丽：《殷张兰熙和她的翻译作品》，《交大友声》1994年第347期。

向荣：《基于语料库辅助的〈老人与海〉两译本的译者风格研究》，《湖北师范学院学报》2011年第3期。

肖忠华、戴光荣：《寻求"第三语码"——基于汉语译文语料库的翻译共性研究》，《外语教学与研究》2010年第1期。

谢春年：《俄语权威和丈夫50年的坚贞爱情》，搜狐新闻，2007－02－16，［2015－9－6］，http：//news.sohu.com/20070216/n 248267531.shtml。

谢六逸：《日本文学》，商务印书馆1931年版。

谢天振：《比较文学与翻译研究》，台北：业强出版社1994年版。

谢天振、穆雷等：《〈文学翻译的理论与实践——翻译对话录〉五人谈》，《中国翻译》2001年第4期。

徐姗姗：《〈洗澡〉语言的修辞艺术探微》，福建省辞书学会年会论文提要集，2007年。

许钧等：《文学翻译的理论与实践——翻译对话录》（增订本），译林出版社2021年版。

许钧：《翻译动机、翻译观念与翻译活动》，《外语研究》2004年第1期。

许钧：《翻译思考录》，湖北教育出版社1998年版。

许钧：《重复·超越——名著复译现象剖析》，《中国翻译》1994年第3期。

许钧、朱玉彬：《中国翻译史研究及其方法初探》，《外语教学与研究》2007年第6期。

许渊冲：《从〈红与黑〉谈起》，《文汇读书报》1995年5月6日。

许渊冲：《谈重译——兼评许均》，《外语与外语教学》1996 年第 6 期。

阎纯德：《试论澳门女性文学》，《南京师范大学文学院学报》2012 年第 1 期。

杨承淑：《语苑（1908—1941）中的译者群像：从译者身份的形成到角色功能的显扬》，《中国翻译学学科建设高层论坛摘要》，四川外国语大学，2013 年。

杨惠中：《语料库语言学导论》，上海外语教育出版社 2002 年版。

杨绛：《杨绛文集》，人民文学出版社 2014 年版。

杨若萍：《台湾与大陆文学关系简史（1652—1949）》，上海文艺出版社　年版。

杨婷：《从"水木清华"看"世态人生"——以李健吾、杨绛为例浅析中国世态喜剧的发展》，《赤峰学院学报》（哲学社会科学版）2013 年第 4 期。

杨小燕：《雪落黄河静无声——浅析〈我们仨〉的艺术风格》，《名作欣赏》2007 年第 15 期。

杨信彰：《英文小说中语言的功能意义》，《外国语》1992 年第 5 期。

姚继中：《论〈源氏物语〉翻译验证研究——以紫式部原创和歌翻译为例》，《外国语文》2015 年第 1 期。

姚继中（译）：《源氏物语》，重庆出版社 2015 年版。

姚继中：《源氏物语研究在中国——研究状况与方法论》，《外国语文》2002 年第 3 期。

叶君健：《〈序〉，中国翻译家辞典》，中国对外翻译出版公司 1988 年版。

叶渭渠：《日本文学翻译的过去和现在》，《中国翻译》1984 年第 5 期。

叶渭渠：《源氏物语·前言》，载丰子恺译《源氏物语》，人民文学出版社 1982 年版。

叶渭渠：《源氏物语·前言》，载丰子恺译《源氏物语》，人民文学出版社 1980 年版。

佚名：《"2003 年度中华文学人物"揭晓》，《南方文坛》2004 年第

2 期。

殷张兰熙:《寒梅》,台北:尔雅出版社有限公司 1983 年版。

殷志俊(译):《源氏物语》,远方出版社 1996 年版。

于慈江:《杨绛研究述略》,《东岳论丛》2011 年第 5 期。

于青:《只有一个太阳——也谈大陆女性文学与港台女性文学之比较》,《妇女学苑》1990 年第 2 期。

余光中(译):《老人与海》,译林出版社 2013 年版。

俞佳乐、许钧:《翻译的文化社会学观——兼评〈翻译文化史论〉》,《中国翻译》2004 年第 1 期。

袁锦翔:《翻译研究与赏析》,湖北教育出版社 1990 年版。

袁榕:《名著重译应确保译文质量——从一名著重译本谈起》,《外语研究》1995 年第 1 期。

岳峰:《回眸二十世纪中国影坛翻译家》,《北京电影学院学报》2002 年第 2 期。

詹菊红、蒋跃:《机器学习算法在翻译风格研究中的应用》,《外语教学》2017 年第 5 期。

詹菊红、蒋跃:《语言计量特征在译者身份判定中的应用——以〈傲慢与偏见〉的两个译本为例》,《外语学刊》2016 年第 3 期。

张爱玲(译):《老人与海》,北京十月文艺出版社 2015 年版。

张冲:《论女性主义翻译视角下的译者主题性——以孔慧怡翻译〈荒山之恋〉为例》,《和田师范专科学校学报》2008 年第 5 期。

张洪:《天鹅之歌 读杨绛先生译〈斐多〉想到的》,《博览群书》2001 年第 2 期。

张立波:《翻译与马克思主义中国化》,《现代哲学》2007 年第 2 期。

张联:《信得贴切 达得恰当——杨绛新作柏拉图〈斐多〉篇的翻译艺术》,《社会科学辑刊》2000 年第 4 期。

张龙妹:《中国的源氏物语研究》,载北京日本学研究中心文学研究室编《世界语境中的〈源氏物语〉》,人民文学出版社 2004 年版。

张美芳、王克非:《澳门翻译的历史与现状》,《中国翻译》2006 年第

1期。

张美芳：《序一》，《心田的音乐：翻译家黎翠珍的英译世界》，清华大学出版2019年版。

张泪、文军：《国内翻译家研究现状与流变趋势》，《中国外语》2014年第4期。

张佩瑶：《传统与现代之间：中国译学研究新途径》，湖南人民出版社2012年版。

张佩瑶：《从"软实力"的角度自我剖析〈中国翻译话语英译选集（上册）：从最早期到佛经翻译〉的选、译、评、注》，《中国翻译》2007年第6期。

张佩瑶：《对中国译学理论建设的几点建议》，《中国翻译》2004年第5期。

张佩瑶纪念网站，In Memory of Professor Martha P. Y. Cheung. Faculty of Arts, Hong Kong Baptist University, http: //arts. hkbu. edu. hk/ ~ artd/cheung/herlife. html. 2018 - 5 - 3。

张佩瑶：《中国翻译话语英译选集（上册）：从最早期到佛经翻译》，上海外语教育出版社2010年版。

张佩瑶：《重读传统译论——目的与课题》，《中国翻译》2008年第6期。

张琼方：《台湾文学"放洋"记》，《光华杂志》2000年第12期。

张仁霞、戴桂玉：《语料库检索分析在文学批评领域中的应用——以海明威〈永别了，武器〉为例》，《广东外语外贸大学学报》2010年第5期。

张瑞芬：《五十年来台湾女性散文评论篇》，台湾：麦田出版社2006年版。

张淑英：《台湾中书外译的成果与前景》，载夏大寿主编《中国翻译产业走出去：翻译产业论文集》，中央编译出版社2011年版。

张天星：《我国最早女报人裘毓芳卒年考证》，《江苏地方志》2008年第1期。

张铁荣:《关于周作人的日本文学翻译》,《鲁迅研究月刊》1995年第7期。

张婷婷、程小强:《启蒙精神与民间视野的变奏——张爱玲与杨绛戏剧比较论略》,《宝鸡文理学院学报》2017年第2期。

张万方:《评〈中国翻译家辞典〉》,《中国翻译》1991年第5期。

张文彦:《台湾儿童文学发展概述》,《世界华文文学论坛》1999年第1期。

张旭:《表演性文本之翻译——以黎翠珍英译〈原野〉第二幕为例》,《亚太跨学科翻译研究》2015年第1期。

张旭:《"不知则问,不能则学"——黎翠珍的译路历程》,《东方翻译》2013年第3期。

张旭:《从失语到对话——兼评张佩瑶等编译〈中国翻译话语英译选集〉》,《外语研究》2008年第1期。

张旭:《从"通事"到"通心":细读黎翠珍英译〈香港礼宾府〉》,《亚太跨学科翻译研究》2018年第7期。

张旭:《黎翠珍英译香港本土诗歌研究》,《外国语文》2018年第4期。

张旭、黎翠珍主编:《风筝不断线:张佩瑶教授译学研究纪念集》,湖南人民出版社2014年版。

张旭:《文学典籍翻译的风格传递及读者接收策略研究——以黎翠珍译〈一把酒壶〉为例》,《燕山大学学报》2015年第1期。

张旭:《心田的音乐:翻译家黎翠珍的英语世界》,清华大学出版社2019年版。

张旭:《寻根、转型与自我再现:张佩瑶译学世界管窥》,《外语与翻译》2012年第2期。

张玉双:《论文学翻译中译者风格与作者风格的矛盾统一性》,《中国翻译》2006年第3期。

张志平:《〈围城〉与〈洗澡〉:人生困境的展示和超越》,《名作欣赏》2002年第4期。

张卓亚、田德蓓:《翻译文学经典的建构——译〈呼啸山庄〉在中国的经典化研究》,《合肥工业大学学报》2014 年第 5 期。

赵稀方:《翻译与新时期华语实践》,中国社会科学出版社 2003 年版。

赵稀方:《〈红与黑〉事件回顾——中国当代翻译文学史话之二》,《东方翻译》2010 年第 5 期。

赵稀方:《名著重印:中国新时期人道主义的源头》,《东方翻译》2010 年第 4 期。

赵稀方:《五十年代的美元文化与香港小说》,《二十一世纪》2006 年总第 98 期。

赵稀方:《中国女性主义的困境》,《文艺争鸣》2001 年第 4 期。

钟丽美:《杨绛小说中女性第三者形象刍议》,《湖南工业大学学报》(社会科学版)2015 年第 6 期。

周红英、李德俊:《语料库语言学与文献计量学的交汇和互补》,《语料库语言学》2016 年第 3 期。

周倩倩、黄德志:《围城内外的困顿——〈围城〉〈洗澡〉中的女性形象比较分析》,《宜宾学院学报》2010 年第 9 期。

周亚莉:《影视翻译的时间路径偏离与理论研究式微》,《兰州学刊》2013 年第 3 期。

周彦:《典籍英译与女性译者》,载汪榕培、关兴华主编《典籍英译研究(第三辑)》,吉林大学出版社 2007 年版。

周以量:《大众媒介视域中的文学传播与表现——以〈源氏物语〉在我国的翻译和传播为例》,载张哲俊主编《严绍璗学术研究》,北京大学出版社 2010 年版。

周以量:《中国的〈源氏物语〉翻译三十年》,《日本研究》2011 年第 3 期。

周作人(译):《枕草子》,中国对外翻译出版公司 2001 年版。

周作人:《止庵:〈周作人讲演集〉》,河北人民出版社 2004 年版。

朱江:《杨绛的译学见解——从〈失败的经验〉谈起》,《常州工学院学报》(社会科学版)2009 年第 5 期。

朱静:《清末民初外国文学翻译中的女性译者研究》,《国外文学》2007

年第 3 期。

朱秋而：《中译本〈源氏物语〉试论——以光源氏的风流形象为例》，《林文月学术成就与薪传国际学术研讨会》，台北：台湾大学中国文学系 2013 年版。

朱文华：《失踪少女回家之后——对澳门文学前景的展望》，《世界华文文学论坛》1999 年第 3 期。

朱永生、严世清、苗兴伟：《功能语言学导论》，上海外语教育出版社 2004 年版。

庄浩然：《论杨绛喜剧的外来影响和民族风格》，《福建师范大学学报》（哲学社会科学版）1986 年第 1 期。

邹国统：《译家都是大家——〈中国翻译家辞典〉读后》，《上海科技翻译》1993 年第 3 期。

邹慧萍、张继业：《论杨绛散文的女性意识》，《宁夏大学学报》（人文社会科学版）2016 年第 4 期。

邹黎：《试论中国现代女小说家的讽刺风格》，《山东社会科学》2005 年第 3 期。

邹振环：《疏通知译史》，世纪出版集团 2012 年版。

［法］福柯：《知识的考掘》，王德威译，台北：麦田出版社 1993 年版。

［法］米兰·昆德拉：《被背叛的遗嘱》，余中先译，上海译文出版社 2003 年版。

［日］渡边实注，清少纳言著：《枕草子》，东京：岩波书店 1991 年版。

［日］伊藤漱平：《〈红楼梦〉在日本》，克成译，《辽宁大学学报》1988 年第 2 期。

［日］与谢野晶子：《源氏物语》，东京：河出书房新社 1959 年版。

［英］贝茨·赫·欧：《海明威的文体风格》，载董衡巽《海明威研究》，中国社会科学出版社 1980 年版。

英　文

Alvira, N. B., "Interviewing Luise von Flotow: A New State of the Art",

Quaderns. Rev. Trad. , No. 17, 2010.

Appiah, K. A. , "Thick Translation", *Callaloo*, No. 4, 1993.

Baker M. , "Corpus-based Translation Studies: The Challenges That Lie Ahead", Harold Somers, ed. , *Terminology, LSP and Translation Studies in Language Engineering, in Honor of Juan C. Sager*, Amsterdam/Philadelphia: John Benjamins, 1996.

Baker, M. , "Corpus Linguistics and Translation Studies: Implications and Applications", M. Baker, et al eds. , *Text and Technology*, Amsterdam: Benjamins, 1993.

Baker, M. , "Corpus Linguistics and Translation Studies—Implications and Applications", *American Journal of Physiology*, Vol. 1, No. 274, 1993.

Baker, M. & G. Saldanha, *Routledge Encyclopedia of Translation Studies 2nd*, ed. , London: Routledge, 2009.

Baker M. , "Towards a Methodology for Investigating the Style of a Literary Translator", *Target*, No. 2, 2000.

Baker, W. & W. G. , Eggington, "Bilingual Creativity, Multidimensional Analysis, and World Englishes", *World Englishes*, No. 18, 1999.

Bernman, A. , *The Experience of the Foreign: Culture and Translation in Romantic Germany Lépreuve del' tranger*, S. Hervaert, trans. , Albany: State University of New York, 1992.

Biber, D. "Corpus Linguistics and the Study of Literature: Back to the Future?" *Scientific Study of Literature*, No. 1, 2011.

Biber, D. & E. Finegan, "Drift and the Evolution of English Style: A History of Three Genres", *Language*, No. 3, 1989.

Biber D. , S. Conrad, R. Reppen, P. Byrd, & M. Helt, "Speaking and Writing in the University: A Multidimensional Comparison", *Tesol Quarterly*, No. 36, 2002.

Biber, D. , *Variation across Speech and Writing*, Cambridge: Cambridge

University Press, 1988.

Brownlie, S., "Narrative Theory and Retranslation Theory", *Across Languages & Cultures*, No. 2, 2006.

Carey G., *Cliffs Notes on Hemingway's THE OLD MAN AND THE SEA*, Cliffs Notes, 1973.

Chafe, W., "Integration and Involvement in Speaking, Writing, and Oral Literature", D. Tannen, ed., *In Spoken and Written Language: exploring orality and literacy*, Norwood, NJ: Ablex, 1982.

Chang, E. & E. Hung, trs., *Sing-song Girls of Shanghai*, New York: Columbia University Press, 2005.

Chang, S. T., "Review of Homecoming? And Other Stories", *World Literature Today*, No. 1, 1994.

Cheung, M., *An Anthology of Chinese Discourse on Translation (Volume One): From Earliest Times to the Buddhist Project*, New York: Routledge, 2014.

Cheung, M., *An Anthology of Chinese Discourse on Translation (Volume Two): From the Late Twelfth Century to 1800*, N. Robert, ed., New York: Routledge, 2017.

Cheung, M., *Hong Kong Collage: Contemporary Stories and Writing*, New York: Oxford University Press, 1998.

Cheung, M. & L. Jane, *An Oxford Anthology of Contemporary Chinese Drama*, New York: Oxford University Press, 1997.

Chi Pang-yuan, J. Deeney, H. Ho, etc., *An Anthology of Contemporary Chinese Literature: Taiwan, 1949–1974*, Seattle: University of Washington Press, 1975.

Covington M. A. & J. D. McFall, "Cutting the Gordian Knot: The Moving-Average Type-Token Ratio (MATTR)", *Journal of Quantitative Linguistics*, 2010.

De Meyer, J. , "Review of An Anthology of Chinese Discourse on Translation, Volume 1: From Earliest Times to the Buddhist Project", *Target*, No. 1, 2010.

Egbert, J. , "Style in Ninteenth Century Fiction: A Multi-Dimensional Analysis", *Scientific Study of Literature*, No. 2, 2012.

Fischer-Starcke, B. , *Corpus Linguistics in Literary Analysis: Jane Austen and her Contemporaries*, London and New York: Continuum, 2010.

Fischer-Starcke, B. , "Keywords and Frequent Phrases of Jane Austen's Pride and Prejudice: A Corpus-stylistic Analysis", *International Journal of Corpus Linguistics*, 2009.

Fish, S. , "What is Stylistics and Why Are They Saying Such Terrible Things about It?" S. Fish, ed. , *Is There a Text in this Class?: The Authority of Interpretative Communities*, Cambridge: Harvard University Press, 1980.

Flotow, L. , *Translation and Gender: Translating in the "Era of Feminism"*, Manchester: St Jermome & Ottawa: University of Ottawa Press, 1997.

Geertz, C. , "The Interpretation of Cultures: Selected Essays", *Medycyna Pracy*, No. 1, 1973.

Goodheart, E. , "On Ernest Hemingway", E. Goodheart, ed. , *Critical Insights: Ernest Hemingway*, New Jersey: Salem Press, 2010.

Halliday, M. A. K. & E. MaDonald. , "Metafunctional Profile of the Grammar of Chinese", A. Cafferel, ed. , *Language Typology A Functional Perspective*, Amsterdam/Philadelphia: John Benjamins Publishing Company, 2004.

Halliday, M. A. K. , *An Introduction to Functional Grammar*, Beijing: Foreign Language Teaching and Research Press, 2012.

Hasan, R. , *Linguistics, Laguage and Verbal Art*, Beijing: World Publishing Corpoation, 2002.

Hegel, R. E. , "Review of An Oxford Anthology of Contemporary Chinese

Drama", *Pacific Affairs*, No. 4, 1998.

Hermans, T., "Cross-cultural Translation Studies as Thick Translation", *Bulletin of SOAS*, No. 3, 2003.

Hermans, T., "The Translator's Voice in Translated Narrative", *Target*, No. 1, 1996.

Hoover, D., *Language and Style in The Inheritors*, Lanham: University Press of America, Inc., 1999.

Hori, M., *Investigating Dickens' Style: A Collocational Analysis*, New York: Palgerve, 2004.

Juola, P., "Using the Google N-Gram Corpus to Measure Cultural Complexity", *Literary and Linguistic Computing*, No. 4, 2013.

Koskinen, K. & O. Paloposki, "Retranslations in the Age of Digital Reproduction", *Cadernos De Tradução*, No. 11, 2003.

Kubát M. & R. Čech, "Quantitative Analysis of US Presidential Inagural Addresses", *Glottonetrics*, No. 34, 2016.

Kubát M. & R. Čech, "Thematic Concentration and Vocabulary Richness", E. Kelih, ed., *Issues in Quantitative Linguistics 4*, Lüdenscheid: RAM-Verlag, 2016.

Kubát, M., V. Matlach & R. Čech, *QUITA-Quantitative Index Text Analyzer*, Lüdensheid: RAM, 2014.

Leech, G. & M. Short, *Style in Fiction: A Linguistic Introduction to English Fictional Prose*, London: Longman/Beijing: Foreign Language Teaching and Research Press, 2007.

Leech, G. & P. Rayson & A. Paul, *Word Frequencies in Written and Spoken Language based on the British National Corpus*, Edinburg: Pearson Educational Limited, 2001.

Leung, K. C., "Review of An Oxford Anthology of Contemporary Chinese Drama", *World Literature Today*, No. 1, 1999.

Lin, D. & P. Pantel, "DIRT@ SBT@ Discovery of Inference Rules from Text", *Proceedings of the Seventh ACM SIGKDD International Conference on Knowledge Discovery and Data Mining*, 2001.

Lin, Yutang, "The First Issue of the Chinese PEN", *The Chinese PEN*, No. 1, 1972.

Liu, Sola, *Blue Sky Green Sea and Other Stories*, C. Martha, trans., Hongkong: The Chinese University Press, 1993.

Louw, B., "Irony in the Text or Insincerity in the Writer? The Diagnostic Potential of Semantic Prosodies", *Honor of John Sinclair*, Philadelphia/Amsterdam: John Benjamins, 1993.

Mahlberg, M., "Clusters, Key Clusters and Local Textual Functions in Dickens", *Copora*, 2007a.

Mahlberg, M., "Corpus Linguistics and the Study of Nineteenth Century Fiction", *Journal of Victorian Culture*, 2010.

Mahlberg, M., *Corpus Stylistics and Dickens's Fiction*, New York and London: Routledge, 2013a.

Mahlberg, M. C., Smith, & S. Preston, "Phrases in Literary Contexts: Patterns and Distributions of Suspensions in Dickens's Novels", *International Journal of Corpus Linguistics*, Vol. 18, No. 1, 2013b.

McIntosh, P., "An indicator of Diversity and the Relation of Certain Concepts to Diversity", *Ecology*, No. 48, 1967.

McIntyre, D., "Towards an Integrated Corpus Stylistics", *Topics in Linguistics*, Vol. 16, No. 1, 2015.

Milic, L., "The Annals of Computing: Stylistics", *Computers and the Humanities*, No. 16, 1982.

Milička, J., MaWaTaTaTaRaD, 2013, Accessed August 18, 2017 from: http://milicka.cz/en/mawatatarad/.

Nida E. A. & W. D. Reyburn, "Meaning across Cultures", *Mechanical*

Engineering, No. 2, 1981.

Nini, A., Multidimensional Analysis Tagger 1.1-Manual., 2014. Accessed August 30, 2017 from http://sites.google.com/site/multidimensionaltagger.

O'Brien, J., Interview with Richard M. McCarthy, [1988-12-28].

O'Donnell, C., "Syntactic Differences between Speech and Writing", *American Speech*, No. 1/2, 1974.

O'Halloran, K., "The Subconscious in James Joyce's 'Eveline': A Corpus Stylistics Analysis that Chews on the 'Fish hook'", *Language and Literature*, No. 3, 2007.

Olson, D., "From Utterance to Text: the Bias of Language in Speech and Writing", *Harvard Educational Review*, No. 3, 1977.

Palladino, J. B., "Ernest Hemingway: A Cultural and Historical Context", E. Goodheart, ed., *Critical Insights Ernest Hemingway*, New Jersey: Salem Press, 2010.

Popescu, I., R. Čech & G. Altmann, *The Lambda-structure of Texts*, Lüdenscheid: RAM-Verlag, 2011.

Pym, A., *Method in Translation History*, Beijing: Foreign Language Teaching and Research Press, 2007.

Ricoeur, P., *On Translation*, London & New York Routledge, 2006.

Ritchie, A., *Doing Oral History: A Practical Guide*, 2nd ed., Oxford & New York: Oxford University Press, 2003.

Robinson, D., *The Pushing-Hands of Translation and Its Theory: In Memoriam Martha Cheung, 1953-2013*, New York: Routledge, 2016.

Ryle, G., "The Thinking of Thought: What is Le Penseur Doing?" G. Ryle, ed., *Collected Papers*, Vol. 2, London: Hutchinson, 1971.

Saldanha, G., "Translator Style: Methodological Considerations", *The Translator*, Vol. 17, No. 1, 2011.

Sandulescu, C., M. Vianu, B. Popescu, B. Wilson, L. Knight & L.

Altman, "Quantifying Joyce's *Finnegans Wake*", *Glottometrics 30*, 2014.

Scott, M. & C. Tribble, *Textual Patterns, Key Words and Corpus Analysis in Language Education*, Amsterdam: John Benjamins, 2006.

Scott, M., *Wordsmith Tools Manual*, Oxford: Oxford University Press, 1997.

Semino, E. & M, Short, *Corpus stylistics: Speech, Writing and Thought Presentation in a Corpus of English Writing*, London: Routledge, 2004.

Sigal, C., *Ernest Hemingway Lives! Why Reading Ernest Hemingway Matters Today*, New York & London: OR Books, 2013.

Smith, A. & C. Kelly, "Stylistic Constancy and Changes across Literary Corpora: Using Measures of Lexical Richness to Date Works", *Computers and the Humanities*, No. 36, 2002.

Stubbs, M., "Lexical Density: A Computational Technique and Some Findings", M. Coultard, ed., *Talking about Text. Studies Presented to David Brazil on His Retirement*, Birmingham: English Language Research, University of Birmingham, 1986.

Timothy, W. C., "Review of Hong Kong Collage: Contemporary Stories and Writing", *World Literature Today*, No. 4, 1998.

Ure, J., "Lexical Density and Register Differentiation", G. E. Perren & J. L. Trim, ed., *Applications of Linguistics: Selected Papers of the 2nd International Conference of Applied Linguistics*, Cambridge: Cambridge University Press, 1971.

Vanderauwera, R., *Dutch Novels Translated into English: The Transformation of a "Minority" Literature*, Amsterdam: Rodopi, 1985.

Van Peer, W., "Quantitative Studies of Literature: A Critique and an Outlook", *Computers and the Humanities*, Vol. 23, No. 4, 1989.

Wagner-Martin L., *A Historical Guide to Ernest Hemingway*, New York: Oxford University Press, 2000.

Winters, M. F., "Scott Fitzgerald's *Die Schonen und Verdammten*: A Corpus-bas Study of Speech-act Report Verbs as a Feature of Translators' Style", *Meta*, No. 3, 2007.

Woodsworth, J., "Forward to the Second Edition", J. Delisle & J. Woodsworth, eds., *Translators Through History*, revised ed., Amsterdam & Philadelphia: Benjamins, 2012.

Zipf, G. K., *The Psycho-Biology of Language: An Introduction to Dynamic Philology*, London: G. Routledge & Sons Ltd., 1936.